KB248629

사회복지행정론

고광신, 김승훈, 손연숙 지음

사회복지 전문출판 나눔의집

사회복지행정론

초판 1쇄 발행 2010년 10월 15일
초판 2쇄 발행 2011년 9월 9일

지 은 이 | 고광신, 김승훈, 손연숙
펴 낸 이 | 박정희

기획편집 | 권혁기, 이주연, 최미현, 양송희
마 케 팅 | 김범수, 이광택
관   리 | 유승호, 양소연, 김성은
디 자 인 | 하주연, 김윤희, 이지선
웹서비스 | 이지은, 양채연, 이동민, 윤지혜

펴 낸 곳 | 사회복지전문출판 나눔의집
등록번호 | 제25100-1998-000031호
등록일자 | 1998년 7월 30일

서울시 금천구 가산동 60-3 대륭포스트타워 5차 1105호
대표전화 | 02-2103-2480   팩스 | 02-2624-4240
홈페이지 | www.ncbook.co.kr / www.issuensight.com

ISBN: 978-89-5810-210-6(93330)

우리나라 사회복지행정의 역사는 영국 및 미국 등 서구 유럽의 사회복지행정에 비해 매우 짧다. 우리나라에서 사회복지행정에 대하여 인식하게 된 시기는 1970년대부터이나 사회복지행정이 실질적으로 그 중요성을 인정받고 사회복지행정에 관한 연구 활동이 활성화된 시기는 1990년대 이후부터라 할 수 있다. 우리나라 사회복지행정의 역사는 이토록 짧지만 활성화되어 가는 추세에 있다.

사회복지행정의 중요성은 1997년 IMF 외환위기 이후 더욱 가속화되고 있다. 갈수록 사회복지에 대한 욕구는 증대하고 있는 실정이나 이를 실행할 수 있는 가용자원은 충분하지 않은 관계로 자원의 효율성과 효과성 및 책임성이 제기되고 있다. 더욱이 우리나라의 사회복지조직은 IMF 이후에도 꾸준히 양적으로 팽창하고 그에 따른 서비스 규모도 날로 커지고 있다. 따라서 사회복지시설 운영의 합리화, 투명화, 활성화 및 서비스 질 개선에 따른 사회복지서비스에 대한 체계적인 운영과 관리 등 사회복지행정에 대한 전반적인 지식기반 확대의 필요성이 크다고 할 수 있다.

사회복지행정학은 무엇보다도 사회복지학의 한 분야로써 사회복지서비스조직을 중심으로 복지정책과 복지서비스를 이어주는 가교역할을 할 수 있어야 한다. 즉 사회복지행정가는 사회복지조직과 프로그램 대상자들 사이에서 효과적인 서비스의 기획·실천·평가가 이루어지도록 지원하고, 또한 실제적이고 직접적인 행정현상에 초점을 두며, 더 나아가 당위성과 가치관이 게재되는 하나의 응용과학으로서 클라이언트의 욕구충족을 위하여 노력해야 한다. 그러므로 향후 사회복지분야에서 활동하고 싶은 사회복지사들이라면 필히 사회복지행정에 필요한 전반적인 행정관리 기법을 공부할 필요가 있다. 필자들은 이러한 필요를 충족하기 위하여 행정원론에 충실하고자 하였다. 이는 사실 사회복지행정의 대부분의 이론적 출처는 행정학을 근거로 하기 때문이기도 하다.

본 교재는 크게 3부로 구성되었다. 제1부는 사회복지행정의 기초에 관한 것으로 사회복지행정의 의의, 사회복지행정의 역사를 다루었다. 제2부는 사회복지조직에 관한 것으로 사회복지조직이론, 사회복지조직의 구조와 조직화, 사회복지서비스 전달체계, 사회복지조직과 환경을 다루었다. 제3부는 사회복지조직에서의 실제적인 관리에 관한 것으로 기획과 의사결정, 리더십과 조직문화, 인적자원관리, 재정관리, 홍보와 마케팅, 정보관리, 프로그램 개발과 평가 그리고 책임성과 시설평가를 다루었다. 그리고 학습자의 이해를 돕기 위하여 장마다 그 장의 도입부에서 주요 내용을 간략하게 제시하여 각 장에서 공부할 내용을 전체적으로 이해할 수 있도록 하였으며, 또한 장마다 주관식 문제와 객관식 문제를 제시하여 사회복지사 1급 시험에도 대비할 수 있도록 하였다.

본 교재는 사회복지행정 전반에 걸쳐 가장 기본적인 내용들을 다루고 있다. 따라서 사회복지행정에 대한 좀 더 심층적인 연구를 원하는 학습자는 더 많은 자료와 내용의 교재와 함께 보충이 필요할 것이다. 또한 본서를 통하여 학습하는 독자들에게 공동 집필에서 피할 수 없는 내용의 일관성에 대한 한계점에 대하여 양해를 구한다. 집필자들도 이점을 보완하기 위하여 여러모로 노력했으나 능력부족으로 여러 가지 면에서 미흡함과 부족함을 드러내지 않을 수 없었음을 시인한다. 그리고 앞서 사회복지행정 교재를 집필한 연구자들과 학자들 그리고 사회복지행정을 학습하는 독자들에게 본서에 대하여 많은 충고와 조언을 아끼지 말아달라는 부탁과 함께 널리 이해와 관용을 구한다. 또한 본서의 출간이 단순히 또 하나의 책으로서가 아닌 진정으로 사회복지행정을 공부하는 학생들과 사회복지에 관계된 모든 분야의 사회복지실천가들이 사회복지행정을 이해하는 데 기여하기를 바라며 그리고 우리나라 사회복지행정의 발전에 미력하나마 도움이 되기를 바란다.

농사를 알려면 적어도 한 해 동안 농사를 지어봐야 한다고 한다. 교재집필에 대한 말이 오간지 근 1년 만에 원고가 탈고되고 책을 출간하게 되었다. 여러 사정으로 중간에 집필자가 교체되고 약속시간을 넘겨야 하는 등 집필자들의 내외적인 애로사항들이 겹쳐 정말 가을의 수확을 기다리는 농부와 같은 심정으로 본서를 마치게 되었다. 한 해의 수확을 거두기 위해서는 농부의 수고뿐만 아니라 인내가 중요함을 다시 한 번 뼈저리게 느끼는 기간이었다. 수확의 기쁨을 가진 농부의 마음처럼 본서를 통하여 많은 결실이 있기를 기원한다.

본서를 집필하는 데 고마움을 전해야 할 분들이 있다. 먼저 본서 집필에 결정적인 역할을 하신 조성은 교수와 인권과 복지 연구소 소장이신 김형태 교수 그리고 도서출판 나눔의집 유보열 대표님과 모든 직원분들께 깊은 감사를 드린다.

주후 2010. 8.

저자 일동

차례

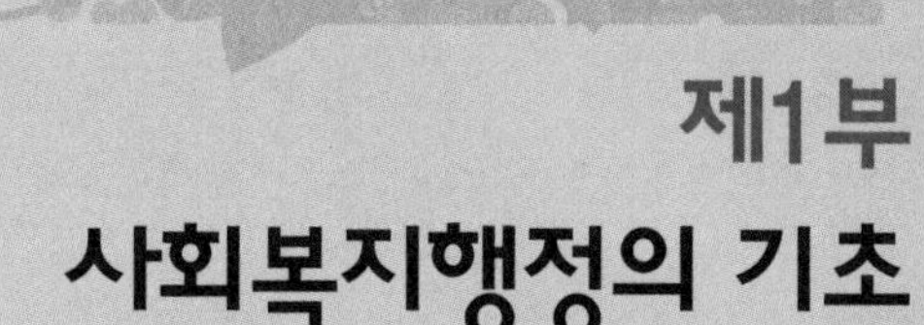

제1부
사회복지행정의 기초

사회복지행정의 의의

이 장에서는 사회복지행정의 정의 및 특징을 살펴보고, 사회복지행정의 과정과 사회복지행정가의 역할에 대해 고찰한다.

● 사회복지행정은 무엇이며, 유사개념으로는 무엇이 있는가?

● 사회복지행정의 과정은 어떻게 진행되는가?

사회복지행정은 공사 사회복지조직이 조직의 틀 안에서 사회복지서비스를 생산하여 이를 필요로 하는 수요자에게 효과적으로 전달하는 활동이라고 할 수 있다. 특히 현대사회의 사회복지실천은 여러 유형의 사회복지조직에서 수행하고 있기 때문에 사회복지조직에서 수행하는 행정에 대한 지식과 기술을 이해해야 한다.

사회복지행정은 사회복지정책을 사회복지서비스로 전환하는 총체적인 활동을 의미하며 협의로는 사회사업행정, 사회사업기관행정, 사회서비스행정, 인간서비스 조직의 관리를 뜻한다. 또한 사회복지정책(제도, 프로그램)을 구체적인 서비스로 전달하는 체계적 과정이며 사회복지의 제반 활동을 조직하고 관리하는 것으로서 한 사회가 추구하는 사회복지 이념이나 정책적 목표들을 서비스로 전환하는 과정으로 보아야 할 것이다.

1. 사회복지행정의 정의 및 특징

1) 사회복지행정의 정의

우리가 알고 있는 사회복지행정은 현대에 들어와서 더욱 광의적으로 사용되고 있다. 특히 사회복지행정은 접근하는 관점에 따라 양면성을 가지고 있는데 사회복지서비스 공급자의 입장을 강조하다 보면 사회복지조직의 관리자들이 조직의 내부 관리와 안정에 전념하게 되어 행정이 목적을 달성하기 위한 수단임을 망각하고 수단이 목표가 되는 역기능이 발생하게 된다(Merton, 1957: 199). 반면에 사회복지서비스 수요자의 입장을 강조하다 보면 행정의 복잡한 관리유지적 기능을 경시하여 지속적이고 효율적인 사회복지행정 서비스의 제공이 어려워지게 되는 것이다. 따라서 사회복지행정은 이러한 양면성을 고려하여 적절하고 균형 있게 운영해야 하지만 수요자의 취약성을 우선적으로 고려해야 하는 것이 사회복지행정의 속성이기 때문에 수요자 중심적 행정을 전개할 필요가 있다(박차상, 2007: 28).

사회복지정책과 사회복지행정을 구분하면 정책은 목적, 행정은 그 목적을 실천하

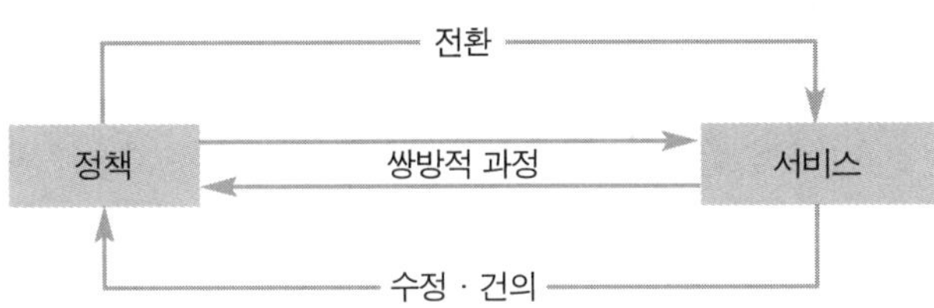

는 수단이나 과정에 속한다. 즉 사회복지에 대한 규범적인 접근분석, 장기경향에 대한 분석과 같은 목적이 정책이고 조직운영을 위한 자원의 확보와 유지, 프로그램의 효과성을 증진하기 위한 조직구조의 설계와 같은 수단이 행정이라고 할 수 있다.

이를 좀 더 세분화하면 협의의 행정은 정책과의 관련성이 배제되어 있는 경우를 말하며 행정은 수단으로써 실천 방법들에 국한한다. 한편, 광의의 행정은 조직의 정책 부분에 해당하는 목표설정까지 포함하고 있기에 경영과 관리를 통합한 보다 포괄적인 규정이다. 하지만 정책과의 관련성을 배제하는 것은 쉽지 않고 목적과 수단 혹은 정책과 행정은 절대적인 것이 아니라 상대적으로 구분되어야 한다.

사회복지행정은 사회복지정책과 계획들을 효과적, 효율적으로 수행하는 과정이라고 할 수 있다. 따라서 사회복지행정을 목적과 수단을 연결하는 전체적인 접근으로 보아야 한다. 조직들마다 성격이 다르고 한 조직 안에서 행정 관리자들의 위치와 역할이 각기 다르기 때문에 사회복지행정을 특정영역에 집중하기보다는 포괄적으로 규정해야 하는 것이다.

이와 같은 논의를 기반으로 하여 사회복지행정에 접근한다면 사회복지와 행정을 나누어서 살펴보는 방법이 효율적일 수 있다. 먼저 두 용어에 대한 개념을 정립한 후 사회복지행정의 정의를 이끌어내기로 한다.

(1) 사회복지의 정의

① 협의적 개념으로서 사회복지

사회복지를 소극적이고 한정된 협의의 개념으로 받아들이는 견해로서 개인과 그 가족의 삶에 대한 일차적 책임은 먼저 그 개인에게 있다는 자유주의적 사상과, 삶을 위한 모든 재화는 시장에서 얻어야 한다는 시장경제의 원칙을 바탕으로 하며 국가와 사회의 공동체적 책임과 노력은 그 다음의 문제로 인식한다. 이 한정적 의미의 사회복지는 최소한의 복지를 지향하여 지금 당장 현저하게 삶의 질이 떨어져서 개인이나 그 가족의 노력으로는 정상적인 사회생활을 영위할 수도, 회복할 수도 없는 상태에 이르러 삶 자체가 파괴될 정도에 이른 경우에만 한정하여 국가가 개입해야 한다는 입장이다.

사회복지를 스스로의 노력만으로는 도저히 일상생활 및 건강유지가 곤란하거나 불가능한 개인 또는 가족들에게 일정한 서비스를 실시·제공하는 일로서 정의하는 이 개념은 사회복지를 일시적·대체적·보충적인 것으로 이해하고 비상대책적인 기능으로 인식함으로써 요보호자가 사회적 기능을 회복하여 시장으로부터 재화와 용역을 공급받을 수 있게 되면 그 개입을 중단하게 된다.

이 개념에 의하면 사회복지의 혜택을 받는 사람은 비정상적이며 병리적인 사람으로 간주되는, 이른바 사회적 낙인stigma의 문제가 발생하게 된다.

② 광의적 개념으로서 사회복지

사회복지를 넓은 의미로 받아들이는 광의적 개념은 국민 또는 사회구성원 일반을 대상으로 하여 그 생활의 각 측면에 나타나는 비복지diswelfare를 다루거나 해결하고자 하는 것이다. 사회복지는 특수한 처지에 놓인 요보호자만을 대상으로 하는 일시적·선별적·보충적 개념이 아니라 모든 사회 구성원을 대상으로 하는 항구적·보편적·제도적 개념으로서 모든 인류가 생애의 전 과정을 통해서 언제, 어디서나 제공받게 되는 개념인 것이다.

사회복지의 개념은 보다 적극적인 면에서 이와 같은 광의의 개념으로 이해할 수 있겠지만, 소극적인 면에서도 광의의 개념을 도출할 수 있다. 사회구성원들이 비복지에 떨어지지 않게 하기 위해서는 최저의 기초적인 요건이 확보되고 충족되어야 한다. 여기에서 사회복지는 최저수준minimum standard의 확보로서 예방적이며 사전적 조치를 의미한다(김승훈, 2009: 20~21).

(2) 행정의 정의

행정의 개념은 다양성을 띠고 있어 정확히 정의하기란 어렵다. 행정의 영역이나 범위는 명확하게 설정되어 있지 않으며 그 한계도 분명하지 않고 유동적이며 또한 그 내용이나 기능도 확대, 변동되고 있다. 오늘날 행정은 급변하고 있으며 많은 변수와 파악하기 어려운 상황을 내포하고 있으므로 고도로 체계적인 개념화는 어렵다고 보아야 할 것이다(김규정, 1985: 2).

이와 같이 행정에 대한 근본적인 개념규정이 어려운 이유는 첫째, 개념규정의 대상이 되는 행정현상이 자연현상과는 달리 인간의 행동이기 때문이며, 둘째, 개념규정이라고 하는 것이 현상의 인지를 통하여 어떤 관념이나 생각을 갖게 됨으로써 이루어지기 때문에 이를 규정하려는 사람의 주관이 개입되어 보편성이 저하될 수밖에 없기 때문이다(박동서, 2005: 66~67).

그럼에도 불구하고 논리적 전개를 위하여 개념을 규정한다면 행정이란 정치권력을 배경으로 공공정책의 형성 및 구체화를 이룩하려는 행정조직의 집단행동(박동서, 2005: 70)이라고 정의할 수 있다. 이를 구체적으로 살펴보면 행정이란 대개 강제성을 지닌 정치권력을 내포한다. 그리고 정책형성에 있어서 두 가지로 구분되는데, 소극적 측면에서 갈등의 조정이라는 정책결정과 적극적 측면에서의 발전정책의 결정이라는 점이 있다(박차상, 2007: 30).

따라서 이상의 정의에 따라 행정이란 일반적으로는 입법작용 및 사법작용을 제외한 국가의 통치작용으로 볼 수 있으며 이러한 정의 속에서 정부의 행정조직을 중심으로 사회적 가치, 공익을 추구하고 배분하기 위한 활동이라고 할 수 있다.

(3) 사회복지행정

사회복지와 행정의 개념에서 보듯이 사회복지행정의 정의 또한 학자에 따라 여러 가지로 구분할 수 있다. 그러나 크게는 협의의 개념과 광의의 개념으로 구분한다(Patti, 1983: 25; 최성재·남기민, 2007: 26 참조).

① 협의의 사회복지행정

협의의 개념에서는 행정을 하나의 실천방법으로 보고 있는데 이러한 의미에서의 사회복지행정은 사회복지조직의 목표달성을 용이하게 하기 위해 관리자에 의해 수행되는 업무와 기능 및 이와 관련된 활동의 구체적인 과정을 뜻한다. 협의의 사회복지행정은 주로 사회복지조직에서 관리자의 활동과 관련되어 있으며 목표설정, 프로그램 기획, 자원의 동원과 유지, 성과의 평가와 같은 과업활동에 사회사업적 지식, 기술, 가치 등을 의도적으로 적용하며 사회복지조직의 특수한 목적과 특징에 의해 영향을 받는다.

② 광의의 사회복지행정

광의의 개념에서는 행정을 조직의 총체적인 활동과정에 다양하게 기여하는 조직 구성원들의 협동적·조정적 노력으로 파악하고 있는데 이러한 의미에서 사회복지행정은 사회정책을 사회복지서비스로 전환하는 데 요구되는 모든 활동으로 규정할 수 있다. 광의의 사회복지행정은 사회복지조직에서의 총체적 활동을 말하는 것으로 목표달성의 책임이 조직의 모든 구성원에게 공유되며, 따라서 사회복지조직 내의 모든 활동은 그것이 개인적 차원이든 조직적 차원이든 행정과정에서 매우 중요하다는 것을 강조함으로써 행정의 개념을 보다 민주화하고 있다.

2) 사회복지행정과 유사 개념

지금까지 살펴본 사회복지행정의 두 가지 개념은 서로 따로 사용되기보다는 같은 연속선상에서 혼용되기 때문에 우리가 흔히 사용하는 사회복지기관 행정과 공공 사회복지행정과 더불어 사회복지정책 등의 용어를 구분할 필요가 있다.

표 1-1 협의와 광의의 사회복지행정 비교

구 분	협의의 사회복지행정	광의의 사회복지행정
개 념	사회복지실천의 한 방법으로써 행정관리자에 의한 행정관리	공공 및 민간기관을 포함한 사회복지조직 구성원들의 총체적 활동
내 역	사회사업행정, 사회사업 3대 방법(개별사회사업, 집단사회사업, 지역사회조직사업)과 같은 사회복지실천 방법	인간의 사회적 기능 향상 - 사회과학적 관리과업 - 사회사업 3대 방법 포함
주요과제	- 서비스 전달의 효과성, 효율성 문제 - 서비스의 접근성과 전문성 문제 - 서비스의 경쟁성 - 서비스 중복과 조정 문제 - 재정의 불확실성	- 중앙정부와 지방정부 연계 강화 - 공공기관(중앙정부, 지방자치단체)과 민간단체의 연계체계 미흡

(1) 사회복지기관 행정

사회복지행정의 주체를 민간 사회복지기관으로 간주하고, 객체를 클라이언트로 한정하여 클라이언트에 대한 복지기관의 서비스 제공에 필요한 전문적 과정으로 이해하는 개념이다.

(2) 공공기관 사회복지행정

사회복지행정의 주체를 공공 사회복지기관으로 간주하며 그 객체를 클라이언트를 포함한 전 국민으로 파악하고, 사회 전체적 입장에서 문제해결을 하는 과정이나 기술로 이해하는 개념 규정이다. 이러한 개념 규정은 사회복지행정을 공공기관 행정과 연관하여 공권력이나 정치권력을 사회복지분야에 동원할 수 있음을 나타낸다.

(3) 사회복지정책

사회구성원 또는 국민에게 서비스와 재화를 제공함으로써 그들의 복리에 직접적으로 영향을 주는 정부의 정책이다. 여기서 서비스는 사회복지서비스를 의미하며 보편적으로 상담, 교육, 재활, 보호, 의뢰 및 정보제공 서비스를 의미하고 재화란

그림 1-2 사회복지행정의 개념

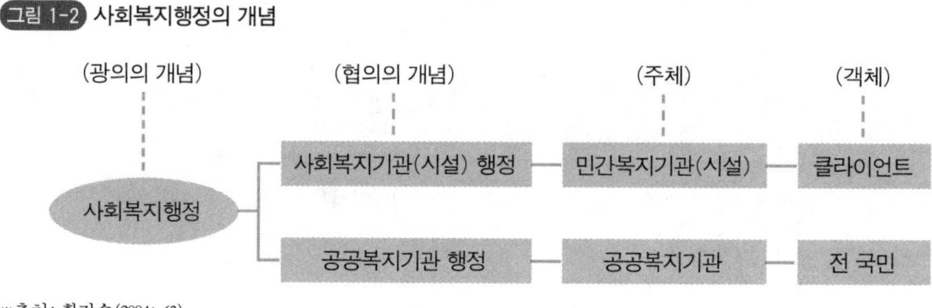

※출처: 황진수(2004: 63)

사회취약계층에 지원되는 현물과 현금을 의미한다(황성철 외, 2005).

이상의 개념 규정을 사회복지행정, 사회복지기관 행정, 공공기관 사회복지행정으로 규정하여 도표화하면 〈그림 1-2〉와 같다.

3) 사회복지행정의 특징

사회복지행정은 기업이나 정부에 있어서의 행정과는 관리의 원리와 기술면에서는 공통점이 있으나, 건전한 인간의 가치와 관계성에 관한 원리와 감정을 부가하고 있는 점이 다르다. 즉 사회복지행정은 국민의 복지증진을 목표로 하고 있으며, 그 최종 목표는 모든 사회구성원이 '건전한 인간'으로 육성·발전하도록 하는 데 있다.

사회복지행정은 클라이언트에게 의타심을 조장하게 한 종전의 자선사업charity work과는 근본적으로 다르며, 단순한 구호, 육성, 갱생조치가 아니라 서비스를 받는 자

표 1-2 사회복지행정과 일반행정

공통점	차이점
문제의 확인, 계획, 프로그램 개발, 서비스 평가 등을 포함하는 문제해결 과정	사회복지행정은 지역사회 내 클라이언트의 욕구충족을 돕기 위해 존재
인간 상호작용과 관련한 부분으로 된 체계	사회복지조직에는 지역사회를 대표하는 위원회가 존재
대안 선택에서 가치판단을 사용하고 창의적인 지식을 활용	사회복지행정가는 사회복지조직의 운영을 지역사회와 관련시킬 책임이 있음
서비스 생산을 위한 직원의 조직화	사회복지행정은 전문 사회복지사의 직무수행에 크게 의존
인적, 물적 자원의 동원 및 조직화	모든 직원들이 행정에 참여하고 전체 조직에 영향

가 정상적인 사회인으로 참여하도록 하는 데 의의가 있을 뿐 아니라 사회문제의 예방, 나아가 복지의 증진을 의도하고 있다는 점에서 일반행정과는 다른 특징이 있다(장인협·이정호, 2000: 12).

한편, 패티(Patti, 1983: 5∼11)는 사회복지행정의 특징을 다음과 같이 설명하고 있다.

첫째, 사회복지 수혜대상자나 사회복지재정의 확대에 대한 사회의 우호적이지 않은 감정이 조직의 존재를 불확실하고 불안정하게 하므로 행정가는 사회적, 정치적 지원을 받기 위한 지역홍보, 지원세력의 구축 등 끊임없는 노력을 해야 한다.

둘째, 사회복지조직의 목적과 상충될 수 있는 외부환경의 다양한 목적들을 조직의 소명에 적합하게 반영하고 조정해야 한다.

셋째, 조직 내부구성원의 서비스 제공에 대한 다양한 가치관, 방법, 역할 등을 조직의 목적과 조화시키기 위해 훈련과 지도의 노력이 계속적으로 주어져야 한다.

넷째, 조직에서의 투입물이 다양한 문제를 가진 복잡한 인간이므로 그에 대한 서비스가 다양하고 개별적으로 주어져야 하며 조직이 사용하는 기술, 즉 사회사업가가 적용하는 대인서비스 기술이 표준화되기 어려운 것이므로 서비스제공자에 대한 지도, 감독, 평가가 일반행정과는 다르게 융통성 있고 집중적인 인력관리방법을 사용하여 달성되어야 한다.

2. 사회복지행정의 가치 및 이념

사회복지의 이념은 사회복지 목표와 정책의 방향을 설정하기 위한 좌표를 제시한다. 또한 결정된 목표와 정책에 정당성을 부여함으로써 행정 담당자로 하여금 신념을 가지고 행정을 추진할 수 있게 하며, 국민의 지지를 확보하고 국민의 합의를 형성할 수 있는 구심점을 마련해 준다(최항순, 1994: 64).

1) 사회복지행정의 가치

사회복지행정이 추구하는 가치들을 알아보기 전에 사회복지에서 가치의 역할은 사회복지사가 그 사회에서 담당해야 할 근본적인 임무와 목표를 제시한다는 것이다. 가치관은 활동목표를 직접적으로 표현하고 정당화하는 역할을 한다. 또한 사회복지사가 지향하는 가치는 사회복지사 또는 사회복지기관이 사회복지실천에서 구체적으로 어떤 종류와 성격의 사회적 관계를 형성해 나가야 할지를 제시하는 것이다. 또한 가치는 사회복지사가 실천과정에서 선택할 수 있는 다양한 실천대안들 가운데 무엇이 가장 바람직한 개입방법인지를 선택하는 데 직접적인 영향을 준다. 그리고 가치는 사회복지사가 실천과정에서 직면하는 다양한 윤리적 교착상태와 갈등을 분석하고 해결하는 데 중요한 이론적 자원이 된다.

이에 따라 사회복지의 일반적인 가치를 살펴보면, 먼저 인간을 사물로 파악하지 않고 특수한 살아있는 존재로 파악해야 한다. 둘째로 인간을 동물적인 존재가 아니라 신적 존재로 보아야 한다. 환언하면 인간의 조건을 계속적인 성장과 발전의 과정으로 인식하는 것이다. 셋째로 인간 개개인의 독자성을 추구하는 것이다. 넷째로 인간으로 하여금 인생의 의미를 찾을 수 있는 기회를 제공해야 한다. 무엇보다 사회복지행정이 마음의 상처나 박탈감으로부터 고통받는 곳에 더 필요하다면 이들에게 인생의 의미를 찾을 수 있도록 노력하는 것이 중요하다. 다섯째로 개개인의 창조적인 잠재력에 관심을 주는 것이다. 사회복지행정은 인간 잠재력의 완성을 위한 것이든 아니면 잠재력의 극대화를 위한 것이든 최대한 잠재력이 개발될 수 있도록 해야 한다.

사회복지의 일반적인 가치뿐만 아니라 사회복지행정이 추구하는 가치를 알기 위해서 윌렌스키와 르보(Wilensky & Lebeaux, 1965: 138~140)가 제시한 잔여적 사회복지와 제도적 사회복지의 구분을 대표적으로 살펴본다.

(1) 잔여적 사회복지

사회복지 이념형으로서 잔여적 사회복지는 아담 스미스Adam Smith와 허버트 스펜서Hebert Spencer에 의해 대표되는 자유방임의 사회철학에 근거한다. 개인들의 욕구는 가족과 시장으로부터 충족되고, 부족한 부분을 충당하기 위해 사회복지가 필요하다고 보는 입장을 잔여적 사회복지라고 한다. 또한 안전망의 개념으로 사회복지를 보는 관점이며 이는 선별주의와도 일맥상통한다. 클라이언트에게 수급자격 및 조건을 부여하여 서비스를 제공함으로써 낙인의 문제점을 가지고 있지만, 사회복지 조직에서 최소한의 자원으로 최대한의 효과를 거둔다는 효과성effectiveness, 효율성efficiency 측면에서 바람직한 방법이다.

(2) 제도적 사회복지

제도적 사회복지는 현대 산업화·정보화 사회의 특성상 가족과 시장의 기능만으로 대다수 개인들의 욕구가 충족될 수 없다는 것을 전제로 하여 개인들의 욕구를 충족하지 못함은 현대사회의 구조적인 문제라고 보는 입장으로 제도를 통한 해결이 필요하다고 보는 입장이다. 따라서 개인의 사회적 및 경제적 의존성이 사회의 집합적 책임이라는 관점을 가지며 보편주의와도 일맥상통한다. 제도적 사회복지는 서비스의 공평성·편익성(접근성) 측면에서 우월한데 이는 클라이언트에게 특정한 자격이나 조건을 두지 않고 서비스를 제공하기 때문이다.

2) 사회복지행정의 이념

현대사회의 대부분의 국가들은 앞서 살펴본 잔여적 사회복지와 제도적 사회복지라는 두 가지 이념의 연속선상 중 어느 한 점에 있으며 어느 사회도 어느 한 가지 이념의 극단에 있지는 않다. 앞서 살펴본 두 모델의 차이를 보면 잔여적 복지모델은 시장과 가족 기능에 의해 파생되는 문제를 떠맡는 '치료적' 도구로서의 역할에 국한되어 있으며 시장·가족 이탈자의 치료 및 복구에 초점을 맞추었다. 반면에 제도적 복지모델은 제반 사회구조적 측면의 근원적 결함을 해결하여 시장과 가족제도를 포함하도록 하였다.

이런 복지모델을 근거로 제도적인 관점에서 사회복지행정이 추구하는 주요한 가치를 살펴보면 효과성, 효율성, 공평성, 편익성·접근성 등이 있다.

(1) 효과성

목표의 달성 정도를 의미한다. 즉 욕구충족 및 해결을 위해 선택된 서비스가 어느 정도 적합한가와 관련된다. 이는 조직의 목표가 명확하게 설정되어 있어야만 그 달성 여부를 판단할 수 있다. 따라서 목표가 추상적이어서는 안 된다.

(2) 효율성

최소의 자원을 투입하여 어떻게 하면 최대의 효과를 볼 것인가와 관련된다. 사회복지서비스의 공급에서는 항상 자원부족의 문제가 대두된다. 따라서 비용, 시간, 인력 등의 자원투입을 극소화하고 반면에 효과는 극대화하는 것과 관련된다.

(3) 공평성(형평성)

동일한 욕구를 가진 클라이언트는 동일한 서비스를 받아야 한다는 것이다. 특히 사회복지서비스는 사회구성원 모두에게 제공되는 것이 바람직한 것이다. 공평성은 서비스를 받을 기회와 내용뿐 아니라 그 비용 등을 포함한다. 따라서 서비스를 받는 것에 대한 낙인이 없으며 서비스 대상자가 되는 것에 대한 사회적 압력도 없다.

(4) 편익성(접근성)

클라이언트가 사회적 서비스를 쉽게 이용할 수 있어야 한다는 것이다. 접근성을 높이기 위해서는 기관의 위치나 교통수단 등 물리적인 요소뿐 아니라 서비스의 비용, 서비스에 대한 홍보 등의 요소에 대해서도 고려하여야 한다. 예를 들면 교통이 불편하거나, 까다로운 절차, 서비스 제공인력의 부족, 서비스에 대한 정보 결여 등을 들 수 있다.

3. 사회복지행정의 과정

사회복지행정의 기본적인 과정은 일반적으로 기획, 조직, 인사, 지시, 조정, 보고, 재정 및 평가이며, 이것은 알파벳의 철자를 따서 POSDCoRBE로 표현된다. POSDCoRBE는 행정가에 의하여 수행되는 여덟 가지 주요 행정과정을 언급한 것이다. 엘러스 등(W. Ehlers, et al., 1976: 9~26)은 사회복지행정의 주요 과정을 다음과 같이 열거하고 있다.

사회복지행정의 과정
① P: Planning(기획)
② O: Organizing(조직)
③ S: Staffing(인사)
④ D: Directing(지시)
⑤ Co: Coordinating(조정)
⑥ R: Reporting(보고)
⑦ B: Budgeting(재정)
⑧ E: Evaluating(평가)

(1) 기획 P - Planning

기획은 행정가에 의하여 수행되는 첫 번째 과정이다. 기획은 목표의 설정과 목표를 달성하기 위한 과업 및 수행방법을 결정하는 단계로 과업을 달성하기 위한 방법은 변화하는 목표에 따라 달라질 수 있으며 사회복지행정가는 변화하는 목표에 맞춰 과업을 계획하고 방법과 기술을 결정해야 한다.

사회복지기관의 목적은 기관이 설립될 당시 규정하는데, 공공기관의 경우 해당 법령의 규정을 따르며, 민간기관의 경우 보통 정관에 명시한다. 그러나 기관의 목표에 관한 일반적인 진술은 기관의 활동이 구체화될 때 더욱 명확해진다. 과업을 수행하기 위하여 필요한 방법은 변화하는 목표에 따라 달라질 수 있다. 따라서 사회복지행정가는 변화하는 목표와 보조를 맞추어 필요한 과업을 계획하고 목표달성을 위하여 요구되는 방법을 선정하여야 한다.

(2) 조직 O - Organizing

두 번째 과정인 조직은 조직구조를 설정하는 과정으로 과업이 할당되거나 조정된다. 역할이 분명하지 않을 때 직원 간의 갈등이 초래되며, 비효율적이고 비효과적인 기관이 된다. 기관의 구조는 일반적으로 정관의 규정이나 운영지침서에 서술되어 있다. 사회복지행정가는 그 조직을 유지·발전시켜 나가기 위해서 기관의 변화와 능력, 그에 따라 요구되는 과업과 방법의 변화에 보조를 맞추어야 한다.

(3) 인사 S - Staffing

인사는 직원의 채용과 해고와 관련된 과정으로 사회복지행정 책임자는 직원의 임면뿐만 아니라 교육, 훈련 및 직원의 적절한 활동 환경의 조성·유지에 대해서도 책임을 진다. 이러한 과업은 보통 인사책임자에게 위임되기도 한다. 직원을 훈련하는 과업을 수행하기 위한 최선의 방법은 효과적인 훈련 프로그램의 수립을 통하여 이루어진다. 또한 우호적인 활동조직을 유지하는 최선의 방법은 기관의 모든 구성원 간에 개방적인 의사소통을 유지하여, 대인관계에서의 갈등을 완화·해소하는 것이다. 이러한 의사소통은 쌍방의 과정으로서 최고 행정책임자로부터 직원에게 그리고 직원으로부터 최고 행정책임자에게로 이루어져야 한다.

(4) 지시 D - Directing

이 과정은 합리적인 결정, 능동적인 관심, 헌신적인 태도, 직원의 공헌을 칭찬하고 책임과 권한을 효과적으로 위임하며 개인과 집단의 창의성을 고려하여 지시하는 지도자가 되어야 함을 의미한다.

(5) 조정 Co - Coordinating

사회복지행정가는 부서 간, 직원들 간의 효과적인 의사소통의 망을 만들어 유지하고 조정해야 한다. 이를 위한 효과적인 방법 중 하나로 위원회의 설립이 있다. 기관의 행정책임자는 특정한 문제를 해결하거나 다양한 전문가의 투입이 요구되는 활동을 위하여 위원회를 활용한다.

위원회

위원회에는 두 가지 형태, 즉 상설위원회와 특별위원회가 있으며, 상설위원회는 프로그램, 인사, 재정과 같은 지속적인 문제를 취급하고, 특별위원회는 긴급한 문제 상황 및 임시적인 활동 등을 다루게 된다.

(6) 보고 R - Reporting

이 과정은 행정가가 직원, 이사회, 지역사회, 행정기관, 후원자 등에게 조직에서 일어나는 상황을 알려주는 과정이다. 이러한 기능을 수행하기 위한 주요 활동으로는 기록의 유지, 정기적인 감사, 조사연구가 있다. 기록의 유지는 클라이언트의 사례기록, 인사기록, 위원회의 활동을 포함하는 일반적인 기관활동의 보고이다. 이러한 기록은 클라이언트에 대한 서비스 전달에 있어 직원의 상황을 알 수 있다. 정기적인 감사는 기관이 어떻게 기능하고 있는가에 관한 전반적인 견해를 얻게 하며, 개선이 필요한 사항을 알려준다. 조사연구는 서비스 수행의 적절성, 현재 서비스의 필요 여부, 새로운 서비스 필요 여부, 서비스 전달방법의 효과성 등을 파악할 수 있도록 해준다.

(7) 재정 B - Budgeting

이 과정은 재정을 투명하게 사용할 수 있어야 하며 조직의 행정가는 중·장기적인 재정계획을 수립해야 하고 회계 규정에 따라 재정운영에 대한 책임을 가져야 한다. 이를 위해서는 다음과 같은 세 가지 요소가 필요하다.

① 조직의 구조가 예산상의 관점에서 건전해야 한다. 이것은 기관의 모든 부서에서 지출을 위한 권위와 책임의 기초를 분명하게 규정할 때 달성될 수 있다.
② 장기적인 목표와 현재의 운영을 위한 계획을 포함하는 재정계획은 예산정책에 기초하여 수립되어야 한다. 예산정책에는 봉급지급 일정, 수입확보의 방법 및 지출통제의 방법 등이 포함되어야 한다.
③ 행정책임자 또는 재정책임자는 재정기록(회계방법)을 통하여 기관의 재정상의 운영을 통제하는 전반적인 책임을 진다.

(8) 평가 E - Evaluating

평가는 주로 효과성과 효율성에 초점을 두어 진행된다. 효과성은 서비스나 프로그램이 클라이언트의 욕구나 문제의 해결에 적절했는지를 평가하는 것으로 서비스에 대한 요구와 관련하여 기관의 서비스가 수행된 정도를 측정한다. 효율성은 자원의 투입 대비 산출을 따져보는 것으로 가용한 자원과 관련하여 기관의 서비스가 수행된 정도를 측정한다.

사회복지행정가가 평가의 기능을 효과적으로 수행하기 위해서는 직원들이 평가 활동을 자유롭게 수행하고, 기관의 기능과 프로그램에 관한 제안을 할 수 있도록 분위기를 조성하는 노력이 이루어져야 한다.

4. 사회복지행정가

사회복지행정의 독립변수 역할을 하는 사회복지행정가의 기능은 곧 클라이언트에 대한 서비스의 질과 연결되기 때문에 매우 중요한 의미를 가진다. 성공적인 사회복지행정가의 기술과 특성에 관한 전미사회복지사협회National Association of Social Workers, NASW의 내용을 보면 다음과 같은 지적을 하고 있다(Skidmore, 1990: 30).

① 미래에 대한 현실적 사고와 계획, ② 특정한 계획을 실현가능하게 접근하는 것, ③ 실천에 있어서 대안을 고려할 수 있는 능력, ④ 결정에 따른 효과를 예측하고 평가하는 능력, ⑤ 우선순위 결정, ⑥ 의사결정력, ⑦ 여러 가지 역할과 과업을 동시다발적으로 수행하는 능력, ⑧ 개인적 균형상태의 유지, ⑨ 관료제 및 조직이론에 능통하고 이것을 사회복지행정조직의 목표달성에 사용, ⑩ 개인과 집단의 능력을 활용하고, 때로는 그들의 한계를 설정함으로써 여러 사람들의 효과적인 업무수행을 가능하게 하는 능력, ⑪ 권위와 권한을 적절하게 활용하고 임할 수 있는 것, ⑫ 다른 사람들과의 의사소통 능력, ⑬ 단호한 행동 등이다.

물론 우리나라의 사회복지행정조직은 미국이나 다른 외국의 사회복지행정조직과는 다른 점이 매우 많아서 이러한 사항을 모두 수용할 수는 없을지라도 우리의 현실에 맞게 적절하게 운영하는 능력이 사회복지행정가에게 요구된다. 이와 관련하여 사회복지행정가가 실천하여야 할 관리지침을 요약하면 다음과 같다(Skidmore, 1990: 34~39).

(1) 수용 accepting

사회복지행정가는 클라이언트와 직원 및 관련된 전문직 사람들에 대해 그 차이를 인정하고 있는 그대로를 수용해야 한다. 클라이언트 개개인을 장점과 약점을 동시에 지닌 독특한 개인으로 존중하고 수용해야 하며, 목표와 기준 및 직원을 위한 지침을 설정하는 것을 돕는다. 또한 인간관계에서 개인적 차이를 인정하고 조직의 틀 안에서 각각의 개인은 진실한 본인의 모습을 지닌 존재가 될 수 있도록 노력해야 한다.

(2) **보호** caring

사회복지행정가는 직원에 대한 관심을 가져야 하며 신뢰와 소속감을 주어야 한다. 직원이 서비스 제공을 통해서 스스로 발전하고 성취할 수 있도록 가능한 모든 행정 수단을 취하여야 하며 직원과의 관계에서 상황을 공유하는 것이 필요하다.

아울러 직원들에 대해 겸손하고 직원의 실수로 인한 불이익에 조직을 대표하여 책임을 질 수 있어야 하며, 직원의 복지와 관련된 부분에서 자신의 지위를 낮추어 직원을 존중하고 신뢰하여야 한다. 이는 직원이 하는 모든 일을 동의하고 인정하는 것이 아니라, 그들의 능력 차이 혹은 실수를 이해하고 정상을 참작하여 대한다는 것을 의미한다.

(3) 창의성 creating

사회복지행정가는 변화에 대해 개방적, 혁신적이며 더 효과적이고 효율적인 의사결정을 위해 창의적이어야 한다. 긍정적인 변화를 위해 자신의 태도나 자세를 변화시키는 데에 주저하지 않아야 한다.

사회복지행정가는 과거의 경험을 통해서 배우려는 자세를 가져야 한다. 다른 한편으로는 현재와 미래도 더욱 중요하다는 것을 항상 강조할 필요가 있으며 새로운 개혁방향이 조직이나 지역사회의 복지향상을 위해서 필요한 것이라면 그 방안을 채택할 수 있도록 해야 한다.

(4) 민주성 democratizing

사회복지행정가는 민주적 과정의 옹호자이며, 조직구성원과 다른 사람과의 참여를 통해서 조직이 현재의 상황보다 매우 좋아질 수 있다는 것을 인식하면서 그들의 의견과 가치를 존중해야 한다. 모든 조직구성원을 진실한 마음으로 대하여야 하며, 조직구성원의 생각과 의견에 귀를 기울여야 한다. 따라서 사회복지행정가는 집단과정을 존중하고, 협력이 문제해결과 해결방안결정 혹은 욕구충족을 위한 최선의 대안임을 인식하는 것이 필요하다.

(5) 신뢰 trusting

사회복지행정가는 조직구성원들을 신뢰해야 한다. 조직구성원들의 관점 및 의견, 그리고 조직구성원들이 제시하는 자료는 비록 서로 간에 차이가 있을지라도 존중되어야 한다. 또한 조직구성원들을 공개적으로 헐뜯기보다는 그들을 신뢰한다는 것을 보여줌으로써 조직구성원들의 마음속에 신뢰감이 생기도록 하여 신뢰는 믿음 이상을 포함하고 있다는 것을 보여주어야 한다(Gibb, 1978: 14).

(6) 인정 approving

사회복지행정가는 조직구성원 또는 클라이언트가 칭찬 및 인정을 몹시 갈망하고 있다는 것을 이해해야 한다. 사회복지행정가는 인정의 욕구가 인간의 기본적인 욕구임을 인정하고 칭찬할 만한 가치가 있을 때에는 칭찬을 해야 한다. 이는 문서로 그리고 구두로 이루어져야 하며 적절한 인정을 통하여 조직구성원들의 사기를 진작시키는 것은 조직구성원뿐 아니라 조직 전체에도 이득을 준다는 것을 명심해야 한다. 칭찬의 경우는 칭찬받을 사람뿐 아니라 칭찬하는 사람에게도 이득이 된다.

(7) 균형 balancing

사회복지행정가는 일, 휴식, 놀이, 종교생활 등이 조화를 이루는 원만한 생활을 누려야 하며 그러기 위해 노력해야 한다. 또한 신체적 건강뿐만 아니라 정신적 건강에도 주의를 기울여야 하고 가능한 한 충분한 휴식을 취해야 한다. 사회복지행정가는 그들이 직면하는 좌절과 문제가 조직구성원들에게 영향을 미치지 않도록 최소화하려고 노력해야 하며, 근면하고 노동의 가치를 인정하며 심신의 휴식을 취하고 활기를 불어넣는 데도 시간을 아끼지 말아야 한다.

(8) 기획 planning

사회복지행정가는 기획가가 되어야 한다. 기획은 조직의 목표와 관련하여 서비스 효과에 영향을 미치는 중요한 요인이다. 아울러 사회복지행정가의 경험을 통해서 효과적인 기획은 바람직한 결과를 가져오고 기획의 결여는 조직과 서비스를 약화시키거나 파괴시킬 수 있음을 견지하고 기획이 조직 전체의 목표에 도달하도록 기획을 활용할 수 있어야 한다. 또한 조직구성원들이 자신들의 개인적 목표, 부서의 목표 그리고 조직 전체의 목표를 설정하도록 격려해야 한다.

(9) 조직화 organizing

사회복지행정가는 조직화를 할 수 있어야 하는데, 조직화란 의사소통이 원활할 수 있도록 수직·수평의 효과적인 권한을 적절히 배분하는 것을 의미한다. 사회복지조직은 효과적인 권한과 책임의 계선을 따라 움직이는 효율적인 구조를 이루어야 한다. 이를 위해 사회복지행정가는 때로는 권한을 위임하나 너무 많은 권한을 위임하는 것은 아니며 통상 사회복지행정가 한 사람당 조직구성원들은 5~6명을 넘지 않도록 한다. 사회복지행정가는 의사소통이 위에서 아래로, 아래에서 위로, 그리고 수평 등의 모든 방향으로 이루어질 수 있도록 허락되는 구조를 제공해야 한다. 권한을 위임할 때에는 수행해야 할 책임도 뒤따른다는 것을 구성원들에게도 주지시켜야 한다.

(10) 우선순위 결정 prioritzing

사회복지행정가는 의사결정에 있어 목표와 중요성 및 시급성을 비교하여 좀 더 효과적이고 가치있는 일에 우선순위를 두고 대안을 탐색해야 한다. 사회복지행정가는 제기되는 각각의 목표 또는 운영의 중요성을 비교·대조하고, 비중을 둘 줄 알아야 하며, 그 중요성에 관해서 건전한 결정을 내릴 수 있어야 한다. 또한 여러 가지 대안들을 탐색하고 조직의 서비스와 관련하여 각각의 가치를 결정할 수 있어야 한다. 사회복지행정가는 어떤 목표는 단기적인가 하면 어떤 목표는 장기적이라는 사실과, 결정을 내릴 때에는 그 목표 간의 차이를 염두에 두어야 한다는 사실을 이해하고 적응해야 한다.

(11) 위임 delegating

유능한 사회복지행정가는 사회복지조직의 책임이 분담되어야 한다는 것을 깨달고 다른 조직구성원들에게 기꺼이 책임과 권한을 줄 기회를 제공해야 한다. 책임이 위임될 때에는 책임을 수행할 권한도 또한 위임된다. 그러나 사회복지행정가는 책임을 위임할 여지가 없는 경우에는 책임을 위임해서는 안 되고 책임을 맡도록 해야 한다. 그러한 경우라도 관계직원으로 하여금 협조하여 일하도록 유도해야 한다.

(12) 지역사회와 관계유지

사회복지행정가는 지역사회와 다른 전문직 간의 효과적인 업무관계를 유지해야 한다. 사회복지행정가는 조직에 호의적인 태도와 행동을 유발하기 위하여 지역사회에 사회복지조직의 기구와 서비스를 설명해야 한다. 조직구성원들은 자신들이 행동하고 말하는 것이 홍보에서 아주 중요하다는 것을 이해하고 있어야 한다. 사회복지행정가는 정신의학, 심리학, 간호학, 의학, 법률, 기타 전문 직업인들과 효과적인 업무관계를 유지해야 하며, 특히 사회복지조직의 관리에 관하여 타 전문직업인들이 사회사업의 역할과 서비스를 이해하도록 도와야 한다.

(13) 의사결정 decision making

사회복지행정가는 의사결정을 해야 한다. 사회복지조직과 지역사회에 이익을 가져다줄 의사결정을 수행하기 위해 취해야 할 개별적인 조치가 있어야 한다. 사회복지행정가는 사실을 수집·정리하고 대안을 검토하며 각 대안들의 성과를 예상해서 최상의 판단을 내려야 한다. 때때로 사회복지행정가도 잘못된 의사결정을 할 수 있으나, 언제라도 필요한 경우에는 의사결정을 할 수 있는 용기를 가져야 한다. 이러한 의사결정 과정에 조직구성원들을 포함하는 것이 보다 합리적인 의사결정에 도움이 된다.

(14) 행동촉진 및 조장 facilitating

사회복지행정가는 조직구성원들이 원하고 나아갈 필요가 있는 방향으로 갈 수 있도록 마음의 문을 열고 되도록 할 수 있는 모든 것을 다해야 한다. 아울러 조직구성원들의 개별적인 계획에 민감하게 반응해야 하며 그들이 발전하는 것을 돕기 위해 할 수 있는 모든 것을 할 필요가 있다. 또한 조직구성원들의 행동을 일방적으로 지시·명령해서는 안 되며 지지할 수 있는 관리자가 되어야 한다.

(15) 의사소통 communicating

사회복지행정가의 가장 중요한 행동 중의 하나는 생각과 감정 등을 주고 받는 의사소통이다. 가끔 비언어적 의사소통 방식이 말보다 중요하며 의미가 있다는 것을 이해하며 얼굴의 표정이나 자세, 몸의 움직임, 걸음걸이, 기타 감정의 표현을 관찰하는 것도 필요하다.

(16) 직원발전의 촉진 building others up

사회복지행정가는 조직구성원들을 다루는 방법에서 일반 행정가와는 다른 차이가 있다. 즉 어떤 사회복지행정가는 조직구성원들에게 상처를 주고 때로는 조직구성원들을 심리적으로 학대, 시샘하며 가끔은 조직구성원들을 억누르거나 얕잡아 보기도 한다. 그러나 효과적인 사회복지행정가는 창의성, 혁신 및 성취를 장려하기 위하여 자신들이 할 수 있는 모든 것을 수행하며, 조직구성원들에게 보상을 주고 성취에 대해서는 충분하게 인정한다. 따라서 조직구성원들의 성취를 통하여 대신 만족을 얻는 사회복지행정가가 되어야 한다.

(17) 동기부여_{motivating}

사회복지행정가는 조직구성원들이 자신의 능력을 활용하고 사회복지조직의 기능을 수행하는 데 있어 조직구성원들에게 동기를 부여하고 그들의 마음을 움직일 능력이 있어야 한다. 사회복지행정가는 조직구성원들의 욕구를 이해하고 조직구성원들이 조직의 서비스를 수행하는 데 있어 그들의 능력을 활용하도록 장려하기 위해 가능한 모든 것을 해야 한다. 또한 자신이 어떻게 행동하느냐에 따라 많은 차이가 생기는 것을 알아야 한다. 왜냐하면 조직구성원의 사기가 높을수록 조직구성원들의 감정과 서비스 전달 기능은 더욱 호전되어 사회복지조직의 업무수행에 많은 힘이 되기 때문이다.

제1장 연습문제

1 사회복지행정의 주체를 민간 사회복지기관으로 간주하고, 객체를 클라이언트로 한
정시켜 클라이언트에 대한 복지기관의 서비스 제공에 필요한 전문적 과정으로 이해
하는 개념은?

2 직원의 채용과 해고와 관련된 과정으로 사회복지행정 책임자가 직원의 임면뿐만 아
니라 교육, 훈련, 적절한 활동 환경의 유지에 대해서도 책임을 지는 사회복지행정의
과정은?

3 사회복지행정가는 직원에 대한 관심을 가져야 하며 신뢰와 소속감을 주고 아울러 직
원들에 대해 겸손하고 직원의 실수로 인한 불이익에 조직을 대표하여 책임을 질 수
있어야 하는 사회복지행정가의 관리지침 중 하나는?

주관식 문제

01 다음 중 협의의 사회복지행정의 대상은 누구인가?

① 국가   ② 노동자   ③ 전 국민   ④ 요보호자   ⑤ 공무원

02 거시적 관점으로 볼 때 사회복지행정의 과제에 해당하지 않는 것은?

① 효과적인 정책수립을 위한 포괄적인 시각의 확보

② 서비스 공백의 극복

③ 서비스의 지역적 편중 완화

④ 효과적이고 효율적인 서비스 전달

⑤ 모든 목표를 공유

03 다음 중 사회복지행정의 과정이 아닌 것은?

① 조정   ② 조직   ③ 기획   ④ 통제   ⑤ 보고

04 사회복지조직에서 최대한의 행정 효과를 얻기 위한 리더의 관할 영역은?

① 3~4명   ② 5~6명   ③ 10명 이내   ④ 10~15명   ⑤ 15명 이상

05 사회복지행정의 특징에 속하지 않는 것은?

① 사회복지행정은 막료기능보다 일선기능을 더욱 중시한다.

② 사회복지행정은 사회적 약자의 생존권을 보장하고 인간다운 생활을 영위하도록 하는 데 목적이 있다.

③ 사회복지행정은 사회변동과는 무관하게 자신의 원리와 방법, 기술을 적용해야 한다.

④ 사회복지행정은 중앙집권적이라기보다는 지방자치적인 성격을 지닌다.

⑤ 사회복지행정은 자선사업과 다르다.

06 사회복지행정의 기본이념이 아닌 것은?

① 효율성　　　　　② 공평성　　　　　③ 연계성

④ 효과성　　　　　⑤ 대표성

07 사회복지행정에 대한 설명으로 부적절한 것은?

① 사회복지행정의 주체는 국가와 지방자치단체이며 대상은 요보호자이다.

② 사회복지행정의 중요한 요소는 프로그램과 서비스의 전달에 있다.

③ 사회복지행정의 전문적 가치는 모든 서비스가 개발되어 그것을 필요로 하는 모든 사람들에게 유용하게 제공되는 것에 있다.

④ 동일한 욕구를 가진 대상자는 공평한 대우를 받아야 한다.

⑤ 사회복지행정의 과정은 보통 8단계로 구분한다.

08 다음 중 잔여적 복지에 대한 설명으로 맞는 것은?

보기
가. 자유방임의 사회철학에 근거한다. 나. 보편주의와 일맥상통한다. 다. 효과성, 효율성의 측면에서 긍정적이다. 라. 클라이어트에 대해 특정한 자격이나 조건을 요구하지 않는다.

① 가 · 나 · 다　　　　② 가 · 다　　　　③ 나 · 라

④ 라　　　　⑤ 가 · 나 · 다 · 라

09 다음 중 사회복지행정의 개념에 맞지 않은 것은?

① 복지정책을 구체적인 사회복지서비스로 전환하여 클라이언트에게 전달하는 과
정에 관한 활동

② 사회복지조직의 목표달성을 위해 관리자가 하는 체계적인 개입과정

③ 사회과학적 지식에 기초한 사회복지조직의 총체적인 관리활동

④ 국가권력을 배경으로 한 정책결정과 그의 구체화에 관한 활동

⑤ 사회복지실천의 방법

10 사회복지행정의 과정 중 다음 〈보기〉에 해당하는 과정은?

---| 보기 |---

사회복지행정가는 부서 간, 직원들 간의 효과적인 의사소통을 위한 방법으로 위원회를 설립하여 운영할 수 있다. 기관의 행정책임자는 특정한 문제를 해결하거나 다양한 전문가의 투입이 요구되는 활동을 위하여 위원회를 활용한다.

① 기획　　　② 인사　　　③ 조정　　　④ 보고　　　⑤ 평가

객관식 문제 답 | 01. ④　02. ④　03. ④　04. ②　05. ③　06. ③　07. ①　08. ②　09. ④　10. ③

사회복지행정의 역사

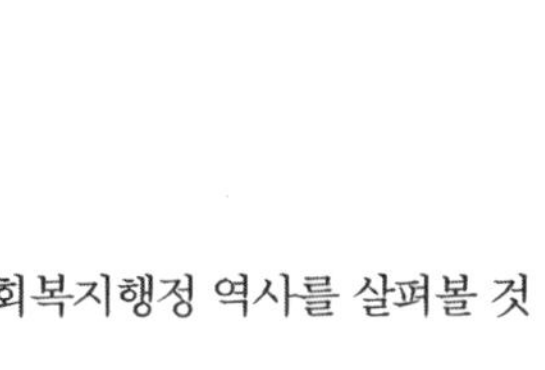

이 장에서는 미국의 사회복지행정 역사와 우리나라의 사회복지행정 역사를 살펴볼 것이다. 전자는 사회복지행정이 사회복지학 분야에서 독립된 분야로 가장 먼저 발전한 국가가 미국이라는 점에서 의의가 있으며, 동시에 우리나라 사회복지행정의 역사를 살펴봄으로써 사회복지행정에 관한 전반적인 이해를 튼튼히 하도록 한다.

- 미국 사회복지행정의 발달이 본격적으로 시작된 것은 언제인가?

- 우리나라 사회복지행정을 시대별로 정리해 보자.

사회복지행정은 일반 사회환경과 밀접하게 관련되어 있기 때문에 사회복지행정의 역사적 전개과정은 그러한 사회적 상황에서 사회복지가 처한 현실들과의 관련성을 통해 보다 잘 설명될 수 있다. 이러한 개념을 염두에 두고 볼 때 사회복지행정의 발달과정에 대한 예를 적절하게 보여준 나라가 미국이라 할 수 있는데, 이는 미국이 절대왕정이나 입헌군주제의 역사가 없는 순수한 대통령제의 정치형태를 지니고 있기 때문이다.

1. 미국 사회복지행정의 역사

1) 식민지 시대(1620년대~1776년)

식민지 시대는 17세기 초부터 미국이 영국으로부터 독립하기 이전까지를 말한다. 이 시기에는 종교적 자유를 찾아 영국에서 온 청교도들과, 동인도회사를 통해 경제적인 이익을 얻으려는 사람들이 상당수 이주해왔다. 그리하여 18세기 초에는 동부 13개주의 식민지가 만들어졌고, 그 식민지는 각 주마다 의회를 구성하여 자유와 자치를 누리고 있었다. 미국 국민들은 이주할 당시 구빈법Poor Laws을 포함한 영국의 전통을 그대로 지녔으며, 특히 엘리자베스 구빈법을 포함한 영국 복지제도의 많은 부분을 그대로 수용하고 있었다(Coll, 1973: 20~28).

이 시기에 미국의 특징적인 복지제도는 보이지 않는데, 일단 영국의 식민지라는 특수성에 기인한 것으로 보인다. 그러나 영국 구빈법 전통의 미국 사회복지는 청교도 혁명의 영향과 칼뱅Calvin의 자유방임적 경제관이 근본을 이루게 되어 오늘날 자본주의의 산실로 자리잡는 계기가 되었다.

2) 남북전쟁 시대(1777년~1860년대)

이 시기의 미국은 이민으로 인한 급격한 인구증가와 산업의 발전으로 혼란을 겪었다. 특히 1800년부터 1860년대까지 이민자는 무려 여섯 배나 증가해서 1860년대의 미국의 인구는 3천만 명을 훨씬 상회했으며, 약 20%의 인구가 도시로 몰려들었다. 이 중 유색인종 인구는 452만 1천 명으로 전체인구의 14%로 감소했으며 그 중 395만 4천 명은 노예였다.

아일랜드계나 독일계 이민자들은 먼저 정착한 미국인들에게 위협적인 존재였다. 근본적으로 청교도 국가인 미국에서 그들은 외국인이면서 천주교 신자들이었기 때문이다. 또한 초기 산업갈등의 시기에 이주하여, 당시의 일반적인 임금보다 훨씬 저렴한 임금에 일하려고 하는 이민자들(특히 독일계 이민자들)과 그들의 급진적인 정치철학의 유입은 미국의 노동자나 산업계를 혼란에 빠뜨렸다. 나아가 이민자의 대부분은 즉각적인 고용과 긴급한 재정보조를 필요로 하는 사람들이었다. 새로운 이민자들을 위한 복지비용의 증가는 이들에 대한 반발과 분노를 일으켰다(함세남 외, 2001: 125).

한편, 미국의 서부시대 개막은 남성참정권이 급속도로 확립되는 계기가 되었으며 주민들이 서부를 개척함에 따라 새로운 주 정부가 들어서게 되면서 새로운 헌법이 계속 제정되었다. 가장 먼저 1818년 코네티컷 주가 모든 백인남성에게 참정권을 부여했으며 매사추세츠 주도 곧 뒤따랐다. 뉴욕 주는 한발 더 나아가 1821년 보통 남성들에게 참정권을 부여했으며, 심지어는 재산을 가진 흑인 남성에게도 참정권을 부여했다. 다른 주도 뉴욕 주를 따랐으며 남성의 정치적 민주주의는 실현되었다. 여성들은 남성들과 동등한 법적, 정치적 평등을 획득하지는 못했지만, 이 시기는 역사적으로 여성들의 권리를 위한 대장정이 시작된 시기이기도 하다. 1848년 뉴욕

주 세네카라는 도시에서 전국여성권리대회National Women's Rights Convention가 열렸다. 이 대회에서는 여성의 참정권이 요구되었으며, 여성독립선언문이 채택되었다(함세남 외, 2001: 131~132).

이러한 인권에 대한 각성과 함께 미국의 북부지방과 남부지방의 이해관계 차이는 노예해방의 문제를 사이에 두고 극렬하게 대립하게 된다. 상공업이 발달한 북부지역은 노예해방으로 노동력 확보를 원하고 있었고 대농장이 발달한 남부지방에서는 노예제의 지속을 주장하였다. 이때 노예제 폐지를 주장한 링컨A. Lincoln이 1861년 대통령으로 취임했고, 남북전쟁(1861~1865년)이 시작되었다. 결국 남북전쟁에서 북군이 승리하면서 미국은 연방제를 유지·존속할 수 있게 되었고 역사적인 노예해방이 선언되었다.

3) 형성기(1870년대~1920년대)

미국 사회복지행정의 형성기는 민간 사회복지기관이 출현한 남북전쟁 이후 1870년대부터 사회복지가 전문직으로 출발하는 시기인 1920년대까지이다. 이 시기는 대도시를 중심으로 각종 사회문제에 효과적으로 대처하는 하나의 방법으로 지역실업인이 주축이 되어 형성된 민간 사회복지기관인 자선조직협회Charity Organization Society, COS와 공동모금회, 지역사회복지협의회의 창립과 운영을 중심으로 사회복지행정이 시작된 시기로 볼 수 있다(황성철 외, 2005).

미국에서 민간 사회복지의 체계적인 시작을 COS의 창설로 보는 데는 이론의 여지가 없는데 이러한 COS는 바로 부유한 지역실업가에 의해 주도되었다는 점을 기억할 필요가 있다. 부유한 지역실업가들은 사회문제의 분출에 따른 사회불안을 제거하고자 복지제도의 확충이 필요하다는 데 인식을 같이하였다. 그러나 정부의 무능과 부패로 인해 그들이 낸 세금이 낭비된다고 생각하여 공공 복지행정의 확충이 바람직한 대안이라고 확신할 수 없었다. 이로 인해 COS를 설립하여 재정적으로 지원하는 일에 힘을 기울이게 되면서 민간 사회복지의 확충으로 이어졌다. COS는 지역사회에 분산되어 있는 각종 자선기관과 사업을 조정하여 서비스의 중복과 누락을 방지하고자 수혜자의 명단을 교환하고 사례회의를 하면서 공동으로 지역의 빈민문제에 대처하고자 하였다.

20세기에 들어서서 COS를 중심으로 한 사회복지기관의 행정가 역할은 지역공동모금회와 지역사회복지기관협의회의 창설과 더불어 더욱 강화되었다. 왜냐하면 재정문제에 효과적으로 대응하고 지역사회 차원에서 사회복지협의체 구성의 필요성을 느낀 사회복지기관의 행정가들이 이러한 조직체를 만드는 데 앞장섰기 때문이다. 그리고 지역사회의 빈곤문제와 사회복지욕구를 공동으로 조사하여 전체 지역사회 문제에 대한 체계적인 계획과 대처가 필요하다는 것을 모든 사회복지기관이

표 2-1 자선조직협회와 인보관운동의 비교

	자선조직협회(COS)	인보관운동
사회문제의 원인	개인적인 속성	환경적인 요소
이데올로기	사회진화론	자유주의, 급진주의
참여자	상류층	중산층
사회문제 접근방법	빈민개조, 역기능적인 면 수정	빈민과 함께 거주, 동정, 사회비판
해결책	실용주의적	정해진 방안은 없고, 실현가능하며 효과적인 해답 마련
역점 분야	기관들의 서비스 조정	서비스 제공(유치원, 학교 등)
성 격	사회질서 유지를 강조	사회의 개혁적인 면을 강조, 참여민주주의와 교육 강조

COS와 인보관

영국·미국·프랑스 등에서는 19C에 자원봉사가 크게 활용되기 시작하였다. 이때부터 자원봉사에는 2가지 흐름이 있게 되는데 하나는 자선조직협회이고 또 하나는 인보관운동이다.

① 자선조직협회(COS)

자선조직협회는 빈민구제가 그 목적이었는데 우애방문원(friendly visitor)이라고 불리던 자원봉사자들이 주로 활약하였다. 우애방문원들은 대개 중상류층 부인들·독지가·종교인 등으로 구성되어 있었다. 당시 자선조직협회는 자원봉사자의 중요성을 압도적으로 강조하였고 이들의 활동이 봉급을 받는 사회사업가의 활동들 보다 훌륭하다고 판단하였다. 따라서 우애방문원들의 봉사활동은 독특한 양상을 보였는데, 빈민들의 처지를 개선하기 위해 그들의 영향력과 조언을 사용하였으며 자선금과 의연금에 의존하지 않았다. 자선조직협회는 민간 사회복지발달을 이끌어내었고, 이후 더 발전하여 구제신청자에 대한 과학적 조사를 하여 구제중복을 피하고 효율적 구제를 위한 구제등록을 실시하였다. 구제기관들과의 연계를 통하여 미국의 사회복지실천의 초석이 되었으며 동시에 개별사회사업의 기초가 되었다.

② 인보관운동

인보관운동은 주로 지식층·대학생들로 구성된 자원봉사자들이 직접 빈민지역에 들어가 함께 생활하면서 도와주고 이를 통해서 사회개혁을 이룩하려는 급진적·자유주의적 운동이었다. 영국의 케임브리지대학, 옥스퍼드대학의 교수와 학생들이 핵심멤버로서 근로자의 노동조건을 향상시키고 탁아소를 경영하며 위생시설을 개선하는 일 등의 봉사활동을 진행하였다. 이러한 봉사활동의 거점이 인보관이었고 이 운동은 자원봉사를 확산시키는 계기가 되었다. 인보관운동은 교육과 인식의 전환을 가져와 현재 지역사회 실천운동의 시초가 되었다. 최초의 인보관은 옥스퍼드의 아놀드 토인비가 자원봉사현장에서 폐병으로 사망한 것을 기리기 위해 그의 이름을 딴 토인비홀(1884)이다.

인정하였기 때문에 지역사회복지협의회가 생겨나게 되었다.

아울러 1929년에 개최된 밀포드 회의Milford Conference는 사회복지행정에 대한 인식에 많은 영향을 미치게 되는데, 이 회의에서 케이스워크, 그룹워크, 지역사회조직, 사회사업조사, 행정 등을 망라하는 전문적 사회사업교육기관을 위한 교과과정이 제안되었고, 사회복지기관에 필요한 조직구조의 틀과 기준 등에 관한 언급은 있었지만 필요한 기술과 과정에 대한 언급은 없었다. 사회복지행정은 1914년에 사회사업대학 교과과정 속에 나타났는데, 밀포드 회의는 이후 많은 대학들이 교과과정에 사회복지행정을 포함하게 되는 계기가 되었다(강용규, 2007: 3839). 이와 같이 당시 사회사업교육에 관한 영향력 있는 회의에서 사회사업의 근본적인 기술로서 사회복지행정의 중요성을 확인하고, 효과적인 서비스 전달체계를 위한 조직상의 배경이 설명되었음에도 그 구체적인 기술과 과정에 대한 언급이 없다는 것은 사회사업 실천가나 교육을 담당하는 사람들이 사회복지행정의 필요성을 인식하면서도 행정업무나 행정가의 역할 등에 관한 구체적인 내용을 확립하지는 못했음을 의미한다고 볼 수 있다(신복기, 1984: 223).

4) 발전기(1930년대~1960년대)

1929년에 처음 발간된 사회사업연감에는 행정에 관한 논문이 한편도 없었지만, 1933년 사회사업연감에 처음으로 행정과 관련된 논문이 실리게 된 이후로 미국 사회복지행정이 좀 더 구체적으로 발전하게 되었다.

아울러 이 시기는 1930년대 경제공황, 1940년대 제2차 세계대전, 1960년대 민권운동 등 급격한 사회변동의 시기로 전통적인 사회복지기관의 행정이 크게 도전을 받게 되어 상당한 변화와 발전을 이룩하게 되었다. 경제공황에 따른 대량 실업과 빈곤 문제는 미국 사회복지 제도에 근본적인 변화를 초래했다. 그동안 지방정부의 소극적인 빈민구호 프로그램으로는 이러한 문제를 해결하기 어렵다고 판단한 연방정부가 1935년 사회보장법Social Security Act을 제정하여 사회보험과 공공부조 프로그램을 비롯한 다양한 사회복지서비스 프로그램을 제도화하였다(오세영, 2009).

한편 교과과정도 종래의 민간 사회복지기관에서 케이스워크를 중심으로 한 직접적 실천가의 양성에서 공공 사회복지 부문의 실천가의 양성으로 전환되고 교육받은 학생들이 공공부문에 근무하게 되면서 사회복지행정의 실천영역이 확대되었고, 개정된 교과과정에 의해 교육을 받은 사람들이 민간 사회복지기관에 근무하게 됨으로써 기관의 효율적 운영에 기여하게 되었다(강용규, 2007: 39~40). 이렇게 개정된 교과과정으로 교육받은 학생들이 연방 긴급구호청을 비롯한 지방 긴급구제기관, 공적부조 관련기관 등의 공공복지 분야에 공무원으로 진출하면서 사회복지행정의 실천영역이 점차로 확대되기 시작했다. 이와 같이 공공복지에서 사회사업의 개입이 사회복지서비스의 조직과 관리에 많은 관심을 갖도록 자극한 것은 사실이나 사회사업의 기본방법론으로서 개별사회사업의 중요성은 여전히 지속되고 있었고 1940년대 중반까지도 사회복지행정은 전문사회사업의 주변 분야로 인식되고 있었다(Patti, 1983: 8~9).

제2차 세계대전을 전후로 한 1950년대에 들어서서 행정학의 발전이 가속화됨에 따라 사회복지의 기본적인 가치, 지식, 기술의 토대에 일반행정의 이론과 기법을 접목시켜 사회복지행정을 체계화하려는 노력이 이루어졌다. 그 결과 사회복지행정은 일반행정과 분명히 구별되는 속성이 있다는 것이 인정되고, 개별사회사업적 지식인 대인관계기술들이 행정에도 적용되어 리더십과 직원의 동기부여에 활용되었다. 또한 사회복지행정은 일반적으로 민주적이고 참여적인 특성이 강조되는 개념으로 인정됐다.

이러한 결과에 힘입어 1960년대 초반에는 다음과 같이 발전을 이루게 된다. ① 1960년에 전미사회복지사협회National Association of Social Workers의 후원으로 사회복지조직 및 행정에 관한 많은 이론들이 연구되었고 또한 행정 발달에 대한 건의안도 제시되었다. ② 1961년 사회사업교육위원회Council on Social Work Education는 사회사업대학의 교과과정에 사회복지행정을 포함시켰다. 아울러 실천가들을 위한 연구과정의 필요성이 인식되기 시작하였으며, 사회복지행정에 관한 교육을 강화하는 교과과정을 인정하였다. ③ 사회사업행정에 대한 전문적 관심이 증대되고, 사회사업대학에서의 행정교육이 강조됨에 따라 1963년 전미사회복지사협회 산하에 사회사업행정위원회Council on Social Work Administration가 설립되었다(Patti, 1983: 11~12).

이 시기에 각종 사회문제 해결을 위한 사회복지조직들의 활동에 기대를 가졌다가 그러한 기대가 좌절된 사람들은 지역사회 조직사업을 사회복지행정에 대한 대안으로 생각했으며 실제로 지역사회 조직사업은 행정에 대한 훌륭한 대안으로 나타나게 되었다. 이렇게 행정에 대한 대안으로서의 지역사회 조직사업의 획기적 발달은 상대적으로 사회복지행정의 발달을 정체시키는 결과를 가져왔다(신복기, 1984: 231). 그러나 지역사회 조직사업에서 이루어진 많은 이론적 연구는 행정에 곧바로 적용될 수 있는 것이 많았고 이 두 분야는 실제적인 면에서 서로 통하는 것이 많았으며 기획, 시민의 참여, 이사회 및 위원회 활동과 같은 영역은 행정의 이론과 실천에 직접 적용될 수 있는 것들이었다(최성재·남기민, 2007: 54~55).

5) 확립기(1970년대~1990년대)

1970년대 들어서서 사회보장법과 공공부조 관련 법률들이 개정되어 더욱 복잡하게 세분화되면서 지속적으로 신장되어 왔다. 사회보장법 제20조의 신설로 공공부조 수혜자들에게는 보육서비스나 가족계획서비스가 추가되었고 식품보조서비스는 시범사업을 거쳐 전국적으로 확대되어 모든 빈곤계층에게 지원되는 프로그램으로 정착하였다.

그 결과 사회복지대학원들과 미국 공공복지협회는 연방정부의 재원지원을 받아 민간 사회복지행정가와 공공 사회복지행정가를 대상으로 보수교육 및 훈련을 실시하였다. 사회복지 프로그램이 세분화되고 다양화됨에 따라 지역차원에서는 서비스 파편화에 따른 조정의 문제가 심각하여 통합적이고 효율적인 서비스 제공이 가능한 사례관리가 본격적으로 등장한 것도 1970년대 이후의 일이다.

1980년대에 들어 레이건 행정부에 의해 가속화된 사회복지의 역할 축소에 대한 시도는 사회복지행정에 있어서 중대한 변화를 초래하게 된다. 연방정부의 사회복지 프로그램을 비롯하여 각종 지역사회행동, 도시재건, 지역사회정신보건사업 등의 예산은 크게 삭감되고 점차 정부직영 프로그램은 민영화되는 경향을 나타냈다. 1980년대 말에는 사회복지 프로그램의 민영화 privatization가 더욱 심화되어 민간 사회복지기관 관리자에 대한 수요도 팽창하였고 그들의 직무수행에서 능력평가는 얼마나 많은 정부지원 프로그램을 계약으로 유치하는가의 여부와 정도에 달려 있었다. 이러한 변화들로 인하여 사회사업가들이 행정관리자로서 활동할 수 있는 기회와 폭을 넓히게 되었다. 기존에 사회복지기관들의 관리를 사회사업가들이 일정 부분 전담해 왔음을 감안하면, 사회사업교육에서 행정적 지식을 다루어야 할 당위성은 실질적으로 높았다.

구 분	시 기	주요 내용
식민지시대	1620년대~1776년	영국 구빈법 전통을 계승
남북전쟁 시대	1777년~1860년대	폭발적인 이민자의 증가로 복지비용 증가 참정권 확대(흑인 해방)
형성기	1870년대~1920년대	기업, 종교단체 중심의 사회복지사업 폐쇄적 기관운영
발전기	1930년대~1960년대	사회보장법 제정과 정부의 공공프로그램 실시
확립기	1970년대~1990년대	재정 감소와 서비스에 따른 효율성, 책임성의 강조로 사회복지행정의 중요성 증대

한편 1990년대에 들어서도 미국에서는 대형 공공부조 관련 사회프로그램들의 감축이 진행되고 있었다. 1996년의 대통령 선거에서 중요한 이슈가 되었던 '가족'과 '공동체사회'에 대한 논쟁에서 볼 수 있듯이, 더 이상 사회복지의 목적과 프로그램들이 막연한 정당성으로 유지되기는 힘들게 되었다. 또한 비록 외부로부터 공격이 없더라도, 주어진 사회적 자원의 활용에 따른 책임성은 사회복지 전문직의 당연한 관심으로 기정사실이 되어 왔다. 이것은 곧 사회복지행정 지식의 필요성을 강화하는 것이다(김영종, 2001: 63~64).

이 당시 미국은 낮은 경제성장과 국제경쟁의 심화로 인해서 후퇴하는 기미를 보이고 사회계층 간의 소득불평등은 더욱 확대의 골이 깊어 민간 사회복지기관이 빈곤계층의 다양한 복지수요에 대응할 자원부족현상을 겪게 되었다. 1980년대 이후 시작된 사회복지서비스의 민영화와 상업화는 1990년대 더욱 강화되어 전통적으로 비영리 민간복지기관과 영리 민간복지기관의 구분도 모호해졌으며, 사회복지기관의 관리자는 정부지원, 후원금, 클라이언트가 지불하는 이용료 등 자원획득의 통로를 다변화해야 하는 상황에 직면하게 되었다.

사회복지서비스의 민영화와 상업화가 급속도로 진행되고 빈곤계층의 다양하고 증대된 복지욕구를 충족시키기 위해서는 안정적인 재원확보가 무엇보다 중요한 과제로 제기되고 있다. 따라서 조직 내부적으로 비용절감 경영이 강조되고 외부적으로는 전략적 계획을 수립하여 보다 공격적인 마케팅과 홍보를 강화하고 있다. 이러한 재정관리의 중요성과 마케팅 강조현상은 사회복지사와 같은 전문직 종사자의 클라이언트 선정과 예산관리에서의 자율성과 재량권을 제한하는 기제로 작용하기도 한다.

이에 따라 사회복지조직의 환경변화는 기존 조직구조의 변화와 리더십 변화를 가져다주었다. 사회복지조직들이 수직적인 조직구조를 수평적 구조로 변화시켜 여러 형태의 팀제와 태스크 포스 집단을 형성하여 이들 하부조직들이 유기적인 네트워크를 구성하여 작동하도록 하였다. 내부지향적이며 성과에 의한 보상을 강조하는 거래적 리더십보다는 외부지향적이며 새로운 아이디어와 도전을 중요시하는 변혁적 리더십이 점차 강조되고 있는 경향을 보인다. 변혁적 리더십과 사회복지조직에서 구성된 사회복지조직의 직원에게 비전을 제시하면서 동기부여하는 적절한 인사관리의 방법으로도 효과성이 입증되고 있다.

2. 한국 사회복지행정의 역사

우리나라의 전근대 사회에서 상부상조 및 공공복지의 존재는 문헌을 통해 확인할 수 있다. 그러나 전통사회에서 자선이 어느 정도 발전했는지에 대해서는 본격적으로 연구된 것이 거의 없다. 왜냐하면 민간차원에서 개인적으로 이루어진 자선은 왕족 중심의 역사기록에서 거의 주목받지 못하였고, 이에 따라 기록이 거의 남아 있지 않기 때문이다. 반면 상부상조나 공공복지에 대해서는 상당한 연구성과가 축적되어 있다. 계나 향약과 같은 상부상조 기제들의 운영을 보여주는 기록들이 다수 남아있고, 공공복지에 대한 공식기록들의 양도 방대하기 때문에 다수의 연구성과들이 축적될 수 있는 조건이 형성되어 있었던 것이다(감정기 외, 2004: 339).

1) 삼국시대

삼국시대에 구빈사업을 전담하는 행정기관이나 행정이 발달하지 않았던 이유는 원시공동체의 관습으로 씨족이나 부족의 결합이 강해서 개인의 문제는 대개 공동체 내에서 해결되었기 때문이다. 그러나 개인적으로 해결하기 어려웠던 자연재해나 사회취약계층에 관하여 이루어진 당시의 사회복지행정을 살펴보면 다음과 같다(함세남 외, 1996: 488~491).

① 관곡의 진급賑給 행정

정부에서 비축하고 있는 관곡으로 여러 가지 형태의 재난을 당한 백성을 구제하는 것으로 삼국에서 자주 실시되었다. 신라 남해왕 15년(서기 18년)에 백성이 기근으로 굶주리게 되었을 때 국고에서 이를 구휼했고, 유리왕 때 과부, 고아, 노인, 병자 등에게 먹을 것을 주고 돌아본 기록이 있다(최향순, 1994: 115).

② 사궁구혈 행정

환과고독(홀아비鰥, 과부寡, 고아孤, 부양해 줄 자식이 없는 사람獨)의 무의무탁한 빈민을 구제하는 것으로 삼국시대부터 여러 군주들이 방문하여 의류나 곡물 등을 베풀어서 이들을 구제하는 것이었다. 그 결과 이들에 대한 보호가 정부의 의무처럼 인식되었다.

③ 조세감면 행정

자연재해로 심한 피해를 입었던 지역주민에게 그 재해의 피해 정도에 따라 조세를 감면해 주는 행정이었다.

④ 대곡자모구면貸穀子母俱免 행정

춘궁기에 백성에게 대여한 관곡을 거두어들임에 있어서 재해로 흉작이 되면 상환할 때에 그 이자를 감면하여 주었다.

이와 같이 삼국시대의 구빈행정은 임시적이었고, 지속성을 유지할 수 있는 제도적 단계에는 이르지 못한 한계성을 지닌 사회복지행정이라고 할 수 있다. 그러나 삼국시대의 여러 사회복지의 제도화는 고구려 고국천왕 16년(서기 194년)에 진대법(춘궁기에 관곡을 대여하였다가 추수기에 납입케 하는 제도)과 이후 고려의 의창, 조선의 환곡, 사창으로 연결되게 된다.

2) 고려시대

고려시대에는 우리 민족 고유의 상부상조 정신에 국교인 불교의 자비정신이 가미되어 삼국시대의 민생구휼제도가 보다 체계화되고 확대되었다. 즉 불교의 기본정신인 자비사상은 우리 국민의 의식구조에 뿌리를 내려 구제사업에 큰 영향을 주었다(하상락, 1997: 47).

고려시대의 상설구빈기관으로는 제위보, 흑창, 상평창, 유비창 등이 있었다. 이 중 흑창은 고구려 시대의 진대법이 발전한 것으로 평상시에 양곡을 쌓아 두었던 기관이었으며 성종 때 의창으로 개칭되었다. 아울러 임시구빈기관으로 동서제위도감, 구제도감, 구급도감 등을 들 수 있다(조흥식, 1986: 165~166).

고려의 사회복지행정의 특징은 왕의 즉위 직후 또는 전쟁이 끝난 후 일정기간 동안 혹은 천재지변 전염병의 유행 등에 심한 피해를 입게 된 백성에게 조세와 부역을 감면해 주는 은면제恩免除, 재면제災免除, 환과고독에게 양곡을 대여하거나 식량,

상평창 常平倉

중국과 우리나라에서 곡가조정(穀價調整)을 위하여 국가에서 설치한 창고를 말한다. '상평'이란 상시평준(常時平準)의 약어이다. 즉 풍년이 들어 곡가가 떨어지면, 국가는 곡물을 사들여서 곡가를 올리고, 흉년이 들어 곡가가 폭등하면 국가는 상평창의 곡물을 풀어서 곡가를 떨어뜨린다. 또는 수확기에 사들여서 단경기(端境期)에 방출하는 방법 등으로 곡가의 부당한 변동을 방지하려는 목적이었다.

이 정책의 배후에는 곡가의 변동에 따라 생활을 위협받는 일반농민을 보호하고, 반대로 그에게서 부당한 이윤을 취하는 상인의 활동을 억제하려고 하는 의도, 즉 중농억상사상(重農抑商思想)이 깔려 있다.

이 이름의 창고가 설치된 것은 BC 54년 전한(前漢)의 선제(宣帝) 때에 대사농중승(大司農中丞) 경수창(耿壽昌)의 건의에 따라 설치한 것이 최초이다. 그 후 상평창은 출납을 관장하는 관리의 부정 등으로 개폐(改廢)가 거듭되면서도 역대 왕조가 이 정책을 답습하였으며, 수(隋)·당(唐) 나라 때에는 각 주(州)에 설치되었고, 청(淸)나라 때에는 각 주현(州縣)에 설치되었다.

우리나라에서는 고려 때 중국의 제도를 모방하여 곡물을 중심으로 하여 물가를 조절하던 기관으로 '흉년에는 백성들을 다치지 않게 하고(구휼하고), 풍년에는 농민들을 손해 보지 않게 한다(饑不傷民 豊不損農)'는 정책에서 나온 것이다. 풍년에 곡가가 떨어지면 관官에서 시가보다 비싼 값으로 곡물을 사들여 비축하였다가, 흉년에 곡가가 오르면 시가보다 싼값으로 방출함으로써 곡가를 조절하여 백성들의 생활을 안정시키자는 것이었다.

이 제도는 993년(고려 성종 12년) 처음으로 양경(兩京, 개성·평양)과 12목(楊·黃·海·忠·淸·公·全·羅·昇·尙·晉·廣)에 두었는데, 포(布) 32만 필로 쌀 6만 4천섬을 사들여, 그 중 5천섬은 상경의 경시서(京市署)에 비축하여, 대부시(大府寺)와 사헌대(司憲臺)에서 시기를 보아 방출하게 하였다. 나머지 5만 9천섬은 서경과 주군창(州郡倉) 15개소에 나누어 보관하였다가, 서경의 것은 분사(分司)의 사헌대에, 주군창의 것은 각각 지방관으로 하여금 관리하게 하였다.

그러나 중간에 폐지되어 1308년(충선왕 즉위) 3월에는 상평창을 모방하여 전농사를 설치하고 조적했다고 한다. 공민왕 때도 상평창 설치건의가 보이는 것으로 보아 치폐를 거듭한 듯하다. 조선시대에는 1409년(태종 9년) 전라도 관찰사 윤향(尹向)이 면포 500필로써 상평보(常平寶)를 설치하여, 가을에 곡가가 내리면 포 1필에 2두씩을 감해 곡식을 사들이고 봄에 곡가가 오르면 포 1필에 1두를 더해 곡식을 판매했다. 1445년(세종 27년)에는 곡가가 폭등하여 도시주민들의 생활에 큰 위협을 주자 상평법을 실시하기로 하고, 의창곡 1,000석을 기본으로 삼아 충청도·전라도·경상도 3도에서 시험 삼아 포와 곡물의 교환을 시작하게 했다. 곡식을 판매할 때는 시가보다 1두를 더 주고, 사들일 때는 1두를 덜어주었다. 1451년(문종 1년) 새로 사창법을 정하면서, 〈경국대전〉에 서울과 지방에 상평창을 설치하고 곡식이 귀하면 값을 올려 포를 사들이고, 곡식이 천하면 값을 감해 포를 판매한다고 규정했다. 1608년(선조 41년) 선혜청(宣惠廳)으로 이름이 바뀌었다.

옷, 포목 등 생활필수품을 급여하던 환과고독진대법 등이 있었다. 그리고 재민구휼을 위하여 많은 돈을 기부한 사람에게 벼슬을 주어 구호사업에 일반인의 참여를 적극 유도하였던 납율보관제도 있었다.

또한 동서대비원과 혜민국은 어려운 환자에게 약과 옷을 나누어주고 치료해 주는 의료보호사업을 실시하였으며 홀로된 어린이를 양육하여 양자로 입양시키거나 승려나 종으로 삼는 제도와 양로제도 및 경로제도가 있었다.

이상과 같은 고려시대 구빈행정은 이미 제도로 정비되어 시행되었고, 삼국시대보다는 구체화되었다. 한편 시행과정상 일관성이 결여되어 지속적으로 시행되지 못한 부정적인 측면도 많았지만 국가책임 하에 사회복지제도로서 명맥을 유지해감으로써 조선시대의 구빈제도가 유지되고 발전될 수 있는 모체역할을 했다고 할 수 있다(조흥식, 1986: 188).

3) 조선시대

조선시대에는 숭유억불정책에 의하여 유교를 존중하고 불교를 억압하였기 때문에 민간에 의한 자선사업은 다소 쇠퇴하였다. 그러나 조선시대 초기의 사회복지행정은 빈민구제의 책임자를 왕으로 하고 구제의 신속을 중시하며 일차적으로 구빈행정의 실시책임은 지방장관에게 있었고, 중앙정부는 구호관계의 교서 및 법규제정과 지방구호행정에 대한 지도와 감독을 하는 것으로 되어 있었다(하상락, 1983: 27~28). 이와 같은 조선시대의 제도를 세 가지로 대별하면 다음과 같다.

(1) 비황제도

춘궁기나 재해 시에 대비하는 것으로 곡식을 빌려주었다가 추수기에 상환하게 함으로써 빈민이나 재민을 구호하는 환곡제도라고 한다. 상평창, 의창, 사창을 두어 백성의 복지를 도모하였다. 사창은 의창과 달리 관에 의존하지 않고 순수하게 사민 공동저축·상부상조·연대책임, 사민에 의한 자치적 운영 등을 특징으로 하고 있어 구제의 적절성·신속성·편의성 등을 도모할 수 있었다. 그러나 당시 사회적·경제적 여건상 널리 보급되지 못하고 대부분 지역에서는 여전히 관에 의한 환곡이 주류를 이루었다(함세남 외, 2001: 501) 조선의 창제는 사창을 제외하고는 고려의 것을 거의 답습한 것이었지만 고려보다 더욱 조직화·전문화되었다. 삼창의 폐해인 관리들의 부정부패를 없애고 건전한 운영을 기하기 위해 수시로 어사를 파견, 환곡의 공정한 대출과 납입에 대한 지도·감독을 게을리하지 않았다. 그 결과 환곡이 적절히 순환되었고 중앙 및 지방의 구급행정은 좋은 성과를 올리게 되었다.

(2) 구황제도

매우 어렵고 가난한 사람들을 보살펴주는 것으로 진궁, 양로, 경로, 권조, 애상, 관질 등이 있다. 여기서 진궁이란 홀아비, 과부, 고아, 무자식, 노인 등을 말한다. 또한 고령의 노인에 대한 양로, 경로 사업이 시행되었는데 100세 이상의 노인에게 신년 초에 양곡을 주고, 90세 이상 노인에게는 매년 술과 고기를, 80세 이상 노인에게는 지방관들로 하여금 향응을 제공하게 했고 노인직을 명예직으로 하였다. 한편 권조란 양반집 여자가 가난하여 30세가 넘어도 혼인을 하지 못하는 경우 호조에서 혼비를 지급하는 제도이며, 애상은 빈곤하여 장례를 치르지 못하는 사람에게 장례비를 지급하는 제도이고, 관질은 불구 폐질자, 봉사, 절름발이, 문둥이, 간질병, 벙어리, 곱추 등과 같이 자력으로 의식주를 해결하지 못하고 사람들이 혐오하는 사람들에 대한 대책으로 봉사에 대해서는 점술, 술 등을 팔게 하고 절름발이는 그물을 짜서 자활할 수 있게 하였으며 그 외에 상황에 따라 관청에서 구휼하는 제도이다(박차상, 2007: 21).

(3) 구료제도

조선의 의료제도는 과거 어느 시대보다 잘 정비되었다. 역시 고려의 제도를 답습하여 시행한 것이 대부분이긴 하지만 중앙기관으로 전의감, 내의원, 활인원, 혜민서, 제생원, 종약색, 의녀제, 치종청 등이 있었다. 지방기관으로는 의학학교, 의학, 월령의, 심락제 등이 있었다(함세남 외, 2001: 507).

활인서는 성안에 거주하는 환자를 구휼하는 일을 담당했고, 혜민서(구 혜민국)는 서민의 질병치료와 여자 의사를 교육하는 일을 담당했다.

이밖에 조선시대 계, 두레, 민간의 상부상조 관습은 협동체의 관습으로서 결합, 동업 혹은 동네주민의 단결, 일가친척의 상부상조, 애경사 등에 있어서의 공제 등을 목적으로 하는 민간조직이었다. 특히 두레는 마을 단위의 농민협동조직으로 서로 협동작업을 하고 농악을 연주하며 즐기기도 하였다. 조선시대는 상부상조 제도인 계와 향약이 발달하였다.

4) 일제강점기

일제강점기의 빈곤정책은 식민통치의 합리화와 황민사상의 주입을 위한 이데올로기적 기능을 하였다. 식민지 통치 정책의 전개에 따라서 필요에 따라 변화하였다. 구호의 질적인 면에서도 일본인과 한국인 사이에는 차별적인 급여가 주어졌으며 전반적으로 빈곤정책은 빈민의 기본적 욕구해결에 치중하기보다는 식민지 지배질서의 안정에 주안을 둔 정치적 성향이 강하였다.

1920년대에 들어서 빈민문제가 사회문제로 심각해지자 1921년 조선총독부 내무부 지방국 내에 사회과를 설치하고 대표적인 구호사업으로 실시된 것이 조선구호령朝鮮救護令이다. 당시 일본 본국에서는 구호법을 제정하여 보다 향상된 현대적 구빈행정을 시행하였으나, 한국에서는 이 법을 시행하지 않고 유사시에 은전을 베푸는 형태로 극히 한정된 범위의 요구호자에 대한 구빈사업을 실시하였다. 그러던 중 1944년 3월 한국에도 확대, 시행하기로 하고 조선구호령을 제정, 실시하였는데 이는 일본의 구호법을 기초로 하고 모자보호법과 의료보호법을 부분적으로 부가해서 종합화시킨 법이다.

그 내용을 살펴보면 적용대상은 65세 이상의 노쇠자, 13세 이하의 아동, 임산부, 불구, 폐질, 질병, 상병, 기타 정신 또는 신체의 장애로 지장이 있는 자를 대상으로 생활부조, 의료부조, 조산부조, 생업부조를 실시하였다(윤찬영, 2005: 390∼391). 구호는 신청주의에 의해 실시되며, 이를 심사하기 위해 자산조사를 거치도록 규정하였다. 이때 구호는 거택보호가 원칙으로 되었지만 거택보호가 불가능하다고 인정되는 경우에는 구호시설수용, 위탁수용, 또는 개인의 가정 혹은 적당한 시설에 위탁·수용할 수 있도록 규정하고 있다. 조선구호령의 의의는 근대적 의미의 공공부조의 출발이라 할 수 있으며, 해방 이후 전개되는 생활보호법의 모태가 되었다.

5) 미군정기

1945년 해방 후 미군정 3년간의 구호행정은 일제하의 조선구호령을 계승하였으나, 실제로는 미군정 법령에 의하여 피난민, 해외에서 귀환한 전재민 등에 대하여 외국 민간원조단체의 도움으로 구호사업을 실시하였다.

1948년 대한민국 정부수립 후 국민생활을 보장하는 관계 법률이 제정되기도 전에 1950년 한국전쟁이 발생하게 되어 전쟁기간 중은 물론 전후 1960년대 초까지도 주로 전재민 구호사업에 치중하게 되었다. 이 기간 중의 구호에 필요한 재원은 유엔구호계획에 의하여 주로 외국 민간원조단체를 통하여 우방국으로부터 받은 원조물자에 의존하였다. 또 미군정기간 동안 복지에 대한 행정대책이 크게 부족하였던 관계로 무계획적인 민간 구호단체와 시설이 증가하였고 외국자선단체와 기관들도 많이 들어와 근대적이고 민주주의에 입각한 새로운 사회사업의 사조와 기반을 우리 사회에 도입하게 된 것은 이 시기부터였다.

미군정의 사회복지정책은 요구호자에 대한 구호의 필요성에 대응하여 실천하는 것이 아니라 요구호자로 인해서 야기될 수 있는 정치적 불안에 대응하여 행해졌다. 따라서 구호의 범위와 수준이 열악하고, 구호행정이 배타적이고 일방적인 성격을 가지고 있었다.

6) 정부수립과 한국전쟁기

1948년 남한에서 제1공화국이 출범하게 된다. 연이은 1950년의 한국전쟁은 우리나라 사회복지에 두 가지 큰 변화를 가져오게 하였는데 첫째, 정부수립 후 단계적·계획적으로 준비되어 왔던 모든 정책이 임시적·응급적 정책으로 전락되었다. 둘째, 막대한 외국 원조로 인해 우리 사회에 의존적 구제방식을 심화시켜 놓은 점이 있다.

이 시기에 미국식 전문 사회사업교육이 도입되기 시작하여 1947년 이화여자대학교에 기독교 사회사업학과가 최초로 설치된 이래 1970년대 말까지도 전국적으로 모두 13개의 대학만이 사회사업학과를 개설하고 있었다(김영종, 2001: 68). 한편 1953년 현 강남대학교에, 1958년에는 이화여자대학교와 서울대학교에 사회사업행정을 교과목으로 개설하였다.

종합적으로 1950년대에는 전후 경제, 사회, 정치가 취약하고 혼란스러웠음에도 불구하고 외형적으로는 외국 원조단체의 자선구호활동, 전문사회사업교육기관의 설치, 각종 복지직능단체의 발생 등 민간사회사업은 활발했던 반면에 국가의 사회복지정책은 응급구호사업이 중심을 이루고 있었으며 행정상으로도 일제와 미군정의 사회복지정책의 틀을 벗어나지 못했던 시기라 특징지을 수 있다.

7) 1960년대(5.16쿠테타와 제3공화국)

정부는 우선 공공부조사업의 체계화에 주력하여 1961년에 생활보호법과 재해구호법을 각각 제정하였다. 생활보호법에 의하여 65세 이상 노인과 18세 미만 아동·불구폐질자 등 근로 능력이 없는 무의탁한 자에 대하여 생계보호를 실시하였으나 그 보호의 수준은 미흡하였고 이러한 현상은 1970년대 중반까지 계속되었다. 이 당시

사회복지행정을 담당하던 행정기구를 살펴보면 보건사회부 사회국 내에 구호과를 설치하여 오늘날의 생활보호업무를 담당하게 하였고, 1963년에는 노동청이 신설됨에 따라 구빈행정 가운데 노동과 관련된 부분이 노동청으로 이관되었다. 또한 군사원호업무를 독립적으로 수행할 군사원호청이 창설되었고, 후에 원호처로 개칭된다(박차상, 2007: 24).

이 시기를 종합적으로 보면 첫째, 경제발전을 통한 사회문제의 변화에 따라 사회복지정책변화가 생성되었으며 이로써 일제와 미군정의 사회복지행정에서 탈피하게 되었고, 둘째, 5.16 이후 생활보호법을 필두로 전반적인 사회복지법제의 외형적인 기초를 완성하게 되었지만 시행 측면에서는 성공적이지는 못했다. 셋째, 이 당시에는 외원기관의 활발한 활동과 경제개발계획이 사회복지서비스 전달의 측면에서 상당한 도움을 주었고, 넷째, 사회사업교육에 있어서는 기술론 중심의 미국 모형을 탈피하여 한국사회사업교육을 재조명하는 노력의 시기라 할 수 있다.

또한 선 경제성장-후 분배정책을 강조하여 많은 사회복지 관계 법률이 입법화되었으나 사회경제적 상황이나 정부의 재정능력 부족으로 실제로 시행된 것은 소수에 불가하다. 결국 사회복지는 민심의 안정을 얻어 정치적 정당성과 합법성을 얻고자 하는 방편으로 진행되기도 하였다.

8) 1970년대(제4공화국)

1970년대의 특징은 의료관련법의 내용에 보다 충실하여 개정된 의료보험제도는 생활보호대상자와 영세민에 대하여 많은 의료혜택을 제공하게 되는데 과거 생활보호법에 의해 제공된 의료혜택을 독립적으로 강화하여 의료서비스를 제공한 법적 조치로 사회복지행정을 뒷받침해 주었다.

또한 보건사회부의 직무 가운데 구호를 공적부조로 개정함으로써 사회보험, 공적부조, 사회복지서비스를 관장하는 중앙사회복지행정기관의 성격이 보다 명확하게 되었다. 다른 한편으로 사회복지행정을 제도화한 일련의 여러 가지 입법들이 제도의 일관성을 상실하고 있고, 법에서 규정하고 있는 급여내용이 과거의 생활보호 수준을 유지하는 정도라는 평가도 있지만 이러한 입법조치들로 인하여 사회복지행정의 기틀을 형성하였음을 부인할 수 없다(박차상, 2007: 24).

1970년대 말경에 이르러서는 서울대, 중앙대 등에서 사회사업학과의 명칭을 사회복지학과로 개칭하게 되면서 그 후 신설되는 학과는 사회복지학과의 명칭을 사용하였다. 또한 1970년 사단법인 한국사회복지사업연합회(현재 사회복지법인 한국사회사업학회)의 본격적인 모임이 시작되고 학회지가 창간되었다(김승훈, 2009: 196~197).

9) 1980년대(제5, 6공화국)

제5공화국 정부는 국가안보를 전제조건으로 민주주의 정착과 정의사회의 구현, 복지사회 건설 그리고 교육개혁과 문화창달 등 새로운 사회건설의 국정지표를 제시하였다. 제6공화국이 출범한 이래 사회복지정책은 주요한 정치현안으로 떠오르게 되었으며 또한 1980년대 후반부터 한국형 복지모형론이 등장했다. 한국형 복지모형이 등장하게 된 배경은 1970년 중반 이후 선진복지국가에서 복지국가 위기론이 대두되고 있었기 때문에 한국에서도 자칫 잘못하면 복지병을 유발할 수 있다는 정책관련자들의 우려 때문이었다고 볼 수 있다. 한국형 복지모형은 국가개입을 가능한 한 최소화하고 가족의 기능을 강화하며, 요보호자 자신의 자조와 재활을 강조하며 자원봉사의 참여를 장려하는 내용으로 나타났다. 이러한 프로그램의 구체적 내용을 보면, 지금까지는 사회복지서비스를 주도해오던 시설수용보호 중심에서 크게 탈피하여 지역복지와 재가복지 사상이 도입되기 시작했다.

이에 따라 1981년 노인복지법과 심신장애자복지법이 제정되었고, 1984년에는 여성정책심의위원회가 구성되어 그동안 등한시되어 온 특수계층에 대한 서비스를 강화하였다. 특히 1980년대 후반에는 장애인올림픽 서울 개최를 계기로 장애인복지법의 제정과 장애인 관련제도가 개선되었고, 1988년 국민연금법의 실시로 사회복지행정의 범위가 확대되고 내용이 보다 충실하게 되었다(박차상, 2007: 25). 또한 1983년도에는 사회복지사업법이 개정되어 사회복지사 자격증(1·2·3급)이라는 새로운 제도로 그 명칭이 변경되었으며 이와 함께 각 대학에서 사회사업학과의 명칭을 사회복지학과로 개칭하였고 사회복지학과가 집중적으로 30개 대학에 설립되었다.

10) 1990년대 이후

1993년 등장한 김영삼 대통령의 문민정부는 제7차 경제사회발전 5개년 계획에서 복지정책의 기본방향을 국가발전수준에 부응하는 사회복지제도의 내실화에 두고 국민복지를 증진시킬 것을 제시하였다. 그러나 사회복지와 관련해서는 소극적으로 대처하다가 1995년 초에 와서야 성장위주의 정책에서 벗어나 삶의 질과 생산적인 국민복지에 적극적인 관심을 기울여야 할 것이라고 강조하였다.

문민정부 이후 국민의 정부에 걸친 사회복지제도의 획기적인 변화는 첫째, 사회보험제도의 정비이다. 전 국민을 대상으로 국민연금제도의 확대실시(1998년)와 더불어 전 사업장에 대한 고용보험제도의 적용, 의료보험의 통합으로 인한 국민건강보험제도의 출발 등으로 기존의 산업재해보상보험제도를 포함한 4대 보험이 제도로서 정착·발전되고 있다. 둘째, 공공부조제도로서 국민기초생활보장제도의 도입이다. 특정 인구학적 범주에 국한된 대상자에게만 급여가 제공되는 범주적 공공부조에 해당하는 기존의 생활보호제도가 빈곤에 처한 모든 사람의 생존을 보장하는 일반적 공공부조로 전환함으로써 모든 빈곤계층을 보편적으로 보장하는 제도적 변화를 가져오게 되었다.

따라서 18세 이상 65세 미만의 국민들도 장기실업 등으로 인해 절대적 빈곤 상태에 빠질 경우 최소한의 인간다운 생활을 영위할 수 있도록 개정하였다(김승훈, 2009: 197~198).

결국, 2000년에는 생활보호법을 대체한 국민기초생활보장법이 시행되기 시작했으며 저출산·고령화 사회를 대비한 복지정책의 필요성이 제기되면서 사회복지서비스와 프로그램과 관련한 행정적 과정의 이해와 기술에 대한 요구가 증가하였다. 또한 사회복지사 제도의 정비를 위하여 사회복지사 1급 자격시험제도가 2003년부터 실시되었다.

제2장 연습문제

1 조선시대 비황제도인 삼창의 3가지는?

2 미국 최초의 인보관은 무엇인가?

3 삼국시대부터 이어져 내려온 진대법, 흑창, 의창의 주된 내용은?

01 우리나라 사회복지행정 역사에 관한 설명으로 옳은 것은?

① 한국전쟁 이후 1970년대 초까지도 외원이 민간 사회복지시설의 주된 재원이었다.

② 공공부문에 사회복지 전문인력이 배치된 것은 2000년대에 들어서이다.

③ 사회복지조직의 대규모 양적 팽창은 1970년대 말 이후이다.

④ 공공과 민간의 관계에서 공공은 직접 서비스 전달에 치중해왔다.

⑤ 사회복지서비스 기본법인 사회복지사업법은 1997년에 제정되었다.

02 우리나라 사회복지행정의 발달 내용으로 옳은 것은?

① 1980년대 후반에 사회복지관이 많이 생겨났다.

② 1990년대부터 사회복지전담공무원이 배치되었다.

③ 1980년대에 들어서 외원기관이 철수하기 시작했다.

④ 1960년대에 한국사회복지협의회가 생겨났다.

⑤ 1990년대에 사회복지사 자격에 관한 국가시험이 시작되었다.

03 우리나라 사회복지행정 발달을 설명한 것으로 옳은 것은?

① 일제강점기 인보관을 중심으로 현대적인 사회복지행정이 이루어졌다.

② 1950년대 국가중심의 빈민구제가 제도화되었다.

③ 1960년대 사회복지행정의 주체는 보건사회부와 외원기관이었다.

④ 1970년대 사회복지전담공무원이 시·군·구에 배치되었다.

⑤ 1980년대 지역사회복지협의체가 의무화되었다.

04 19~20세기 초 미국의 지역사회조직운동의 발달에 영향을 준 이념이 아닌 것은?

① 급진주의 ② 실용주의 ③ 사회진화주의

④ 자유주의 ⑤ 신보수주의

05 자선조직협회가 처음 만들어진 해는?

① 1601년 ② 1755년 ③ 1834년

④ 1869년 ⑤ 1902년

06 미국 사회복지행정의 발달 과정에서 사회복지 프로그램들이 세분화되고 다양화됨으로써 이러한 프로그램을 조정하고 관리하는 사회복지행정가의 역할이 증대하였던 시기는?

① 1930년대   ② 1950년대   ③ 1960년대
④ 1970년대   ⑤ 1980년대

07 우리나라 사회복지행정의 발달 과정에 대한 설명으로 틀린 것은?

① 1980년대에 사회복지 관련 기관이 급속도로 늘어났다.

② 1987년부터 사회복지전문요원 제도가 시행되어 공공복지행정의 체계가 마련되었다.

③ 1998년 국민기초생활보장법의 시행으로 행정환경의 변화를 맞이하였다.

④ 2003년에 제1회 사회복지사 1급 국가시험이 시행되었다.

⑤ 2004년에 사회복지사무소가 시범사업으로 실시되었다.

08 사회복지행정의 역사에 관한 내용 중 틀린 것은?

① 1960년대 미국의 사회복지행정의 정체는 지역사회조직사업의 급속한 발전 때문이었다.

② 1950년대는 한국의 사회복지행정은 명목상 인정단계였다.

③ 1970년대 초 석유파동 이후 미국의 사회복지행정은 급속히 발전하였다.

④ 1980년대 이후 한국의 사회복지행정은 실질적 중요성이 인식되었다.

⑤ 2000년대 들어서서 한국의 5대 사회보험이 완성되었다.

09 삼국시대 춘궁기에 백성에게 대여한 관곡을 거두어들임에 있어서 재해로 흉작이 되면 상환할 때에 그 이자를 감면하여 주는 제도는?

① 사궁규휼　　　　　② 대곡자모구면　　　　　③ 책기감선

④ 진급　　　　　　　⑤ 향약

10 다음 〈보기〉 중 바른 것을 모두 모은 것은?

| 보기 |

가. 1929년 밀포드 회의에서 사회사업 기본기술들을 망라한 하나의 교과과정을 제안하였다.

나. 영국 최초의 인보관은 1869년의 토인비홀이다.

다. 19세기 초 미국 이민자의 증가로 사회복지의 욕구가 증가되었다.

라. 1935년에 미국 남북전쟁을 계기로 사회보장법이 제정되었다.

① 가 · 나 · 다　　　　② 가 · 다　　　　　③ 나 · 라

④ 라　　　　　　　　⑤ 가 · 나 · 다 · 라

객관식 문제 답 | 01. ①　02. ②　03. ③　04. ⑤　05. ④　06. ④　07. ③　08. ②　09. ②　10. ②

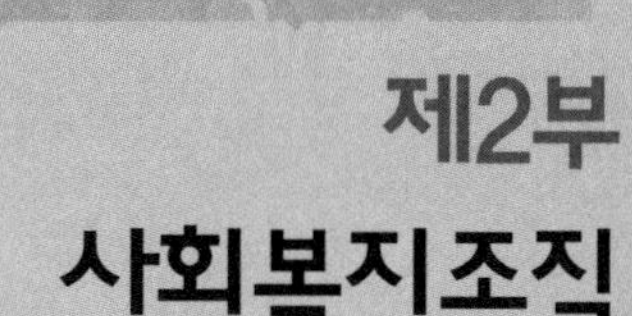

제2부
사회복지조직

사회복지조직이론

이 장에서는 사회복지조직에 대한 이해를 위해 기존의 고전이론, 인간관계이론, 체계이론, 구조주의이론, 조직환경이론과 현대조직이론을 중심으로 살펴보고, 사회복지조직에서의 적용가능성과 그 장단점을 알아본다.

● 각 조직이론들의 특징은 무엇인가?

● 사회복지행정에서 조직이론이 의미하는 것은 무엇인가?

사회복지행정의 실천이론과 원칙들은 공공행정, 경영 및 산업관리이론, 그리고 조직행동에 관한 사회과학 및 행동과학 이론으로부터 도입되었다. 이에 따라 사회복지행정에 관하여 다양하고 때로는 상호 모순되는 이론들이 존재한다. 그러나 현

대의 사회복지행정은 보다 일반적인 조직이론이 적용되는 실천분야로서 다루어지고 있다.

1. 고전이론

고전이론의 기본가정은 조직구성원들이 대부분 경제적으로 동기부여된다는 점이다. 개인들은 그들에게 경제적 유인이 주어질 경우에 조직의 목표를 달성하기 위해 노력한다는 것이다. 따라서 조직이 개인에게 경제적으로 보상할 수 있으면 개인의 목표와 조직의 목표가 같을 수 있다고 보고 있다. 이러한 고전이론은 과학적 관리론과 공공행정학파, 관료제이론과 모든 가정을 공유하고 있는데, 그 핵심적 가정은 "조직은 합리적 체계이며 기계와 꼭 같이 계획될 수 있다"는 것이다. 이와 같은 이유로 이 모형은 기계이론machine theory 이라고도 불려왔다(Katz & Kahn, 1978: 259~263).

한편 고전이론은 조직의 연구 및 조직의 실직적인 기능보다는 좀 더 이상적인 조직은 어떤 것이어야 한다는 예측에 기반을 두고 만들어진 것이다. 이에 학자들 사이에서는 이 고전이론이 사회복지조직에는 적합하지 못한 것으로 평가되기도 하지만 아직도 조직이론 분야에서는 지배적인 이론으로 자리매김하고 있다.

고전이론
대표적인 고전이론은 관료제이론과 과학적 관리론이라 할 수 있다.
고전이론이나 인간관계이론 등 주요 행정이론들은 어떻게 하면 조직을 잘 운영해서 '생산성'을 높일 수 있을까라는 공통의 관심사를 공유하고 있다.

1) 과학적 관리론

　과학적 관리론의 관심은 조직의 생산성에 있다. 19세기 말 조직의 관리에 관련된 여러 이론을 통합하고자 하는 시도가 있었을 때 가장 선구자적인 역할을 했던 이가 테일러Taylor이다. 그의 최대 관심사는 산업조직의 관리에 있어서 최대한의 생산성을 보장할 수 있는 가장 과학적인 관리방법의 모색에 있었다. 그 자신은 탁월한 엔지니어였으며 엔지니어링 기법을 조직에 적용시키는 방법의 개발에 주력했다. 테일러의 과학적 관리론은 생산성과 이윤을 높이고 노동자들을 규제하고자 했던 서구 산업국가들의 욕구에 대한 하나의 반응이었다. 베버Weber가 관료주의의 현상에 대한 설명을 시도했던 반면에 테일러의 설명은 기업가의 관리욕구에 대한 응답이었다(김형식 외, 2002: 41~42).

(1) 개념

　과학적 관리론은 최소의 노동과 비용으로 최대의 생산효과를 확보할 수 있는 최선의 방법을 찾아내기 위한 관리이론이다. 테일러주의로 알려진 바 있는 과학적 관리론은 원래 미국의 자본주의가 고도화됨에 따라 직면하였던 난관을 극복하고 경영의 합리화를 이룩하고자 제창되었다.

　이러한 과학적 관리론의 발전은 비단 기업관리의 합리화에 이바지함으로써 생산성을 높이는 데 중요한 역할을 하였을 뿐만 아니라 정치와 행정을 구별하고 행정을 전적으로 기술의 체계로서 파악한 이른바 정치행정이원론 내지 능률주의적, 기술적 행정학의 발달에 중요한 계기가 되었다는 점에서 그 의의를 찾을 수 있다.

(2) 내용

테일러는 비능률적인 전통적 방법을 비판하면서 개개의 작업을 가장 간단한 동작으로 분해하여 각 동작의 형태·순서·소요시간을 시간연구와 동작연구에 의하여 표준화함으로써 하루의 공정한 작업량, 즉 과업을 설정하고 과업을 기준으로 하는 관리의 과학화를 성취하도록 하였다. 이를 위해서는 모든 노동자에게 명확하게 정한 충분한 과업을 주어야 하며, 노동자가 과업을 확실히 수행할 수 있도록 표준적 조건을 마련해 주어야 한다. 또한 노동자가 과업을 완성할 경우 성공에 대한 높은

테일러 시스템

과학적 관리법은 테일러(F. W. Taylor)가 고안한 관리방식으로, 일명 '테일러 시스템(Taylor system)'이라고도 한다. 경험적 관리와 진척상황에 따른 관리가 시행되던 시대에 합리적이고 과학적인 관리가 제창되었기 때문에 이 명칭이 붙여졌다. 작업과정의 능률을 최고로 높이기 위하여 시간연구와 동작연구를 기초로 노동의 표준량을 정하고, 임금을 작업량에 따라 지급하는 등 여러 가지로 합리적인 방법을 연구한다. 이러한 과학적 관리법은 테일러에 의하여 처음으로 제창되어 오늘에 이르고 있다.

테일러에 의한 고유한 의미의 과학적 관리법은, 종래에 근로자의 창의와 이에 대한 자극에 의존하던 작업관리를 경영자의 과학적인 과업설정(課業設定)이라는 계획적 관리로 전환시켜서 노동생산성을 높이고 조직적 태업을 방지하며 임금문제해결을 위하여 과학적·객관적인 표준작업량을 설정하여 고임금-저노무비를 이루어 노사 쌍방이 만족하도록 하는 것이었다.

테일러는 임금인하를 방지할 수 있는 기준으로서 과업제도(task system)를 구상하였다. 이 과업제도가 테일러리즘의 달성 수단이다. 과업제도는 공평한 1일의 작업량(a fair day's work)을 합리적으로 결정하고, 그에 의하여 근로자의 작업표준을 결정하는 기준이다. 이 방법에 의하면, 종래의 자의적-전습적(傳習的)인 과업결정방법이 배제된다. 합리적으로 과업설정을 하기 위하여 과학적인 시간연구(time study)를 하였고, 시간연구의 전제조건으로서 작업조건과 작업방법을 표준화였다.

지불을 하여야 하며, 과업을 달성하지 못할 경우의 손실을 받아들여야 한다(김재정, 1984: 267~269).

사회복지조직에서 이러한 개념의 적용은 업무부담과 과업분석의 영역에 속한다. 예로 업무량이 많은 공공복지기관에서 직원의 능력, 과업에 대한 기대, 보상체계를 검토해 보는 것은 효과가 있을 수 있다. 반면 다른 기관에서는 위험한 업무에 대한 위험수당이 도입되기도 한다. 그러나 사회복지조직에서는 금전적인 보수의 중요성이 다른 조직에 비해 과소평가되었기 때문에 추가보수 없이 업무를 부담시키는 것이 당연시되었으며 이에 대한 불만이 점차 드러나기도 하였다. 이렇듯 사회복지조직에서 과학적 관리론이 갖는 문제점은 사회복지조직이 행하는 일련의 활동은 클라이언트와 관련하여 규범적 선택을 필요로 하는데, 과학적 관리방법을 채택할 경우 과학이라는 정형화된 틀 속에서 규범적 선택이 모호해질 수 있다는 점이다(Hasenfeld, 1983: 22).

2) 공공행정학파

(1) 개념

공공행정학파는 분업과 가장 단순한 형태로의 과업분류를 강조하였으며 그 밖의 '통제의 통일unity of control'을 강조하였다. 즉 과업이 소단위로 분류될 필요가 있으며 성과를 감독하고 조정하기 위한 집권화된 통제의 필요도 주장하였다. 통제의 통일은 한 사람의 상관에 의하여 지도, 감독될 수 있는 부하의 수의 제한을 가져왔는데 이를 '통제의 범위span of control'라고 한다. 또한 공공행정학파는 계선상의 1:1의 책임, 즉 한명의 상관이 한명의 부하에게 권한과 책임을 가져야 한다는 것을 강조한다. 권한과 책임이 여러 상관에게 분산되는 경우 부하는 구조적 문제의 희생양이 될 수 있

다는 것이다. 그밖에 공공행정학파는 목적, 과정, 수혜자 그리고 지리적 영역에 따
른 조직단위 간의 전문화도 강조하였다.

(2) 내용

이러한 개념들은 다양한 방법으로 사회복지조직과 관련된다. 사회복지조직에서
통제 및 조정의 필요는 오랫동안 쟁점이 되었다. 특히 전문가와 일반행정가의 쟁점
은 사회복지 분야에서 지속된 문제이다. 사회복지조직에서 통제범위의 개념은 얼
마나 많은 슈퍼비전이 요구되는가하는 문제와 관련된다. 통제범위가 넓으면 슈퍼
비전을 덜하게 되는데 공공복지기관에서는 슈퍼비전을 자주 하면 생산성이 낮아지
고 창의성이 떨어지며 상관에의 의존성이 높아진다. 따라서 사회복지조직에서 슈
퍼비전을 지나치게 강조하는 것이 직원들의 성과에 기능적이 아닐 수도 있는 것이
다. 사회복지조직 간의 전문화는 시대에 따라 또는 자금 조달기관의 요구에 따라 변
해왔다. 미국의 경우 1960년대는 지리적 영역에 따른 서비스 전문화가 이루어졌으
나 이제는 그런 식의 전문화보다는 노인 또는 정신박약자 등과 같은 구체적 수혜층
에 따른 전문화로 바뀌어 가고 있다(최성재·남기민, 2007: 77~78 재인용).

3) 관료제이론

관료제bureaucracy이론은 베버에 의해 전개된 것이다. 어느 사회에서나 그 사회를 움
직이는 지배-피지배의 유형들이 존재한다. 과거에는 지배자와 피지배자 간의 권력
관계가 '전통적인 권위'나 '카리스마적 권위'를 기반으로 해왔다면 현대 산업사회에
서는 '합법적 권위'를 기반으로 하고 있다. 현대산업사회의 본질적인 특성들은 사
람들 간의 권력관계가 더 이상 막연히 전통에 대한 믿음을 기반으로 하거나 카리스

마를 가진 특정 인물에 의해 유지되는 것을 불가능하게 만들었다. 그보다는 합리적이고 합법적인 규칙들에 의해서 효율성 추구를 극대화할 수 있는 권력관계를 요구하게 되었다. 그 결과 산업사회에서 관료제가 지배적인 조직 유형으로 나타나게 되었다(김영종, 2001: 112~113).

(1) 개념

현대사회에 있어서 관료조직이라고 하면 보통은 부정적인 개념이 먼저 떠오르고, 별로 탐탁하게 여기고 싶지 않은 기관을 관료조직이라고 하는 경향이 있다. 그럼에도 불구하고 관료제이론은 공식적인 조직으로서의 특징을 평가할 수 있는 개념으로서 등장하였고 여러 조직 성원들의 과제를 구체적으로 조성하며 대규모의 집단에 있어 업무를 효율적으로 수행하는 조직을 통칭하고 있다.

따라서 베버는 관료조직의 특성을 다음과 같이 정의하고 있다. 첫째, 고도의 세분화와 합리화에 의한 과제의 분할이 존재하고, 둘째, 위계질서에 근거를 둔 명백한 책임소재, 셋째, 조직과 그 구성원 간의 공식화된 관계, 넷째, 능력과 기술적인 지식의 소유 여부에 관한 조직성원의 인사관리, 다섯째, 직무를 수행하는 능력에 맞는 급여와 소득의 차별화, 여섯째, 문서화된 구제와 절차 마지막으로 영속적인 신분보장을 들고 있다(Weber, 1975: 38).

(2) 내용

베버는 위에서 제시한 관료제의 특징들이 결합할 때 가장 효율적인 행정적 조직을 만들어 낼 수 있다고 생각했다. 관료제가 이미 여러 형태로 오래전부터 존재해 왔다는 것을 볼 때 관료제는 근대적인 것은 아니지만 베버가 최초로 조직의 관료제적 특징이 사회생활의 여러 방면으로 확산된 점을 규명해냈다는 데 의미가 있다

(Etizioni-Halvey, E. 1985: 30~31).

관료제는 명백히 합의되고 쓰여진 규칙들에 의해 유지되며, 그러한 규칙들은 비인격적이고 보편적이어서 특정 개인들 간의 연분이나 정실에 의거해서 조직이 움

베버Max Weber(1864~1920)

베버는 독일 튀링겐주(州) 에르푸르트에서 출생하였다. 국회의원 아들로 태어나 하이델베르크 대학, 베를린 대학 등 독일 각지의 4개 대학에서 철학 · 역사학 · 경제학을 공부하였다. 졸업 후에는 재판소의 사법관시보(司法官試補)로 근무하는 한편, 연구를 계속하였다. 1892년 베를린 대학을 시작으로 프라이부르크 대학·하이델베르크 대학 등에서 강의와 연구에 종사하였다. 베를린 대학의 교수 자격 논문인 〈로마 농업사(農業史)〉(1891)와 프라이부르크 대학 취임 강연인 〈국민국가와 국민경제정책〉(1895) 등은 당시의 중요한 논문이다. 아울러 베버는 《사회과학 및 사회정책 잡지》의 편집을 맡아보고, 〈사회과학적 및 사회정책적 인식의 객관성〉(1904), 〈프로테스탄티즘의 윤리와 자본주의의 정신〉(1904~1905) 등의 논문을 집필하였다.

베버는 19세기 후반 독일에서 주류를 이룬 신역사학파(新歷史學派) 또는 강단사회주의자(講壇社會主義者)와 대결하였으며, G.슈몰러와의 가치판단 논쟁을 통하여 역사학파가 가지는 이론적 약점을 지적하고, 그 극복에 노력하였다.

그의 사회과학의 인식론은 역사학파에 대한 비판일 뿐 아니라, 마르크스주의에 대한 비판이기도 하였다. 즉, 마르크스주의를 유물사관(唯物史觀)에 의하여 주관적으로 구성된 하나의 이념형이라고 봄으로써 이를 상대화(相對化)하였고, 또 여러 경제적 요인에 의하여 역사적 인과관계(因果關係)를 설명하는 유물사관에 대하여 종교나 정치 영역에서의 행위의 동기와 관련시켜 역사적 현상을 설명하려고 하였다. 〈프로테스탄티즘의 윤리와 자본주의의 정신〉은 그 성과 중의 하나이다. 여기서는 근대 유럽에서의 자본주의의 발생을 프로테스탄티즘, 특히 칼뱅주의의 교리하에서 금욕(禁慾)과 근로에 힘쓰는 종교적 생활태도와 관련시켜 설명하고 있다.

직이지 않도록 하는 것이다. 합리적인 목적에 의해 분업이 이루어지고, 그러한 분업화된 부분들을 명백한 권한과 권력, 위계적인 구조 등을 통해 묶는 것이다. 따라서 관료제 조직은 합리-합법적 규칙들에 의거하여 사회적 관계의 효율성을 극대화하는 데 기여해 왔다(김영종, 2001: 113).

이와 같이 관료조직이 근대사회, 근대국가가 당면한 과제들을 가장 관료적으로 운영할 수 있는 틀을 제시한 것은 사실이지만 여기에 따르는 문제가 없는 것은 아니다. 예를 들어 전문화specialization 그 자체는 기술의 경제적 활용을 통한 효율성이 보장되는 반면, 보다 창의성 있는 기술의 활용을 제한할 수도 있다. 규제와 규칙은 보다 공정한 업무처리를 보장하지만 보다 효과적인 차원에서 개인의 욕구를 충족시키는 것을 저지하거나 조직성원의 무능력을 은폐시키는 병폐로 오용될 수도 있다. '인간적 요소' 보다는 '조직적 요소'를 강조하여 조직의 안정과 지속을 꾀할 수도 있다. 베버는 관료조직이 개인에게 미치게 될 부정적 현상에 대해 관심이 많았으며 특히 '인간적 요소가 배제된 전문가'를 만들어 내지는 않을까 하는 염려가 많았다. 베버는 그의 연구에서 관료조직의 효율성에 집중했던 나머지 무슨 목적으로 또는 누구의 목적을 위해서 조직이 운영되어야 할 것이라는 점을 소홀히 한 바 있다. '인간적 요소'의 배제와 아울러 지적되는 또 하나 취약점은 조직의 기능에 영향을 미치는 환경적 요소를 소홀히 했다는 것이다(김형식 외, 2002: 41).

2. 인간관계이론

(1) 개념

인간관계이론human relations theory 은 고전이론에 나타난 결함들을 보완하기 위하여 개발된 이론이다. 이 이론은 메이요Mayo를 중심으로 실시된 호손Hawthorne공장 실험을 계기로 전개되었으며 조직에서 인간적 요소의 중요성을 강조하고 있다. 또한 인간관계이론은 개인의 욕구를 충족시키기 위하여 조직에서의 비계획적, 비합리적 요소에 강조를 두고 있다. 인간관계이론은 개인의 욕구가 충족된다면 조직에서의 개인

은 조직의 목표를 위해 일할 것이라는 기본적인 가정에서 본다면 고전이론과 일치하는 모습을 보이고 있다(Neugeboren, 1985: 46). 이러한 원리에 따른다면 사회복지조직의 관리자들이 선호하는 이론으로 볼 수도 있을 것이다.

Western Electric 회사의 호손공장 실험에서 밝혀진 결론은 다음과 같다. 첫째, 근로자의 작업능률은 물리적 환경조건에 의해 좌우되는 것이 아니라 집단 내의 동료 또는 윗사람과의 인간관계에 의해 크게 좌우된다. 둘째, 조직에는 비공식집단이 별도로 존재하는데 이 비공식집단은 개인의 태도와 생산성에 강력한 영향을 미친다. 셋째, 근로자는 개인으로서가 아니라 집단의 일원으로서 행동하며, 집단 내의 인간관계는 일련의 비합리적, 정서적 요소에 따라 이루어진다. 넷째, 근로자는 경제적인 욕구나 동기에 입각한 합리적인 행동보다도 비경제적 요인인 사회적, 심리적 욕구나 동기에 입각한 행동을 중시한다는 것이다(신두범, 1980: 130).

(2) 사회복지조직과 인간관계이론

인간관계이론은 대인관계 기술, 클라이언트 노력과 동기부여 등 사회복지조직에서 중요시하는 요소들과 기본 관점이 부합한다.

특히 사회복지조직의 효과성은 조직목표에 대한 클라이언트의 동기·태도 및 헌

호손 실험(1~4차 실험)

호손연구는 미국의 벨(Bell) 전화기 제조사인 웨스턴 일렉트릭 회사의 호손공장을 중심으로 하버드 대학의 경영대학원 산업조사연구실의 협력과 록펠러재단의 지원으로, 메이요가 주도하고 하버드 대학의 뢰스리스버거의 협력으로 1924년부터 1932년까지 4차례에 걸쳐 이루어졌다. 노동자의 생산능률은 임금, 작업시간, 노동환경 등 물적 조건과 인적 조건의 함수라는 전통적 산업심리학적 가설을 검증하려는 데 목표를 두었지만 실험의 결과는 가설을 전면 부정하였다.

제1차 조명실험: 조명도가 생산성에 미치는 정(+)의 영향(1924~1927년)

호손공장이 자체적으로 1924년에서 1927년 사이에 조명도가 생산성에 미치는 정(+)의 영향에 관한 실험을 하였다.

조명도가 생산성에 미치는 정(+)의 효과를 입증하기 위한 실험을 착수하였는데 그 실험대상지로 웨스턴 전기회사의 호손공장이 선정되었다. 이 실험은 여성작업자를 대상으로 작업집단을 두 개로 나누어 실험집단에는 조명의 강도를 다양하게 변화시키고, 다른 집단인 통제집단에는 동일한 조명하에서 작업을 하게 한 다음 두 집단 간의 생산성의 차이를 측정하였는데 두 집단 모두에서 생산성이 증가되었다. 조명을 감소시켜도 두 집단 모두는 생산성이 증가하였고 조명의 밝기를 달빛수준까지 감소시키자 그때서부터 생산성이 떨어지기 시작하였다. 또한 작업일수를 늘리고 휴식기간을 단축해도 생산성은 증가하였다. 당황한 호손공장 측에서 실험결과에 대한 해명을 하버드 대학에 의뢰함으로서 호손실험이 새로운 국면을 맞이하게 되었다. 메이요와 연구자들은 추가실험에서 여성작업자들이 휴식을 마음대로 하도록 감독권한을 변경하였다. 그 다음에 실험집단에는 임금을 올려주고 통제집단의 임금은 그대로 두었다. 그러나 역시 두 집단 모두에서 생산성이 증가하였다. 실험자들은 조명의 강도와 생산성과는 직접적 관련이 없다는 결론을 내렸지만 자신들이 경험한 것을 적절하게 설명할 수는 없었다. 1차 실험연구는 1932년까지 계속된다.

제2차 계전기 조립실험: 조명도 이외의 작업조건이 생산성에 미치는 영향(1927~1929년)

2차 실험에서는 생산성의 향상을 가져온다고 생각되었던 여러 조건들인 노동시간의 조정, 휴식시간의 도입, 직무 재설계 등 새로운 제도를 도입하여 여공들의 작업조건을 개선해주었다. 작업조건이 개선됨에 따라 작업능률은 급격하게 향상되었다. 그러나 일정 기간이 지난 후 작업조건을 개선되기 이전의 상태로 환원시켰는데도 작업능률은 더욱 상승하였다.

이 실험의 결과는 1차 실험과 마찬가지로 물리적인 작업조건의 변화보다는 심리적 변화가 더 중요성을 갖는다는 사실이다. 종업원들이 감독자로부터 특별한 주목을 받을 때 작업조건의 변화에 관계없이 열심히 일하게 되어 생산성이 향상되는 현상을 호손효과(Hawthorne effect)라고 한다. 이 실험으로 인하여 지금까지 간과되어 온 근로자들의 감정이나 태도 등에 관한 문제가 새로운 연구과제로 대두되었다.

제3차 면접실험: 작업자의 심리적 요인이 작업자의 태도와 생산성에 미치는 영향(1928~1930년)

호손연구를 주관하던 메이요팀의 연구자들은 인간의 감정적, 심리적 요인이 생산에 새로운 변수라는 것을 알게 되면서 면접계획을 회사의 전 부문에서 2,000여 명에게 상사의 감독 및 지도방법, 작업환경, 업무 등에 대하여 종업원의 면접을 통해 불평불만을 조사하였다. 면접실험은 종업원들에게 흉금을 털어놓을 수 있는 기회를 가질 수 있게 하였고, 종업원들이 제안한 많은 사항들은 실제로 이행되었다. 그 결과 종업원들은 경영자들이 개인으로서 또는 집단으로서 중요하게 여기고 있음을 느끼기 시작하였다. 많은 종업원들은 감정의 논리(logic of sentiments)에 근거한 심리적인 면이 실재한다.

3차 면접실험에서는 종업원들의 작업의욕이 개인적 감정에 의해서도 영향을 받지만 그들이 속해 있는 집단의 사회적 조건에 따라서도 크게 좌우된다는 사실이 밝혀졌다.

제4차 배선 관찰실험: 작업장의 사회적 요인으로 작용하는 비공식조직과 비공식규범 분석 (1931~1932년)

신 여하에 달렸는데, 여기서 인간관계가 중요한 역할을 한다. 또한 자아의 활용은 사회복지실천에서 매우 중요하기 때문에 성원 간의 관계는 성원–클라이언트 간의 관계에 영향을 미친다는 점에서 인간관계이론의 적합성이 있다. 따라서 인간관계이론은 사회복지조직에서 기본적으로 많이 적용되는 이론적 모형이다.

(3) 한계

인간관계이론은 사회심리적 변수 이외의 조직에 중요한 영향을 미치는 환경, 자원의 목적, 조직 크기, 클라이언트 요인들, 임금과 활동조건 등의 변수들을 고려하지 못하는 한계점이 존재한다. 아울러 업무수행에 영향을 미치는 조직 내의 정치·경제적 과정을 무시하는 경향이 있으며 사회복지조직에서 인간관계적 기술을 사용할 때 실천가들이 자신의 활동을 조작하는 결과를 초래할 수도 있다. 따라서 인간관계이론을 지나치게 강조하여 사회복지실천가들과 분석가들의 관심을 조직문제의 실제요인으로부터 멀어지게 하고 잘못 해석하게 할 수도 있다.

(4) 기타 이론

맥그리거McGregor는 경영의 효과성과 효율성에 관하여 많은 이론적 기여를 한 X이론과 Y이론을 발전시켰다. 이러한 이론들은 인간의 본성과 행위에 관하여 각각 다른 가정을 하고 있는데 X이론은 인간의 본성과 행위를 지시와 통제가 행해지는 전통적인 관리이론으로 보면서 다음과 같이 가정하고 있다(Skidmore, 1983: 21~22). 첫째, 인간은 태생적으로 일하기를 싫어하고, 둘째, 이러한 인간의 모습 때문에 어떤 조직의 목표를 성취하려면 강요된 통제와 지시를 받아야 하며, 셋째, 인간은 지시받기를 좋아하고 본인의 책임은 회피하며 모든 분야에 있어서 안정된 생활을 원한다.

그러나 이와는 반대로 인간관계이론의 관점을 가지고 있는 Y이론은 무엇보다도 민주적인 참여가 이루어지는 작업현실과 인간의 권리가 실현되는 분위기를 강조하고 있는데, 그 기본적인 가정은 다음과 같다. 첫째, 인간은 자신이 노력하고 있는 목표를 달성하기 위하여 자기통제와 자기지시를 하며, 둘째, 인간이 지니고 있는 목표에 대한 헌신은 그와 관련된 보상의 기능을 한다. 셋째, 보통의 인간은 일정한 조건에서 책임을 가지고 스스로 추구하며, 넷째, 대부분 조직의 문제를 해결하고자 할 때 많은 능력을 발휘하고, 다섯째, 현대의 인간의 지적 가능성은 단지 부분적으로만 활용되고 있다.

최근에는 X이론과 Y이론의 이론적인 결함을 보완하기 위하여 린드스테드Lindstedt

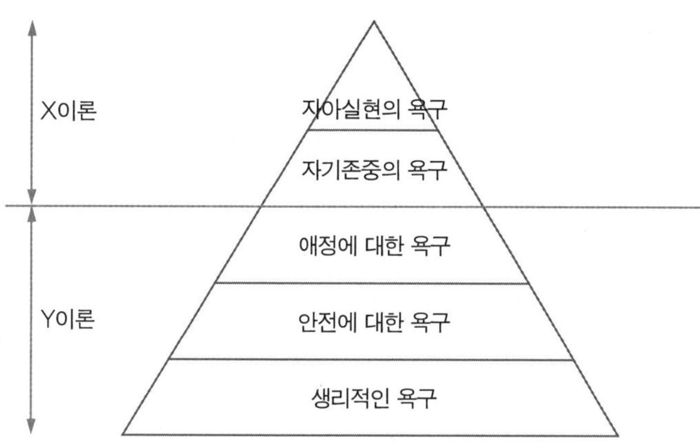

※매슬로우의 욕구 위계 : 생리적인 욕구(physiological needs) → 안전에 대한 욕구(safety and security needs) → 애정에 대한 욕구(love and belonging needs) → 자기존중의 욕구(esteem needs) → 자아실현의 욕구(need for self-actualization)

에 의하여 Z이론이 제시되었다. 이 이론은 특수 분야에 종사하는 과학자나 학자들에 대한 관리로서, 이들에 대한 관리는 자유방임적이고 구성원들이 자유의지에 따라 행동하도록 분위기만 조성할 뿐 인위적인 동기부여는 가능한 한 억제한다는 것이다. Z이론은 X이론과 Y이론에 포함시킬 수 없는 인간의 또 다른 한 측면을 부각시키기 위하여 사용한 용어인 것이다(안해균, 1982: 113).

한편 우리나라에서 새로운 행정이론 또는 경영관리이론으로 형성되고 있는 W이론도 인간관계론에 속하는 것으로 볼 수 있다. 이 이론은 지도자의 솔선수범과 조직의 구성원들 간의 유대감이 형성되면 보다 높은 생산성을 보인다는 이론이다. 그러나 W이론은 정확한 형태를 갖추고 경험적인 검증을 거친 상태에 있는 것이 아니기 때문에 하나의 가설적인 상태라고 보는 것이 타당할 것이다(최성재·남기민, 2007: 83).

3. 구조주의이론

구조주의이론structuralist theory 은 고전이론과 인간관계이론의 총체적인 합이다. 즉 구조주의이론은 인간관계이론에 대한 비판으로부터 시작된다고 볼 수 있으며 구조주의자들에 따르면 인간관계이론적 접근은 조직에 대한 완벽한 이해를 제공하지 못하고 있으며 따라서 조직의 관리자들에게 잘못 인식되고 있음을 말하고 있다(Etzioni, 1964: 41). 구조주의이론에서의 특징은 조직과 개인의 목표가 일치한다는 가정을 하지 않기 때문에 인간관계이론 및 고전이론과 상이하다. 반대로 구조주의 조직에서는 갈등은 피할 수 없다고 보고 있다.

이 이론은 이론에 대한 경험적 연구의 결과로서 나타났다는 점에서 규범적이라기보다는 기술적이며 구조주의이론에 관한 경험적 연구의 많은 것들을 사회복지조직에서 찾아볼 수 있다.

(1) 개념

구조주의란 과학적 논리에 의해 인간을 해석하려는 하나의 학문적인 방법론이다. '요소'를 전체와의 '관계'를 통해 파악함으로써, '요소'는 변하더라도 변하지 않는 '관계'를 인식하려는 사고 방법이다. 즉 부분의 요소는 전체의 구조 안으로 통합될 때 의미가 있고, 비로소 인식이 된다.

구조주의이론은 고전이론 및 인간관계이론과는 대조적으로 갈등을 역기능적인 것이라기보다는 순기능적인 것으로 보고 있다. 갈등은 사회문제를 쉽게 노출시키게 되고 이에 따른 문제의 해결방안을 연구하게 함으로써 사회적 기능을 보다 쉽게 달성할 수 있다고 보고 있다. 구조주의자들은 갈등을 축소하고 은폐하려는 것에 반대하고 있다. 그들은 갈등의 표현은 사회문제에 대한 이해관계의 표현이며, 권력을 시험하게 하여 조직을 현실적 상황에 순응하도록 하는 기능이 있다고 보고 있다. 따라서 어느 사회에서 갈등이 표현되지 않고 감추어진다면 이로 인한 소외현상으로 마침내 근로자와 조직은 이탈 또는 더욱 심각한 문제에 빠져들어 결국에는 모두에게 불리하게 된다(Etzioni, 1964: 44).

따라서 구조주의자들은 고전이론과 인간관계이론을 조화시키는 데 필요한 요소로 ① 조직의 공식적 요인과 비공식적 요인, ② 비공식 집단의 범위와 조직의 내외에서 비공식 집단들 간의 관계, ③ 하급자와 상급자, ④ 사회적 보수와 물질적 보수 및 그 상호 간의 영향, ⑤ 조직과 그 환경 간의 상호작용, ⑥ 업무조직과 비업무조직 등을 들고 있다(Etzioni, 1964: 49).

(2) 내용 및 비판

구조주의이론은 노동조합, 고충처리위원회 등에서 나타나는 문제해결에 대한 결과는 조직 내의 갈등이 존재하므로 인해 이를 조정하기 위한 하나의 방법으로 발생한다고 본다. 구조주의자들은 조직에 대한 환경의 영향을 강조하고 있는데, 급변하는 사회의 환경적 특성은 조직이 기능하고 살아남기 위해서는 반드시 고려해야 할 부분으로 보고 있다. 또한 구조주의이론은 인간관계 및 고전이론과는 반대로 외부환경과 관련된 여러 가지 유형의 행정 및 조직의 역할을 선호하고 있다(Neugeboren, 1985: 48).

이와 관련하여 최근 사회복지조직에서도 환경에 대한 강조가 점차·중요성을 더해 가고 있다. 특히 사회복지조직들의 서비스 전달 형태에 미치는 환경의 영향은 점차 증가하고 있다. 사회복지조직의 환경에는 경제적, 사회·인구통계적, 정치적, 법적 그리고 기술적인 모든 조건을 총괄하는 일반환경과 재정자원의 제공자, 클라이언트의 제공자, 보충적 서비스의 제공자, 조직산물의 소비자 및 수혜자, 경쟁조직 등과 같은 과업환경이 있다(Hasenfeld, 1983: 51~63).

이와 같은 구조주의이론도 인간관계이론을 주장하는 학자들로부터 많은 비판을 받고 있다. 그들은 조직에서의 갈등이 발생하는 것은 사실이지만, 구조주의이론이 인간적인 요소를 충분히 고려한다면 그러한 갈등은 의사소통과 신뢰를 통해 충분히 해결될 것이라고 주장하고 있다(Neugeboren, 1985: 491). 또한 구조주의는 인간의 욕구를 충족하는 여유를 주지 않기 때문에 조직을 비효율적으로 만들고 있다고 주장한다.

4. 체계이론

(1) 개념

체계이론Systems theory 은 앞서 논의한 고전이론과 인간관계이론 그리고 구조주의이론이라는 세 가지의 기본 이론들을 하나로 묶어 통합할 수 있다는 가정에 기반을 두고 출발한다. 1950년대와 1960년대에 등장하기 시작한 체계이론은 보다 포괄적인 사회학적 관점을 재도입시켰다. 체계이론의 핵심적 관점은 생물학적 유추에 그 기반을 두고 있는데, 사회제도는 마치 유기체처럼 유기체를 형성하고 있는 개체 간의 독특한 상호의존관계를 형성함으로써 생존과 환경에 적응하는 욕구를 충족한다는 표현이 체계이론을 잘 설명해주고 있다.

(2) 하위체계

체계이론은 특수한 기능을 수행하는 여러 형태의 역동성과 기제에 기반을 둔 다음의 5가지 하위체계를 중심으로 조직되어 있다.

① 생산하위체계 production subsystem

모든 조직은 결과물로서의 '생산품' 생산을 위해 조직·운영된다. 사회복지기관의 경우는 서비스 전달의 과제와 직결되어 있으며 과제의 분담, 역할과 업무의 특수화를 통한 업무의 숙련화가 달성된다.

② 유지하위체계 maintenance subsystem

유지하위체계는 조직으로서의 사회복지기관과 이용자 간의 욕구를 둘러싼 갈등을 중재·해결함으로써 조직의 안정을 기한다. 유지체계의 핵심적인 원리는 '인간관계학파'의 영향을 받아 발전시킨 것으로서 인간과 조직의 욕구를 통합시키는 과제를 담당한다. 따라서 조직활동의 공식화, 보상체계의 확립, 새 조직 성원의 사회화, 직원선발과 훈련기능 등과 밀접한 관계가 있다.

③ 경계하위체계 boundary subsystem

경계하위체계는 '생산지원'과 '제도화' 체계의 두 요소를 포함한다. 생산지원의 측면은 협상과 때로는 조작을 통한 다른 조직들과의 관계를, 제도화의 측면은 조직의 주변환경으로부터 지원과 정당성을 확보하는 기능과 관련되어 있다. 경계하위체계는 구조주의이론에 그 기반을 두고 있으며 환경적인 요인을 강조할 뿐만 아니라 조직으로서 환경에 영향을 미칠 수 있는 기반의 구축에 역점을 둔다.

④ 적응하위체계 adoptive subsystem

연구와 기획의 기능을 담당하여 조직의 업무수행 능력에 대한 평가와 외부환경의 변화에 대한 모니터링을 통하여 조직이 추구해야 할 변화의 방향을 제시한다(김형식 외, 2002: 50~51).

⑤ 관리하위체계 managerial subsystem

관리하위체계는 통제를 강조한다는 점에서 고전주의이론의 특징을 지니고 있으며, 외부환경을 강조한다는 점에서는 구조주의이론의 특징을, 타협을 강조하는 의미에서는 인간관계이론의 특징을 지니고 있다(Neugeboren, 1985: 51). 이러한 관리하위체계에서는 〈그림 3-2〉에서 보는 바와 같이 4가지 하위체계와 중복되고 있다.

(3) 시사점

조직에 대한 체계론적인 시각은 사회복지에 시사하는 의미가 큰데, 특히 이 관점은 세 가지 주제를 제기한다. 즉 조직 내 개체 간의 상호의존성, 조직의 욕구 그리고 조직환경의 개념이다.

① 상호의존성

체계이론의 핵심적 내용은 조직을 형성하고 있는 다양한 구성체와 단위 간의 상호의존성이다. 이러한 관점이 사회복지사들에게 시사하는 바는 그들의 행동, 결정 등이 불가피하게 다른 조직성원들의 행동, 전체 조직과 연루됨을 의미한다. 조직성원들은 결코 독립적, 독자적인 성원일 수가 없다.

표면적으로 생각하기에는 모두가 이해할 만한 의미인 것 같지만 '상호의존적'이라는 개념은 사회복지의 실무에 시사하는 요소가 내포되어 있다. 간혹 전문사회사업가들과 조직은 상호 갈등적이며 분파적인 관계에 있는 것처럼 보이는데 전문가적인 영향과 조직적 방향이 서로 부합하지 못하고 갈등관계에 있는 것처럼 묘사되는 것이 그 예이다. 특히 사회복지사는 변화 지향적인 반면 조직은 현상유지 지향적인 유기체로 묘사될 때 그 갈등은 고조된다. 즉 체계이론적 조직이론은 조직과 사회복지사는 공생적인 관계이며 그들의 연대 그 자체가 조직에는 물론 쌍방에게 유리하다는 입장이다. 따라서 사회복지사들은 조직 속에 동적인 그리고 상호 교환적 차원에서 개입되어 영향력을 행사할 수 있을 뿐만 아니라, 조직보다는 참여자들에 의해서 영향을 받을 수 있다고 생각해야 한다.

② 조직의 욕구

체계이론에 있어서 또 하나의 중요한 점은 조직은 조직 나름대로의 욕구를 가지고 있다는 점이다. 즉 조직은 표방하는 목표달성을 할 수 있는 합리적인 기제가 아니라, 유기체와 마찬가지로 생존해야 하고 환경에 적응해야 하며 성장의 욕구를 가지고 있다. 체계론자들은 조직이 생존·성장하기 위해서 충족해야 할 기능적 필수조건(욕구)을 이론적으로 규명해 놓았다. 외적 욕구의 범주에는 조직의 기능을 수행하고 지역사회의 기제에 부응하기 위한 자원(시설, 기금, 이용자)을 포함시키며, 내적 욕구는 조직을 구성하는 요소와 단위들 간의 통합, 조직 성원들의 충성과 헌신, 자원을 동원·개발할 수 있는 기술적 및 정치적 능력이다.

조직이 욕구를 가지고 있다는 착상은 다소 이해를 어렵게 하겠지만, 사회복지사들에게는 유용한 개념이다. 이는 사회복지사들이 나름대로 조직 내에서 그들의 영향력을 행사할 수 있는 여지가 있음을 시사하는데, 이러한 영향력을 확산시키기를 희망한다면 조직의 욕구를 파악하여 그 욕구를 충족시키는 데 하나의 전략으로 활용할 수 있는 여지를 부여한다. 전략적 역할로서는 프로포절의 작성, 평가사업, 홍보, 기금모금 등을 예로 들 수 있다.

③ 조직환경

마지막 주제는 조직환경의 중요성이다. 체계이론에서 조직은 그들이 속한 환경 속에서 다양한 형태의 자원을 확보하고, 표면적 또는 내면적 절차에 따라 자원을 여러 형태의 서비스로 전환시키는 등 조직과 교환관계를 형성하고 있는 것으로 묘사된다. 외부집단의 요구에 대응하는 과정에서 조직의 목표와 구조, 문화, 서비스 등이 조직 내의 성원에 의해서 간혹 문제시되기도 한다.

체계이론은 인간관계이론이나 과학적 관리론에 비해서 훨씬 더 종적이고 복합적이며 총체적인 조직의 면모를 드러내준다. 특히, 사회복지사들에게 조직상호 간의 연결성, 조직의 욕구 그리고 반항적 요소의 중요성을 잘 설명해 준다. 결론적으로 체계이론의 핵심은 조직 내의 갈등이나 분파적인 요소보다는 조직의 통합과 상호의존성이다. 또한 조직은 내·외부적으로 조직을 구성하거나 영향을 주는 요소들 간의 균형과 평형을 이루어야한다는 가설에 기반을 두고 있다. 그러나 이는 조직의 기능에 대한 부분적인 이해에 그칠 위험이 있기도 하다. 때로는 조직 내의 해결되지 않은 갈등이 조직의 생존과 성장에 큰 타격을 줄 수도 있지만 조직 내의 개별성원이나 집단들은 반드시 통합과 균형을 이루기 위해서 변화에 적용하지만은 않는다(김형식 외, 2002: 51~54).

5. 상황적합이론 Contingency Theory

테일러Taylor 나 페이욜Fayol 같은 고전 경영이론가들은 여러 상황에서 운영되는 기업에 있어서 경영자에게 '가장 최적인 방법'을 식별하려는 노력을 가하였다. 그러나 문제가 그리 간단한 것은 아니다. 몇몇 연구자들은 고전적 견해이든, 행동학적 견해이든, 계량적 견해이든 간에 획일적으로 모든 상황에 그대로 적용될 수 있는 것은 아니라는 것을 발견했다. 이에 따라서 등장한 경영이론이 바로 상황적합이론이다. 이 이론은 조직의 양식과 과정들은 고정적static이지 않고 상황적situational이며, 조직을 구조하는 최선의 길은 조직의 환경에 의존한다는 인식에 근거하고 있다.

(1) 개념

Contingency는 "장래에 있을지도 모를 뜻하지 않은 우연적 가능성에 대비하는 조건, 곧 사정에 따라 수시로 변하는 불확정 사건에 대처한다"는 의미를 포함하고 있다. 따라서 Contingency이론이 상황이론, 또는 상황적합이론으로 불리거나 상황의 불확실성, 복잡성, 다양성, 우발성, 환경제약성에 초점을 맞추어 이에 조건적으로 대응적 자세를 취하고자 하는 것으로 이해하는 것은 바로 Contingency의 어원적 개념과 일치한다(양창삼, 1987: 489).

상황적합이론은 기본적으로 종속 변수로서의 조직구조를 독립변수로서의 상황이 결정한다는 관계에 대한 이론이다. 이것은 단 하나의 보편적으로 합리적인 조직구조가 아닌 상황적 조건에 따라 이에 적합한 조직구조가 달라진다는 이론이다.

상황적합이론은 조직을 보는 관점이 개방체계open system의 특성을 가지며, 조직의 환경과 기술이 조직구조에 어떤 영향을 미치는지에 관심을 갖는다. 조직의 효과성은 조직의 환경과 기술에 의해 제시되는 요구들이 조직의 내부구조와 어느 정도 일치하는가에 따라 결정되는 것이라고 본다.

(2) 내용

상황적합이론의 중심적 논리는 다음과 같이 전개된다. 첫째, 고전이론들이 지녔던 조직구조에 있어서 보편적 형태로서의 합리적인 조직구조에 대한 가정의 부정이다. 둘째, 조직의 어떤 방법도 그 효과성에 있어서 모두 다 마찬가지로 보는 극단적인 비합리적인 입장도 부정한다. 결과적으로 최선의 조직화 논리는 개개조직이 당면한 독특한 상황적 조건에 따라 달라진다는 것이다.

다시 말하면 조직구조의 특성들은 기본적으로 조직의 특성상황으로 이루어진다는 것이 상황적합이론의 핵심적 명제이다. 상황적합이론은 기본적으로 가장 중요한 논리로서 합리성 또는 효율성을 강조한다. 상황적합이론이 보는 조직구조는 상황적 조건들에 대한 조직설계를 포함한 포괄적 의미에서의 조직의 합리적인 적용을 포함한다. 조직구조와 상황적 조건 또는 맥락적 조건이 부합될 때 가장 최선의 조직화가 이루어진다. 무엇을 중요시하는지는 이론가들에 따라 많은 차이가 있다. 그러한 요인으로서 학자들에 따라 대략 조직규모 등의 구조적 특성을 강조하거나 또는 환경을 강조하는 부류로 갈라진다. 이에 따라 구조를 강조하는 구조학파, 기술을 강조하는 기술학파, 또는 환경을 중요시 하는 환경학파 그리고 기타 전략적 상황적합이론들로 분류된다. 즉 이론가들이 구체적으로 관심을 두는 조직구조의 측면들은 조직에서의 관리파트의 규모, 중앙 집중화나 공식화의 정도, 업무전문화 또는 분화 등의 공식구조의 제 측면 들이다.

상황적합이론을 보다 상세히 이해하기 위한 3가지 기본적 개념은 상황context, 구조structure, 적합성fit이다. 상황은 조직이 처해있는 배경을 말한다. 연구자들이 상황 요인들로 보는 환경, 기술 조직의 크기가 있으며 구조는 조직 내에서 업무가 조직화되는 활동형태, 방식을 말하며 조직구조의 요소로는 공식화, 집권화, 조정, 의사전달, 행정집중 등이 일반적이다. 마지막으로 적합성의 개념은 상황적합이론에서 가장 핵심적인 것이다. 적합성은 상황과 구조 사이의 조화를 의미한다. 상황적합이론에서는 구조와 상황 간의 적합이 잘된 조직은 잘못된 조직보다 더 효과적이라고 본다(최성재·남기민, 2006: 96~97). 상황적합이론에서 조직의 내부구조는 환경의 변화와 안정성의 정도, 기술의 복잡성, 다양성의 정도, 조직의 규모에 따라 적절히 다르게 결정되어야 한다는 것이다.

(3) 비판

상황적합이론의 한계점은 접근방법의 논리가 모든 상황이 유일하다는 전제에 있다. 즉 상황적합이론은 환경결정주의에 빠질 위험이 크며 기능주의적 조직이론의 맥락에서 이해되고 있으므로 기능주의가 갖는 제약점을 함께 가지고 있다는 것이다. 뿐만 아니라 상황이 지향하는 다변수적 고려가 오히려 그 이론을 복잡하게 만들어 이론과 실제를 연결시킴에 있어서 그 성과를 의심하게 만들며 상황적합이론이 강세를 보임에 따라 보편적으로 어떤 상황에서든지 상황적합이론이 도입되어야 하고 도입되기만 하면 문제를 해결할 수 있어도 그 처방은 결코 모든 경우에 다 맞는 것은 아니다. 마지막으로 상황적합이론에서 제시되는 여러 전략이 과연 미래지향적이고 적극적인지 많은 의문점이 제기되고 있다. 왜냐하면 대부분의 경우 상황접근방법은 현재 중심적이고 반응적, 곧 출현한 문제에 대해 대응적 입장을 취하고 있기 때문이다.

6. 현대조직이론

1) 목표관리이론 Management by Objectives, MBO

(1) 개념

목표관리는 참여의 과정을 통해 조직단위와 구성원들이 실천해야 할 생산활동의 단기적 목표를 명확하고 체계적으로 설정하고, 그에 따라 생산활동을 수행하도록 하며, 활동의 결과를 평가·피드백(환류)시키는 관리체계이다. 또한 MBO는 명확한 목표설정과 책임한계의 규정, 참여와 상하협조, 피드백의 개선을 도모하고 궁극적으로는 조직의 효율성을 증진하려는 총체적 관리체제이다.

MBO는 경영과 관리에 있어서 일종의 다차원적인 개념으로 쓰인다. MBO를 하나의 독특한 실체를 가진 관리 도구라기보다는 일종의 '활동중심적이고, 결과지향적이며, 참여를 강조하는 철학'으로 보는 견해도 있다(김영종, 2001: 349~350 재인용).

> **MBO**
> 참여의 과정을 통해 조직단위와 구성원들이 실천해야 할 단기적 목표설정, 생산활동 수행 및 활동의 결과를 평가하고 피드백(환류)시키는 관리체계를 말한다.

(2) 특징

MBO는 기본적으로 관리의 전 과정에서 참여를 강조하는 성향이 있다. 업무자들의 참여를 통해 일정기간에 성취되어야 할 장기적인 목적과 단기적 목표들이 구체화되기 때문에 계획은 어떻게 목표를 달성할지 결정하기 위해서 필수적이다. 아울러 목표를 향한 진행상황에 대해 정기적인 검토가 요구되는데, 피드백과 보상은 목표 달성을 위해서 필수적인 요소가 되고 있다.

(3) 사회복지기관에서의 MBO

사회복지기관에서 MBO를 활용하는 데 따르는 장점은 다음과 같다.

첫째, 업무자들이 프로그램 결정사항이나 기관의 방향 선택에 참여할 수 있다. 개인별 혹은 분과별 목적들을 제시하는 과정을 통해 참여가 가능해진다.

둘째, 목적과 목표 설정에 업무자들의 참여를 장려함으로써 업무자들의 자발적인 동기를 증진하고, 기관에 대한 개인별 기여를 확인할 수 있게 한다. 이것은 일종의 Y이론 전략에 의한 생산성의 증대를 의미한다.

셋째, 개인별 목표들을 취합해서 각 분과별로 목적들을 설정하고, 공동으로 이것들을 추구해 나가는 과정을 강조한다. 이것은 개별 업무자들 간의 불필요한 경쟁을 억제하여 업무자들 간의 결속감이 형성되도록 하는 데 도움이 된다.

넷째, 체계적인 평가를 가능하게 한다. 구체화된 목표들이 제시됨으로써 업무자나 부서별 목표들이 성취되고 있는지의 여부를 확인 가능하게 한다.

다섯째, 장·단기적 목적들을 설정하는 것을 장려함으로써 서비스 요청이 주어질 때마다 수동적으로 반응하는 식의 기획을 막을 수 있다. 목적은 비교적 장기적으로 설정되며 목표들은 그러한 목적들과 관련되어 나타나기 때문에 궁극적으로는 목적과 목표들을 조직의 사명과 결부시키는 것이 가능하다(김영종, 2001: 350, 재인용).

그러나 MBO를 사회복지기관에서 적용할 때의 단점도 거론되고 있다. 즉 목표와 성과의 측정이 어렵고, 단기적 목표와 계량적 측정이 쉬운 업무에만 주력하는 경향이 발생되며, 목표관리를 도입하는 데 시간이 많이 걸리고 운영절차가 번잡하다. 아울러 관리상황이 유동적이기 때문에 MBO가 성과를 거두기 어렵다는 것 등이다.

2) 총체적 품질관리 Total Quality Management, TQM

(1) 개념

TQM이란 조직의 문화를 정의하는 것이며 도구, 기법, 훈련 등의 통합 시스템을 통해 항상 고객 만족을 추구하는 작업을 지원하는 것이다. 즉, 고품질의 제품 및 높은 수준의 서비스를 실시하도록 지속적인 개선을 하는 조직적인 과정이다.

TQM이 전통적인 관리기법과 구별되는 가장 큰 특징은, 고객의 욕구나 필요에 따라 조직의 목표가 설정된다는 고객 중심의 관리가 강조되어 조직운영과 서비스의 지속적인 개선을 통해 양질의 서비스를 산출하여 조직의 경쟁력을 증대시키고 이를 위해 전 조직구성원들이 참여하여 노력하는 경영 시스템을 갖추는 것이다. 따라서 TQM에서 품질은 지속적인 개선을 통해 결함 없는 제품, 서비스 및 비즈니스 과정에 대한 내부 및 외부 고객의 요구사항을 충족하는 것으로 정의된다.

(2) 사회복지기관에서 TQM의 도입요소

기관장의 리더십 아래 서비스 질을 최우선 과제로 삼고 클라이언트의 만족을 통한 복지욕구의 충족과 사회복지기관의 발전을 도모하는 기관 조직원들의 전원 참여와 총체적 수단을 활용하는 종합적인 복지경영시스템이 사회복지기관에서의 TQM이다. 즉 사회복지기관 종사자 모두의 결집된 노력을 바탕으로 서비스 질을 혁신하여 클라이언트의 만족도를 극대화하여 기관의 경쟁

TQM
도구, 기법, 훈련 등의 통합 시스템을 통해 항상 고객 만족을 추구하는 복지경영시스템이다.

적 우위를 확보하는 것이다. 이를 위해 기본요소에 초점을 맞춘다.

① 클라이언트: 서비스에 대한 정의를 내리는 사람으로서 클라이언트 만족도가 TQM의 실행 결과인 동시에 실행 목표이다.

② 기관조직원: 사회복지사로 기관조직원의 참여와 사명감 없이는 목표의 효과적인 달성은 어렵다.

③ 복지자원: 클라이언트에게 제공하기 위한 복지자원은 서비스의 수준에 영향을 주는 중요한 도구이다.

④ 기관장: 최고경영자로 기관장은 사회복지기관 내에 서비스의 질을 고양시키고 조직구성원, 자원들을 결집하고 관리하며 TQM의 성과를 좌우한다.

⑤ 과정: 서비스 활동 제공 과정 및 지속적인 서비스 개선 과정은 클라이언트의 서비스 만족에 결정적 영향을 미친다.

3) 학습조직이론

(1) 개념

학습조직이론은 사회복지조직과 인력을 강화시켜 클라이언트 집단에 효과적인 서비스를 제공하는 방안으로 제시되는 조직이론이다. 학습조직이란 조직구성원이 진정 바라는 결과를 창조할 능력을 확장하고, 새롭게 확대된 사고 패턴이 육성되며, 조직구성원과 함께 집단적 목표나 열망이 자유롭게 선정되고, 함께 학습하는 방법을 지속적으로 배우는 조직이라고 정의된다.

한편, 학습조직이론은 강점중심이론으로도 불리며 지속적으로 배우는 조직으로 조직구성원의 관심은 성원의 만족감을 고취시키고, 성과

학습조직이론
사회복지조직과 인력을 강화하여 클라이언트 집단에 효과적인 서비스를 제공한다.

를 높이는 것에 맞추어져 있다. 즉 조직과 구성원의 권한을 위임하여 조직의 효과
성을 극대화하여 조직의 환경까지 변화시킨다. 아울러 조직의 인력, 재정, 구조, 직
무성과의 개선에 관한 조직의 전반적인 부분과 자신의 권한위임에 걸친 것까지 지
속적인 학습과정이 이루어지며, 조직학습의 과정과 방법이 강조된다.

(2) 장점과 한계점

학습조직이론은 조직 서비스의 질적인 향상과 새로운 서비스와 기술의 발전, 조
직구성원들의 이직률 저하와 사기 진작, 실수와 낭비의 감소로 인한 직무를 효율적
으로 변화시키게 되었다. 하지만 생소한 학습조직의 개념과 방법에 대한 적용 검토
가 미흡하고, 주로 기업경영 차원에서 논의되고 있으며, 학습조직 효과성 평가를
다룰 수 있는 평가체계가 미흡하다. 또한 사회복지조직을 학습조직화하는 것은 장
시간 동안 많은 자원이 소요되는 한계점이 있다.

(3) 사회복지기관에 적용

조직을 학습조직화하는 것은 매우 어렵고 또한 오랜 시간과 많은 자원이 소요된
다. 특히 만성적인 인력과 재원부족을 안고 변화하는 환경에 적응해야 하는 사회복
지조직은 더욱 그러하다. 그러나 어려운 여건에서도 학습을 강조하는 조직문화와
리더십을 갖추어 새로운 지식과 기술을 축적하여 활용한다면 그 조직은 경쟁력 있
는 조직으로 변모되고 궁극적으로 조직의 역량은 크게 강화될 것이다.

제3장 연습문제

1 MBO를 사회복지기관에 적용할 때의 단점은 무엇인가?

2 매슬로우(Maslow)가 말하는 인간욕구의 5가지는 무엇인가?

3 위의 인간욕구 5가지 중에서 맥그리거(McGregor)가 말하는 Y이론에 해당하는 욕구 2가지를 말해보자.

객관식 문제

01 체계이론의 관한 내용으로 옳지 않은 것을 고르시오.

① 사회적 실체, 즉 개인, 가족, 소집단 등을 하나의 유기체로 보고 서로 상호의존적인 관계를 가지고 있다고 본다.

② 모든 사회체계는 그것이 전체로서 다른 하위체계를 내포하고 있는 동시에 또한 부분으로서 상위체계에 속해 있다.

③ 전체에 나타나는 조직이나 상호의존성을 전체를 구성하는 개별적인 부분들로 환원할 수 있다.

④ 체계이론은 고전이론과 인간관계이론 그리고 구조주의를 하나로 통합한다는 가정 하에 출발한다.

⑤ 1950년대와 1960년대 등장하였다.

02 체계이론의 5가지 하위체계가 아닌 것을 고르시오.

    ① 생산하위체계

    ② 순환하위체계

    ③ 경계하위체계

    ④ 적응하위체계

    ⑤ 관리하위체계

03 과학적 관리론과 인간관계이론의 공통점은?

    ① 조직의 생산성 강조

    ② 조직구성원의 사기 중시

    ③ 경제인적 인간모형

    ④ 비공식적인 인간관계 중시

    ⑤ 인간성 회복이 목표

04 다음 조직관리의 이론 중 고전모형이 아닌 것은?

    ① 관료제이론

    ② 구조주의이론

    ③ 과학적 관리학파

    ④ 공공행정학파

    ⑤ 답없음

05 다음 중 인간관계이론의 내용이 아닌 것은?

① 조직에서의 인간적 요소의 중요성을 강조

② 심리적 욕구나 동기를 중요시

③ 비계획적, 비합리적 요소를 중시

④ 클라이언트의 욕구를 중시

⑤ 고전이론의 결함을 보완

06 다음 중 구조주의이론의 내용이 아닌 것은?

① 개인과 조직의 목표가 일치할 수 있다는 가정을 한다.

② 인간관계이론에 대한 비판에서 발생한 것이다.

③ 조직 내 집단들 간에 갈등이 있을 수 있다.

④ 조직에 대한 환경의 영향을 강조한다.

⑤ 상급자와 하급자는 고전이론과 인간관계이론을 조화시키는 요인이다.

07 다음 중 체계 모형의 내용이 아닌 것은?

① 체계 모형은 조직을 많은 하위체계로 구성된 복합체로 보고 있다.

② 이 모형은 조직을 5가지 하위체계로 구성되어 있는 것으로 본다.

③ 생산하위체계가 제공하는 서비스와 관련되어 있어서 서비스 생산에 제일 중요
하다.

④ 관리하위체계가 다른 4가지 하위체계를 조정, 통합한다.

⑤ 포괄적인 사회과학적 관점을 도입했다.

08 다음 〈보기〉 중에서 올바르게 연결된 것은?

	과학적 관리론	인간관계이론
가.	Y이론	X이론
나.	금전적 보상	심리적 보상
다.	정서적 요인 강조	생산성 중시
라.	실적·업적 중시	잠재력 인정

① 가·나·다 ② 가·다

③ 나·라 ④ 라

⑤ 가·나·다·라

09 다음 중 TQM에 관한 설명으로 틀린 것은?

① 고객에 대한 서비스의 질 향상이 목적이다.

② 고객지향주의를 강조한다.

③ 팀 중심적 활동이다.

④ 결과보다는 투입과 과정의 계속적인 개선이 요청된다.

⑤ 목표가 개인이나 조직 단위의 내부적 관점에서 다루어진다.

10 다음 중 과학적 관리론과 관련이 있는 것은?

① Y이론 ② Z이론 ③ X이론

④ 기대동기이론 ⑤ 비계획 및 비합리적 요소

객관식 문제 답 ｜ 01. ③ 02. ② 03. ① 04. ② 05. ④ 06. ① 07. ④ 08. ③ 09. ⑤ 10. ③

사회복지조직의 구조와 조직화

사회복지조직은 인간을 대상으로 하는 비영리조직이라는 큰 특징을 갖는다. 이로 인해 일반조직과는 다른 사회복지조직만의 독특한 특성을 갖게 되는데, 이 장에서는 사회복지조직의 구조와 조직화에 대해서 살펴본다.

● 사회복지조직의 특성과 그 원리는 무엇인가?

● 조직의 유형을 각 학자들은 어떻게 분류하고 있는가?

현대사회에서 사회복지서비스 활동은 공식적이고 조직화된 활동이고 조직을 통하여 계획·전달되고 있다. 그러므로 사회복지서비스는 조직을 떠나서는 생각할 수 없다. 그렇다면 사회복지 활동을 위하여 어떻게 조직을 만들 것인가와 만들어진 조직이 어떻게 기능할 것인가라는 문제가 남는다. 따라서 이 장에서는 사회복지조직은 무엇이며 조직의 구성원리와 조직의 유형화에 관한 여러 학자들의 이론에 대해서 살펴본다.

1. 사회복지조직의 정의와 특성

1) 정의

사회복지 관리자는 효과적인 조직을 설립하고 유지할 수 있는 능력을 지녀야 한다. 조직은 기관의 구조와 기능을 언급하며, 다양한 수준의 직원, 이사회와 위원회의 구조, 명령계통 그리고 기관의 구조와 관련된 기타 요소들을 포함한다. 또한 조직은 기관의 구조를 형성하고 그것을 변화시키는 과정이기도 하다(장인협·이정호, 2000: 150). 따라서 조직은 '조직하는 과정의 활동'과 '조직하는 활동이 이루어진 결과의 상태'라는 의미로 볼 수 있는데, 전자는 동적인 의미에 초점이 맞추어져 있으며 다른 말로 조직화라고 하고 후자는 정적인 상태의 구조적인 면에 초점을 맞추고 있어 흔히 조직이라고 한다.

버나드Bernard는 조직을 "일정한 목적을 달성하기 위하여 의식적으로 조성된 인간의 활동 내지는 역량의 체계"(Bernard, 1968: 73)라고 정의하고 있다. 그는 또한 공동의 목적을 달성하기 위해서 스스로 공헌할 의욕을 갖고, 상호 간에 의사전달을 할 수 있는 사람이 모이게 되면 조직은 성립한다고 주장한다. 따라서 "조직의 구성요소는 의사소통, 공헌의욕, 공동의 목적이다"(Bernard, 1968: 82)라고 말하고 있다.

한편 사이먼Simon도 "조직이란 인간의 집합체이며, 조직의 행동은 인간에 의해서 이루어진다. 인간의 집단생활이 조직화되는 정도는 그들이 조직에 참여함으로써 자신의 의사 결정과 행동에 줄 영향을 어느 정도까지 허용하느냐에 달려 있다"(Simon, 1957: 110)라고 말하고 있다. 그는 조직을 의사결정구조로 보고 의사결정자 내지는 문제해결자로서의 조직성원의 심리적 측면을 특히 강조하고 있다.

이 두 사람의 정의에서 볼 수 있는 바와 같이, 조직은 어디까지나 인간의 활동을 전제로 하는 것이며, 인간적 요소 내지는 행태적 요소에 대한 규명 없이는 조직 연구의 성과를 기대할 수 없다.

힉스Hicks는 조직을 "복수複數의 인간이 목표를 향하여 상호작용을 행하는 특정의 구조를 가진 과정"으로 정의하면서 모든 조직에서의 공통적인 특성을 다음과 같이 열거하고 있다. ① 복수의 인간으로서 구성되고, ② 이들 구성원 간에는 상호작용이 이루어지며, ③ 이러한 상호작용에 관한 질서로서 특정의 구조를 가지게 되고, ④ 구성원은 각각 자신의 목표를 갖고 있을 뿐만 아니라 조직에 참여함으로써 자신의 목표달성에 기여하고, ⑤ 조직구성원의 상호작용은 개인목표와 양립 가능한 공동의 목표 달성에 기여하게 되며, 설사 공동의 목표가 개인의 목표와 다를지라도 상호관련성을 갖지 않으면 안 된다고 지적하면서 조직에서 개인 목표의 중요성을 강조하고 있다(Hicks, 1972: 24).

2) 특성

조직의 정의를 기반으로 조직의 성격을 살펴본다면 다음의 두 가지 점을 지적할 수 있다.

첫째, 조직은 개인을 하위체계로 하는 하나의 사회시스템이다. 조직은 휴먼 시스템으로서 사회적 조직 내지는 인간 조직이다. 조직은 복합성, 상호의존성과 상호관련성을 가진 하위체계로서 구성되는 하나의 전체체계로서의 사회시스템이며 투입, 산출, 환류를 통하여 외부환경과 상호작용을 하는 개방체계로서의 사회시스템이다. 또한 정적균형에 안주하는 것이 아니라 성장과 변화에 대응하는 '동태적 균형'을 추구하는 균형체계로서 조직 목적뿐만 아니라 개인목적, 집단목적 등 상이한 목적과 기능을 가진 하위체계들을 내포하고 있는 사회시스템인 것이다(신영상, 2003: 17 재인용).

사회복지조직의 특성에 대한 이해를 시도함에 있어서 강조되어야 할 것은 사회복지조직은 어떤 소외된 조직이 아니라 복잡한 사회현상의 하나로서 독특한 역사를 가지고 있으며 사회 속의 다양한 계층, 조직과 연계성을 가지고 있다는 것이다. 즉 사회복지조직의 구조, 조직의 목표, 과정 등에 지대한 영향을 미치는 외적인 환경의 이해를 전제로 하지 않고서는 사회복지조직의 특성을 이해하기 어렵다(김형식 외, 2002: 123).

이러한 관점에서 보면 사회복지조직은 다른 관료제 조직들과 적어도 두 가지 면에서 구별된다. 첫째, 사회복지조직은 자신의 속성을 발전시키고자 클라이언트와 직접 접촉을 하며 활동한다는 것이다. 클라이언트는 다른 관점에서 보면 사회복지의 원료가 되는 것이다. 둘째, 사회복지조직은 서비스를 제공받는 클라이언트의 복지를 더욱 발전시키도록 사회로부터 위임되었기 때문에 그 존재가 정당화된다고 보고 있다(Hasenfeld, 1983: 1).

사회복지조직도 조직마다 기능에 차이가 있고 서비스의 대상이 되는 클라이언트들도 다를 수 있지만 사회복지조직이라 한다면 다른 조직과는 구별되는 다음과 같은 특징이 있다(Hasenfeld, 1983: 9~11).

첫째, 사회복지의 원료가 인간이라는 점이다. 일반조직과는 다르게 사회복지조직의 원료는 사회적 또는 도덕적으로 정체성을 지니고 있는 인간이며, 가치중립적이라는 점이다. 따라서 사회복지조직이 사용하는 서비스 기술은 도덕적으로 정당화되어야 하며 그 시대에 지배적인 가치관에 따라 달라질 수 있다. 따라서 사회복지조직은 사회복지서비스 기술을 보다 효과적으로 사용하기 위해서 자유의지에 따라 행동하는 클라이언트를 이끌 수 있는 방안을 마련해야 한다.

둘째, 목표의 불확실성이다. 일반조직의 원료가 무생물을 중심으로 하는 것과는 달리 사회복지조직의 목표는 과업환경 및 직원들의 합의 도출에 어려움이 있다. 즉 사회복지조직에서는 목표의 정의가 가치, 규범 및 이념과 연결되어 있기 때문에 사회복지조직이 이들의 기대를 모두 다 수용하려다 보니 목표설정이 불확실하고 애매하게 되기 쉽다. 아울러 사회복지조직의 목표 설정과 관련하여 직원들 간의 합의점 도출이 어려운 경향이 있다. 이것은 사회복지조직의 서비스 기술이 다양하고 복잡할수록 더 커지게 된다.

셋째, 사회복지조직의 기술은 불확실하다. 조직의 기술은 원료를 사전에 정해진 절차에 따라 현재의 상태에서 다른 상태로 변환시키는 과정을 의미한다. 그러나 사회복지조직은 성과를 향상시키기 위하여 직원들에게 무엇을, 언제, 어떻게 해야 하는지에 대한 명확한 기술이 미비하다. 그 이유는 인간은 행동방식이 다양하며 인간의 욕구를 쉽게 측정할 수 없기 때문에 인간을 어떻게 변화시켜야 하는지에 대한 기술이 충분하지 않기 때문이다.

넷째, 사회복지조직의 활동은 직원과 클라이언트의 관계로 구성되어 있다. 이들의 관계는 조직이 클라이언트를 다루고 클라이언트의 욕구를 평가·결정하며 클라이언트를 변화시키기 위해서 일하고 바람직한 결과를 달성하는 수단이 된다. 즉 모든 사회복지조직의 중요한 업무는 이들과의 관계 속에서 성립된다. 따라서 직원과 클라이언트와의 관계 및 성격은 조직의 성공과 실패를 좌우하는 관건이 된다. 이와 같이 사회복지조직에서는 직원과 클라이언트의 관계가 핵심적 활동이기 때문에 실무를 담당하는 직원들의 지위와 역할은 매우 중요하다.

다섯째, 사회복지조직에서는 전문적인 직원들에게 의존하는 경향이 커진다. 그 이유는 두 가지로 요약되는데, 먼저 사회복지조직이 다루어야 할 인간문제들의 성격과 복잡성 때문에 과학적이고 전문지식을 지닌 직원을 필요로 하는 것이다. 다른 하나는 사회복지조직이 클라이언트의 복지증진을 위해 이상적인 서비스에 투철한 사명감과 책임감을 갖고 있는 직원이 필요한 것이다.

여섯째, 사회복지조직에는 조직의 효과성을 측정할 도구가 부족하다. 이에 따라 조직 내에서의 효과성 측정에 어려움이 있고 타 조직에 비해 조직의 변화에 적응하기 어렵게 된다. 이러한 문제의 주요 원인은 조직목표의 다양성과 모호성, 서비스 기술의 불확실성 그리고 인간속성의 관찰과 측정의 근원적인 어려움 등이 있다. 이러한 이유로 사회복지조직에서의 평가가 잘 되지 않을 경우 조직의 정통성 문제가 제기되면서 사회복지조직의 서비스 이념을 강화하게 된다.

2. 사회복지조직의 원리

행정은 결국 조직과 관리의 측면으로 정리할 수 있으며, 조직은 행정의 기본이 되는 것이다. 따라서 조직을 합리적으로 구성하고 그것을 능률적으로 관리하기 위해서는 몇 가지 조직의 원리를 파악해야 한다.

1) 계층제의 원리

계층제hierarchy란 권한과 책임의 정도에 따라 공식 조직을 구성하는 성원들 간에 상하위 등급 및 계층을 설정하여 각 계층 간의 권한과 책임을 배분하고 명령계통과 지휘·복종관계의 체계를 확립하는 것을 의미한다.

일반적으로 계층의 수준이 높을수록 대외관계, 정책결정, 장기계획 등의 업무를 수행하고, 계층이 낮을수록 집행·실시하는 구체적 업무를 수행한다. 또한 전문화된 조직일수록 그 권한은 약화되고 영향력의 범위가 좁아지는 것을 볼 수 있다.

계층제가 심화·확대되면 의사소통이 차단되고, 인간관계가 등한시될 수 있으며, 구성원의 사기가 저하되는 등의 문제점이 발생할 우려가 있으므로 환경에 대한 적응성과 신축성을 높이기 위해 계층의 평준화와 완화를 도모할 것도 고려해야 할 것이다. 특히 직무상의 계층제를 신분적·사회적 계층제와 연관시킬 경우에는 민주적 이념을 저해하고 창의적·쇄신적 활동을 둔화시킬 우려가 있으므로 유의해야 할 것이다(박연호·오세덕, 1982: 130).

2) 명령통일의 원리

이는 조직의 어떤 구성원도 한 사람의 직속상관으로부터 명령을 받아야 하며, 두 사람 이상의 직속상관으로부터 명령을 받도록 해서는 안 된다는 원칙이다. 이 원리는 책임소재를 명확히 하고 조직의 장(長)으로 하여금 전체적인 조정을 가능하게 하며, 보고의 체계를 명백히 해주는 장점이 있으나 한편으로는 기능적 전문가들의 영향력이 감소될 우려가 있다.

3) 통솔범위의 원리

인간은 능력의 한계가 있기 때문에 1명의 상관 또는 감독자는 일정한 수의 하위 직원을 거느리고 통솔하여야 한다는 원리이다. 통솔의 범위를 어느 정도로 정해야 하는가에 대해서는 학자들에 따라 그 수를 다르게 제시하고 있다. 일반적으로 통솔 범위에 영향을 미치는 요인은 직무의 성질, 감독자의 능력, 조직의 역사, 기관의 장소여건, 조직관리의 상태, 기관담당자의 사회심리적 요인 등이 있다.

4) 분업·전문화의 원리

이는 업무를 종류와 성질별로 나누어 전문분야별로 조직구성원에게 가능한 한 가지의 주된 업무를 분담시킴으로써 조직관리 상의 능률을 향상시키는 것이다. 분업 및 전문화는 조직의 규모가 확대되고 업무처리의 전문성이 증가하면 할수록 더욱 요구된다. 즉 사람의 성격과 기술에 차이가 있고 사람은 능력에 한계가 있기 때문에 분업에 의한 전문화가 필요하며, 분업을 통해 작업의 능률을 향상시키고, 작업도구 및 기계의 발달과 업무의 지식 및 기술의 발전을 기할 수 있다는 장점이 있다. 그러나 지나친 업무의 세분화를 피하고 업무의 배분을 각자의 능력에 맞도록 하며, 조직구성원의 직무만족도 향상 및 분업화에 따른 통합조직력의 향상에 유의해야 할 것이다.

5) 조정의 원리

조직이 공동목적을 달성하기 위하여 행동의 통일을 기하도록 집단적 노력을 질서 있게 배열해야 한다는 원리이다. 조직이 대규모화하고 복잡하면 할수록 그 목적이 효과성을 달성하기 위해서 조직의 각 단위의 기능이 분업의 원리에 따라 분업화·전문화되면 각 단위가 자체적인 목적을 상실하고 부품화되는 폐단을 초래하게 된다. 이러한 폐단을 방지하기 위해서 각 구성원의 개별적 노력을 통합화하는 기능이 필요하게 되며, 이 통합화를 조정이라고 한다.

이러한 조정은 조직단위의 권한과 책임의 한계를 명확히 하거나 조정을 전담하는 기구설치 및 조직 내의 계층제적 구조를 통하여 원활히 할 수 있다.

6) 부성조직 편성의 원리

부성조직은 국가발전을 위한 정책결정, 기획, 집행 등 발전적 행정기능을 통일적·능률적으로 수행하고 복지사회의 실현을 촉진하기 위해서 일정한 기준에 따라 행정수반 직속 하에 합리적·체계적으로 편성된 횡적·종적인 모든 행정기관이라 정의할 수 있다. 이러한 부성조직은 조직의 원리라는 맥락 속에서 이해되어야 한다는 점에서 편성기준을 알아볼 필요가 있다.

부성조직 편성의 기준은 첫째, 목적 또는 기능에 따라 편성되어야 한다는 것이다. 예를 들면 시설의 경우 양육, 지도, 취업 등 목적에 따라 양육부, 생활지도부, 취업부 등의 조직편성을 할 수 있다. 이는 부성 간에 목적과 책임한계가 명확해야 기능의 중복과 책임의 전가를 방지할 수 있다.

둘째는, 목적의 수행을 위하여 필요한 과정·절차 및 수단을 기준으로 해서 각 부성을 편성해야 한다는 것이다. 예를 들면 접수 및 이송, 상담, 치료, 재활 등 과정별로 서무과, 상담부, 재활부로 편성할 수 있다. 이 기준에 의해서는 현대적인 기술을 활용하여 효과적으로 분업과 전문화를 이용할 수 있고, 동일한 감독 하에 기술업무가 수행됨으로써 그 업무에 대한 조정이 편리하고 용이할 수 있다.

셋째는, 행정활동에 의해서 혜택을 받는 수혜자나 취급되는 취급물을 기준으로 조직을 편성하는 것을 의미한다. 예를 들면 보건복지부 산하에 아동·청소년, 노인, 가족지원과 등은 수혜자를 대상으로 편성한 것이고 산림청, 수산청 등은 취급물을 대상으로 편성한 것이다. 이러한 방법은 행정기관 국민과의 관계를 밀접하게 하고 국민에 대한 서비스를 보다 집중적으로 향상시킬 수 있는 장점이 있으나, 대상자(수혜자)들에 의한 압력이 행정의 영향을 받을 수 있다는 단점도 있다.

넷째는, 행정활동이 수행되는 지역이나 장소가 조직편성의 기준이 된다. 예를 들면, 지방청이나 지방사무소를 두는 것을 말한다. 이는 특정 지역 내의 행정업무에 대한 지역주민의 요구에 부응하는 행정을 실현하고, 지역별 행정업무에 대한 조정과 통제가 용이하다는 장점이 있다. 그러나 특정지역 주민의 압력에 영향을 받을 수 있는 단점도 있다(장인협·이정호, 2000: 158~161).

3. 조직의 유형

조직의 분류기준은 다양하며 어떤 기준도 결코 포괄적인 것은 아니다. 조직유형을 조직에 있어서의 복종관계, 수익자, 조직기능, 참여도 등을 기준으로 분류한 이론 모형을 살펴보자.

1) 에찌오니Etzioni의 분류(복종관계의 기준)

에찌오니는 조직에 있어서의 개인의 복종관계compliance relations를 핵심적인 변수로 파악하면서 조직의 개인에 대한 권력과 개인의 조직에 대한 관여를 중심으로 조직유형을 다음과 같이 분류하고 있다.

첫째, 강제적 조직이다. 강제가 주요한 통제수단이며 구성원은 조직에 대해서 소외감을 느끼게 된다. 교도소와 강제수용소가 이에 해당된다. 둘째, 보상적 조직이다. 이 조직은 보상이 주요한 통제수단이 되며 대부분의 조직구성원이 타산적으로 행동하게 된다. 주로 사기업과 사익단체가 이러한 유형에 속한다. 세 번째로 규범적 조직이다. 이 조직은 규범적 권력이 중요한 통제수단으로 작용하며 구성원은 조직에 대하여 헌신적이고 사명감을 가진다. 주로 종교단체나 정치단체가 이 조직에 해당한다(Etzioni, 1961: 27~44).

한편, 복종은 소외적, 타산적, 도덕적 관여에 의하여 이루어진다. 소외적 관여는 강한 부정을, 타산적 관여는 획득된 보상에 따라 비교적 무관심을 드러내며, 도덕적 관여는 강한 시인을 나타낸다. 에찌오니는 이와 같은 조직의 세 가지 종류와 복종의 세 가지 종류를 변수로 하여 양자를 결합한 조직유형을 〈표 4-1〉과 같이 제시하였다. 〈표 4-1〉에서의 아홉 가지 유형은 이론적으로 모두 가능한 것이지만 그 중 1, 5, 9의 유형이 가장 효과적이며 실제로 더 많이 발견된다고 하였다. 따라서 이 세 가지 형태 중에서 한 가지를 취하는 것이 조직의 일반적인 경향이다.

표 4-1 복종관계에 의한 조직유형

관여의 종류 조직의 종류	소외적	타산적	도덕적
강제적	**1**	2	3
보상적	4	**5**	6
규범적	7	8	**9**

2) 블라우와 스콧 Blau & Scott 의 분류(수익자 기준)

블라우와 스콧은 조직에 대한 관계에 따라 사람을 조직구성원 및 하급참여자, 조직의 소유자 및 관리자, 접촉하는 공중, 대중 등으로 구분하면서 조직을 수익자를 기준으로 다음과 같이 분류하고 있다(Blau & Scott, 1962: 45~57).

① 상호수혜조직: 조직의 구성원이 주수익자가 되며 정당·노동조합·종교단체 등이 이에 속한다.

② 사업조직: 조직의 소유자가 주수익자가 되며 일반적으로 사기업이 여기에 속한다.

③ 서비스조직: 조직과 직접적인 관계가 있는 클라이언트가 주수익자가 되며 일반적으로 병원, 사회복지기관, 법률상담소 등이 이에 해당된다.

④ 공공조직: 일반대중이 주수익자이며 일반행정기관·군대·경찰 등이 여기에 해당된다.

표 4-2	블라우와 스콧(Blau & Scott)의 조직유형	
	1차적인 클라이언트	**조직의 종류**
상호수혜조직	조직의 회원	정당, 종교단체, 노동조합 등
사업조직	사업체의 소유자	상업적인 회사, 은행 등
서비스조직	클라이언트	사회복지조직
공공조직	일반 대중	행정기관, 군대조직 등

3) 카츠와 칸 Katz & Kahn 의 분류(조직기능의 기준)

카츠와 칸은 파슨스 Parsons 가 밝힌 조직의 기본적 기능인 적응기능, 목표달성기능, 통합기능, 형태유지기능을 기준으로 조직을 분류하고 있다.

먼저 생산조직은 물질, 서비스를 공급하는 조직이며 인간의 기본적 욕구를 충족시키거나 인간의 협동을 유도하는 기능을 가진다. 두 번째 형상유지조직은 한 세대로부터 다음 세대로 문화를 전수하고 교육하며 사회화기능을 담당하는 조직이며 학교, 가정 등이 이에 속한다. 세 번째 적응조직은 새로운 지식이나 문제해결방안을 개발하는 기능을 가진 조직으로서 대학 연구기관 등이 이에 속하며, 관리·정치조직은 사람과 자원에 대한 조사 및 통제를 하는 조직이다. 국가와 그 하위 단체인 정부기관이 이 조직에 속하며 노조나 정당도 이러한 유형에 해당된다(김규정, 1984: 289 재인용).

4) 리커트 Likert 의 분류(참여도의 기준)

리커트는 참여도를 기준으로 수탈적 권위체제, 온정적 권위체제, 협의체제, 참여

집단체제로 분류하고 있다. 수탈적 권위체제는 조직의 최고책임자가 단독으로 모든 결정권을 행사하고 구성원의 이익은 고려하지 않는다. 반면 온정적 권위체제는 주요 정책은 고위층에서 결정하되 하급자는 위에서 결정한 지침의 테두리 안에서 결정을 내릴 수 있으나 최종 확정에 앞서 상급자의 동의를 거쳐야 한다. 협의체제는 주요 정책은 위에서 결정하지만 한정된 범위의 특정사항에 대해서는 하급자가 결정할 수 있으며 참여집단체제는 조직의 구성원이 결정에 광범위하게 참여할 수 있는 체제를 말한다(Likert, 1967: 3~12).

5) 스미스Gilbert Smith 의 사회사업 조직유형

지금까지의 분류들은 일반조직의 사회학적 분류 형태인 반면, 스미스는 사회사업조직과 관련하여 관료제 조직, 일선조직, 전면적 통제조직, 투과성 조직에 관하여 설명하고 있다.

(1) 관료제조직

관료제는 매우 다의적 개념이고, 불확정적 개념이다. 특히 전문직과 관료제의 갈등이 사회사업가들의 관심이 되고 있다(관료제에 대한 자세한 내용은 이 책의 제3장을 참고).

(2) 일선조직

조직의 주도권이 일선업무 단위에 있고, 각 업무단위는 상호 독립적으로 업무를 수행하고 업무단위의 직접적인 통제가 어려운 조직을 말한다.

① 조직 주도권의 소재

조직의 업무가 지휘계통을 따라 처리되기보다는 일선에서 주도되기 시작한다. 사회사업가들은 개별사회사업에 소속부서의 일반적인 규칙을 적용하는 것으로 생각하지 않으며 그들은 각 클라이언트와의 면접을 통해 목표를 설정한다.

어떤 조직에서는 업무가 실제 수행되는 수중에서 상황이 너무 신속히 변화하여 위계제도를 통한 주도권 행사가 불가능하기도 하다. 이러한 상황들에서는 일선 사무단위들이 상급자의 직접 참여 없이 스스로 일을 하게 된다.

② 사무수행의 자율성

일선조직의 개인이나 업무집단은 독자적으로 기능한다. 이들의 업무는 공장의 생산공정에서와 같이 연속적으로 분화되어 있지 않으며, 각 워커는 타인의 서비스 기능에 크게 의존하지 않는다. 일선조직의 이러한 특징은 커뮤니케이션 구조에 영향을 미친다는 점에서 특히 중요하다. 업무가 세분화되고 통제가 중앙집권화된 조직체에서 조직 중앙의 사무단위들은 소속부서의 내부 정보만 접할 수 있을 뿐이다. 따라서 일선조직의 전형적인 커뮤니케이션 구조는 운영상의 통제를 분산하는 데 중요한 요소가 된다.

③ 감독의 곤란성

일선조직체계에서의 직접적인 감독 수행에는 몇 가지 중요한 장애가 있다. 일선의 직원은 거의 감시를 받지 않으며, 일상업무에 대해서는 계속적인 감독이 실시되지 않는다. 또한 지역적으로 거리가 떨어져 있는 것도 계속적인 감독을 어렵게 하는 요인이다(장인협 역, 1984: 79~83).

(3) 전면적 통제조직

어떤 조직들은 공통적인 면을 가지고 있어서 그들 중의 하나를 이해하면 그 외의 조직들을 당연히 알 수 있는 조직들이 있다. 정신병원, 기숙사, 교도소, 양로원, 구치소, 고아원 등의 조직체들이 이러한 조직에 해당한다.

모든 전면적 통제시설이 같은 성격을 가지는 것은 아니며 공통된 성격들 중 일부는 전면적 통제시설에만 독특한 것도 아니다. 그러나 경험적으로는 같은 부류에 속하는 일군群의 속성들이 존재한다.

첫째, 전면적 통제시설의 대부분의 수용자는 시설에의 수용이 강제적이다. 경우에 따라서는 물리적 강제력을 동원하여 수용하기도 한다. 이는 구치소, 교도소, 소년원의 경우 가장 명백하다.

둘째, 옥내활동, 레크리에이션 및 작업의 개별활동을 구분하는 데에 장애가 없다. 이러한 모든 활동은 빈틈없이 계획되고 제한된 단일지역의 경계 내에서 발생하여 기관의 공적 목표달성을 위해 설계된 단일의 통일된 계획에 따라 발생한다.

셋째, 전면적 통제시설이 일반사회의 기본적 생활형태와 많은 점에서 양립할 수 없다는 것이다.

넷째, 전면적 통제시설에서는 수용자와 직원 간의 근본적인 차이가 있다. 이러한 계급적 원칙은 시설 전반에 걸쳐 작용한다. 직원의 최하급 구성원이라도 최상급 수용자에 대해 거의 전면적인 권한을 행사한다. 두 집단 간의 교류는 불가능하며 전형적인 사회적 거리가 유지된다. 예를 들어 직원들은 수용자 앞에서 마치 수용자가 그 자리에 없는 것처럼 얘기할 수 있다. 스태프와 수용자 간의 커뮤니케이션은 형식화stereotyped 되어 있으며, 수용자는 그들 자신에 관한 의사결정에 대해 알 수 없다.

다섯째, 수용자는 '그 자신의 문화presenting culture', 즉 시설에 수용되기 전에 가지고 있던 문화를 가진 채로 시설에 수용된다. 그리고 이러한 수용자 고유의 문화로 보면, 전면적 통제시설의 제반 상황이 수용자에게 용납될 수 없는 것이다. 그러나 수용자 고유문화는 그가 새로운 역할을 이해하고자 한다면 근절되어야 하는 것이며, 이는 바로 고통(전면적 통제시설의 다섯 번째 특징)의 과정을 통하여 수행하게 된다. 수용자는 급작스럽고 때로는 거친 과정을 통해 새로운 변화를 경험해야 한다.

여섯째, 전면적 통제시설의 특징은 수용자가 그 자신의 문화로부터 도출하게 되는 것과는 전혀 판이한 세계의 구축을 위하여 재조직 제도가 운영된다는 것이다. 즉 상벌제도를 통해 수용자는 개인의 개조를 경험하게 된다. 작은 특권들이 주어지기도 하고 박탈되기도 하는 것이 그것이다. 교도소에서는 규칙준수의 보상으로 사면 및 가석방 제도가 실시된다.

마지막으로, 전면적 통제시설 내에서는 특수한 문화환경이 진전된다. 각 시설에 독특한 의식이 존재하는 것이다. 또한 독특한 언어가 발견된다. 교도소나 구치소의 은어가 이러한 예라고 할 수 있다(장인협 역, 1984: 88~92).

(4) 투과성 조직

투과성 조직은 조직의 구성원 또는 참여자가 자발적으로 참여하며 개인의 가정과 사적인 생활에 침해를 받지 않고 조직의 문화나 규정에 의한 업무 통제성이 약하고 조직의 활동이 거의 노출되는 조직이다(최성재·남기민, 2007: 145). 이 형태는 아동을 위한 소집단 유아원, 노인을 위한 소형집단 아파트, 정신질환자를 위한 소규모의 분산된 숙박소와 같이 거택보호residential care에 나타나는 최근의 발전에서도 공통되는 특성들을 찾아볼 수 있다(장인협 역, 1984: 101~106).

첫째, 투과성 조직의 가장 중요한 특성은 회원자격이 자발적이라는 사실이다(심지어는 회원자격이 불분명할 수도 있다). 예를 들어, 대부분의 정신병원에서 오늘날 '확실한' 환자들은 거의 없다. 클라이언트들은 자발적으로 조직에 들어오고 마음대로 떠날 수 없다.

둘째, 투과성 조직에서는 업무, 자유시간 활동과 사적인 가정활동 사이에 분명한 구분이 있다. 투과성 조직은 회원들의 가족이나 가정생활을 침해하지 않는다. 클라이언트와의 접촉은 제한된 방문에 한정된다. 클라이언트와 자원봉사자는 자유롭게 그들의 본업에 종사한다.

셋째, 투과성 조직의 영역유지 구조는 매우 약하다. 전면적 통제시설의 높은 벽, 무거운 문, 격리 등과는 반대로 투과성 조직은 하나의 제한된 영역으로 구분되어 있지 않다. 또한 전형적으로 투과성 조직에서는 회원들에게 접근하는 것이 용이하다. 그러므로 직원들은 공공여론, 후원자들, 정부기구와 그 밖의 다른 조직체들로부터 그들 행동에 보다 영향을 받는 듯하며, 조직의 업무는 종종 다른 기관과의 협조를 포함한다. 따라서 내적 통제는 어려울지도 모르지만, 반면 조직의 투과성을 지닌 울타리는 외부기구에 의한 감독을 상대적으로 쉽게 만든다.

넷째, 투과성 조직의 역할구조는 전면적 통제시설의 역할구조보다 더 복잡하다. 역할은 많은 상대적 위치를 참조함으로써 정의된다. 전면적 통제시설에서 재소자는 시설 안에서 주어지는 역할 규정만 접하게 된다. 투과성 조직에서 클라이언트는 조직의 울타리 밖에 있는 '중요한 타인들significant others'과의 관계를 가질 수 있다.

다섯째, 개인이 그의 주체성과 기존 문화를 유지할 수 있는 '집합과정aggregation process'은 전면적 통제시설의 '금욕과정mortification process'과는 정반대가 된다. 투과성 조직에서 개인은 자기 자신에 대해 자신이 이전에 내린 규정을 더 쉽게 유지시킨다. 예를 들어 그는 자기 자신의 고유 이름으로 불리며, 자신의 옷을 입는다.

여섯째, 투과성 조직에서 개인은 일반적으로 자유롭게 자신의 일을 계획한다. 제한된 장소가 없는 것처럼 일정한 계획도 없다. 계획은 개인적으로 이루어지며 이는 조직적인 것은 아니다.

이처럼 개인을 재조직화하기 위한 체계는 없다. 오히려 클라이언트들과 직원들의 기존 문화는 조직의 문화체계에 통합된다. 벌칙도 드물다. 석방을 보류하는 제재는 권력에 의한 것이 아니다. 클라이언트 생활의 모든 측면에 대한 자세한 지식으로부터 나오는 개인적인 개입이 허용된다. 강제적인 통제보다는 규범적인 통제가 더 사용된다. 그러므로 투과성 조직의 문화적 환경은 더 큰 사회체계의 문화와는 차이가 크게 나지 않는다. 전면적 통제시설에서 볼 수 있는 은어, 속담, 농담은 거의 없다.

4. 조직의 구조

1) 공식조직과 비공식조직

조직에서 구조는 일반적으로 공식적 구조를 말한다. 공식적 구조와 비공식적 구조라는 말보다는 공식조직과 비공식조직이라는 말이 일반화되어 있다. 공식조직은 조직의 정관이나 운영규정에 의하여 임명되고 선출된 이사회, 행정책임자, 직원 및 위원회 등의 배열이고, 가시적으로 조직의 기구도표에 배열된 지위와 관계를 의미한다. 그런데 조직에는 일반적으로 공식조직 외에 비공식조직이 있다. 비공식조직은 가시적이고 일상적이고 계획된 구조 밖에서 존재하는 구조를 말한다. 다시 말해서 비공식조직은 공식적인 제도나 법규에 의하여 이루어진 것이 아니라 조직성원들이 일상적인 접촉을 해나가는 과정에서 자연발생적으로 성원들 간에 이루어지는 인간관계 및 역할관계이다(성규탁, 1993: 41).

(1) 공식조직

공식조직이란 분업과 권한·책임의 계층제를 통하여 일정한 목표를 달성하려는 조직으로서 법률·규칙이나 직제에 의하여 형성된 인위적 조직이며 존재하여야 하는 인간관계를 규제하는 데 중점을 두는 구조가 명확한 조직을 말한다. 또한 공식조직은 목표달성을 위한 수단·장치로서의 계획적 성격을 띠고 있으며 권한·책임의 관계를 나타내는 구조와 의사소통의 경로 및 구성원의 직무·역할이 확정되어 있고 비인격성과 구성원의 대체가능성 등을 전제하고 있다(김규정, 1984: 297).

공식조직은 기관을 인식할 수 있는 구조로서 위계질서의 조직과 위원회, 이사회의 배열을 포함한다. 이러한 공식 조직의 구조적 요인으로서 스콧Scott 은 업무의 분화, 위계와 기능적 과정, 구조 및 통솔범위의 네 가지를 들고 있다.

① 업무의 분화

업무의 분화는 구체적인 직무와 관련된 전문화를 포함한다. 조직 및 행정의 효율성은 조직구성원들에게 맡겨진 업무의 전문화에 의하여 증진된다. 오늘날의 작업계선 제도assembly line 는 전문화된 업무분화의 극단적인 형태이다. 이것은 작업의 단순성과 인간 노동으로부터의 소외 등 많은 문제를 야기했다. 그리하여 이러한 문제를 극복하기 위한 많은 노력이 이루어져 왔으며 작업순환제, 노동자의 의사결정 참가 등은 이러한 노력의 하나로 볼 수 있다.

최근 사회사업에서는 두 가지 방향의 상호모순적인 주요 흐름이 있다. 그 한 가지는 서비스의 전문화를 향한 노력이며, 다른 한 가지는 종합정신건강센터와 같은 기관에서 전문성에 의한 분업보다 오히려 통합적인 서비스를 제공하는 노력이다.

② 위계의 과정

위계과정은 명령계통, 권위의 위임 등을 포함하는 개념이다. 이것의 기본적인 가정은 권위, 의사결정 및 책임의 위임과 관련된 상부로부터 하부로의 위계질서를 포함하는 명령계통이 존재한다는 것이다. "조직의 효율성은 상부부서가 하부부서를 지위·통솔할 수 있는 명확한 권한 계열별로 각 부서를 배열함으로써 커지는 것이다"(장인협 역, 1982: 35).

③ 구조

조직의 구조는 그 기능을 수행하기 위하여 권한 및 책임과 관련된 조직의 배열을 갖는다. 즉 정책 및 기능과 관련된 부서가 설정되며, 기관에 따라 사회복지기관의 부서는 상당히 다양하다. 보통 기관의 기능은 관리 부문과 서비스 부문으로 나누어진다.

기관의 구조는 보통 정관이나 규정에 일반적인 용어로 기술되어 있으며, 일반적으로 이사회(공공기관의 경우는 입법부), 위원회, 행정책임자, 부서의 장, 슈퍼바이저 및 직원과 같은 요소로 구성되어 있다.

조직표organizational chart 는 조직의 공식적인 관계를 나타내기 위하여 사용된다. 조직의 구조는 기능과 크기에 따라 달라질 수 있다.

④ 통솔범위

한 명의 상관이 직접 효과적으로 적정수준의 통솔범위를 정하기 위해서는 직무의 성질, 시간적·공간적 요인, 감독과 부하의 능력과 성격, 의사전달의 기술 등을 고려해야 한다.

사회복지분야에서는 한 명의 슈퍼바이저에 5~6명의 일선 사회복지사들이 있는 것이 일반적이며, 작은 기관에서는 그 수가 줄어든다. 물론, 가장 좋은 비율에 대해서는 상이한 의견이 존재한다. 가장 중요한 요소는 슈퍼바이저와 사회복지사가 그들이 선택한 패턴에 대해서 편리함을 느끼는가의 여부에 달려 있다.

(2) 비공식조직

비공식조직이란 구성원 상호 간의 접촉이나 친근성으로 말미암아 자연발생적으로 형성되는 조직으로서 사실상 존재하는 현실적 인간상호관계나 인간의 욕구를 기반으로 하며 구조가 명확하지 않으나 공식조직에 비하여 신축성을 가진 조직이다.

공식조직을 '제도상의 조직'이라고 한다면 비공식조직을 '현실상의 조직'이라 할 수 있다(조석준, 1985: 198~200). 비공식조직은 공식조직에 효과적으로 작용할 수도 있고 비효과적으로도 작용할 수 있다. 비공식조직의 효과적 활용과 통제는 조직의 운영에서 중요한 기술이 된다. 특히, 행정책임자는 비공식조직을 긍정적으로 활용할 수 있어야 할 것이다(Skidmore, 1990: 101).

비공식조직의 가치는 다음과 같이 3가지로 요약된다.

첫째, 비공식조직은 의사소통의 채널로서 생각과 감정을 나눌 수 있는 기회를 제공한다. 휴식시간에 나누는 대화는 기관의 행정가에게 전달된다.

둘째, 효과적인 행정가는 비공식적인 자리에서 직원들과 대화하고 그들의 제안과 건의를 받아들임으로써 조직의 응집력과 통합력을 향상시킬 수 있다.

셋째, 직원들은 안정과 자기존중을 얻고자 한다. 행정가는 직원들과 비공식조직의 지도자와 대화하여 그들에게 인정과 지위를 부여한다(Skidmore, 1990: 107).

한편, 비공식조직과 공식조직 사이에 불협화음이 생긴 경우의 해결방법으로는 ① 소외의 원인 제거, ② 설득, ③ 직위부여, ④ 전보발령 또는 해직 등의 방법이 제시되고 있다.

2) 수직조직과 수평조직

조직구조에는 공식조직, 비공식조직 외에 다른 요소로 수직조직과 수평조직이 있다. 수직조직을 계선조직이라 하고 수평조직을 막료조직 또는 참모조직이라고 한다. 수직조직은 상하 명령복종 관계를 가진 수직적, 계층적 계열을 형성하는 조직으로 조직의 중심적 구조이다. 예를 들면, '회장-부회장-부장-과장-계장-계원'으로 연결되는 구조를 말한다(최성재·남기민, 2007: 149).

반면 수평조직은 수직조직이 그 기능을 원활하게 수행할 수 있도록 지원, 조성, 촉진함으로써 조직목표의 달성에 간접적으로 공헌하는 기관을 말한다. 이는 주로 자문, 권고, 조정, 연구, 기획, 통제, 인사, 예산, 법무, 공보, 조달 등의 기능을 수행한다.

수직조직의 장점은 권한과 책임의 한계가 명확하여 업무수행이 능률적이다. 또한 단일기관으로 구성되어 있으므로 신속한 결정을 내릴 수 있으며 업무가 단순하고 운영비용이 적게 드는 소규모의 조직에는 계선조직이 적합하다. 아울러 명령복종관계에 의하여 강력한 통솔력을 행사할 수 있으며 조직의 안정성을 확보할 수 있다.

수직조직의 단점은 복잡한 대규모 조직에서는 계선기관의 총괄적인 지도·감독으로 말미암아 업무량이 과중하며, 기관의 책임자가 주관적·독단적인 조치를 취할 가능성이 있다. 각 부서 간의 효과적인 조정이 곤란하며 조직운영의 능률 및 효과가 약화되어 혼란을 초래하고, 특수 분야에 관한 전문가의 지식과 경험을 이용할 수 없으며 조직이 융통성보다는 경직성을 띠고 있다. 아울러 인재를 잃게 되면 조직의 기능이 마비될 가능성이 있다는 단점이 존재한다(김규정, 1984: 366).

수평조직의 장점은 기관장의 통솔범위가 확대되고, 전문지식과 경험을 활용할 수 있으며, 객관적·합리적 의사결정을 가능하게 한다는 것이다. 또한 수평적인 업무의 조정과 협조를 가능하게 하고, 조직의 융통성과 신축성을 부여하며, 대규모 조직에 더욱 유리하다. 그러나 수평조직의 단점은 조직 내의 인사관계가 복잡해지고, 수직조직과 수평조직 간에 권한과 책임한계를 둘러싸고 알력과 갈등이 조성될 가능성이 있으며, 수평조직에 소요되는 경기지출의 증가와 행정의 지연을 가져올 우려도 있다. 또한 수평조직, 수직조직 양자 간에 책임전가가 야기될 우려가 있고, 의사소통의 경로를 혼란에 빠뜨릴 우려가 있으며, 수평조직의 권한이 확대됨에 따라 중앙집권화의 폐단이 나타날 우려도 있다.

수직조직과 수평조직의 관계를 살펴보면, 종래 수직조직은 결정, 집행, 명령 등 조직의 실질적인 기능을 수행하고, 수평조직은 조언, 권고, 서비스 등 조직의 부수적인 기능만을 수행한다는 견해였다. 그러나 오늘날에 있어서 수직조직의 기능과 수평조직의 기능은 경우에 따라서는 같은 기관이 수행하거나 같은 사람이 담당할 수도 있다. 따라서 수직조직과 수평조직은 기능상 엄격히 분리되는 개념이 아니라 상호보완적·의존적 관계를 가지고 있는 것으로 파악되고 있다(박연호·오세덕, 1982: 167).

5. 이사회와 위원회(사회복지법인)

1) 이사회

(1) 개념

이사회board of directors는 조직의 목표를 달성할 수 있도록 법률적 책임을 지고 있는 조직(법인)의 정책결정기구이다(Gelman, 1987: 206).

사회복지조직은 지역사회의 복지증진을 위한 조직이기 때문에 ① 지역사회인으로부터 피드백을 얻고, ② 지역사회의 욕구 및 그 해결 방법에 대하여 지도하고, ③ 조직이 목표를 효과적이고 효율적으로 달성하고 책임성을 발휘하도록 하기 위하여 지역사회 거주자 또는 지역사회에서 활동하고 있는 사람들에 의하여 이사회를 구성할 필요가 있다. 그렇기 때문에 거의 대부분의 사회복지조직에는 이사회를 두는 것이 법률적 요청 사항으로 되어 있다. 법률적 의미에서 이사회는 법인의 사무를 집행하며 원칙적으로 법인을 대표하며 법률행위를 하는 직무권한을 가지는 상설적 필요기관이 된다.

(2) 구성원의 자격

이사회의 이사는 책임감, 활동력, 지식을 갖고 그 기관의 임무와 특별한 업무를 수행하는 데 적절한 사람이어야 하며 사회복지기관에 서비스를 제공할 시간과 이해관계, 그리고 의지를 가지고 있어야 한다. 또한 이사회의 구성원들은 지역사회를 대표하는 합법성을 가져야 하며, 신뢰받고 책임감 있는 개인으로 인식되어야 한다.

이사는 이해관계와 관련된 전공에 따라 선별되어야 한다. 권위 있는 지역사회의 지도자를 이사회의 명예직 구성원으로 임명하는 것은 잠재적으로 시간과 이해관계 그리고 위임의 부족으로 이사회가 직무 수행을 제대로 할 수 없는 것을 사전에 방지할 수 있다. 아울러 이사회의 모든 구성원들은 조직의 성질과 이사회의 구성원으로서의 개인적이고 집합적인 책임감을 충분하게 이해하고 있어야 한다.

(3) 사회복지법인과 이사회

① 법인과 사회복지조직

법인은 어떤 것을 중심으로 구성되었는가에 따라 재단법인과 사단법인으로 구분한다. 재단법인은 출연된 재산을 중심으로 구성된 것이며 그 재산을 사용하는 활동(사업)과 관련한 중요정책의 최고의결기관은 이사회가 된다. 반면에 사단법인은 사람을 중심으로 구성된 것이며 법인의 활동에 대한 중요정책의 최고의결기관은 이사회가 아닌 사원총회가 된다. 사단법인에서는 총회에서 위임된 사항에 한해서만 이사회가 최고결정권을 가질 뿐이다.

사회복지법인이란 사회복지사업을 행할 목적으로 설립된 법인을 말한다(사회복지사업법 제2조 제2호). 이는 민법상의 법인일 수도 있지만 대부분의 경우는 사회복지사업법에서 규정하는 사회복지법인이며 사회복지법인은 일종의 재단법인의 성격을 지닌다. 따라서 사회보험분야와 관련된 사업을 제외한 공공부조, 사회복지서비스 및 사회복지관련 제도와 관련된 사업을 위해 설립된 법인을 의미한다.

사회복지법인 제도는 민간 사회복지사업의 공공성과 안정성을 높이기 위한 것으로 사회복지시설운영법인과 지원법인으로 구분된다. 시설운영법인은 시설의 설치 및 운용을 목적으로 하는 법인을 말한다. 또한 사회복지시설은 생활시설과 이용시설로 구분한다. 지원법인이란 시설의 설치 및 운용을 목적으로 하지 아니하고 사회복지사업을 지원하는 것을 목적으로 하는 법인을 말한다.

사회복지사업법에서 사회복지사업을 할 수 있는 자와 정부로부터 보조를 받을 수 있는 자를 사회복지법인으로 한정하지 않고 민법상의 재단법인 및 사단법인 그리고 개인으로 정하고 있으나(사회복지사업법 제34조 및 시행령 제20조) 사회복지사업의 공익성을 고려하면 법인을 설립하여 법인에서 사회복지조직을 운영하는 것이 바람직하다.

우리나라에서는 재산출연자의 공로를 인정하거나 법인 이사가 소극적으로 권한 및 의무를 거의 행하지 않는 경우가 많다. 이와 같은 상황에서 법인과 사회복지시설(기관)이 대표이사(이사장) 또는 시설장(기관장)의 의지대로 운영되어 부정적 결과를 자져오기도 한다. 법인(이사회)과 시설(시설장 또는 기관장)의 관계는 국가에서 입법부와 행정부의 관계에 비유할 수 있다. 법인의 이사회는 정관을 만들고 개정하며 주요 정책을 집행하고, 시설장(기관장)은 법인 이사회에서 결정한 정책을 집행하는 행정책임자(시설장 또는 기관장)가 된다. 따라서 행정책임자는 법인 이사회에 대하여 일차적 책임을 진다(최성재·남기민, 2007: 156~160).

② 이사회의 역할

우리나라 사회복지법인의 정관에 규정되어 있는 이사회의 의결사항을 보면 다음과 같다.

- 정관의 변경
- 제규정의 제정 및 개정에 관한 사항
- 법인 합병 및 해산에 관한 사항
- 임원선출에 관한 사항
- 사업계획 실적 및 예산·결산에 관한 사항
- 재산의 취득 처분 및 관리에 관한 사항

· 법인이 설치한 시설의 장의 임면에 관한 사항

· 법인이 설치한 시설의 운영에 관한 사항

· 수익사업에 관한 사항

· 그 밖의 법령이나 정관에 의해 이사회의 권한에 속한 사항

2) 위원회

(1) 개념

위원회란 복수의 자연인에 의하여 구성되는 합의제 기관을 말한다. 넓은 의미에 있어서 위원회는 권한·기능이나 인적 구성에 관계없이 모든 합의제 기관을 의미하며 구성원의 의사와는 별개의 독립된 의사를 가진다. 반면 좁은 의미의 위원회는 일반적으로 행정적 규제를 행할 권한을 가지며 정도의 차이는 있으나 일반행정기구로부터 독립되어 있는 합의제 기관을 말한다(김규정, 1984: 374).

따라서 일반적인 위원회는 조직이 그 목표달성을 위한 특별과업이나 문제를 해결하기 위하여 조직의 일상업무 수행 기구와는 별도로 구성한 전문가 또는 업무관련자들의 활동기구이다. 위원회는 계속적 필요성에 따라 상임 위원회, 임시 위원회로 나뉜다.

위원회의 위원은 ① 능력이 있는 자, ② 해당과업이나 문제에 관심을 갖고 있는 자, ③ 시간과 노력을 제공할 용의가 있는 자, ④ 과업이나 문제와 관련된 여러 측면에서 대표자가 될 수 있는 자, ⑤ 경우에 따라서는 여성 등 소수집단을 대표할 수 있는 자가 되는 것이 바람직하다(Skidmore, 1990: 111).

(2) 특징

① 합의제 조직

위원회는 복수의 사람이 합의에 의하여 조직이 최고결정을 내리는 합의제 기관이다. 일반적으로 행정기관은 피라미드 구조를 가지면서 최고결정권이 한사람의 장에게 집중되는 단독제 조직을 근간으로 하며 합의제 조직은 예외적이다.

② 계층제의 완화와 분권화

일반적으로 행정조직은 상급기관과 하급기관 간에 순차적으로 계층적인 상하관계가 형성되어 전체로서 계층제를 이루고 있으며 이로써 행정의 통일성이 확보된다. 그런데 위원회는 이러한 계층제의 지나친 경직성의 완화를 의미한다. 오늘날 모든 국가의 행정계층제 내외에 합의제적 기관이 증설되는 분권화 현상이 나타나고 있다. 위원회는 이러한 분권화와 관련된다.

③ 민주적 성격

위원회는 국민의 의견을 널리 반영하고 국정에 대한 참여의식을 높일 수 있으며 여러 사람이 토의를 거쳐 신중한 결정에 도달할 수 있다는 점에서 민주적 성격을 가지고 있다.

④ 행정국가의 대두와 국가기능의 변동

위원회는 단순한 치안유지 또는 분쟁해결이라는 소극적 기능으로부터 사회복지의 증진과 같은 적극적 기능을 국가가 담당하게 된 행정국가에서 새로 대두된 규제적 기능을 어떤 형태의 국가기관에게 맡기느냐의 시대적·현실적인 문제해결의 필요성과 관련되어 있다. 사회적·경제적·정치적 요청에 따라 당면한 문제를 해결하기 위하여 설치된 특수한 행정조직이 위원회이며 그 조직·규모·성격 등의 동일성이 유지되지 않고, 또한 전체적인 통일적 표식도 파악하기 어렵다(김규정, 1984: 374~375).

(3) 위원회의 장점과 단점

위원회의 장점으로는 조직성원에 관계되는 문제에 관한 협조와 관련된 정보를 계속 제공하는 데 효율적이고, 제안을 평가하고 전문가의 의견을 듣는 방법이 되며, 관련된 여러 사람의 의견을 들을 수 있다. 아울러 참여적 관리(행정)의 수단이 되고, 관련된 사람들의 헌신적인 참여를 구축해서 행정책임자의 결정을 보조해 준다는 점을 들 수 있다.

반면 단점으로는 비용이 많이 들고, 문제의 처리 또는 해결에 시간이 걸리며, 결정이 타협적으로 이루어질 가능성이 있다. 또한 위원회 간의 책임성을 희박하게 하며, 이해관계가 얽힌 대표가 참여하는 위원회는 시야가 좁아진다는 점을 들 수 있다(최성재·남기민, 2007: 162).

(4) 이사회와 위원회의 차이

이사회와 위원회는 다음과 같은 차이점이 있다.

① 이사회는 위원회에 비하여 조직의 행정책임자의 참석 없이 회의를 가지는 경우는 드물다.

② 이사회는 위원회에 비하여 조직의 직원이 구성원이 되는 경우가 드물다.

③ 이사회의 구성원 수는 위원회의 구성원 수보다 적은 경우가 많다.

④ 이사회는 위원회에 비하여 수혜자가 참여하는 경우가 드물다.

⑤ 이사회는 위원회에 비하여 조직의 운영과 서비스 전달에 더 많이 영향을 미친다.

⑥ 이사회는 정책을 결정하고, 위원회는 건의하는 역할을 주로 한다.

제4장 연습문제

주관식 문제

1 사회복지법인의 정관에 규정되어 있는 이사회의 의결사항은 무엇인가?

2 스미스(Smith)가 말한 전면적 통제조직의 특성은 무엇인가?

3 사회복지조직의 원리 6가지를 설명하시오.

객관식 문제

01 다음 중 수직조직의 장점으로 알맞은 것은?
① 창의성
② 신속한 업무처리
③ 자유로운 의사결정
④ 조직의 융통성
⑤ 대규모 조직에 적합

02 다음 내용 중 옳지 못한 것은?

① 위원회는 조직의 일상업무 수행기구와는 별도로 구성한 전문가 또는 업무 관련
   자들의 활동기구이다.

② 위원회의 두 가지 유형은 상임위원회와 임시위원회이다.

③ 위원회와 위원 각자의 책임과 권한을 명문화하는 것이 필요하다.

④ 상임위원회는 비정규적인 특별업무를 처리하기 위한 것이다.

⑤ 사회복지법인은 재단법인이다.

03 다음 설명 중 틀린 것은?

① 이사회는 위원회를 대신하는 기구이다.

② 이사회는 법률적 책임이 있는 조직의 정책결정기구이다.

③ 이사회는 자연인이 아니면서 자연인과 같은 권리·의무의 주체가 된다.

④ 법률행위를 하는 법인의 상설적 기관이다.

⑤ 이사는 시설의 장을 겸할 수 있다.

04 다음 중 이사회의 기능이 아닌 것은?

① 조직의 목적 또는 목표 설정

② 조직의 정책자문

③ 조직의 행정책임자 채용 및 임용

④ 정책의 결정

⑤ 임원의 선출

05 이사회에 대한 설명으로 옳은 것은?

① 최고 집행기구이다.

② 최종 의사결정기구이다.

③ 기관장을 참석시키지 않는다.

④ 구성은 기관의 직원으로 되어 있다.

⑤ 위원회에 비해 그 크기가 일반적으로 크다.

06 스미스(Smith)가 분류한 조직유형 중 투과성 조직에 해당하는 것은?

① 대기업

② 교도소

③ 정신병원

④ 정부기관

⑤ 자원봉사동아리

07 비공식조직의 장점으로 보기 어려운 것은?

① 공식조직의 결함이나 약점 보완

② 공식조직 내의 약점 평가에 도움

③ 공식조직에서 일어나는 긴장이나 압박감을 해소하게 함

④ 공식조직의 단합을 도모

⑤ 가끔 변화의 대행자가 되어 변화를 가져오는 데 기여

08 다음 〈보기〉 중 수평조직의 단점을 모두 고른다면?

가. 책임의 불분명　　　　　나. 경직성
다. 의사소통의 문제　　　　라. 비능률성

① 가 · 나 · 다　　　　② 가 · 다　　　　③ 나 · 라
④ 라　　　　⑤ 가 · 나 · 다 · 라

09 다음 〈보기〉에서 수평조직의 장점을 모두 고른다면?

가. 권한과 책임이 분명　　　　나. 전문지식의 활용과 융통성
다. 신속한 결정과 안정성　　　　라. 대규모 조직에 유리

① 가 · 나 · 다　　　　② 가 · 다　　　　③ 나 · 라
④ 라　　　　⑤ 가 · 나 · 다 · 라

10 길버트 스미스의 조직유형 중 합리적인 통제조직에 해당하는 것은?

① 관료제조직　　　　② 일선조직　　　　③ 전면적 통제조직
④ 부분적 통제조직　　　　⑤ 투과성 조직

객관식 문제 답 | 01. ② 02. ④ 03. ① 04. ② 05. ② 06. ⑤ 07. ④ 08. ② 09. ③ 10. ①

제5장 사회복지서비스 전달체계

🔍 사회복지서비스는 클라이언트에게 어떻게 효율적으로 전달할 수 있는지가 관건이 될 수 있다. 따라서 이 장에서는 사회복지서비스 전달체계에 대한 이해와 주요원칙 및 공공 전달체계와 민간 전달체계에 대해서 살펴보는 기회를 갖도록 한다.

● 사회복지서비스 전달체계란 무엇인가?

● 공공 전달체계와 민간 전달체계의 차이점은 무엇인가?

사회복지서비스 전달체계는 사회복지 급여를 공급하는 자들 간의 조직적인 연계 및 공급자와 소비자들 간의 조직적 연결 체계이다. 서비스 전달체계를 이해하기 위해서는 다수의 조직들 간에 나타나는 상호작용의 과정이나 기능, 구조 등을 파악하여야 하는데, 현대에 들어와서 사회복지서비스 전달체계의 이해를 위한 새로운 행정적 지식에 대한 필요성이 더욱 강조되고 있다. 따라서 이 장에서는 전달체계에 대한 이해와 주요 원칙 및 공공와 민간의 전달체계에 대해서 살펴보자.

1. 사회복지서비스 전달체계의 의의

1) 개념

사회복지서비스 전달체계란 '지역사회적 맥락에서 사회복지 급여를 공급하는 자들 간의 조직적인 연계 및 공급자와 소비자들 간의 조직적 연결'로서 정의된다(Gilbert & Specht, 1974: 118). 이 정의에서의 초점은 사회복지서비스의 전달은 다수의 조직적 행위자들과 서로 맞물려 있다는 것에 있다. 단일한 조직에 의한 활동이 아니라, 조직과 조직들이 혹은 조직과 클라이언트들이 상호연관되어 서비스가 창출·공급되는 체계를 이루는 것이 사회복지서비스 전달체계의 속성이다.

성규탁은 사회복지서비스 전달체계란 사회복지서비스를 고객에게 전해주기 위해서 꾸며진 사회적 조직체라고 한다. 그런데 이러한 전달체계는 협의의 개념으로는 사회복지사와 서비스를 받는 이용자 사이의 상호관계를 통한 사회복지의 장場에서 서비스를 전달하는, 즉 서비스 전달업무를 실제로 '집행'하는 사회적 체계라고 말하고 있다. 그러나 광의의 의미에서 사회복지전달의 집행체계는 상부의 행정체계로부터 규제, 지원 및 감독을 받으며 서비스를 전달한다. 따라서 서비스 전달체계는 두 가지 하위체계로 구분하는데, 서비스전달을 위한 행정체계(서비스의 기획, 지시, 지원, 관리)와 서비스를 위한 집행체계(서비스의 직접 전달기능 수행)로 분류하고 있다(성규탁, 1993: 407).

행정체계는 법규와 규정에 의해서 움직이는 관료제로서 합리적인 운영을 하는 경향이 있으며 집행체계는 '사람'에게 서비스를 전달하는 특성 때문에 규정이나 법규에 의해서 해결될 수 없는 복합적인 인간문제들을 다루는 데 있어서 가치지향적이고 자율적으로 전문인들의 합의에 바탕을 둔 고도의 신축성 있는 운영을 필요로 한다.

2) 전달체계의 구분

서비스의 전달체계는 여러 가지 의미로 혼용되어 사용되고 있다. 그 이유는 서비스 전달체계가 다양한 관점에서 달리 구분되고 있기 때문이다. 여기서는 구조기능적 구분, 운영주체별 구분, 서비스 종류별 구분으로 살펴보도록 하겠다.

(1) 구조기능적 구분

구조기능적 분석이란 서비스를 공급하는 자(정부, 기관, 시설, 단체, 개인 등)들 상호 간에 구조와 기능이 어떻게 나누어져 있는가를 보는 것이다. 사회복지서비스 전달체계는 구조기능상 행정체계와 집행체계로 구분될 수 있다. 행정체계는 서비스를 기획, 지시, 지원, 관리하는 것을 말한다. 집행체계는 서비스 수혜자들과 직접적인 대면관계를 통해 서비스를 전달하는 과정을 가리킨다(성규탁, 1996: 406~410).

사회복지서비스들이 기획되어 최종적으로 서비스 수급자들에 이르기까지의 구조와 과정을 서비스 전달체계라고 본다면, 그 안에는 다수의 조직과 프로그램들이 각자의 분화된 기능들을 수행하고 있을 것이다. 그 가운데서 서비스를 기획, 지휘, 지원, 관리하는 기능들을 중심으로 묶여지는 조직과 프로그램들을 행정체계라고

하고, 서비스 수급자들과 직접 대면적인 상호작용 관계를 통해 서비스를 직접적으로 전달하는 과정에 있는 것들을 묶어 집행체계라고 한다. 사회복지서비스를 클라이언트에게 직접 전달하는 대부분의 일선 사회복지조직들은 서비스 전달체계 내에서 집행체계에 속해 있다.

개별조직이나 프로그램들을 이와 같이 전체 전달체계의 구조에서 어디에 위치하는지를 통해 파악하게 되면 그에 따라 각각의 역할과 기능들에 대한 이해가 수월해진다. 또한 서비스 전달체계의 책임성을 규명하는 데도 이러한 하위체계들로의 구분이 도움을 준다. 서비스 전달체계에서 책임성의 문제가 대두될 때, 그것이 행정체계에 기인하는 것인지 아니면 집행체계의 미비 때문인지를 분리해서 고려하여야 한다. 만약 이와 같은 분리-분석이 실패하게 되면 서비스 전달체계를 개선하기 위한 노력들을 어디에 집중할 것인지에 대한 판단이 불명확하게 된다. 많은 경우에 행정체계의 미비로 인한 문제들이 집행체계의 문제로 떠넘겨지는 경향도 이로 인해 나타나는 것이다.

(2) 운영주체별 구분

사회복지서비스 전달체계는 운영주체에 따라서 사적(민간) 전달체계와 공공 전달체계로 구분될 수 있다. 공공 전달체계는 정부(중앙 및 지방)나 공공기관이 직접 관리·운영하는 것이며 사적 전달체계는 민간(또는 민간단체)이 직접 관리·운영하는 것을 말한다(최성재·남기민, 2007: 103).

〈그림 5-1〉은 사회복지서비스 전달체계를 운영주체별로 양분하여 구성해본 것이다. 그림에서 가운데 굵은 선이 민간과 공공 전달체계를 구분하는 것이다. 공공과 민간은 서비스 전달을 위한 자원동원의 양식에서 우선 구분된다. 공공체계는 주로 강제적 세금자원에 의해서 유지되고, 민간체계는 기부, 위탁, 후원, 자원봉사 등과

같은 자발적인 자원들에 의해 유지된다.

공공 전달체계를 통한 서비스 자원의 연결 흐름을 보면 일관적이고 위계적으로 구성되어 있음을 알 수 있다. 반면에 그러한 흐름이 관료제적 구조를 통해 전달되기 때문에 서비스의 경직성을 초래하기 쉽다.

그림 5-1 공공과 민간사회복지 전달체계

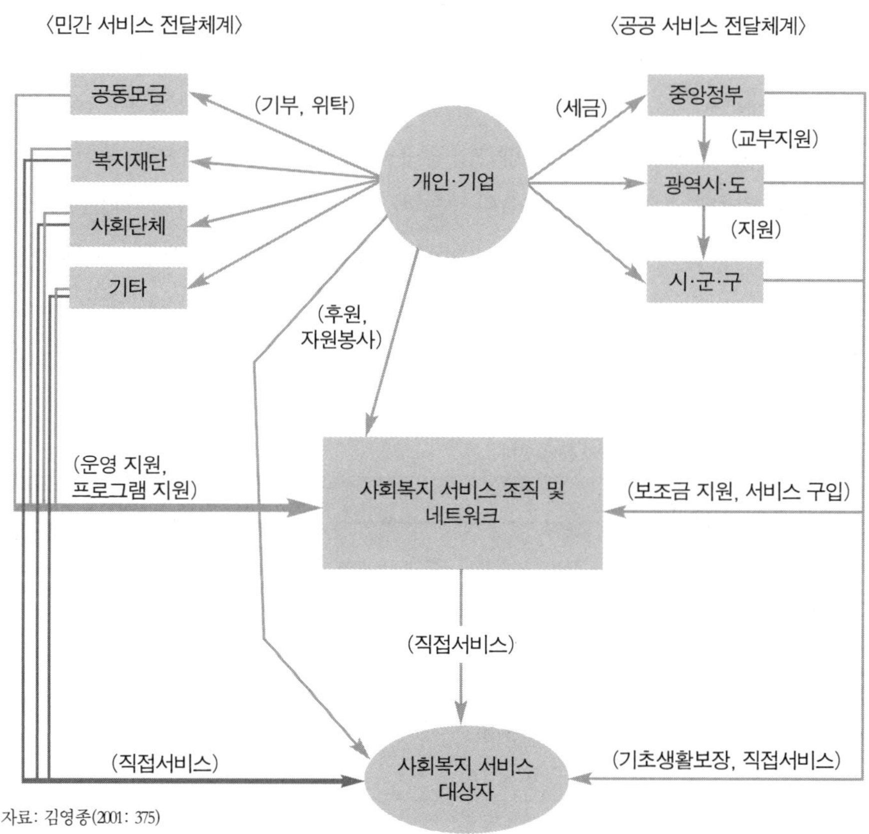

※자료: 김영종(2001: 375)

민간 전달체계는 공공 전달체계와 상반되는 장단점들을 갖는다. 〈그림 5-1〉에서 보는 것처럼 민간체계는 다양성을 기반으로 한다. 다수의 조직이나 프로그램, 단체, 개인들이 서비스 전달과 관련해서 나름대로의 역할과 기능을 수행하고 있다. 여기에 동원되는 자원들은 대부분 자발적인 성격을 띠고 있으므로 이 체계를 통해서 안정적이고 일괄적인 서비스의 공급을 기대하기는 힘들다. 반면에 민간체계는 다양한 주체들이 존재하기 때문에 급변하는 환경에 탄력적으로 적응해 나가는 데는 보다 유리한 측면이 있다.

개별 사회복지조직이나 프로그램들은 단지 운영주체의 민간 혹은 공공성격만으로 구분하여 보는 것은 서비스 전달체계를 이해하는 데 그다지 도움이 되지 않는다. 많은 경우에 공공과 민간을 엄격하게 구분하기 힘든 경우도 있다. 특히 사회복지서비스의 전달체계에서 핵심적인 위치를 차지하고 있는 사회복지서비스 조직들과 네트워크는 비록 운영주체가 민간법인이나 단체, 개인들로 대부분 구성되어 있기는 하지만, 〈그림 5-1〉에서 보는 바와 같이 공공과 민간의 두 전달체계로부터 서비스 자원들을 공급받고 있으므로, 이를 굳이 민간체계에 속하는 것으로 규정하기

표 5-1 사회복지서비스 전달체계의 운영주체

분류	담당	적용	내용
공적 전달체계	정부나 공공기관이 관리	보건복지부 → 특별시·광역시·도 → 시·군·구 → 읍·면·동 → 대상자	·재정 – 안정 ·관료적, 복잡성 ·외적 요인에 다소 둔감함
사적(민간) 전달체계	민간(또는 민간단체)이 관리	복지재단, 자원봉사단체, 사회복지시설, 개인 등	·재정 – 취약 ·융통성, 창의적, 유연성 ·사회변화와 요구에 민감함

※ 운영주체를 엄격하게 구분하거나 장단점을 비교하는 것은 어렵다.

어렵다. 이들은 자원의존resource-dependent에 따르는 개연성으로 인해, 민간체계의 특성뿐만 아니라 공공체계의 특성들도 강하게 띠고 있다. 그래서 직접 서비스를 전달하는 일선의 사회복지서비스 조직들을 '반관반민'의 특성으로 나타내기도 한다(김영종, 2001 : 374~376).

여기에서는 이와 같은 공공 전달체계와 민간 전달체계를 중심으로 사회복지 전달체계를 살펴보기로 한다.

(3) 서비스 종류별 구분

서비스 전달체계는 서비스의 종류와 기능들에 의해 분류될 수도 있다(David Austin, 1991: 27~43). 서비스 종류별 분류는 지역사회의 관점을 반영하고 있는데, 지역사회 내부에서 서비스의 수요와 공급이 적절히 연결되는 네트워크를 가상하고 있는 것이다. 예를 들자면 지역사회의 몇몇 서비스 네트워크를 다음과 같이 구성해 볼 수 있다.

① 아동복지서비스 전달체계: 사회복지전담공무원, 보육시설, 학교급식, 일시보호, 아동상담소, 소년원, 그룹홈 등

② 노인복지서비스 전달체계: 사회복지전담공무원, 주간보호소, 양로원, 노인연금, 재가서비스, 요양원, 경로당 등

③ 정신질환서비스 전달체계: 사회복지전담공무원, 정신질환자가족협회, 정신병원, 종합병원, 요양시설, 치매치료시설 등

④ 생활보호서비스 전달체계: 사회복지공무원, 보장심의위원회, 직업재활시설, 각종 생활시설 등

이러한 체계들은 대부분 느슨하게 연결되어 있으며, 이러한 전달체계에 해당하

는 대상자나 프로그램이 포함되어 있는지조차 의식 못하는 경우들도 있다. 그렇지만 지역사회의 서비스 조직들에 의한 서비스별 전달체계를 확인하고 이것을 구체화해야 한다. 이에 따라 서비스별로 전달체계를 구체화하는 과정에는 집행체계의 성격, 공공 혹은 민간기관 체계의 성격들에 대한 구분과 함께 그에 따른 역할 및 기능들에 대한 고려가 함께 포함될 수 있다. 그러므로 이것은 단순히 서비스별로 전달체계를 쪼개어 놓은 것이라기보다는 서비스 수급자들의 욕구를 중심으로 해서 그것을 실현하기 위한 서비스 전달체계의 모든 문제들을 전체적인 관점에서 볼 수 있도록 하는 것이다.

2. 사회복지서비스 전달체계 구축의 주요 원칙

사회복지서비스 전달체계의 구축 시 고려되어야 할 여러 가지 원칙이 있는데 중요하다고 판단되는 8가지 원칙을 제시하면 다음과 같다 (Gate, 1980; 성규탁, 1996; 김영종, 2001).

사회복지서비스 전달체계 구축의 주요 원칙

· 전문성	· 적절성
· 포괄성	· 지속성
· 통합성	· 평등성
· 책임성	· 접근성

(1) 전문성의 원칙

사회복지서비스 제공업무는 그 특성에 따라 반드시 전문가가 하지 않아도 되는 것도 상당하지만 핵심적인 주요 업무는 반드시 전문가가 담당해야 한다. 사회복지 분야의 종사자는 전문성의 정도에 따라 전문가, 준전문가, 비전문가로 구분될 수 있다.

여기서 전문가란 상식적으로 생각하는 경험과 지식이 많은 정도의 사람이 아니라 자격이 객관적으로 인정된 사람으로 자신의 전문적 업무에 대한 권위와 자율적 결정권 및 책임성을 지닌 사람을 말한다. 사회복지분야에 있어서는 사회복지사, 의사, 간호사, 보육사, 물리치료사, 작업치료사, 영양사 등 여러 전문가가 참여하고 있지만 그 중에서 사회복지사가 가장 보편적인 전문가이다.

(2) 적절성의 원칙

사회복지서비스는 그 양과 질, 제공하는 기간이 클라이언트나 소비자의 욕구충족(또는 문제해결)과 서비스의 목표 달성에 충분해야 한다. 예를 들어 소득보장을 위한 급여가 최저생계비 수준에도 못 미친다던가, 상담 서비스가 단순히 타이르고 조언하는 정도에 그친다고 한다면, 소비자는 욕구를 충족할 수 없을 뿐만 아니라 나아가서는 서비스의 목표를 달성하기 어려울 것이다.

(3) 포괄성의 원칙

인간의 욕구는 다양하고 복잡하며 한 가지 문제는 다른 여러 가지의 문제와도 연관되어 있는 것이 일반적이기 때문에 다양한 욕구 또는 다양한 문제를 동시에 또는 차례로 해결하기 위하여 다양한 서비스를 필요로 한다. 서비스의 포괄성을 달성하기 위해서는 한 사람의 전문가가 여러 문제를 다루거나 아니면 각각 다른 전문가가 한사람의 문제를 다룰 수도 있고, 여러 전문가들이 한 팀이 되어 문제를 해결할 수도 있다. 접근방법으로서는 일반화접근방법, 전문화접근방법, 집단접근방법 그리고 사례관리방법 등이 있다.

(4) 지속성의 원칙

한 개인의 문제나 욕구를 해결하는 과정에서 필요한 서비스의 종류와 질이 달라져야 하는 경우가 많은데 한 개인이 필요로 하는 다른 종류의 서비스와 질적으로 다른 서비스를 지역사회 내에서 계속적으로 받을 수 있도록 그러한 서비스들이 상호 연계되어야 한다. 예를 들면 직업훈련 프로그램이 직업알선 프로그램과 잘 연계되어 있지 않으면 직업훈련을 통한 소득증대의 목표를 달성할 수 없을 것이다.

이러한 지속성의 원칙은 사회복지 대상자에게 필요한 서비스를 문제가 해결되는 동안 일정기간 계속적으로 제공하는 것을 말한다. 지속성의 원칙이 잘 적용되기 위해서는 같은 조직 내의 서비스 프로그램 간의 상호협력이 잘 이루어져야 할 뿐만 아니라 지역사회 내의 사회복지서비스 조직 간에도 유기적인 연계가 잘 이루어져야 한다.

(5) 통합성의 원칙

서비스의 통합성이란 문제를 가진 사람들이 전달체계를 통하여 사회복지서비스를 받게 될 때, 복합적이고 다양한 문제해결에 필요한 각종의 서비스가 질서정연하고 체계적으로 제공되어, 문제를 해결하고 욕구충족을 충분히 달성할 수 있는 것을 말한다.

클라이언트의 문제는 많은 경우 복합적이고 상호 연관되어 있기 때문에 이러한 문제의 해결을 위한 서비스들도 서로 연관되어야 한다. 한 클라이언트의 여러 문제들을 해결하기 위한 서비스들이 서로 연결성 없이 제공된다면 클라이언트를 조각으로 분리하는 것과 같다. 따라서 서비스가 통합적으로 운영되고 제공되기 위해서는 한 행정책임자에 의해 서비스들이 제공되고 서비스 제공 장소들이 지리적으로 상호 접근되며 서비스 프로그램 간 또는 조직 간에 상호 유기적인 연계와 협조체계가 갖추어져 있어야 한다.

(6) 평등성의 원칙

사회복지서비스는 기본적으로 개인의 성별, 연령, 소득, 지역, 종교, 지위 등에 관계없이 평등하게 제공되어야 한다. 그러나 특별한 경우 소득수준이나 연령에 의한 제한을 둘 수도 있다. 현대사회에서는 급속한 사회적 변화에 의하여 개인의 경제적 형평에 관계없이 많은 문제들이 개인에게 발생하고 있다. 부부 간의 문제, 청소년 비행, 산업재해 및 교통사고에 의한 장애 문제 등은 소득의 높고 낮음에 관계없이 모든 인간에게 발생하고 있기 때문에 국가는 사회복지서비스를 이런 모든 사람들에게 평등하게 제공하여야 하는 것이다.

(7) 책임성의 원칙

사회복지조직은 복지국가가 시민의 권리로 인정한 사회복지서비스를 전달하도록 위임받은 조직이므로 사회복지서비스의 전달에 대하여 책임을 져야 한다. 책임을 져야 할 주요 내용은 서비스가 수혜자의 욕구에 적절히 대응하는 것인가, 서비스의 전달절차가 적합한가, 서비스가 효과적이고 효율적인가, 서비스 전달과정에서의 불평과 불만의 수렴장치는 적합한가에 대한 것이고, 사회복지조직이 구체적으로 책임을 지는 대상자는 사회나 국가를 대표하는 실체인 중앙정부 및 지방자치단체와 서비스의 수혜자가 되어야 한다.

(8) 접근성의 원칙

사회복지서비스는 그것을 필요로 하는 사람들이면 누구나 쉽게 받을 수 있어야 하기 때문에 클라이언트가 접근하기에 용이하여야 한다. 클라이언트가 서비스에 접근하는 데는 여러 가지의 장해 요인이 있을 수 있는데, 주요한 장해 요인으로는 서비스에 관한 정보의 결여 또는 부족, 지리적 장애, 심리적 장애, 선정절차상의 장애, 자원부족 등이 있다. 따라서 전달체계의 접근성을 높이기 위해서는 3가지 방법이 활용되는데, ① 유사한 경험을 가진 사회복지사의 채용, ② 의뢰서비스를 전문으로 하는 사회복지기관의 설립, ③ 특수한 집단을 취급하는 사회복지기관의 설립 등이다.

3. 공공 전달체계

1) 중앙정부 조직과 기능

현대사회에서 사회복지는 공식적이며 조직된 활동이고 법률에 의하여 제도화된 것이므로 조직체계를 통하여 전달되어야 한다. 현재 우리나라에는 법률에 의하여 규정된 사회복지서비스 관련 프로그램은 크게 사회보험, 공공부조, 사회복지서비스로 구분될 수 있다.

첫째, 사회보험 프로그램은 연금보험, 국민건강보험, 고용보험, 산업재해보상보험 및 노인장기요양보험이 있으며, 이들 서비스의 전달부처는 프로그램에 따라 보건복지부, 고용노동부, 행정안전부, 교육부, 국방부이다.

둘째, 공공부조 프로그램에는 국민기초생활보장, 의료급여, 보훈급여, 재해구호, 갱생보호가 있으며, 보건복지부, 행정안전부, 보훈처, 여성가족부, 법무부에서 관장하고 있다.

셋째, 사회복지서비스 프로그램에는 사회서비스의 포괄적인 기본업무, 가정복지, 아동 및 청소년복지, 장애인복지, 노인복지, 여성복지, 한부모가족복지, 교정복지, 정신보건복지가 있으며, 이들 서비스의 전달부처는 보건복지부, 행정안전부,

문화체육관광부, 고용노동부, 교육인적자원부, 여성가족부, 법무부, 국방부, 환경부 등이다. 대부분의 주요 프로그램은 보건복지부와 행정안전부가 함께 담당하고 있으며 직접 국민을 상대로 정책 및 서비스를 제공할 수 없는 경우는 행정안전부의 지방조직, 즉 지방자치단체를 통하여 정책 및 서비스를 공급하고 있다.

(1) 보건복지부

사회복지의 주무부서라 할 수 있는 보건복지부의 사회복지 행정조직은 장관과 차관 아래 기획조정실, 보건의료정책실, 사회복지정책실, 아동청소년정책실 등 4실과 건강정책국, 보건산업정책국, 저출산고령화사회정책국, 장애인정책국 등 4국으로 구성되어 있으며, 보건복지부의 각 실 및 국별로 그와 관련된 법령에 기초하여 기능을 수행하고 있다.

① 보건의료정책실

보건의료정책실에는 보건의료정책관, 건강보험정책관, 한의약정책관이 있으며 그 밑에 보건의료정책과, 보험정책과, 한의약정책과를 비롯한 11개의 과로 구성되어 있다. 이러한 부서들이 담당하고 있는 주요업무는 다음과 같다.

· 보건의료정책에 관한 종합계획의 수립 및 우선순위 조정
· 보건의료재정의 조달, 지속가능성에 관한 사항 및 적정 분담에 관한 사항
· 의료전달체계의 수립·조정 및 의료보수의 관리, 의료기술의 평가
· 의료의 질 관리 및 병원감염대책의 수립·평가
· 보건의료인력, 시설 및 장비 수급정책의 수립·조정
· 의료법인의 지원·관리 및 의료분쟁의 조정
· 응급의료정책의 수립·조정

· 식품위생 및 건강기능식품과 관련한 사항
· 의약품·의약외품·화장품 및 의료기기정책에 관한 종합계획의 수립·조정
· 공공보건의료에 관한 사항
· 혈액정책에 관한 사항
· 장기·인체조직의 기증 및 이식에 관한 정책의 수립·조정
· 건강보험 및 정책 발전방향의 수립 및 국민경제에 미치는 영향 분석
· 약제를 제외한 건강보험급여에 관한 사항
· 한의약 관련 정책의 수립·조정 등

② 사회복지정책실

사회복지정책실에는 복지정책관, 연금정책관, 사회서비스정책관 등이 있으며 그
아래 복지정책과, 국민연금정책과, 사회서비스정책과 등을 비롯한 13개의 과에서
다음의 업무를 담당하고 있다.
· 사회복지정책에 관한 사항
· 사회보장심의위원회의 운영
· 한국사회복지협의회 지원·육성에 관한 사항
· 사회복지사업 법령과 사회복지사협회 및 자격제도에 관한 사항
· 빈곤취약계층 등 사회현상에 관한 연구·조사 및 정책 개발·조정에 관한 사항
· 국민기초생활보장사업에 관한 사항
· 난민의 구호 및 지원
· 의료급여제도에 관한 사항
· 지역사회복지와 관련된 사항
· 사회복지 전달체계에 관한 사항

· 지방자치단체 사회복지정책 평가 및 지원
· 노숙인 및 부랑인 보호사업계획의 수립
· 자체제안제도의 운영
· 국민연금제도, 사회보장협정, 기초노령연금제도에 관한 사항
· 사회서비스 관련 종합계획의 수립·조정
· 지역사회서비스투자사업 계획의 수립 및 시행·평가
· 물적·인적 민간복지자원의 개발·육성
· 사회복지법인 및 시설, 관련 단체에 관한 사항
· 자원봉사활동의 지원·육성
· 종교계·기업 등의 사회복지 참여지원·육성 등

③ 아동청소년정책실

아동청소년정책실에는 아동청소년육성정책관, 아동청소년복지정책관, 가족정책
관, 보육정책관이 있으며, 그 산하에 아동청소년정책과, 아동청소년복지정책과, 가
족정책과, 보육정책과 등 13과가 다음의 업무를 분담하고 있다.
· 아동청소년정책 및 권리에 관한 사항
· 아동정책조정위원회 및 청소년정책관계기관협의회 운영
· 지역아동센터 및 방과 후 아카데미 등 아동청소년 발달지원서비스에 관한 사항
· 아동학대 예방 및 피해자 보호에 관한 사항
· 「청소년기본법」에 따른 청소년시설의 설치·지원 및 지도·감독
· 청소년지도사 자격검정·연수 및 양성에 관한 사항
· 빈곤아동종합대책 수립·조정
· 위기청소년을 위한 사회안전망 구축·운영 및 지원

· 아동청소년 자립 자활에 관한 기본계획의 수립·조정
· 청소년특별지원사업에 관한 사항
· 건강가정기본계획의 수립·조정 및 연도별 시행계획의 총괄
· 가족정책에 관한 사항
· 보건복지 관련 여성정책의 개발
· 한부모가족 지원 및 한부모가족 복지시설의 지원·육성
· 미혼모 및 미혼모 시설에 대한 지원
· 다문화가족에 관한 사항
· 중앙부처 및 지방자치단체의 영유아 정책의 협의·조정 총괄
· 보육정책조정위원회 및 보육정책위원회의 운영
· 보육 관련 법령의 관리·운영
· 영아·장애아·다문화가정의 영유아 등 취약보육 서비스 및 요보호 영유아 지원
  에 관한 사항
· 「영유아보육법」에 따른 보육시설의 설치·인가 기준에 관한 사항

④ 건강정책국

건강정책국에는 질병정책관이 있으며 건강정책과와 질병정책과 등 6개의 과에서
다음의 업무를 하고 있다.
· 국민 건강투자를 위한 민관협력체계 구축에 관한 사항
· 공중위생에 관한 사항
· 구강보건에 관한 사항
· 모자보건에 관한 종합계획의 수립·평가
· 임신·출산 등에 관한 종합정보의 제공

· 감염질환 관련 정책의 종합·조정

· 기후변화 관련 국민 건강대책 수립 및 조정

· 질병관리본부의 운영·지원

· 국가암관리사업에 관한 종합계획의 수립·조정

· 건강검진에 관한 사항

· 정신보건에 관한 사항

· 마약류중독자의 치료보호 및 실태조사 등

⑤ 보건산업정책국

보건산업정책국은 보건산업정책과 등 4개의 과로 구성되어 있는데 보건산업에 관한 종합계획의 수립 및 육성·지원과 연구개발 등을 주관하고 있다. 또한 생물안전관리종합계획의 수립·시행 및 생명윤리, 안전에 관한 종합계획의 수립·조정을 담당하고 있다.

한편, 저출산고령화사회정책국에는 노인정책관을 두고 있으며, 고령사회정책과, 노인정책과 등 6개의 과로 나뉘어 다음의 업무를 분담하고 있다.

· 저출산·고령사회 관련 사항

· 인구변동에 따른 적정 인구의 구조 및 규모 분석

· 고령친화산업과 관련된 종합계획의 수립·조정

· 노인의 보건복지에 관한 사항

· 경로효친사상의 앙양 및 경로우대에 관한 사항

· 노인학대 예방에 관한 사항

· 노인장기요양보험제도에 관한 종합계획의 수립·조정 및 운영

· 노인주거복지시설 및 노인전문병원 확충·지원에 관한 사항

· 사할린 한인동포 지원에 관한 사항 등

⑥ 장애인정책국

장애인정책국은 장애인정책과를 포함한 3개의 과로 구성되어 있으며 장애인복지에 관한 종합계획의 수립·조정 및 운영, 장애인재활 및 장애인 소득보장에 관한 여러 가지 정책을 총괄하고 있다(보건복지부, 2009: 860~869).

2) 지방자치단체 조직과 기능

2006년 정부에서는 시·군·구의 사회복지 전달체계를 크게 개편하였는데 이는 시·군·구에 주민생활지원국을 신설하고 기존의 읍·면·동에서 수행하던 사회복지서비스의 상당수를 시·군·구로 이관하여 통합적 one-stop 서비스를 제공하려는 의도에서 이루어진 것이다(행정자치부, 2006). 즉 주민생활지원국 산하에 주민생활지원과와 사회복지과 등을 두고 주민들에게 통합적 one-stop 서비스를 직접 제공하고, 공공부조 대상 및 저소득층에 대한 심층상담, 가정방문, 사후관리 등의 서비스는 읍·면·동의 주민생활지원 담당(사회복지전담공무원)이 제공하고 있다.

2008년 말 현재 지방자치기관은 행정안전부 산하에 있는 광역자치단체인 서울특별시, 광역시(6개), 도(9개)가 있고 기초자치단체인 시(75개), 군(86개), 구(69개)가 있으며 이것을 보조하는 읍(212개), 면(1,205개), 동(2,145개)이 있다.

우리나라 지방자치단체의 기능은 지방자치법 제9조 제2항에 규정되어 있다. 여기에서는 공공부조, 사회복지서비스를 주로 담당하는 광역지방자치단체인 서울특별시·광역시·도와 기초지방자치단체인 시·군·구 및 그 보조 기관인 읍·면·동 그리고 각 지방자치단체의 소속기관으로 설치된 일반행정기관에 대해 살펴본다. 즉 지방의 사회복지행정조직은 보건복지부를 중심으로 서울특별시·광역시·도에서 시·군·구를 거쳐 읍·면·동에서 수혜자로 이어지는 사회복지서비스 전달체계로 구성된다.

(1) 광역지방자치단체

서울특별시와 다른 광역자치단체와는 약간의 차이가 있는데 그것은 시·도의 조례에 따라 설치되고, 각 과의 사무분장은 규칙에 의해 배분되기 때문이다. 여기서 서울특별시 복지국을 중심으로 복지관련 업무의 내용을 살펴보면 다음과 같다.

서울특별시 복지국은 복지정책과, 노인복지과, 장애인복지과, 자활지원과 등으로 구성되어 있는데 복지정책과에서는 위기가정 특별지원, 아름다운 이웃, 서울 디딤돌, 푸드뱅크, 마켓사업을 추진하고 있으며 그 외에 기초생활보장수급자, 국가유공자 및 보훈단체 관련 업무를 담당하고 있다. 아울러 종합사회복지관 등 지역주민 복지시설, 복지관련 법인업무 및 사회복지사협회 관련 업무도 담당하고 있다.

노인복지과에서는 노인복지에 관한 업무를 총괄하는 부서로 치매노인을 위한 재가복지시설(데이케어 센터) 확충, 어르신 일자리 확대, 노인복지시설, 장기요양보험, 노령연금 등을 담당하고 있다. 더불어 화장시설 등 장사시설 설치 운영에 관한 사항도 담당하고 있다.

장애인복지과에서는 장애인관련 업무를 총괄하는 부서로 장애인 행복도시 프로젝트를 추진, 장애인 취업통합 서비스 제공, 기업연계 중대형 직업시설 운영, 장애청소년·아동 재활치료 바우처 제공, 장애인 편의시설 당사자 모니터링 등을 실시하고 있다.

자활지원과에서는 노숙인 및 부랑인 시설, 지역자활센터 업무를 총괄하는 부서로서 쪽방촌 생활편의시설 개선, 노숙인 보호대책, 노숙인 일자리 제공, 신용회복사업 등 노숙인 자활업무 및 부랑인 시설 관련 업무 등을 담당하고 있다.

(2) 기초지방자치단체

기초지방자치단체의 사회복지행정조직은 조례에 의하여 설치되기 때문에 시·군·구 또는 인구규모에 따라 약간의 차이가 있다.

① 시 사회복지행정조직과 기능

시의 사회복지행정조직은 인구규모에 따라 조직기구가 다르다. 경기도 시흥시의 경우 주민생활지원국을 설치하고 그 밑에 주민생활지원과, 사회복지과, 가정여성과, 문화공보과, 체육청소년과를 설치하고 그 밑에 해당 계를 두어 업무를 분담하고 있다. 주민생활지원과에서는 구호 및 위생, 복지 관련 시설 관리 및 복지대상자 실태 파악 등의 업무를 담당한다. 사회복지과에서는 노인 및 장애인에 대한 종합적인 계획을 수립, 시행하고 있으며, 가정여성과에서는 여성, 보육 및 외국인에 대한 종합적인 계획을 수립하고 실천한다. 문화공보과는 문화예술 및 신문방송에 대한 계획을 수립, 시행하며 체육청소년과에서는 청소년 관련 정책과 각종 체육에 관한 전반적인 계획을 시행하고 있다.

② 군 사회복지행정조직과 기능

충청남도 청양군에는 사회복지과를 두고 있으며 경로복지담당, 여성가족담당, 장애인담당, 위생담당 등을 두어 사회복지 전반에 관한 업무를 처리하고 있다.

③ 구 사회복지행정조직과 기능

서울특별시, 광역시의 자치구 사회복지행정조직과 수원시, 부천시 등의 구 사회복지행정조직은 조금 차이가 있다. 부산광역시 영도구의 사회복지행정조직은 부구청장 밑에 주민생활지원국이 있고 주민생활지원과, 복지사업과, 환경위생과, 경제

진홍과 등이 업무를 분담하고 있다. 한편, 시·군·구의 사회복지 관련 전문기관은 근로청소년복지회관, 부녀아동상담소, 여성복지관, 종합사회복지관 등을 설치하고 있다. 그리고 시·군·구는 각종 사회복지시설을 설치·운영할 수 있다(장인협·이정우, 2000: 197).

(3) 읍·면·동의 사회복지조직과 기능

① 읍의 사회복지조직과 기능

읍의 경우는 인구규모에 따라 다르지만 1998년 정부조직개편에 따라 읍단위에 담당제로 개편되었다. 따라서 강원도 홍천군 홍천읍의 경우 읍장 밑에 총무담당, 주민생활담당, 민원담당, 산업경제담당, 건설환경담당으로 나누어 업무를 분담하고 있으며 주민생활담당이 복지사무전반을 책임지고 있다.

② 면의 사회복지행정조직과 기능

면의 경우도 인구규모에 따라 다르지만 사회복지담당을 두어 사회복지 관련 업무를 총괄하고 있다. 면의 경우도 읍과 같이 계조직을 담당제로 개편하였다.

③ 동의 사회복지행정조직과 기능

동의 사회복지조직은 주민센터로 개편되면서 행정민원팀과 주민생활팀으로 나뉘고 주민생활팀에서 사회복지업무를 총괄하고 있다. 특별시와 광역시에는 생활보호업무를 전담하기 위하여 1987년부터 별정직 7급과 사회복지전문요원을 저소득형 밀집지역 동에 배치하였다. 사회복지전문요원의 배치에 관한 근거는 1992년 12월 사회복지사업법 개정으로 사회복지전담공무원을 시·군·구 및 읍·면·동 또는 복지사무전담기구에 둘 수 있게 함으로써 그 법적 근거를 명확히 하였다.

4. 민간 전달체계

1) 현황

사회복지서비스 중 공식적으로 조직된 활동으로 전달주체 또는 운영주체가 정부인 공공 전달체계 외에 민간 사회복지 전달체계가 있다.

민간 사회복지 전달체계는 사적 사회복지조직이고 또한 민간 사회복지조직이며 이러한 민간기관(단체)은 주로 사회복지서비스법과 민법 등에 기초하여 설립된 것이다(김영모, 1999: 172).

또한 민간 사회복지조직은 "영리를 목적으로 하지 않는 주민조직과 사회복지법인, 재단법인, 사단법인 그리고 종교단체, 법정단체 및 기타 특수법인, 등록단체나 그 법인 또는 단체가 사회복지사업을 목적으로 운영하는 시설과 기관을 총칭하는 것"으로 보고 있다(이정호, 1987: 49). 한국사회복지협의회에 따르면 민간사회복지서비스 전달체계가 아동, 노인, 장애인, 부랑인, 부녀, 정신요양, 보육, 복지관 등 기관, 단체, 시설 등으로 존재하고 직능별 복지시설들이 각각 협회로 조직되고, 이 협회들은 다시 한국사회복지협의회의 회원이 되어 체계적이고 조직적인 형태를 갖추고 있다.

그림 5-2 민간 전달체계

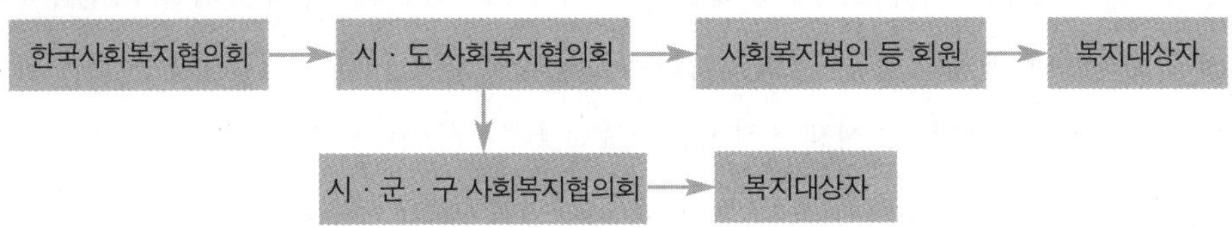

2) 민간 사회복지조직의 분류

민간 사회복지조직의 분류에는 조직에서 제공하는 서비스의 대상에 따른 분류, 제공하는 서비스가 클라이언트나 소비자에게 직접적으로 전달되느냐 아니면 서비스의 기획과 감독 등의 업무를 수행하여 간접적으로 전달하느냐에 따른 분류, 서비스 제공 장소에서의 수혜자 주거여부에 따른 분류, 해결해야 할 문제나 욕구별 또는 문제나 욕구를 가지고 있는 대상인구집단에 따른 분류, 조직 설립주체의 성격에 따른 분류 등이 있다. 이처럼 민간 사회복지 전달체계는 다양하게 분류될 수 있고 또한 다루는 서비스도 사회적 서비스로 다양하기 때문에 민간 사회복지 전달체계를 공공 사회복지 전달체계처럼 일률적으로 취급하기는 어렵다. 〈표 5-2〉는 일반적으로 민간 사회복지 전달체계의 현황을 나타낸 것(서상목 외, 1989: 100~104)으로

표 5-2 민간 사회복지조직의 분류

분류기준	내용
사회복지방법론	금품지급서비스 조직 / 개별사회사업 조직 집단사회사업 조직 / 종합복지 조직
서비스의 직·간접성	직접 서비스 조직 / 간접 서비스 조직
서비스 제공 장소에서의 수혜자 주거여부	수용시설 / 이용시설
문제/대상인구	소득유지, 보건의료, 가정복지, 아동복지 신체장애인복지 조직, 정신건강서비스 성인범죄문제 조직, 집단활동조직서비스 대중오락 및 비공식 교육 조직 사회계획 및 발전 조직 노인복지, 여성복지, 청소년복지, 산업복지 자원봉사자 양성 조직
설립주체	사회복지법인, 재단법인, 사단법인, 종교단체, 사회단체, 개인

공공 전달체계는 보건복지부가 중심이지만 민간 전달체계의 중심은 한국사회복지협의회 그리고 사회복지공동모금회 등을 들 수 있다.

3) 민간 전달체계 조직기구와 기능

민간 사회복지 전달체계에 있어서 대표적인 기관으로서는 한국사회복지협의회와 전국적 규모의 사회복지관을 꼽을 수 있다. 이를 보다 구체적으로 살펴보면 다음과 같다(이영철, 2000: 288~306).

(1) 한국사회복지협의회

한국사회복지협의회는 사회복지사업법 제33조 및 동법 시행령 제12조에 의거하여 설립된 비영리 공익법인으로 민간 사회복지 증진을 위한 협의조정, 정책개발, 조사연구, 교육훈련, 자원봉사활동의 증진, 정보화 사업, 사회적 취약계층을 위한 사업을 수행하고 있다.

또한 한국사회복지협의회는 사회복지에 관한 조사·연구와 각종 복지사업을 조성하고, 각종 사회복지사업과 활동을 조직적으로 협의·조정하며 사회복지에 대한 국민의 참여를 촉진시킴으로써 우리나라의 사회복지증진과 발전에 기여하고 있다.

한국사회복지협의회의 회원구성은 단체회원과 개인회원으로 구분한다. 전자는 시·도, 사회복지협의 회장, 사회복지법인 및 사회복지사업과 관련 있는 비영리법인의 대표자, 경제, 언론, 종교, 법조, 문화 및 보건의료계 등을 대표하는 자 및 기타 사회복지사업 수행에 필요하다고 인정되어 회장이 추천한 자이다. 개인회원은 전직 또는 현직 정무직 공무원, 전직 또는 현직 국회의원인 자, 경제단체 및 100인 이상 상시고용 기업체 대표자, 공인된 대학의 부교수 이상의 직에 있는 자로서 사회복지 발전에 공헌을 할 수 있는 자, 행정기관의 4급 이상 공무원으로서 사회복지 관련 업무에 5년 이상 재직한 자, 사회복지사업에 20년 이상 실무경험자, 경제인·언론인·종교인·예술인·체육인·문인·보건의료인 그밖에 이 회의 발전에 기여할 수 있다고 인정하여 회장이 추천하는 자 등이다.

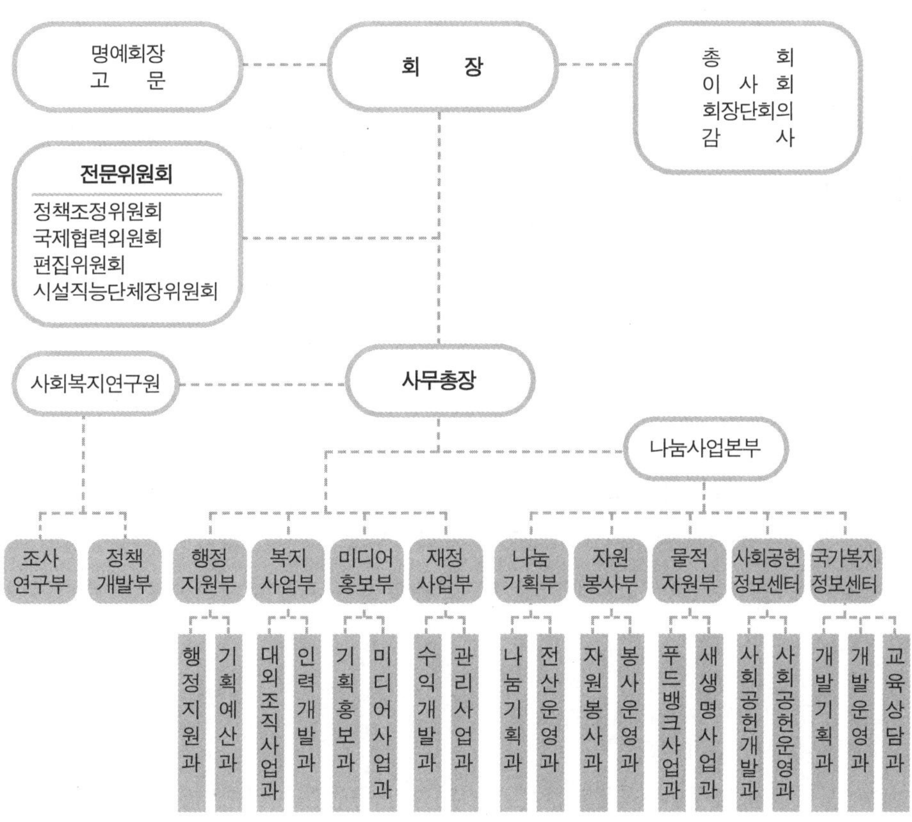

그림 5-3 한국사회복지협의회 조직도

한국사회복지협의회의 주요 업무로는 사회복지에 관한 조사·연구 및 정책건의, 사회복지종사자에 대한 교육훈련 및 복지증진, 사회복지에 관한 자료수집과 각종 간행물 발간 및 홍보, 시·도 사회복지협의회 업무지원 및 협력 증진, 국제사회복지 단체와의 교류협력, 자원봉사활동의 진흥, 사회복지 자원개발 및 정보화사업의 진흥, 식품자원 기부촉진 기반조성, 사랑나눔운동 실천, 희귀·난치성질환 진료비지원, 사회공헌 문화주도 및 종합정보 제공 등이 있다.

(2) 사회복지관 사업

① 정의와 목표

사회복지관의 정의를 살펴보면 지역사회를 기반으로 일정한 시설과 전문 인력을 갖추고 지역주민의 참여와 협력을 통하여 지역사회복지문제를 예방하고 해결하기 위하여 종합적인 복지서비스를 제공하는 시설을 말한다. 여기서 지역사회복지란 주민의 복지증진과 삶의 질 향상을 위하여 지역사회차원에서 전개하는 사회복지를 말한다.

이와 같은 사회복지관이 추구하는 목표는 사회복지서비스 욕구를 가지고 있는 모든 지역사회 주민을 대상으로 보호서비스, 재가복지서비스, 자립능력 배양을 위한 교육훈련 등 그들이 필요로 하는 복지서비스를 제공하고, 가족기능 강화 및 주민상호 간의 연대감 조성을 통한 각종 지역사회문제를 예방, 치료하는 종합적인 복지서비스 전달기구로서 지역사회 주민의 복지증진을 위한 중심적 역할을 수행하여야 한다.

② 사회복지관 사업의 기본원칙

가. 지역성의 원칙: 사회복지관은 지역사회의 특성과 지역주민의 문제나 욕구를

신속하게 파악하여 사업계획 수립시 반영하여 지역사회의 문제를 해결하고, 이에 따른 서비스를 제공하여야 하며, 지역주민의 적극적 참여를 유도하여 주민의 능동적 역할과 책임의식을 조장하여야 한다.

나. 전문성의 원칙: 사회복지관은 다양한 지역사회문제에 대처하기 위해 일반적 프로그램과 특정한 문제를 해결할 수 있는 전문적 프로그램이 병행될 수 있도록 지식과 기술을 보유한 전문인력이 사업을 수행하도록 하고, 이들 인력에 대한 지속적인 재교육 등을 통해 전문성을 증진토록 하여야 한다.

다. 책임성의 원칙: 사회복지관은 서비스 이용자의 욕구를 충족하고 지역사회문제를 해결함에 있어서 효과성을 극대화하기 위하여 최선의 노력을 기울여야 한다.

라. 자율성의 원칙: 사회복지관은 다양한 복지서비스를 효율적으로 제공하기 위하여 사회복지관의 능력과 전문성이 최대한 발휘될 수 있도록 자율적으로 운영하여야 한다.

마. 통합성의 원칙: 사회복지관은 사업을 수행함에 있어 지역 내 공공 및 민간 복지기관 간에 연계성과 통합성을 강화시켜 지역사회복지 체계를 효율적이고 효과적으로 운영하도록 한다.

바. 자원활용의 원칙: 사회복지관은 주민욕구의 다양성에 따라 다양한 기능인력과 재원을 필요로 하므로 지역사회 내의 복지자원을 최대한 동원, 활용하여야 한다.

사. 중립성의 원칙: 사회복지관은 정치활동, 영리활동, 특정 종교활동 등으로 이용되지 않게 중립성이 유지되어야 한다.

아. 투명성의 원칙: 사회복지관은 자원을 효율적으로 이용하고 운영과정의 투명성을 유지하여야 한다.

③ 사업내용

가. 가족복지사업: 가족 구성원 개인 및 가족 전체를 대상으로 상담·치료·보육 등의 필요한 복지서비스를 사례관리를 통하여 종합적으로 제공함으로써 가족문제의 해결과 예방 및 가족해체를 방지하고 가족기능을 정상화하여 가족의 행복을 유지할 수 있도록 지원한다.

나. 지역사회보호사업: 가족기능이 해체된 노인, 소년소녀가장, 장애인 등 사회적 보호가 필요한 요보호대상자 및 국가특별사업(노숙인 대책 등의 응급구호사업)을 중심으로 결연, 정서지원, 가사지원, 간병, 푸드뱅크 사업 등 각종 재가복지서비스를 사례관리를 통해 종합적으로 제공함으로써 사회적 소외감을 해소·완화하고 생활안정을 도모한다.

다. 지역사회조직사업: 지역주민의 참여와 책임의식을 강화하며, 지역주민의 욕구조사를 바탕으로 각종 복지자원(주민대표, 자원봉사자, 시민운동가, 후원자, 지역복지협의체 등)을 개발하고 조직화하여 의도적, 계획적으로 지역사회문제를 예방·치료하여 모두가 더불어 잘사는 지역사회로의 발전을 촉진한다.

라. 교육·문화사업: 아동과 청소년들의 유해환경에 대한 예방적 대안문화 창조와 인성교육, 성인과 노인의 재사회화를 목적으로 무료나 실비로 각종 교육문화 프로그램을 사회복지서비스와 통합하여 제공함으로써 평생교육의 기반을 확충하고 문화결핍을 예방하여 지역주민의 삶의 질 향상을 도모한다.

마. 자활사업: 취업대상자와 비취업자에 대한 자활지원계획 수립과 지속적인 사례관리를 통하여 사회복지관의 종합적인 서비스를 바탕으로 직종별 자활교육훈련, 재취업알선, 자활공동체 조직 및 육성 등을 효과적으로 실시함으로써 빈곤의 세습방지와 지역주민의 자립·자활을 도모하는 데 기여한다.

사회복지관의 역할과 기능은 모든 사회복지관들이 천편일률적인 사업을 시행하는 것이 아니라 사회복지관의 위치, 지역적 특성, 대상별 특성, 복지관의 규모, 담당인력 등에 의거하여 각 사회복지관이 전문성, 효율성, 책임성을 최대한 살릴 수 있는 능력의 범위 내에서 사업을 선택적으로 시행하고 있다.

4) 민간 사회복지 전달체계의 필요성

(1) 정부가 제공할 수 없는 서비스 제공

정부의 서비스는 일반적으로 기본적이고 보편적인 문제나 욕구충족에 1차적인 목표를 두고 있는 만큼 정부에서는 개인의 다양한 문제나 욕구를 모두 충족시켜 줄 수 없고 질 높은 서비스를 제공하기도 어렵다. 국민들의 공통적인 욕구는 계속적으로 다양해지고 그 수준이 상승되고 있으므로 이러한 욕구에 대응할 필요가 있다. 따라서 정부에서 제공할 수 없는 보다 다양하고 질 높은 서비스를 제공하기 위해서 민간 사회복지활동이 필요하다.

> **민간 사회복지 전달체계의 필요성**
> ① 정부제공 서비스 비해당자에 대한 서비스 제공
> ② 정부가 제공할 수 없는 서비스 제공
> ③ 동일 종류의 서비스에 대한 선택의 기회 제공
> ④ 사회복지서비스의 선도적 개발 및 보급
> ⑤ 민간의 사회복지 참여욕구 수렴
> ⑥ 정부의 사회복지 활동에 대한 압력단체 역할
> ⑦ 국가의 사회복지비용 절약

(2) 정부제공 서비스 비해당자에 대한 서비스 제공

정부에서 제공하는 서비스는 많은 경우 수혜자의 자격기준을 심사하여 선별적으로 제공하기 때문에 수혜자가 제한될 수밖에 없다. 따라서 수혜자격이 있음에도 수적인 제한으로 서비스를 받지 못하거나 자산 정도와 연령의 미달이나 초과 등으로 필요로 하는 서비스를 받을 수 없는 사람들에게 서비스를 제공하기 위하여 민간 사회복지활동이 필요하다.

(3) 동일 종류의 서비스에 대한 선택의 기회 제공

정부에서 제공하는 것과 같은 종류의 서비스를 민간 기관에서 제공함으로써 클라이언트나 소비자로 하여금 그들의 기호나 지역적·시간적 여건에 따라 선택할 수 있게 하는 것이 바람직하다. 또한 공공 기관과 민간 기관 간의 경쟁을 유발하여 서비스의 질을 높일 수 있기 때문에 민간 기관에 의한 서비스 제공이 필요하다.

(4) 사회복지서비스의 선도적 개발 및 보급

민간 기관은 공적 기관에 비해 행정적 융통성이 있고 의사결정도 신속히 이루어질 수 있으므로 환경의 변화와 클라이언트의 새로운 욕구에 민감하게 대응하여 새로운 프로그램을 개발하고 평가하여 보급하는 일을 하기에 유리하다. 즉 정부가 새로운 사회복지서비스 도입을 위한 정보를 제공받고 선도역할을 하기 위해서도 민간 기관의 서비스가 필요하다.

(5) 민간의 사회복지 참여욕구 수렴

많은 사람들이 사회복지 활동에 자원봉사자로, 재정적 후원자로 또는 운영자로 참여하기를 원하게 되는데 이러한 민간의 참여욕구는 민간 기관에서 적절히 수렴하거나 민간 기관의 설립을 통해 충족될 수 있기 때문에 민간 기관이 필요하다.

(6) 정부의 사회복지 활동에 대한 압력단체 역할

민간 기관은 비슷한 서비스를 제공하면서 정부기관의 활동과 서비스를 감시할 수도 있고 정부가 수행해야 할 서비스를 찾아내거나 확인할 수도 있다. 정부가 서비스를 개선하거나 서비스를 도입하도록 압력을 가할 필요가 있을 경우 민간 기관의 연합체 또는 협의체를 형성하여 정부에 대하여 요청을 할 수도 있다.

(7) 국가의 사회복지비용 절약

현대사회에서 사회복지의 제1차적 책임은 국가에 있으므로 국가의 재정으로 사회복지 활동을 하여야 한다. 국민의 요구는 더욱 다양해지고 계속적으로 욕구수준이 상승하고 있기 때문에 국가는 국민의 공통적 욕구라고 할지라도 모두를 충족시킬 수 있는 재정적 능력은 없다. 즉 국민의 사회복지욕구에 비하여 사회복지서비스의 제공(공급)은 제한될 수밖에 없다. 민간 기관에 의한 사회복지 활동은 바로 정부가 비용을 투입하여 수행해야 할 일을 대신하게 되므로 정부의 사회복지에 필요한 비용을 절약하는 효과를 가져 온다. 다른 한편 정부는 많은 경우 사회복지서비스를 제공하기 위하여 새로운 공적 조직체를 만드는 것보다 이미 존재하고 있는 민간 조직체에 계약으로 서비스를 위탁할 수도 있고 민간 기관에서 제공하고 있는 서비스를 구입할 수도 있다. 이 경우는 민간 기관에서 정부의 서비스를 제공하는 것이 되는데 민간 기관의 합리적 경영과 보다 전문적인 서비스 제공이 결국은 서비스의 효율성을 높여 정부의 사회복지비용을 절약하는 효과를 가져올 수도 있다(최성재·남기민, 2007: 126~128).

5. 전달체계의 개선 전략

1) 사회복지 전달체계의 문제점

(1) 공공 전달체계의 문제점

공공 전달체계의 가장 중요한 문제점은 조직구조상의 문제이다. 이러한 조직구조상의 문제는 프로그램 운영과 프로그램 평가 면에도 많은 영향을 미치기 때문에 공공 사회복지조직의 구조를 중심으로 문제점을 살펴보기로 한다.

① 상의하달식 전달체계

대부분의 사회복지서비스는 중앙정부에서 기본정책과 계획을 수립하고 이를 수행하기 위한 지침을 하달하고 중간 및 하부기관은 그 지침에 따라 업무를 수행하는 상의하달식으로 전달되고 있다. 이러한 행정편의 위주의 상의하달식 체계에서는 중간 또는 하부조직에서 수혜대상자의 욕구나 지역의 욕구에 자율적이며 능동적으로 대처하기 어렵다(박경숙·강혜규, 1992: 23).

② 사회복지행정의 지방일반행정으로의 편입

국민기초생활보장제도, 의료급여제도 및 사회서비스의 전달을 위한 사회복지행정체계가 행정안전부의 지방행정체계에 포함되어 수행됨으로써 사회복지서비스의 특성과 전문성을 달성할 수가 없다. 그리고 대부분의 경우 사회복지 전담공무원이 타업무를 겸임함으로써 전문성 발휘의 기회가 없어짐에 따라 사회복지서비스 전달 업무의 효과성, 책임성, 업무만족도가 저하되고 사회복지 전담공무원의 소진현상

burnout이 증가되는 문제(박경숙·강혜규, 1992: 23~50)가 나타난다.

③ 전문인력 관리 미흡

1999년 9월까지 전달체계 내에서 사회복지전담공무원은 승진 가능성이 희박한 별정직 공무원으로 있었기 때문에 업무능력 저하 등의 문제가 있었다. 그러나 1999년 9월 이후 정규 사회복지직으로 전환되어 공공행정의 전문화가 크게 기대되었으나 아직도 사회복지를 전문적으로 교육받지 못한 일반공무원이 사회복지직으로 전환되고 있어 대국민 사회복지서비스의 질적 향상이 어려운 실정이다.

④ 전문인력 부족

생활보호 업무를 주로 다루는 사회복지전담공무원 제도가 생기기 시작한 1987년 이전에는 사회복지 전달체계 속에 사회복지전담공무원이 존재하지 않았기 때문에 전문인력은 전무한 상태였다. 1987년 이후 사회복지전담공무원은 매년 증가하고는 있지만 여전히 부족한 상태이다. 특히 2000년 10월부터 국민기초생활보장법이 시행되면서 자산조사 등의 업무가 늘어남에 따라 사회복지전담공무원의 책임이 더욱 증가하였다.

⑤ 서비스 통합성 결여

사회복지서비스는 통합적으로 제공되어야 한다는 원칙에 비추어보면 지난 2006년부터 시행된 시·군·구 단위의 주민생활지원국체제는 서비스의 통합성을 높이는 계기가 되었다. 그러나 사회복지 자격이 있는 전담공무원과 그러지 아니한 전담공무원 사이의 사회복지에 대한 원칙이나 기술에서의 차이 등으로 통합서비스 본래의 목적을 달성하기 위한 많은 노력이 요구된다.

⑥ 위원회

앞에서 나열한 전달체계의 주요한 사항을 자문 또는 심의하기 위하여 다양한 위원회를 두었지만 이를 활용하는 경우가 많지 않아 위원회가 형식적으로 운영되거나 유명무실해진 경우도 많다. 지방자치단체에서는 법률에 근거가 없어도 지방자치단체의 조례나 자치단체장의 직권으로 자문위원회 정도는 구성할 수 있기 때문에 지역사회 단위의 자문위원회를 활성화 하는 것도 바람직하다.

(2) 민간 전달체계의 문제점

① 사회복지협의체

앞서 살펴본 바와 같이 한국사회복지협의회는 사회복지 전달체계로서 다음과 같은 문제점을 지니고 있다. 첫째, 가장 중요하고 본질적인 역할이라 할 수 있는 지역사회 및 전국 사회복지 관련기관 간의 협의조정 역할을 제대로 수행하지 못하고 있다. 둘째, 사회복지협의회가 순수한 민간의 자발적인 동기에 의하여 결성된 것이라기보다는 사회복지사업법에 의한 법정단체로 존재하게 되었고 또한 운영비도 거의 보건복지부에서 지원받기 때문에 민간조직의 협의체라는 느낌을 주지 못한다. 셋째, 협의회 직원의 전문적 수준이 높지 않아 협의조정 업무와 사회복지 전반에 관한 연구개발이 미흡하다. 넷째, 지방조직을 갖고 있지 않아(중앙협의회와 시·도협의회는 독립적인 법인체임) 지방조직과의 유기적 협조가 부족하다. 다섯째, 사회복지계의 이슈나 문제에 대하여 정부나 국민에게 사실을 홍보하고 정책적 건의를 하는 지도력을 행사하지 못하고 있다. 여섯째, 전반적인 사업의 내용과 활동이 전국적 또는 지역사회의 복지욕구를 충분히 대변하지 못하고 있다.

지역사회복지협의체는 민관협의체로서 지방정부의 사회복지서비스 사업에 관한 중요 사항을 심의·건의하고 지역의 복지서비스를 연계·조정하는 면에서 바람직한 협의체라 할 수 있다. 그러나 관官이 같이 참여하고 협의체 위원장이 되는 경우가 많기 때문에 관의 영향력이 상대적으로 커져서 민간 측의 의견이 제대로 반영되지 못할 소지가 있는 것은 문제점이라 할 수 있다(최성재·남기민, 2007: 131~133).

② 생활시설과 이용시설

생활시설의 문제점은 첫째, 전문가의 비율이 낮다는 것이다. 특히 사회복지사 자격증(1, 2, 3급 포함) 소지자 비율이 낮게 나타난다. 생활시설에서 사회복지사 비율이 낮은 것은 특정한 업무에만 사회복지사 채용을 규정하고 있고, 그 외의 업무에는 사회복지사 채용을 규정하고 있지 않기 때문인 것도 있고 시설장이나 운영하는 법인이 적극적으로 사회복지사를 채용할 의지가 없기 때문이기도 하다. 이와 같은 현상은 시설의 사회복지서비스 전문화에 큰 장애요인이 된다. 둘째, 시설에서 제공되는 서비스의 질은 물질적인 것이든 비물질적인 것이든 현실적 최저생활유지 수준에 못 미치고 있으며 특히 사회복지 전문가에 의하여 제공되어야 하는 사회서비스의 질은 아주 낮거나 아니면 거의 제공되지 못하고 있다. 셋째, 시설직원의 빈번한 교체로 서비스를 지속적으로 전달하는 데도 문제가 많다. 또한 시설의 서비스와 지역사회의 서비스가 제대로 연결되지 않아 시설생활자가 통합적인 서비스를 받을 수 없는 것도 문제이다. 넷째, 시설 서비스의 효과성과 효율성에 대한 평가도 거의 없고 시설종사자도 서비스 제공의 결과에 대한 책임의식이 아직도 크게 모자란 것으로 보인다. 그러나 1997년 사회복지사업법의 개정으로 3년마다 한 번씩 시설을 평가하도록 되어 있어 효과성과 효율성 및 책임성이 점차 향상되고 있다.

반면 이용시설은 생활시설의 경우보다는 낫지만 역시 서비스에 적합한 전문가의 수가 부족하다. 둘째, 사회서비스의 학문적 및 실천적 지식과 기술이 부족하여 질 높은 서비스를 제공하지 못하는 경우가 대부분이며 서비스의 효과성도 높지 못한 것으로 보인다. 셋째, 이용시설 간의 협의조정 체계가 거의 구축되어 있지 않아 서비스 간의 연계가 부족하여 통합적인 서비스 제공이 어렵다. 넷째, 서비스의 효율성과 효과성 평가에 대한 인식이 부족하고 이에 따라 사회복지사의 책임성 인식도 대단히 낮은 것이 문제이다. 다섯째, 이용시설에서 제공하는 서비스에 대한 홍보가 부족하여 이용자들이 제대로 서비스에 접근하지 못하는 경우가 많고 서비스가 중복 제공되는 경우도 있다(최성재·남기민, 2007: 133~135).

2) 개선전략

사회보험인 국민연금과 국민건강보험은 전국적으로 통일된 원칙 아래 현재와 같이 중앙정부가 지방자치단체의 조직을 거치지 않고 국민들에게 전달하는 것이 바람직하기 때문에 사회복지 전달체계의 개선에서 별로 문제되는 분야는 아니라 할 수 있다. 문제는 중앙정부(보건복지부)와 지방자치단체가 관여하는 공공부조와 사회서비스 등 전달체계 통합의 문제이다. 따라서 사회복지서비스의 비연속성과 파편성의 문제들이 가장 두드러지는데 전달체계 내에 위치한 기관이나 프로그램들 간에 다양한 형태의 교류를 위한 연결이 느슨하게 이루어져 있을 때 이러한 문제들이 발생한다. 이 문제들에 대한 해결책으로 제안되는 것이 '서비스 통합'의 개념이다. 서비스 통합의 광범위한 정의는 "클라이언트들의 욕구를 보다 종합적으로 다루기 위해서 둘 이상의 서비스 공급자들을 함께 묶는 것"이다(Robert & Alex, 1979: 166).

보다 구체적으로 서비스 통합의 방법을 다룰 때는 다음과 같이 두 가지로 나누어 볼 수 있다(Morris & Lescohier, 1978: 22~23). 첫째는 완전통합이다. 이것은 각각의 조직들에 의해 제공되던 서비스들을 통합하기 위해 이들 조직들을 묶어서 완전하게 새로운 단일 서비스 구조를 만들어내는 것이다. 둘째는 단순조정이다. 이것은 각 조직들이 조직의 인적자원과 물적자원 및 구조 등은 지속적으로 독립을 유지하면서 서로 간의 관계를 보다 밀접하게 개선하는 것이다.

(1) 통합방법의 선택

대부분의 경우, 서비스 통합을 말할 때는 완전 통합보다는 단순조정방법을 다루고 있다. 이미 분리·발전해왔던 조직들을 하나의 구조로 묶는다는 것은 그리 쉽지 않은 방법이기 때문이다. 또한 획일적인 구조가 더 효과적인 서비스 전달을 보장하는 것도 아니다. 획일적인 구조의 적용은, 다양성과 창의성이 강조되는 휴먼서비스들의 발전에 오히려 부작용을 만들 수도 있다. 서비스 통합의 문제가 다루어질 때는 이처럼 완전 통합과 단순조정 방법들 간의 상반된 견해들이 나타난다. 여기서 한 가지 명확한 점은 전달체계 각각의 특성에 따라 선호되는 방법들이 달리 나타날 수 있다는 점이다. 다양한 욕구들을 가진 이질적인 인구집단들에 대해서는 엄격한 중앙집중식 전달체계보다는 복수의 서비스 제공자들로 이루어진 다원적 체계가 효과적일 수 있다. 그와 반대로 동질적인 욕구들에 대해 분산된 시스템을 갖추는 방법도 효과가 없을 수 있다. 일상적인 활동들을 수행하는 서비스 조직들의 통합방법과 새롭고 창의적인 서비스들을 개발하는 조직들의 통합방법이 굳이 일치해야 할 필요도 없을 것이다.

따라서 서비스 전달체계의 통합에 대한 논의는 전체적으로 어떤 방법이 더 좋은가를 구별하기 보다는, 어떤 상황이나 조직에서 중앙집중화된 서비스 전달체계가 효과적이며 어떤 경우에 분산된 체계가 좀 더 바람직한지에 대한 연구가 필요하다.

(2) 통합방법의 사례

전달체계 내의 서비스 기관이나 프로그램들을 통합하는 것과 관련해서 다양한
행정적인 방법들이 존재하고 있다. 다음은 이러한 통합방법들에 대한 예이다.

① 종합 서비스센터

하나의 서비스 분야에 대해서 복수의 서비스들이 한 곳에서 제공될 수 있게 하는
것이다. 장애인의 다양한 욕구들에 대한 서비스를 한 곳에서 제공하는 장애인종합
복지관과 지역사회 욕구들을 중심으로 하는 서비스들을 모아놓은 지역사회 종합사
회복지관들이 이러한 예이다.

② 단일화된 인테이크 창구 개발

전달체계 내의 조직들이 인테이크를 전담하는 공동 창구를 개발하는 방법이다.
이 창구는 클라이언트의 다양한 욕구들에 대해 종합적으로 평가하며, 그에 따라 적
절한 서비스 계획을 개발하는 역할을 수행한다. 전달체계 내의 다른 기관들은 공동
인테이크 창구를 통해 클라이언트들을 공급받는다. 비록 부분적이지만 조직들 간
에 구조적인 통합을 요구하므로, 이것은 종합 서비스센터 다음으로 집중화의 강도
가 높은 서비스 통합전략이다.

③ 종합적인 정보와 의뢰 시스템의 구축

조직들 간의 구조적인 통합을 시도하지는 않으며 단지 클라이언트나 서비스의
연결 및 교환관계를 강화하기 위해 정보와 의뢰 시스템Information & Referral System, I & R을
강화하는 통합방법이다. 단순 조정방법이면서도 비교적 강력한통합의 효과를 갖
는다.

④ 기타

앞에서 본 대표적인 통합방법들 외에도 클라이언트 추적 및 사례관리 지원 서비스, 다양한 지원 서비스들의 조정 등의 방법들이 있는데, 이러한 방법들은 단순 조정방법들 중에서도 느슨한 서비스 네트워크의 구성에 속한다.

(3) 서비스 통합의 현실

한 전달체계 안에서 사회복지서비스들을 통합하기 위한 노력의 필요성은 매우 절실하다. 사회적 자원의 활용에 따른 효율성, 전문직의 서비스 제공에 대한 효과성 등이 모여 전달체계 전체의 책임성을 나타낸다. 개별 조직단위로서 이러한 서비스 전체의 책임성을 나타내고자 할 때는 많은 문제점이 발생한다. 최근에 와서 이러한 서비스 전달체계에 대한 논의들이 활발해지는 것도 바로 이러한 사회복지서비스의 사회적 책임성에 대한 논의에서 비롯된 것이다. 서비스 통합을 이루기 위한 노력들에는 많은 어려움들이 존재한다(Gates, 1980: 54~58). 첫째, 개별 기관들의 자원 동원이 각각 독자적으로 이루어지고 있고 이에 대한 책임성도 개별적으로 이루어지고 있기 때문에 전달체계 내에서의 통합에 대한 필요성이 상대적으로 크지 않을 수 있다. 둘째, 조직들의 이른바 '영역'이 문제가 된다. 사회복지조직들은 독립성을 강화해야만 생존하는 데 도움이 되기에 그들만의 특별한 영역을 확보하려고 하고, 이 때문에 전달체계 내의 통합성 추구의 어려움이 따르게 된다. 셋째, 통합을 하려면 많은 비용과 시간이 필요하다. 독립된 조직구조들을 연결하는 데 필요한 비용이 통합의 효과를 초과하는 경우 문제가 된다.

우리나라의 경우 서비스 분야와 성격을 고려한 서비스 전달체계의 평가와 책임성에 대한 논의는 드물다. 지역사회 전체를 두고 장애인이나 노인 등에 대한 서비스 전달체계를 평가하거나 책임성을 규명하는 작업들은 이루어지지 못하고 있다.

서비스 전달체계의 논의들이 공공과 민간 서비스 기관 등의 역할 구분, 행정체계의 분할과 통합, 중앙과 지방 간의 역할 구분 등에 대부분의 초점이 맞추어져 있는 형편이다. 이러한 논의들도 필요하지만 서비스 수혜자들을 염두에 두는 사회복지서비스 전달체계를 위해서는 서비스 성격 중심의 통합에 보다 많은 관심을 기울이는 것이 필요하다.

제5장 연습문제

1 사회복지사업법 제33조 동법 시행령 제12조에 의거하여 설립된 비영리 공익법인으로 민간 사회복지 증진을 위한 협의조정, 정책개발, 조사연구, 교육훈련, 자원봉사활동의 증진, 정보화 사업, 사회적 취약계층을 위한 사업을 수행하고 있는 곳은?

2 현재 우리나라에서 사회복지 관련 프로그램을 전달하는 대표적인 정부부서 2곳은 어디인가?

3 보건복지부에서 사회복지정책, 사회보장심의위원회의 운영, 한국사회복지협의회 지원·육성, 사회복지사업법령과 사회복지사협회 및 자격제도 및 국민기초생활보장사업에 관한 사항 등의 업무를 담당하는 곳은?

01 사회복지서비스 전달체계 구축의 주요 원칙 중에서 한 명의 행정책임자에 의해서 서비스를 제공하고 프로그램과 조직 간의 상호작용이 갖춰져야 하는 것은?

① 전문성의 원칙

② 포괄성의 원칙

③ 적절성의 원칙

④ 통합성의 원칙

⑤ 지속성의 원칙

02 공공 사회복지 전달체계의 문제점이 아닌 것은?

① 사회복지 업무체계의 일관성 부족

② 업무 내용의 중복에 의한 책임소재 불명확

③ 지방자치단체로의 업무분담에 대한 소극적 자세

④ 열악한 근무조건으로 인한 전문성 저하

⑤ 현행 전달체계 내에서 서비스의 자율성과 능동성 결여

03 다음 중 사회복지서비스 전달체계의 과제는?

① 수혜자의 자격과 범위를 정하는 일

② 혜택의 내용을 정하는 일

③ 각종 사회복지의 급부 또는 혜택을 수혜자가 편리하게 이용하도록 하는 일

④ 재원을 조달하는 일

⑤ 급여의 기준을 정하는 일

04 사회복지 전달체계를 분산화했을 때의 장점은?

① 각 서비스가 효과적으로 연결된다.

② 각 서비스의 독자성과 전문성이 보장된다.

③ 비용이 절감된다.

④ 통제의 효율성이 증대된다.

⑤ 업무의 지속성이 증대된다.

05 공공 복지서비스의 전달에 있어 문제점으로 볼 수 없는 것은?

① 수직적 전달체계

② 전문인력 부족

③ 서비스 통합의 결여

④ 서비스전달의 융통성

⑤ 서비스의 다양성 부족

06 다음 중 공공 사회복지행정의 주체는?

① 노동조합

② 한국사회복지사협회

③ 극빈자

④ 지방자치단체

⑤ 민간단체협의회

07 사회복지서비스 전달체계에서 공공부문에 비해 민간부문에서 나타나는 취약성은?

① 서비스의 안정성

② 서비스의 탄력성

③ 서비스의 전문성

④ 서비스의 독창성

⑤ 서비스의 자율성

08 다음 중 사회복지서비스 전달체계 통합방법이 아닌 것은?

① 크리밍

② 사례관리

③ 트래킹

④ 인테이크 단일화

⑤ I&R

09 다음 중 한국사회복지협의회에 관한 설명으로 틀린 것은?

① 사회복지사업법에서 그 설립에 관하여 규정하고 있다.

② 공공 사회복지 전달체계에 속한다.

③ 사회복지에 관한 조사, 연구 및 각종 복지사업을 조성한다.

④ 회원의 구성은 단체회원과 개인회원으로 구분한다.

⑤ 비영리법인이다.

10 다음 〈보기〉에서 민간 서비스 전달체계의 특징으로 옳은 것을 모두 고른다면?

가. 재정의 안정	나. 융통성
다. 둔감성	라. 유연성

① 가·나·다

② 가·다

③ 나·라

④ 라

⑤ 가·나·다·라

사회복지조직의 환경

이 장은 앞에서 살펴본 사회복지조직 및 이론을 정리하면서 사회복지조직을 둘러싼 환경과의 관계에 대하여 살펴볼 수 있는 장이다.

● 사회복지조직 환경에는 어떠한 유형이 있는가?

● 사회복지조직의 환경관리를 위한 전략들은 무엇인가?

조직organization이란 '조직하는 과정의 활동'과 '조직하는 활동이 이루어진 결과의 상태'로서 특정목표를 달성할 목적으로 의도적이고 구조화된 계획적 단위를 말한다. 관료제이론, 과학적 관리론, 인간관계이론 등은 조직의 문제를 조직 내부에서만 살펴보았지만 이후의 상황적합이론, 체계이론, 그밖에 현대조직이론들은 조직을 둘러싸고 있는 여러 요소들, 즉 사회문화, 정치경제적 상황들이 조직에 다양한 방식으로 영향을 준다고 보고 조직과 환경과의 관계를 연구하기 시작했다.

1. 사회복지조직을 둘러싼 환경적 요인

사회복지조직은 생성·소멸되며 운영과 발전에 영향을 미친다. 초기의 사회복지조직이론은 환경의 영향을 최소화하여 폐쇄체계로 보았으나, 1960년대 이후 사회복지조직에 대한 개방체계적 관점의 필요성과 함께 사회복지조직과 관련된 환경의 중요성이 인식되었다. 현대의 조직이론들은 폐쇄적 단위가 아닌 환경과의 상호의존적인 관계를 지닌 개방체계로 보고 있다(각 조직이론에 대해서는 '3장 사회복지조직이론'을 참고).

사회복지조직의 환경을 이해하기 위한 분석틀로 하센펠트Hasenfeld가 제시한 환경요소의 분류가 보편적으로 적용되고 있다. 사회복지조직을 크게 일반환경과 과업환경으로 구분하며, 과업환경은 일반환경의 영향을 받는 것이 보편적이라고 보았다.

1) 일반환경과 과업환경

(1) 일반환경

사회복지조직에서 일반환경이란 모든 사회복지조직에 영향을 미치며 사회복지조직이 변화시키기 어려운 조건으로서 사회복지조직이 가질 수 있는 기회, 제약, 선택의 범위를 규정하는 것을 말하는데 한 사회의 인구사회학적 변동, 정치적·법적 조건, 문화적 조건, 경제적 조건, 테크놀로지의 수준 등과 같은 거시적 사회환경의 존재를 의미한다. 한 사회복지조직이 직접적으로 인식하는 일반환경은 업무환경 요소들에 영향을 미침으로써 사회복지조직에 대해 비록 간접적이지만 대단히 큰 중요성을 갖고 있다.

일반환경에서의 경제적 조건은 사회복지조직에 영향을 미치는 국가나 지역사회의 경제 상태이며, 사회복지조직에 대한 자원공급의 절대량과 서비스 수요에 영향을 미친다. 사회인구학적 조건이란 연령, 성별분포, 가족 구성, 인종, 거주 지역, 사회적 계급 등과 같은 조건은 사회문제와 욕구발생에 매우 밀접한 관계를 가지며, 문화적 조건은 특정 시기에 우세한 사회문화적 신조와 사회복지조직의 형태, 방향과 밀접한 관련이 있다.

일반환경에서 정치적·법적 조건은 사회복지조직에 다음과 같은 영향력을 미친다. 첫째, 가용자원이 공적으로 관할되고 정치적 과정에 의해 자원에 대한 접근이 통제된다. 둘째, 수많은 법적 규제는 사회복지조직이 서비스를 제공하는 데 있어 준수해야 할 많은 조건들을 만들어내어 클라이언트를 통제한다. 일반환경에서 기술적 조건이란 사회의 기술적 진보나 변화가 사회복지조직의 서비스 기술에 미치는 영향을 말한다.

(2) 과업환경

사회복지조직이 자원과 서비스를 교환하고 사회복지조직과 특별한 상호작용의 형태를 취하는 집단들을 과업환경이라고 한다. 사회복지조직은 과업환경의 영향을 받는 것이 일반적이며 사회복지조직이 과업환경에 영향을 미치기도 하는데 과업환경에는 재정자원의 제공자인 정부, 공적사회단체, 민간 사회단체, 개인 등이 있고 사회복지조직의 합법성과 권위는 법률에 의해 부여되고, 사회적 승인·정당성은 조직이 봉사하고 있는 지역사회, 클라이언트 집단, 전문가 집단으로부터 나온다.

클라이언트 및 클라이언트 제공자는 사회복지조직으로부터 직접 서비스를 받고자 하는 개인, 가족을 의뢰하는 타 조직, 집단, 개인을 포함한다. 사회복지조직의 자원과 클라이언트에 대해 경쟁관계에 있는 다른 조직들을 경쟁조직들이라고 한다. 보충적 서비스 제공자란 사회복지조직에서는 모든 서비스를 제공할 수 없으므로, 주된 서비스를 보충할 수 있는 보충적 서비스 제공자와 공식적·비공식적 협조체제를 유지하여야 한다. 사회복지조직이 산출한 것을 소비하거나 인수하는 사람은 사회복지조직이 만들어 낸 서비스를 받아들이고 사용하는 사람으로서 클라이언트 자신, 가족, 지역사회, 교정기관, 복지시설, 학교, 국가 등이다.

2) 사회복지조직 환경의 주요 이론

사회복지조직은 생성·소멸되며 운영과 발전에 영향을 미친다. 초기의 사회복지조직 이론은 환경의 영향을 극소화하여 폐쇄체계로 보았으나 현대 사회복지조직 이론에서는 폐쇄적 단위가 아닌 환경과의 상호 의존적인 관계를 지닌 개방체계로 보고 있다.

사회복지조직 환경의 주요 이론 발전배경을 살펴보면, 조직구조와 환경 간의 대응관계 패러다임이 사회복지조직을 지배해 왔으나 사회복지조직이 다양한 전략을 선택할 경우에는 단일 최고방법은 설득력을 잃게 된다. 환경이 풍부한 자원으로 호의적이거나, 조직변화의 비용이 편익보다 많을 경우 정당화되기 어려운 접근법이다. 사회복지조직 환경의 주요 이론 중 구조적 상황이론은 조직구조가 기술적 환경에 의해 결정된다고 보아 정책결정자는 객관적, 기술적 환경에 반응적 적응양식을 보이고, 개체군 생태학이론은 구조적인 변형이 자연적 환경에 의해 결정된다고 하여 자연환경에 대해 정책결정자는 무작위로 대처하며, 시장 및 위계 이론은 경제적 환경, 제도적 이론은 규범, 가치 등의 사회문화적 환경에 의해 결정되고 정책결정자는 이러한 제도적 환경에 대해 상호 반응적으로 대처한다. 자원종속이론은 구조적 변형이 개인관리자, 특히 권력을 가진 직위에 있는 관리자에 의해 어느 정도는 전략적으로 조작될 수 있는 인위적 환경에 의해 결정된다고 보며, 정책결정자는 적극적으로 환경을 인위적 인공물로 조작하려 한다고 본다.

자원종속이론은 개체군 생태학이론과 비교될 수 있는데, 사회복지조직에 대한 환경의 영향을 강조하며 분석수준, 시간적 관점, 환경에 대한 개념화 그리고 합리성의 역할 정도에서 다소 차이가 있기는 하지만 구조적 상황이론이나 시장 및 위계 이론보다는 덜 합리적인 접근법을 취하고 있다. 자원종속이론의 경우, 구조를 선택하는 동기는 희소자원의 중요성이고, 시장 및 위계 이론의 경우는 능률성이다. 이는 결정론, 임의론이라는 관점에서 상황이론과는 구분된다. 상황이론이 상황적 제약조건의 구조에 대한 인과적 영향을 가정하는 반면, 자원종속이론은 관리자의 환경에 대한 전략적 적응으로서의 의사결정의 중요성을 강조한다.

사회복지조직 환경에 중요한 이론들을 구조적 상황이론, 자원종속이론, 제도적 이론, 정치경제이론, 개체군 생태학이론, 체계이론, 교환이론 순으로 좀 더 자세히 살펴보고자 한다.

(1) **구조적 상황이론**Structural Contingency Theory, SCT

사회복지조직의 합리적인 선택에 의한 가장 적절한 사회복지조직형태는 단일 최고방법One best way에 의해 결정되는 것이 아니라 사회복지조직이 처한 상황적 조건에 의해 결정된다. 합리적인 사회복지조직형태는 기계적Mechanistic이거나 유기체적Organismic일 수 있는데 어느 형태가 더 합리적인지는 상황적 요인에 달려 있다. 로렌스와 로쉬(Lawrence & Lorsch, 1967)는 한 조직 내에서도 여러 형태의 조직구조가 고안되어야 한다고 본다. 구조적 상황이론이란 사회복지조직의 주변상황이 자주 바뀌고 사회복지조직이 복잡성과 다양성을 가질 때 사회복지조직이 어떻게 적용하느냐를 연구하는 것으로써 사회복지조직과 사회·문화·기술·경제·법·질서 등의 외부환경과의 관계와 사회복지조직의 각 하위체제 간의 관계를 파악하여 사회복지조직의 존립과 발전에 기여하도록 하는 것이다. 상황이론 변수에는 환경 또는 상황변수, 조직의 구조 및 관리체제변수, 조직의 효과성이 있는데, 한 조직이라도 다양한 하위환경에 직면할 수 있기 때문에 이들과의 관계를 연구할 필요가 있다.

대부분의 현대조직 환경이론은 조직과 환경 간의 적합도를 유지하면 궁극적으로 조직효과성을 제고할 수 있다고 본다. 구조적 상황이론은 사회복지조직과 기술적 환경 간의 적합도를 유지하려 한다. 한 조직체가 상이한 하위환경에 직면할 수 있기 때문에 한 사회복지조직 내에도 다양한 조직구조화가 필요하다.

(2) 자원종속이론 Resource Dependency Theory, RDT

자원종속이론은 사회복지조직이 환경에 적극적으로 대처하고 유리하게 관리하는 실체라는 관점으로 사회복지조직은 자원을 획득하는데 환경에 의존하고, 전략적 선택 관점은 환경에 대한 지향성을 강조하여 의사결정자가 전략적 선택을 통해 어느 정도는 상황적 제약조건을 완화할 수 있다. 페퍼(Pfeffer, 1982)는 사회복지조직과 조작화enacted된 인위적 환경 간의 적합도를 유지하기 위해 구조적 상황이론을 자원종속이론으로 발전시켰는데 구체적인 환경차원으로써 자원의 집중도, 자원의 희소성, 조직 간의 상호 연관성 등을 환경변수의 조작화변수로 제안한다. 이는 사회복지조직이 상황요소에 단지 반응하는 것이 아니라 전략적인 조정을 통해 상황요인의 영향을 어느 정도까지는 완화시킬 수도 있다.

사회적 교환이론개념을 확장시킨 자원종속이론은 사회복지조직 간의 분석수준에 일반적인 분석틀을 제시한다. 사회복지조직은 희소자원을 통제할 능력이 있다면 다른 사회복지조직에 비해 비교적 권력을 더 받게 되고, 따라서 희소자원의 통제는 권력의 종속성을 창조함에 있어 가장 중요한 요소라는 것이다. 한 사회복지조직이 핵심자원을 통제하는 다른 사회복지조직과 독립적으로 존재할 수 있는 정도는 다음 네 가지 조건에 의해 결정된다. ① 자원에 대한 접근가능성, ② 대체자원의 존재여부, ③ 희소자원을 통제하는 타 조직에 대한 영향력, ④ 자원 없이도 조직을 유지할 수 있도록 근본 우선권을 변경할 수 있는 가능성 등이다. 이 네 가지 조건이 충족되지 않으면 사회복지조직은 희소자원을 통제하는 타 조직에 종속된다. 자원종속이론은 사회복지조직 내 부서 간의 권력 차이를 중요시하기 때문에 사회복지조직 내의 계층 간 권력 차이를 무시하는 경향이 있다. 그러한 사회복지조직 내의 계층 간 권력차이는 부서 간 권력투쟁의 결과를 무효화할 수 있으므로 계층 간 권력차이를 반드시 고려해야 한다. 왜냐하면, 부서 간 권력 차이는 누가 최고관리자가 되는가를 결정하는 데 중대한 영향을 주지만, 일단 사회복지조직의 계층이 정해지면, 최고 관리자의 권력이 사회복지조직의 전략적 선택을 결정하는 데 가장 중심적인 역할을 하기 때문이다.

(3) 제도적 이론 Institutional Theory, IT

제도적 이론의 중요한 개념적 분석의 틀은 기능이나 역할 네트워크가 조직구조를 결정한다는 구조적 기능주의이다.

제도적 이론의 창시자인 셀즈니크(Selznick, 1957)는 만일 우리가 조직에 대한 도구적 관점을 취한다면 기술적 합리성, 제한적 합리성 또는 개인적 합리성의 총체적 불합리성은 조직을 평가하는 지배적인 패러다임이 될 수 있으나, 합리성이나 능률성이 중요하지 않은 상황에서 이러한 이론의 적용가능성은 적다. 사회복지조직과 환경의 관계를 강조하는 조직관을 바탕으로 조직이란 하나의 적응적인 사회적 구조라고 하였다. 사회복지조직은 살아 있는 사회적 단위로서 그 환경과 타협해야 한다. 사회복지조직은 일정한 필요를 충족해야만 계속하여 그 존재를 유지할 수 있다. 제도적 이론은 조직의 기술적 환경뿐만 아니라 제도적 환경institutional environment 이 조직에 미치는 영향에 주된 관심을 부여하고 있다. 사회에 전반적으로 통용되고 있는 가치, 절차 및 신념체계가 조직구조와 행태에 반영되는 것에 주목한다. 제도적 이론은 조직의 능률성보다는 조직의 사회적인 정통성에 더 큰 관심을 부여하고 있다. 최근의 제도적 이론은 경쟁적인 환경이 존재하는 분야 보다는 정치적 권력이나 제도적 정통성을 추구하는 분야의 사회복지조직에 더 적합하다는 기존의 제도적 이론에서 한걸음 더 나아가고 있다. 시장경쟁이 존재하고 기술적 환경이 지배적인 분야에서도 제도적 이론은 잘 적용될 수 있는데 제도적 환경에의 적응이 사회복지조직의 능률성을 감소시키는 것이 아니라 오히려 향상시킨다(Orru, Biggart & Hamilton, 1991).

제도적 이론을 요약하면 첫째, 절대적 합리성 개념에 대한 회의이다. 둘째, 조직과 제도의 변화과정을 진화론적이고 자체 내에 마치 유전자를 통한 재생산과 같은 지속성이 담보된 과정으로 이해한다. 효율성의 논리보다는 생존차원의 논리에 기반을 두고 사회적으로 합리화된 규범이나 규칙들에 의해 사회복지조직의 성격이 결정된다는 것이다.

(4) 정치경제이론 Political Economy Theory, PET

웸슬리와 잘드(G. Wamsley & Zald, 1976)는 조직은 서비스들을 생산하고 생존함에 있어서 두 가지 형태의 근본적인 자원들, 즉 정치적 자원과 경제적 자원이 필요하다고 했다. 경제적 자원들은 조직의 서비스 전달체계와 인센티브 시스템 등을 설치·운영하는 데 필수적이다. 또한 사회복지조직은 정치경제적 환경에 반드시 필요한 자원을 확보해야 하므로, 이에 의존하고 있다. 그래서 정치경제이론을 자원의존이론resource dependency model이라고도 한다.

정치경제이론은 사회복지조직과 환경 간의 상호작용을 중시하며 조직의 내부 역학관계에 어떻게 영향을 미치는가에 관하여 초점을 두고 있다(G. Wamsley & Zald, 1976). 정치경제political economy 이론은 보다 폭넓은 개방체계의 관점에서 사회복지조직을 이해하는 것으로 규범적이기보다는 분석적이며, 개연성이론과 마찬가지로 환경적 요소들에 의해 사회복지조직의 특정 행태가 영향을 받는 과정에 초점을 둔다. 정치경제이론의 관점은 첫째, 사회복지조직의 서비스 전달체계에 있어서 특히 업무환경의 중요성을 강조한다. 업무환경task environment이란 대개가 다른 사회복지조직들이나 클라이언트를 포함하는 이해집단들을 가리킨다. 둘째, 사회복지조직 내·외부의 정치경제적 역학관계들이 조직의 서비스 전달체계에 대해 어떻게 영향을 미치는지를 파악하는 데 중요한 기여를 한다. 셋째, 클라이언트를 중요한 자원이면서, 한편으로는 잠재적인 이해집단인 것으로 인식하는데 이것은 클라이언트들이 보유하는 정치적 파워와 경제적 자원을 근거로 했을 때 사회복지조직이 어떻게 클라이언트들에 대해 반응할 것인지를 예측 가능하게 한다.

(5) 개체군 생태학이론Population Ecology Theory, PET

개체군 생태학이론에서는 사회복지조직이 자연적 환경과 동질성isomorphism을 유지하려 한다고 본다. 다른 이론들은 변화가 외부환경으로부터 점진적으로 발생하며, 이러한 점진적인 환경변화에 대해 사회복지조직이 대처할 충분한 능력이 있다고 보나, 개체군 생태학이론의 주장은 일단 체제균형을 유지하면 환경이 변화하더라도 구조적 타성으로 인해 환경에 대한 적응능력이 저하된다는 것이다. 따라서 사회복지조직의 변화가 환경에 대한 적응이라기보다는 선택이라는 것이다. 라마르키아 Lamarckian의 적응이든 다윈Darwinian의 선택이든 결국 사회복지조직변화의 소재지는 환경이다. 환경에 대한 적극적 조작관점이나 다윈의 자연도태관점은 이것 아니면 저것이라는 사고방식이다. 다시 말해 사회복지조직이 환경을 조작하거나, 혹은 환경이 사회복지조직을 선택한다는 것인데 이들 관점은 변화가 환경으로부터 발생된다는 생각에 의해 지배된다. 비록 라마르키아의 적응관인 구조적 상황이론과 다윈의 자연도태관인 개체군 생태학이론을 둘러싸고 많은 논란이 있지만, 체제 관점에서는 사회복지조직변화의 소재지는 환경이다.

(6) 체계이론 System Theory

체계이론에서는 개인, 가족, 소집단, 조직, 지역사회, 국가를 유기체로 보고 이들 체계들은 상호 의존적인 밀접한 관계를 가지고 있다고 본다. 따라서 모든 사회체계는 그것이 전체로서 다른 하위체계를 내포하고 있는 동시에 또한 부분으로서 상위체계에 속해 있다. 사회체계들은 상호 의존적 관계를 맺으며 전체를 이루고 있으며 전체는 부분의 합보다 더 크고 다른 성질을 갖고 있으므로 전체에 나타나는 사회복지조직이나 상호 의존성을 개별적인 부분들로 환원할 수 없다. 각 체계는 살아있는 개방체계이며 체계들의 상호작용을 통하여 에너지를 만들어내고 있다. 사회복지조직도 개방체계이며 다양한 사회체계들과 상호작용을 통해 사회복지조직에서 필요한 에너지를 확보하여 조직을 유지·발전시켜 나갈 수 있다. 개방체계란 환경과 체계 사이에 빠른 속도로 다양한 요소들이 투입·산출되는 고도의 투과성을 가지면서 체제가 유지되는 특성의 체계이다. 사회복지조직은 사회적으로 지지가 부족하기 때문에 조직의 합리성을 확립하기 위해 정치적·경제적인 자원을 활용하여 지지할 수 있는 환경을 조성해야할 필요성에 의해 개방체계이론의 하위개념으로 정치경제이론이 도출되게 되었다.

(7) 교환이론 Exchange Theory

교환이론에서는 사회적 관계를 개인이나 집단 사이에서 상호 필요한 교환자원을 주고받는 반복적인 행위가 이루어지는 것으로 본다. 교환이론에서 보는 인간은 이기적이고 합리적이며 환경에 적응하는 존재이지만 자유와 독립을 추구하려는 속성도 가지고 있다.

교환이론은 사회과정론의 계보에 속하는 사회이론으로 인간의 행동에는 항상 비용과 보상이 따르고, 자신의 사회적 자산에 바탕을 두고 행동한다는 점을 전제로 하고 있다. 인간의 행동을 타인과의 보상, 이익교환의 과정으로 인식하며 사회적 행동을 사람들 사이에 교환자원을 주고받는 행위가 반복되는 현상으로 본다. 이 교환자원에는 물질적, 비물질적인 것들이 포함된다. 상호 교환에는 비율관계가 있어 다른 사람과 비교해서 유리하면 지속해 나가고, 불리하다고 판단되면 그 관계를 개선 또는 중지하고 새로운 비율관계를 지향하는 행동으로 나타난다. 블라우(Blau, 1964)는 경제적 관점의 교환이론에 '권력 분석'을 추가하여 교환이론을 재구성하였다. 블라우가 관심을 가진 것은 교환이라는 인간의 사회적 행동이 어떠한 기제를 통해 상호간의 유대관계에서 갈등 또는 불평등의 관계로 변화되는가하는 현상이었다. 이러한 관계상의 차이를 호혜성과 시혜성의 개념으로 설명하였다. 즉 호혜성은 양자의 관계를 긍정적 관계로 작용하게 하여 상호신뢰까지 발전하게 만든다. 시혜성은 권력이나 지위에 의한 차별적 관계를 만들어낸다. 따라서 사회적 교환이론에서는 사회가 교환관계를 통해 권력을 얻기 위해 조직된 집합체들 간의 보상교환관계에서 갈등, 분화, 통합의 과정이 반복되고 유형화된 것으로 간주한다.

개인은 교환관계를 통하여 소집단을 만들고 소집단 간에도 개인관계에서와 같은 교환관계가 성립되어 집단이 발전하며 일정한 형태로 만들어진다.

교환관계는 비용과 보상이 반드시 대등한 관계로 성립되지는 않으며 불평등한 교환관계를 맺은 측에서는 대등한 교환관계를 가지려는 성향이 생기고 불평등한 측에서는 우월한 측에 종속적으로 되고 반대 측은 상대 사회복지조직에 우월한 권력을 가지게 된다. 사회복지조직도 외부환경과의 관계를 통해 인력과 자금, 지지와 보상 등을 얻어야 하므로 대등한 교환관계를 구축할 수 있어야 할 것이다.

2. 사회복지조직의 환경관리를 위한 전략

사회복지조직은 인간행동을 조절하거나 지지, 변화시키는 데 관심을 가지며 불확실한 기술 양상과 비영리적 성격을 띠고 있다. 사회복지조직은 제도적 환경 하에서 그 근원을 찾을 수 있고, 외부 제도적 요소가 환경과의 상호 연관 속에서 조직의 생존에 중대한 영향을 주고 있다. 사회복지조직은 외부환경에 취약하여 환경에 종속적 관계가 될 수 있으므로 사회복지조직의 효과성을 발휘하고 취약점을 극복하기 위해 환경관리 전략이 필요하다. 사회복지조직의 환경관리를 위한 전략으로는 권위주의 전략, 경쟁적 전략, 협동적 전략, 방해전략이 있다.

1) 권위주의 전략

권력을 사용하여 다른 조직의 행동을 이끌고 명령을 내리는 전략이다. 사회복지조직이 정확한 행동을 하도록 권력을 사용하고 행동을 권장하거나 보상하지 않아서 권위주의라 한다. 여러 조직들 가운데서 명령을 내릴 수 있는 세력이 크지만 전략을 위해서는 다른 조직의 활동을 감시하고 명령에 동의하도록 제재를 가할 수 있는 능력이 필요하다. 자금과 권위를 관장하는 정부기관들은 지방자치단체와의 관계에서 이 전략을 자주 사용한다. 권위를 사용하는 것은 조직의 자율성에 영향을 미치지 않고도 외부조직이 교환조건에 응하도록 할 수 있으므로 매우 효과적인 전략이지만, 이런 전략을 사용할 수 있는 조직은 이미 권력적으로 우세한 위치에 있는 조직이므로 그러한 전략을 사용하지 않더라도 우세한 권력관계를 유지할 수 있다. 권위주의전략은 민주적이며 지방분권적인 정치체제가 아니면 실제로 사용하는 경우는 드물다. 그러므로 권위주의전략은 우세한 위치의 소수 조직에만 한정되고 명령 순응 여부를 감시하기 위해 비용이 많이 들고 비록 명령에 대한 순응이 이루어지더라도 형식적인 것으로 그치고 마는 문제가 있다.

2) 경쟁적 전략

경쟁적 전략은 다른 사회복지조직들과 경쟁하여 세력을 증가시키거나 서비스 질과 절차, 행정절차 등을 더 풍성하고 매력적이며 효율적으로 만드는 것이다. 경쟁적 전략은 사회복지조직이 필요로 하는 모든 자원이 외부환경에 분산되어 있고 세력균형이 충분한 내적자원이 있을 때 가능한 전략방법이다.

크리밍Creaming 현상이란 성공가능성이 높은 대상자를 선택하고 비협조적이거나 실패가능성이 높은 대상자를 배척하는 것으로 개입전략에 잘 맞고 결과가 성공적으로 나타날 케이스를 선호하는 것으로 민간 사회복지기관에서는 재량권이 넓기 때문에 이러한 관료제적 병폐현상으로 크리밍 현상의 문제가 발생할 수 있다.

경쟁적 전략은 자칫 잘못하면 성공률이 높은 클라이언트만 받아들이고 사회계층이 낮은 클라이언트를 거부하게 되는 문제를 발생시킬 수 있다. 또한 경쟁으로 인하여 서비스의 중복과 자원낭비를 조장할 수도 있다. 그렇지만 클라이언트의 선택의 폭을 넓히고 질 높은 서비스를 받게 하는 장점이 있다.

3) 협동적 전략

협동적 전략이란 과업환경 내의 다른 사회복지조직에게 필요한 서비스를 제공하여 해당 사회복지조직의 서비스 획득에 대한 불안감을 해소하는 것이다. 서비스를 제공한 사회복지조직은 그에 대한 보답으로 상대 사회복지조직에 대한 권력이 증가한다. 이는 상대 사회복지조직은 서비스를 제공받으면서 자원을 제공할 의무를 갖게 되고 그에 따라 상대 사회복지조직에 대한 영향력이 증가하기 때문이다.

협동적 전략은 계약, 연합, 흡수의 3가지 형태로 나눌 수 있다.

① 계약

계약이란 서비스의 교환을 위해 두 사회복지조직 사이에 이루어진 공식·비공식적 합의를 말하는데, 자금을 제공할 수 있는 정부조직과 서비스를 제공할 수 있는 민간 사회복지조직 간에 많이 이루어진다. 계약의 단점은 조직의 선택범위를 좁히고 자율성을 침해하며 사회복지조직의 목적과 맞지 않는 서비스를 제공할 수 있으며, 서비스 효과성 평가를 어렵게 하고 서비스가 부실해질 수도 있다.

② 연합

연합은 복지자원의 혜택과 복지서비스 제공에 있어서 공동이익을 위하여 상호제휴하는 전략이다. 연합은 여러 사회복지조직들이 합동으로 사업을 하기 위하여 자원을 합하는 것이며, 각 사회복지조직의 세력이 비교적 약해야 하며 상호 이익을 추구할 수 있고 비용보다 이득이 커야 한다. 그러나 연합은 책임 수행에 대한 비용 증가와 회원 사회복지조직들 간에 수익에 대한 의견불일치 등의 문제가 발생할 수 있다.

③ 흡수

흡수는 사회복지조직의 지도층이나 정책수립 기구에 흡수하여 사회복지조직의 안정성을 높이고 생존 위협을 피하는 것이다. 외부환경의 주요 대표자인 관련 공무원, 시의원, 구의원을 사회복지조직에 편입시킴으로써 합법성과 지지를 얻어내는 것이다.

협동적 전략은 사회복지조직이 필요로 하는 자원이 환경에 집중되고 사회복지조직 자체가 필요자원이 없거나 사회복지조직이 직면하는 위협을 기존 자원으로는 상쇄할 수 없을 때 이용한다.

4) 방해전략

방해전략은 경쟁적 위치에 있는 사회복지조직의 활동을 방해하거나 세력을 약화시키는 것으로, 의도적으로 목표조직의 자원생산 능력을 위협하여 상대조직의 양보를 얻어내 권력관계와 종속관계를 바꾸려는 것이다. 이러한 전략은 사회복지조직 간에 이루어지기도 하지만 힘이 없는 클라이언트나 잠재적 클라이언트들이 사회복지조직에 대하여 중요한 변화를 일으키기 위하여 사용하기도 한다. 방해전략을 활용할 수 있는 조건은 방해하려는 사회복지조직이 실패하더라도 손해 볼 것이 없는 경우, 상대 사회복지조직과의 갈등해소를 위한 상호작용을 지속하지 않는 경우와 이념적 갈등이 존재하는 경우이다. 방해전략은 사회복지조직으로부터 사소한 양보를 얻어낼 수는 있지만 보다 근본적인 불평등에 대한 관심을 놓쳐버릴 수도 있다. 방해 전략은 권력을 잃은 사람이나 빈민, 어려운 이웃들을 대신하여 사회복지조직으로부터 양보를 얻어내는 데 효과적일 수 있지만 장기적으로는 일시적으로 얻은 이득을 상쇄해 버릴 수도 있다.

3. 사회복지조직의 환경 변화 및 과제

사회복지조직은 사회로부터 공공의 이익을 위하여 활동하는 인가를 받은 체제로서, 활동에 필요한 인적·물적 자원을 지원받아서 사회 속에서 인간의 바람직하지 못한 상태를 예방·향상시키거나 또는 현재 상태를 유지하거나 그것의 악화를 지연시키는 활동을 하는 조직이기 때문에 사회복지조직을 둘러싸고 있는 환경과 끊임없이 영향을 주고받으면서 생존한다. 따라서 사회복지조직의 환경대응전략이 무엇보다 필요한 시점이 현대사회라고 말할 수 있다.

현재 우리나라의 전반적인 사회복지 현실에 비추어 볼 때 사회복지행정에 대한 지식기반 확대의 필요성이 크게 나타나고 있는데 역사적으로 사회복지행정은 실천 영역에서 먼저 시작되었다. 학문적으로 사회복지행정은 1960년대부터 대학교육에서 비롯되었지만 실천과 학문영역은 최근까지 거리를 좁히지 못하고 평행선을 이어왔다. 1990년대부터 본격적으로 다루기 시작한 실천과 학문의 연계 및 공조 체계를 통해 사회복지행정에 관한 다양한 지식을 산출하였지만 여전히 단편적인 지식에 불과하다.

한국 사회복지조직의 환경변화에 따라 사회복지행정은 사회복지서비스조직을 중심으로 복지정책과 복지서비스를 이어주는 가교역할을 한다. 사회복지현장의 환경은 사회복지서비스조직의 팽창과 더불어 경쟁력의 강화가 요구되고, 평가로 인한 책임성이 중요시되어 기관관리 및 운영의 과학화가 이루어져야 하고, 근로환경의 변화에 따른 직원의 근로조건 향상과 생산적 조직문화의 형성이라는 중대한 과제를 안고 있다. 오늘날 한국 사회복지서비스조직이 이러한 당면과제를 합리적으로 해결하기 위해서는 사회복지조직의 환경에 관한 지식과 기술이 필수 불가결하다. 그에 따라 사회복지조직이 환경변화에 비추어 해결해야 할 과제는 다음과 같다.

첫째, 사회복지조직은 사회적으로 지지가 부족하기 때문에 사회복지조직의 합리성을 확립하기 위해 정치적·경제적인 자원을 활용하여 지지할 수 있는 환경을 조성해야할 필요성이 있다.

둘째, 사회복지관리자 연중 교육계획안을 마련하여 사회복지조직의 운영, 인력개발과 관리, 재원관리와 마케팅 등 일선 기관관리자의 학습욕구를 충족시키는 교육 프로그램을 제공하고 이수한 관리자를 대상으로 학회가 공인하는 수료증을 부여하는 방식으로 고급인력의 양성이 필요하다.

셋째, 사회복지기관의 관리자와 실무자들이 쉽게 접근하여 필요한 지식을 얻을 수 있도록 지식정보시스템을 구축하고 이를 활용하게 할 필요가 있다.

넷째, 그동안 미국의 민간 사회복지기관을 중심으로 한 인력, 재정, 프로그램 관리과정이 그대로 한국 사회복지학문과 실천과정에도 적용된 문제점이 있었다. 따라서 한국의 사회복지조직 환경에 적합한 교육이 필요하다.

다섯째, 사회복지조직은 환경의 영향을 통해 많은 자원들을 획득하게 되는데 환경과의 상호작용에 너무 치중한 나머지 사회복지조직 내부의 일들이 간과되거나 환경의 요건을 맞추기 위해 과도한 환경의 정비가 발생하지 않도록 한다.

제6장 연습문제

1 사회복지조직과 환경과의 관계에 대해 논하시오.

2 일반환경과 과업환경을 구분해보고, 상호 간의 연관성에 대해 생각해보자.

3 사회복지조직의 환경관리를 위한 전략들에 대해 정리해보자.

01 지역사회의 여론 주도계층의 대표자를 사회복지관 운영위원회의 위원으로 임명하는
   것은 환경변화전략 가운데 어느 것에 해당하는가?
   ① 계약
   ② 협력
   ③ 흡수
   ④ 연합
   ⑤ 방해

02 사회복지조직의 과업환경에 해당하는 것은?

가. 실업률 증가　　　　　　　　나. 노령화 증대
다. 근로윤리 손상　　　　　　　　라. 정부보조금 감소

① 가 · 나 · 다

② 가 · 다

③ 나 · 라

④ 라

⑤ 가 · 나 · 다 · 라

03 다음 중 사회복지조직이 변화하는 환경에 대응하기 위해 해결해야 할 과제로 맞는 것은?

가. 사회적 지지 기반 확립　　　　나. 사회복지사들의 교육 지원
다. 지식정보시스템의 구축　　　　라. 조직 내부와 환경 간의 균형적 상호작용

① 가 · 나 · 다

② 가 · 다

③ 나 · 라

④ 라

⑤ 가 · 나 · 다 · 라

04 지역사회의 우세한 가치제도를 파악하는 것은 사회복지조직의 환경 중 무엇에 대한 고려인가?

① 경제적 조건

② 문화적 조건

③ 인구통계학적 조건

④ 정치적 조건

⑤ 기술적 조건

05 과업환경의 요소 중 성격이 다른 것은?

① 한국사회복지사협회

② 청소년단체

③ 경찰

④ 사회복지관

⑤ 학교

06 다음 중 한국에서의 사회복지조직을 둘러싼 환경의 변화와 과제에 관한 설명으로 틀린 것은?

① 우리나라의 사회복지행정은 실천 영역에서 먼저 시작하였다.

② 기관 및 시설의 증가로 경쟁력 강화가 중요한 화두로 떠올랐다.

③ 근로조건 향상 등 근로환경의 개선에 대한 관심이 증대하고 있다.

④ 책임성을 강조하는 분위기에 따라 시설에 대한 평가가 강화되고 있다.

⑤ 여전히 공급자 중심의 서비스가 강조되고 있다.

07 다음의 〈보기〉는 어떤 현상에 대한 우려를 나타내고 있는가?

조직은 최소한의 투자로 최대한의 효과를 끌어낼 수 있는 방법을 모색하게 되는데, 그 중 한 가지 방법이 투입비용이 적은 클라이언트에게 서비스를 제공함으로써 성공의 가능성을 높이는 것이다. 결과적으로 효율적인 방법이라 할지라도 이를 악용하게 되면 꼭 서비스가 필요한 클라이언트라고 하더라도 투입비용이 크면 서비스 제공을 기피하는 현상이 발생하게 된다.

① 엽관주의

② 크리밍

③ 목표전치

④ 레드타입

⑤ 소진

08 사회복지조직의 환경관리를 위한 전략으로 맞는 것은?

① 권위주의 전략: 권력을 토대로 다른 조직의 행동을 이끌고 명령을 내리는 전략

② 경쟁적 전략: 경쟁적 위치에 있는 사회복지조직의 활동을 방해하는 전략

③ 협동적 전략: 다른 사회복지조직들과 경쟁하면서 세력을 증가시키려는 전략

④ 방해전략: 사회복지조직이 필요로 하는 자원이 환경에 집중되어 있을 때 이용할 수 있는 전략

⑤ 연합전략: 서비스의 교환을 위해 두 사회복지조직 사이에 이루어진 공식적 합의 전략

09 사회복지조직환경의 이론과 설명이 옳게 짝지어진 것을 고르시오.

① 구조적 상황이론: 조직이 환경에 적극적으로 대처하고 유리하게 관리하는 실체이다.

② 자원종속이론: 조직과 자연적 환경 간의 동질성을 유지하려 한다.

③ 제도적 이론: 기능이나 역할 네트워크가 조직구조를 결정한다.

④ 정치경제이론: 조직의 합리적인 선택에 의한 단일최고방법에 의해 결정되는 것이 아니라 조직이 처한 상황적 조건에 의해 결정된다.

⑤ 개체군 생태학이론: 조직은 서비스들을 생산하고 생존함에 있어서 두 가지 형태의 근본적인 자원들인 정치적 자원과 경제적 자원이 필요하다.

객관식 문제 답 | 01. ③ 02. ④ 03. ⑤ 04. ② 05. ① 06. ⑤ 07. ② 08. ① 09. ③

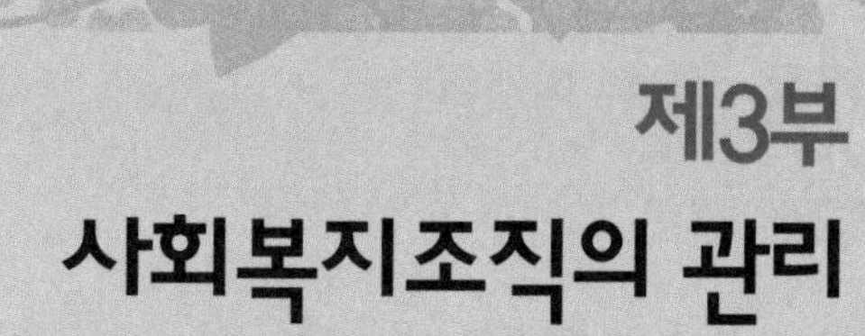

제3부
사회복지조직의 관리

기획과 의사결정

이 장은 기획에 대한 정의 및 과정, 기획관리 기법, 사회복지기관의 의사결정 및 의사소통에 대하여 살펴볼 수 있는 장이다.

● 기획관리 기법에는 어떠한 것이 있는가?

● 사회복지기관의 의사결정은 어떻게 이루어지는가?

● 사회복지조직에서 의사소통의 중요성은 무엇인가?

1. 기획planning의 정의 및 과정

1) 기획과 계획plan의 개념

기획제도에 관한 기록에는 함무라비법전(B.C. 2100)과 그리스·로마시대 도시건설에 기획제도를 활용한 경우가 있다. 기획은 많은 학자들이 어떤 관점에서 보는가에 따라 다소 다르다. 기획에 대한 학자들의 정의를 살펴보면 다음과 같다(김윤태, 2002).

페이욜Fayol은 기획을 "미래를 예측하고 그것에 대비하는 활동"으로 기대하는 목표, 준수해야 할 과정, 그 과정상의 여러 단계, 그리고 활용해야 할 수단 등 운영에 대한 모든 계획을 포함하는 것으로 정의하며, 귤릭Gulick은 기획을 "설정된 목적을 달성하기 위하여 수행되어야 할 일과 이를 수행하기 위한 수단과 방법들을 개괄적으로 작성해 놓은 것"으로, 스미스Smith는 기획을 "사고하는 인간들이 그것을 통하여 목표를 설정하고 이 목표를 달성하는 가장 단순하고 자연스러운 지적 과정 중의 하나"로, 뉴먼Newman은 기획을 "무엇을 할 것인가를 사전에 결정하는 것이며, 계획은 위계된 행동노선"으로, 워터스톤Waterstone은 "기획이란 일정한 목표를 달성하기 위하여 이용 가능한 최선의 대안을 선정하는 조직적인 지적 시도"라고 정의하였다. 여러 학자들이 주장한 정의들을 종합하면 기획은 사회복지조직이 설정한 목적을 효율적으로 달성하기 위한 수단과 방법을 합리적으로 선택하는 사전 준비과정이다.

계획은 기획과 구별되는 개념이지만 동일한 개념으로 사용할 경우에 planning(기획)을 계획 또는 기획으로 표현한다. 계획은 기획의 결과물이고 기획의 하위사업이다. 기획은 일련의 계속적인 의사결정의 과정이고, 계획은 그 과정의 결과로 나타난 최종산물로서 구체적인 사업에 대한 연속적인 의사결정으로서 기획의 결과로 결정된 개별적 개념으로 볼 수 있다. 미래지향적이고 계속적인 과정이며 결정을 내려야 하는 의사결정과 연관이 있고 목표달성을 위한 수단적 과정의 특성을 지닌 기획을 이 장에서는 계획과 같은 의미로 사용하고자 한다.

2) 사회복지기관의 경영기획 및 목적

사회복지조직에서는 목표를 설정하고 준비과정인 무엇을, 언제, 어떻게 이루어 가야 할지를 정해야하는 계획을 세우고 의사결정을 하는 과정이 이루어진다. 사회복지기관의 경영기획이란 조직의 장래를 위해 경영목표를 설정하고, 그 목표를 달성하기 위한 전략을 선택하며, 자원을 배분하는 등의 행동을 통합·조정하는 경영자의 활동이라고 할 수 있다. 사회복지기관의 경영기획은 조직을 이끌어가는 최고경영자, 중간관리자, 일선관리자 모두에게 필요한 활동이다. 따라서 사회복지기관의 경영기획은 사회복지조직의 모든 경영활동을 포괄한다. 사회복지기관의 경영기획의 목적을 살펴보면 조직의 방향제시, 변화에 따른 충격의 완화, 경제적인 경영관리, 통제의 표준설정 등이 있다.

첫째, 조직의 방향제시란 모든 조직구성원으로 하여금 사회복지조직이 나아가야 할 방향과 목적달성을 위해 할 일들을 알려주어 정진할 수 있는 길을 제시하는 것이라고 할 수 있다. 둘째, 변화에 따른 충격의 완화란 매우 빠르게 변화하는 환경 속에서 경영기획이 미래에 다가올 변화를 예측하고, 적절하게 대응하도록 함으로써 불확실성을 감소시킨다는 것이다. 셋째, 사회복지기관의 경제적인 경영관리는 사명과 목표·수단을 명확하게 하여 중복을 방지하고 낭비적 활동을 감소시키는데, 이는 경영기획을 수립하는 과정에서 불필요한 낭비나 중복을 정확히 파악하여 사전에 조정하기 때문이다. 넷째, 통제의 표준설정은 사회복지기관의 경영기획은 표준이나 목표설정을 통해 경영통제를 촉진시킬 수 있는 기초를 제공한다는 것이다. 또한 성과의 좋고 나쁨을 판정하는 기준이 되며, 하위관리자층의 수행상황을 감독하기 위한 기준이 되기도 한다.

3) 사회복지기관 경영기획의 종류

(1) 전체기획과 부문기획

사회복지기관 경영기획에서 전체기획이란 부문기획을 총괄하는 것으로 수익과 비용을 예측·비교해서 사회복지기관 전체의 관점에서 가장 유리한 것을 선택·결정하는 계획이다. 전체기획은 사회복지기관이 운영하고 있는 프로그램이나 서비스의 질, 양 그리고 프로그램 개발 구조 등을 제시하고, 부문기획은 관리기능을 수평적으로 분화시켜 각 부서별로 계획을 수립하는 것으로 프로그램 개발계획, 인사계획, 재무계획, 마케팅계획, 프로그램 운영계획, 학습동아리 지원계획 등이 있다.

(2) 특정기획과 방향기획

사회복지기관 경영기획에서 특정기획은 명확한 목표를 갖고 있는 계획이다. 예측가능성과 명료성이 필요한 특정기획은 기금마련을 위한 목표를 세웠다면 그 목표를 달성하기 위한 예산, 방법, 절차, 대상 등 구체적인 실천계획을 세우게 된다.

사회복지기관 경영기획에서 방향기획은 일반적 지침을 식별하도록 편성된 기획이다. 특정목적이나 행동과정에 국한된 것이 아니라 초점을 제공하는 방향기획은 불확실성이 높고 사전에 예측하지 못한 변화에 대응할 필요가 있을 때 선호한다.

(3) 장기기획, 중기기획, 단기기획

장기기획long-term planning이란 기획의 효과가 경영성과에 반영될 수 있는 시간이 필요할 때 5년을 초과하는 기획을 말한다. 장기기획은 사회복지조직의 기본구조와 방향에 영향을 미치는 기본 경영기획이며, 미래 예측을 바탕으로 편성되는 전략적이고 종합적인 성격을 띠고 있는데 연동기획roll-over planning이 요구된다.

중기기획mid-term planning이란 환경변화를 수용하여 1년에서 5년 미만의 기간을 대상으로 수립되는 기획이며 기획수립활동의 중심으로 부서 간 통합이나 새로운 프로그램의 도입, 시설의 확장 등을 포함한다.

단기기획short-term planning이란 1년 이내의 기획으로 결산기간과 계절변동을 고려한 기획으로 대부분의 업무기획이나 실행기획, 예산이 해당된다.

(4) 전략기획, 전술기획, 운영기획

전략기획은 장기간 종합적이며 포괄적으로 진행되는데 외부환경에서 얻을 수 있는 최대한의 정보를 활용하여 사회복지환경에 적응할 수 있는 대안을 마련하고 사업영역, 자원배치, 경쟁우위 시너지 등에 관한 목표를 제시한다.

전술기획은 전략기획을 수행하기 위하여 작성되는 특정부분의 기획으로 구체적으로 어떻게 실행할 것인가에 더 관심을 두는 중간관리층이 관여하는 중기기획으로 분명하고 구체적인 초점을 갖고 있다.

운영기획은 사회복지조직의 목표를 달성하기 위하여 전술계획을 실행하는 데 주안점을 두는 하위관리자들에 의해 작성되는 기획으로써 단기계획과 세부운영 단위별 영역을 대상으로 한다.

(5) 임시기획과 상설기획

임시기획single-use plans은 상황에 따른 문제를 해결하기 위해 의사결정을 내리게 되며 1회성으로 끝나는 프로그램, 프로젝트, 예산형태가 대표적이다.

상설기획standing plans은 일정한 기간 정기적으로 반복되는 활동을 위해 의사결정을 관례화함으로써 효율성을 크게 제고시킬 수 있는 정책, 표준운영절차, 규칙, 규제 등이 대표적이다.

4) 사회복지기관 경영기획 수립원칙 및 과정

(1) 사회복지기관의 경영기획 수립원칙

사회복지기관의 경영기획 수립원칙에는 합목적성의 원칙, 기획우선의 원칙, 일반성의 원칙, 유효성의 원칙이 있다.

첫째, 합목적성의 원칙이란 경영기획은 사회복지조직이 추구하는 목표를 달성하기 위하여 수립해야 한다는 것이다. 따라서 수립되는 기획은 추구하는 목표에 부합해야 한다.

둘째, 기획우선의 원칙이란 기획은 통제의 기준을 마련하는 것이기 때문에 관리활동 이전에 수립해야 한다는 것이다.

셋째, 일반성의 원칙이란 기획은 특수 계층에게만 적용되는 것이 아니라 모든 계층에 적용되는 일반적인 것이어야 한다는 의미이다.

넷째, 유효성의 원칙은 기획은 경제성을 발휘해야 하기 때문에 유효적절한 것이어야 하고, 최소의 비용으로 최대의 효율을 추구해야 한다는 것이다.

(2) 사회복지기관의 경영기획 수립과정

사회복지기관에서 경영기획을 수립하기 위해서는 다음과 같은 여러 단계를 거쳐야 한다.

① 상황분석과 기회의 인식

기획의 출발점은 주어진 기회나 문제에 대한 인식이다. 기회란 해결해야 할 문제의 발생으로 주어진 상황을 정확하게 분석하여 어떤 문제가 있는지를 파악하여 인식하는 것이 시작이다. 기획은 미래의 문제와 기회에 대한 예비조사, 능력에 대한 인식, 미래성과에 대한 전망 등을 진단하는 것이다.

② 목적과 목표의 설정

사회복지기관 전체에 대한 목표를 수립하고 이에 따라 부문별 목표를 세운다. 목표란 달성하고자 하는 미래의 바람직한 상태로서 사회복지조직은 목적을 달성하기 위해서 구체적인 세부목표를 설정한다. 이러한 목적과 목표는 사회복지기관이 추구하는 비전과 미션 등을 기초로 작성되어야 한다.

③ 경영기획안의 개발

경영기획안의 개발은 기획 설정을 위한 기초자료인 기획 전제를 설정하는 것이다. 기획 전제란 예측자료, 기본방침, 기존 계획안 등으로 가장 중요한 요인은 예측이다.

④ 경영기획안의 탐색과 평가

다양한 경영기획안이 개발되면 여러 대안을 모색하고 검토한다. 기획을 수립하

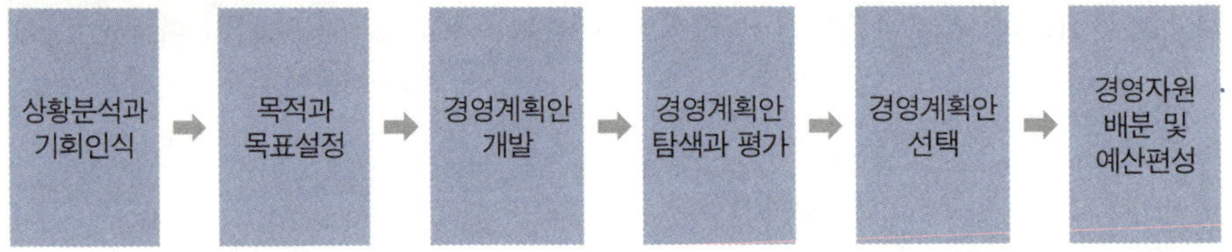

기 위한 여러 가지 행동 대안을 탐색하고 각 대안의 장단점을 검토하는 단계로서 경영기획안을 탐색하고 검토한 이후에는 목표의 부합 정도를 비교하여 대안들을 평가한다.

⑤ 경영기획안의 선택

평가를 마치고 난 후에는 최적의 대안을 선택하여야 한다. 전 단계에서 충분히 비교분석하고 적절한 대안의 선택을 위한 평가를 하였으므로 사회복지기관이 추구하는 목표달성에 가장 적합한 기획안을 선택하고 구체적인 부문별 계획들을 수립한다.

⑥ 경영자원의 배분 및 예산편성

의사결정이 이루어지고 부문별 기획이 수립된 이후에 이를 실행에 옮기기 위하여 주어진 경영자원을 적절히 배분하고 필요한 예산을 편성하는 것이다. 예산은 재무제표 상의 대차대조표와 손익계산서 각 항목의 예산들로 구성된다.

5) 사회복지기관 경영기획 수립방법

경영기획 수립방법에는 중앙집권적 하향식, 분권적 상향식, 팀 기획, 비상기획 수립방법이 있다. 자세히 살펴보면 다음과 같다.

(1) 중앙집권적 하향식 기획 수립방법 centralized top-down planning

전략기획이 맨 먼저 최고경영층에 의하여 작성되면 전략적 목표를 달성하기 위하여 전술기획이 수립되고 운영기획이 수립되는 방법을 말한다. 이 접근법은 전략기획 수립의 책임이 몇몇 최고경영자에게 귀속하기 때문에 중앙집권적이라고 하고 이를 근거로 중간관리층과 하위관리층이 전술기획과 운영기획을 수립하기 때문에 하향식이라고 한다.

(2) 분권적 상향식 기획 수립방법 decentralized bottom-up planning

분권적 상향식 기획 수립방법이란 기획수립의 권한을 단위 부서장에게 위임하는 방법이다. 기획수립의 권한을 하부조직에 위임함으로써 보다 실질적이고, 실천적인 기획을 수립하게 하는 방법이다. 기획된 대안은 최고경영층이 검토·수정한다. 이러한 방법은 많은 관리자들을 기획수립에 참여하게 하여 수행에 있어 적극적인 참여 의식을 갖게 하는 장점이 있다.

(3) 팀 기획 수립 방법 team planning

경영계획을 수립하기 위하여 일선관리자와 계획전문가를 중심으로 일시적인 프로젝트팀을 구성하여 그들에게 권한을 위임하는 방법이다. 팀 기획 수립방법은 하향식 방법과 상향식 방법의 절충이 아니라 두 방법의 장점을 통합한 방법이다.

(4) 비상기획contingency planning

비상기획이란 갑작스러운 상황변화가 발생하여 현재 수립된 계획이 있으나마나 할 경우 이에 대응하는 새로운 전략과 전술을 급작스럽게 수립하는 것을 말한다. 이와 같은 비상기획은 여러 가지 상이한 기획전제planning premiss 하에서 수립되고 이러한 전제가 현실화되면 원안을 대신해서 대안이 실행된다. 기획전제란 기획수립의 기본가정 또는 제약조건으로서 기획이 실행될 당시의 사회복지기관의 내·외적 환경을 뜻한다. 이러한 기획전제에는 기획수립의 기초자료인 예측자료, 기본방침, 기존의 기획안 등이 포함되는데 이 가운데에서 예측자료가 가장 중요하다(유필화 외, 2005).

2. 사회복지기관의 기획관리 기법

사회복지기관에서 기획의 과정 중에서 구체적인 관리기법을 사용하면 시간과 활동에 유용하고 보다 효과적으로 관리할 수 있다. 관리기법은 간트 차트, 바 차트, PERT, CPM 순으로 발전해왔다.

간트 차트Gantt Chart는 1900년대 테일러Taylor의 표준시간 설정 등 과학적 사고에 의한 공정관리 사상이 도입된 후 제1차 세계대전 후 간트에 의하여 고안된 간트 도표를 활용한 기획기법이 도입되었다. 간트 차트는 각 작업의 일정시점에서만 진행 상태나 달성도를 알 수 있지만, 각 작업에 필요한 일수 및 공기에 영향을 주는 작업이 어느 것인지 불분명하다. 이러한 결점의 일부를 수정·보완한 것이 바 차트Bar Chart 기법이다. 이후 미국 미사일 개발 프로젝트를 통하여 PERT기법이 개발되었는데 각 항목, 활동을 의미하는 액티비티activity에 대하여 낙관적, 최적, 비관적의 3가지 추정치를 가진다. 액티비티 기간에 대한 불확실성이 높아서 정확한 일정을 산출하고자 할 때 적합하다. 개발일정 추정에 관심을 두며 듀퐁의 화학공장 건설 프로젝트를 통하여 CPM_{Critical Path Method}이 개발되었다. CPM은 불확실성이 적을 때 사용하며 액티비티마다 추정치가 같다. 사회복지기관에서 가장 널리 사용되는 기획 기법으로 시간별 활동계획 도표, 프로그램 평가검토 기법, 월별 활동계획 카드를 차례대로 살펴보자.

1) 간트 도표_{Gantt Chart}(시간별 활동계획 도표)

간트 도표는 1919년 헨리 간트_{Henry Gantt}라는 미국의 사업가가 고안해 낸 것으로 세

표 7-1 간트 도표의 예 – 장애아 교육을 위한 자원봉사교사 파견 사업

구분	월별 진행계획										비고
	1월	2월	3월	4월	5월	6월	7월	8월	9월	10월	
홍보와 자원봉사교사 회원모집	■										
장애아 교육 프로그램 실시기관 발굴	■	■									
장애아 교육에 관한 전반적인 교육 실시 및 간담회	■					■					
장애아 교육 교사단 파견			■	■	■	■	■	■	■		
평가회										■	

로에는 사업(행사)을 위한 주요 세부목표 및 관련활동을 기입하고 가로에는 월별 또는 일별 시간을 기입한 도표에 사업의 시작 또는 완료시까지의 기간 동안 계획된 세부목표 및 활동 기간과 그것의 실제 수행현황을 병행하여 막대모양으로 표시한 도표이다. 간트 도표는 단지 활동만을 나타낼 뿐 RERT와 같이 행사들이 표시되지는 않으며, 행사와 활동 사이의 상호연결도 나타나지 않는다. 간트 도표는 작업계획과 실제의 작업량을 작업일정이나 시간으로 견주어서 평행선으로 표시하여 계획과 통제기능을 동시에 수행할 수 있도록 설계된 막대 도표bar chart로 '막대그래프 차트'라고도 한다. 이 차트는 생산관리·재고관리·원가관리 등에 응용되고 있으며, 사용목적에 따라 4가지 유형인 작업실적의 기록을 위한 작업자 및 기계기록도표man and machine record chart, 작업계획을 위한 작업할당도표layout chart, 능력 활용을 위한 작업부하도표load chart, 진도관리를 위한 작업진도 도표progress chart가 있다. 이 중에서 진도관리를 위한 작업진도 도표는 작업공정이나 제품별로 계획된 작업이 실제로 어떻게 진행되고 있는가를 보여주는 도표이다. 즉 계획과 실적을 비교하여 작업의 진도상태를 나타냄으로써 일정관리를 가능하게 하는 도표이다. 사회복지기관의 장애아 교육을 위한 자원봉사교사 파견 사업에 관한 간트 도표를 예로 들면 〈표 7-1〉과 같이 설명할 수 있다.

2) 프로그램 평가검토 기법PERT

PERT 기법은 1950년대에 미 해군의 핵잠수함 건축과정에서 고안된 것인데 우연히도 같은 시기에 미국의 한 건설회사에서 개발된 주요경로 방법Critical Path Method, CPM과 거의 비슷하다. PERTProgram Evaluation and Review Technique와 CPM은 네트워크를 이용하여 프로젝트를 효과적으로 수행하기 위한(시간 및 비용과 관련한) 합리적 기법으로 대규모 건설공사나 연구개발사업 등의 일정계획수립 및 통제기법으로 널리 이용되고 있다. PERT는 명확한 목표를 가진 프로그램을 조직화하고 진행 시간표를 작성하고, 예산을 세우고 프로그램 진행사항을 추적해 가는 데 매우 유용한 관리기법이다.

간트 도표는 활동만을 나타내고 행사를 나타내지 않으며 활동과 행사 사이의 상관관계를 나타내지 않아 전반적인 계획을 잘 이해하기 힘든 점이 있는데, PERT는 이러한 단점을 해결하여 활동에 기대되는 시간까지 나타내주기 때문에 아주 유용한 기획기법이라 할 수 있다.

1957년과 1958년에 걸쳐서 개발된 PERT 기법과 CPM 기법은 그 사용목적이나 개발모델 면에서는 차이가 있었지만, 네트워크의 기본원리는 대체로 같은데 PERT 기법에서는 확률적인 추정치를 기초로 하여 이벤트 중심의 확률적 시스템을 전개하여 최단기간에 목표를 달성하고자 의도한 반면, CPM 기법은 과거의 실적 자료나 경험 등을 기초로 하여 액티비티 중심의 확정적 시스템으로 전개하여 목표기일의 단축과 비용의 최소화를 의도한 것이다.

PERT 기법은 프로젝트를 구성하는 제반 작업들의 선, 후 관계를 따져 네트워크로 표시하고, 주공정Critical Path을 발견함으로써 시스템적인 종합관리가 가능한데 PERT 기법의 이점으로는 필요한 정도에 따라 얼마든지 프로젝트를 세분하여 표시할 수 있고 장래예측이 가능하며, 전향적Forward looking 관리 방식이라는 점이 있다. 세부 작업 간의 유기적인 관계 및 주 공정 개념이 뚜렷하므로 장래에 대한 사전예측과 판단이 쉽다. PERT 기법의 효과는 프로젝트에 자신감이 생겨서 항상 유기적이며 과학적으로 생각하기 때문에 누락되는 일이 드물고 사전에 잘못을 쉽게 발견할 수 있어 계획에 차질이 발생한 경우에 대처가 용이하며 시간단축, 비용절감의 수량적 효과도 있다.

과업	기간(분)	수행자
1. 시작	0	
2. 도시락 준비	15	보 람
3. 인원 배정	10	철 수
4. 식수 준비	2	철 수
5. 바구니 준비	2	철 수
6. 약도 준비	2	보 람
7. 청소도구 준비	3	철 수
8. 차에 싣기	4	보 람
9. 기름 넣기	6	보 람
10. 장소로 이동	20	철 수
11. 끝	0	

그림 7-2 PERT의 예 – 장애노인 도시락 배달계획

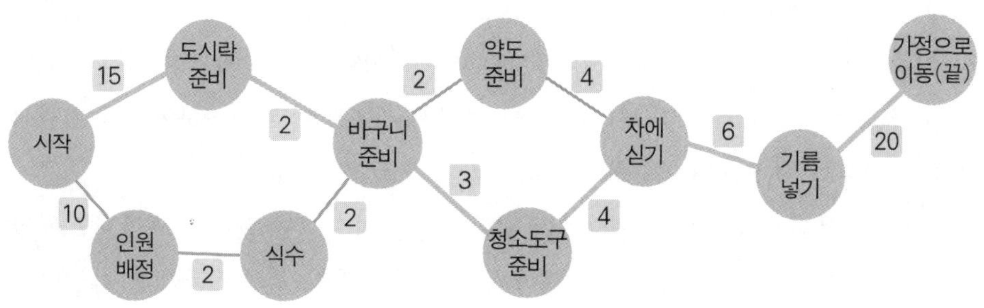

※ ━━━━━ 선은 임계경로를 나타냄.
　　□ 안의 숫자는 소요시간임.

　　사회복지기관에서 장애노인 도시락 배달계획과 관련된 직무분류표를 살펴보면 〈표 7-2〉와 같이 표현할 수 있다. 〈표 7-2〉의 장애노인 도시락 배달계획에 관한 직무분류표를 근거로 프로그램 평가검토 기법인 PERT를 만들어 보면 〈그림 7-2〉와 같다. PERT의 도표에서 나타나는 시작에서 종료까지의 과정 중 가장 오랜 시간이

걸리는 경로를 임계경로critical path라고 한다. 이는 곧 활동을 수행하기 위해 최소한 확보해야 하는 시간이 된다.

3) 월별 활동계획 카드Shed-U Graph

월별 활동계획 카드 기법은 미국의 레밍톤 랜드Remington Rand 회사에서 고안해 낸 것인데 간트 도표와 비슷한 성격을 갖고 있다. 위쪽 가로에는 월별로 기록되어 있고 특정 활동이나 업무를 조그만 카드에 기입하여 월별 아래 공간에 삽입하거나 붙인다. 월별 활동계획 카드는 업무시간에 따라 변경하여 이동시키는 데는 편하지만 간트 도표에서와 같이 과업과 완성된 행사들 간의 상관관계를 잘 알 수 없다. 사회복지기관에서 장애아 교육을 위한 자원봉사교사 파견 사업에 관한 월별 활동계획 카드를 예로 들어보면 〈표 7-3〉과 같다.

표 7-3 월별 활동계획 카드의 예 – 장애아동 교육을 위한 자원봉사교사 파견사업

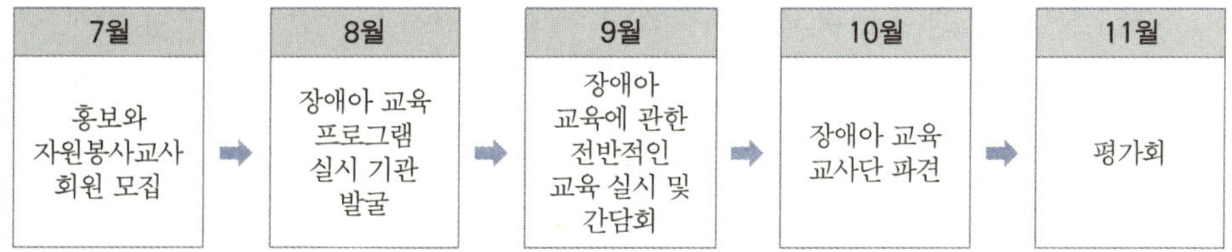

3. 사회복지기관의 의사결정

사회복지조직에 있어서 사회복지기관의 운영자는 일상적으로 의사결정을 해야

하는데 의사결정은 서비스의 전달에 영향을 주고 사회복지조직의 운영에 있어서 핵심적인 활동에 지대한 영향을 미친다. 특히 사회복지조직은 조직의 환경에 의존적이며 도덕성과 윤리성을 고려하는 인간에게 서비스를 제공한다는 특수성 때문에 의사결정은 중요하면서 어렵다.

1) 의사결정decision making의 개념

의사결정이란 의사결정자가 어떤 목적을 설정하고 그 목적을 달성하기 위한 행동의 선택과정으로 하나 이상의 대안 가운데에서 하나를 선택하는 의식적 과정이라고 정의할 수 있다. 현대 사회복지기관의 경영관리활동은 대부분 의사결정을 통해 이루어지고 있기 때문에 매우 중요한 요소이다.

몬디(Mondy, 1988)는 의사결정을 "몇 가지의 대안alternative을 만들고 평가하여 그 가운데에서 하나의 대안을 선택하는 과정"으로 설명하고, 피어스와 로빈슨(Pearce & Robinson, 1989)은 의사결정이란 "두 개 이상의 대안으로부터 하나의 행동과정a course of action을 선택하는 과정"이라고 정의하였다. 좁은 의미의 의사결정은 여러 가지 행동대안 가운데서 하나를 선택하는 것이고, 넓은 의미로 보면 최종 대안의 선택이 있기까지 취해지는 모든 과정을 포함하는 것으로 정의된다. 이와 같은 정의를 종합해 보면 의사결정이란 사회복지기관이 추구하는 목표를 달성하기 위하여 여러 가지 대안을 마련하고 그 가운데 가장 합리적이고 합목적적인 대안을 선택하는 행동으로 설명할 수 있다. 의사결정은 정책결정, 기획, 집행통제 등 사회복지행정의 기본적 도구일 뿐만 아니라 사회복지조직을 하나의 의사결정기구decision machine로 간주할 정도로 의사결정이 사회복지행정에서 차지하는 비중은 높다.

2) 의사결정의 유형

사회복지행정에서 의사결정의 유형은 그 분류방식에 따라 매우 다양하다. 의사결정의 주체에 따라 개인적 의사결정, 집단적 의사결정, 조직적 의사결정으로 분류하며, 의사결정의 구조화 정도, 즉 일정한 절차를 따르는지, 그렇지 않은지에 따라 정형적 의사결정과 비정형적 의사결정으로 구분한다.

또한 의사결정을 하는 계층에 따라 주로 일선 슈퍼바이저층이 행하는 업무적 의사결정, 중간관리층이 행하는 관리적 의사결정 그리고 최고경영층이 행하는 전략적 의사결정으로 분류하기도 한다.

의사결정의 방법에 따른 분류는 직관적 의사결정, 판단적 의사결정, 문제해결적 의사결정으로 살펴볼 수 있다. 직관적 의사결정intuitive decisions은 합리성보다는 감정 또는 육감에 근거하여 결정하는 것이며, 판단적 의사결정judgemental decisions은 개인이 가지고 있는 지식과 경험을 기초로 판단하여 결정하고 문제해결적 의사결정problem decisions은 관련된 사항에 대한 정보수집, 연구, 분석과 같은 합리적이고 과학적인 절차를 밟아 이루어지는 결정이다.

다양한 의사결정의 유형은 각기 장단점을 가지고 있으며 사회복지조직의 의사결정에서 강조되어야 할 것들은 다음과 같다. 주체에 따른 분류에서는 의사결정을 위해 개발되는 대안들의 차원에 따라서 그 중요성이 달라질 수 있고 구조화 정도에 있어서는 비일상적인 사건에 직면하기 쉬운 사회복지서비스의 특성상 비정형적 의사결정의 중요성이 강조된다. 계층에 따른 분류에서는 행정가의 직위에 따라 중요성이 다를 수 있으며, 상황에 따른 분류에서는 불확실한 환경, 지식, 기술에 의존하는 경우가 많은 특성 때문에 불확실한 상황에서의 의사결정이 상대적으로 강조될 수 있다. 의사결정 위치 및 성원의 참여 여부에 따른 분류에서는 분권적 의사결정과 참여적 의사결정이 강조된다.

(1) 구조화 정도에 의한 분류

사이먼Simon은 의사결정을 구조화 정도에 따라 정형적 의사결정programmed decision과 비정형적 의사결정non programmed decision으로 구분했다.

정형적 의사결정이란 사전에 결정된 일정한 기준에 따라 반복하는 의사결정으로 구조가 비교적 명확하다. 자주 되풀이되는 의사결정으로 표준적 절차나 프로그램이 설정되어 있는 형태이며 의사결정을 취급하는 기법으로는 선형계획법LP, 게임이론game theory, 확률론 등이 있다.

비정형적 의사결정이란 사전에 결정된 기준이 없는 비구조적인 의사결정으로서 프로그램화할 여지가 적고, 주로 경영자의 판단이나 능력, 경험에 의해 영향을 받는 경우이다. 단발적이고 예상하지 못한 성격이나 구조가 복잡하고 어려운 유형이다.

(2) 의사결정 상황에 따른 분류

구텐베르그Gutenberg는 의사결정의 유형을 의사결정 상황의 확실성 정도 여부에 따라 확실성 하에서의 의사결정, 불확실성 하에서의 의사결정, 위험 하에서의 의사결정으로 분류하였다. 확실성 하에서의 의사결정이란 의사결정에 따른 상황의 발생결과가 100% 확실하게 예측할 수 있고 대안의 발생결과를 확실하게 예측할 수 있는 경우의 의사결정이다. 불확실성 하에서의 의사결정이란 발생할 수 있는 결과를 추정할 수 있으나 그 발생확률을 알 수 없는 경우를 의미한다. 위험 하에서의 의사결정이란 의사결정에 따른 결과에 대하여 확실하게 예측할 수 없고, 일정한 확률을 가지고 예측할 수 있는 상황에서의 의사결정이다.

(3) 조직계층의 수준에 따른 분류

앤소프Ansoff는 조직계층의 수준에 따라 의사결정 수준을 전략적 의사결정, 관리적 의사결정, 업무적 의사결정으로 분류하였다.

① 전략적 의사결정strategic decision

전략적 의사결정은 사회복지조직의 외부문제에 대한 의사결정으로서 조직목표의 변경, 조직의 성장계획, 다각화 계획, 프로그램 시장지위program market position 및 새로운 프로그램 개발계획 등이 포함된다.

② 관리적 의사결정administrative decision

관리적 의사결정은 전략적 의사결정을 구체화하기 위하여 변환과정의 효율을 최적화하는 것을 목적으로 하는 조직구조의 변경, 정보의 흐름, 마케팅 경로, 입지결정 등이며 필요한 자본·설비의 조달과 획득, 인력관리와 개발에 관한 것들이 포함된다.

③ 업무적 의사결정operating decision

업무적 의사결정이란 자원변화과정의 능률을 극대화하는 의사결정으로서 전략적 및 관리적 의사결정을 구체화하는 것이다. 예를 들면 자원배분, 일정계획 및 통제활동, 수강료 책정, 프로그램 개발일정, 마케팅 전략 등이 있다.

(4) 의사결정 주체에 의한 분류

의사결정의 주체가 개인인지 집단인지에 의해 분류된다.

① 개인적 의사결정

개인적 의사결정이란 개인의 식견과 인격에 근거한 의사결정을 말한다. 이는 합리성 측면에서 집단적·조직적 의사결정보다는 다소 떨어진다. 그러나 신속하고 의사결정자의 의도에 맞는 결정을 할 수 있는 장점이 있다.

② 집단적 의사결정

집단적 의사결정은 기관규모의 확대와 업무의 전문화로 구성원의 개인적 지식만으로는 사회복지기관이 요구하는 의사결정을 효율적으로 내릴 수가 없기 때문에 조직체의 중요한 의사결정은 경영자 개인에 의해서보다는 각종 위원회나 연구팀, 태스크포스task force 등의 집단에 의해 이루어지는 것이 바람직하다.

3) 의사결정의 과정

일반적으로 의사결정은 문제해결 과정에 포함되는 개념이다. 따라서 문제해결 과정과 관련하여 의사결정을 하는 것이 바람직하다. 사회복지기관에서 문제해결을 하는 과정에 거치는 의사결정의 과정은 대략 다음과 같은 절차로 이루어지고 있다.

① 문제의 인식 및 분석

의사결정을 하는 과정에서 현재의 문제를 명확하게 인식하고 분석하는 것이 첫 번째 행할 일이다. 문제를 인식하고 분석하는 일은 사회복지조직의 내·외부의 정보를 기초로 하며, 정보의 정확성 여부에 따라 그 성패가 갈린다.

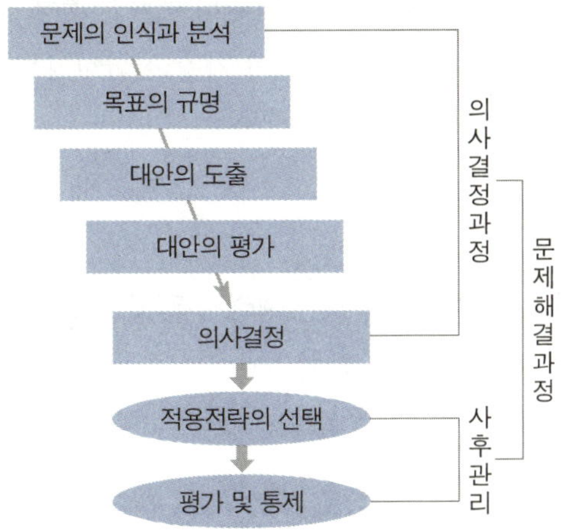

② 목표의 규명

의사결정에 있어서 중요한 기준이 되는 것이 바로 목표이다. 즉 대안을 발굴하여 비교·평가하기 이전에 의사결정의 기준을 마련해야 하는데, 이때 사회복지조직이 추구하는 목표가 그 기준이 된다. 따라서 목표를 명확히 규명하여야 한다.

③ 대안의 도출

문제의 성격이 파악되고 대안을 평가할 수 있는 기준이 마련되면 의사결정자는 문제해결에 기여할 수 있는 가능한 대안을 개발하고 발굴하여야 한다. 이 때 염두에 두어야 할 사항은 사회복지조직의 목표이며 대안은 혁신성innovative, 독특성unique, 명확성obvious, 표준성standard을 갖추고 있어야 한다.

④ 대안의 평가

대안의 평가는 실행가능성, 만족성, 실행결과의 예측을 통해서 이루어지게 된다. 따라서 도출된 다수의 대안 중 어떠한 대안이 가장 적합한가를 평가할 때는 각 대안의 상대적인 장점과 단점을 비교해 보아야 한다.

⑤ 의사결정

의사결정단계에서는 결정과정에서 모든 관련성을 갖고 있는 요소를 정하고 객관적으로 비교하여 실행 가능한 대안들을 확인하며 가장 높은 점수를 받은 대안을 선택하면 된다.

4) 의사결정모형

사회복지기관의 의사결정은 여러 가지 환경의 영향을 받아 산출물이 우리에게 주어지는데 어떠한 의사결정과정을 밟게 되는가가 중요하다. 의사결정과정의 유형은 여러 가지로 분석되어 모형으로 제시될 수 있다. 여기에서는 규범적 의사결정모형이 가장 보편적인 의사결정모형이므로 많은 의사결정모형 중에서 선택하여 의사결정과정을 설명하고자 한다.

(1) 규범적 의사결정모형

규범적 의사결정모형은 합리적 의사결정모형rational model 이라고도 하는데 의사결정자가 채택할 수 있는 가장 보편적인 방법으로, 가장 합리적인 수단을 사용하여 목표를 최대한 달성하고자 시도한다. 의사결정은 여러 대안 중에서 최적대안을 선택하는 것으로 핵심내용이 여러 단계를 포함하는 과정적 개념이다. 대안을 선택하는 것은 이미 사전에 해결해야만 하는 문제가 존재하고 문제를 파악, 성취하고 싶은 기대수준이나 목표를 설정하며, 여러 가능한 대안을 발굴하여 의사결정이 이루어진다. 규범적 의사결정과정이란 각 단계별로 검토하여 문제해결을 시도하는 의사결정을 말한다. 그러나 실제 의사결정은 이러한 규범적 과정을 거쳐서 이루어지지는 않는다. 경영자는 습관적으로 과거와 유사한 방법, 상위자나 전문가의 조언에 의존하거나 직관에 의해 결정하는 등 규범적 의사결정과정의 단계를 건너뛰는 의사결정을 하기도 한다. 선천적으로 뛰어난 의사결정능력을 갖고 태어난 것은 아니므로 의사결정자는 규범적 의사결정과정에 입각해서 체계적·합리적인 의사결정을 할 필요가 있다. 규범적 의사결정을 하는 의사결정자는 최적대안을 선택하고 잘못된 의사결정을 하게 될 오류가 적다. 규범적 의사결정을 하는 과정은 문제의 파악 → 의사결정 기준설정 → 대안의 개발 → 대안의 평가 → 최적대안의 선택으로 〈그림 7-4〉와 같이 구분하여 설명할 수 있다.

① 문제의 파악

의사결정의 필요성은 문제의 존재로부터 비롯되므로 문제의 정확한 파악이 이루어지지 않은 의사결정과정은 의미가 없고 올바른 의사결정은 문제의 올바른 정의로부터 시작되는 것이다. 문제의 유형을 구분하는 것도 문제의 성격을 파악하는 하나의 방법이다. 문제를 유형화하게 되면 대안을 발굴·평가하는 노력을 줄일 수 있다.

② 의사결정의 기준 설정

의사결정의 기준을 설정하는 목적은 여러 대안을 비교하기 위한 표준standard을 확립하는 데 있다. 의사결정과정에서 미리 기준을 설정하게 되면 그 이후에 발생할 수 있는 오류를 방지할 수 있는데 기준을 설정할 때 의사결정자는 미리 기준의 유형을 고려해야 한다. 기준의 유형에는 필수적 기준must criteria과 희망적 기준want criteria이 있다. 필수적 기준은 어떤 대안을 채택하기 위해서 반드시 충족되어야만 하는 기준 또는 목표를 의미한다. 필수적 기준은 대안을 평가하는 데 반드시 통과하는 최저기준의 역할을 하기 때문에 각 대안은 그 기준을 넘어서야만 선택될 수 있다. 희망적 기준은 어떤 대안을 받아들이기 위한 바람직한 수준을 의미하지만 반드시 필수적으로 적용하지 않아도 되는 기준을 말한다. 희망적 기준은 대안이 그 기준에 유사할수록 채택가능성이 높아질 수 있는 부수적 기준이다.

③ 대안의 개발

대안을 개발하고 발굴할 때 범하게 되는 오류는 최초에 발견한 대안이 그럴듯한 경우에 그 대안을 선택하는데 이렇게 되면 의사결정자는 유효한 해결대안을 선택할 기회를 상실할 수 있다. 의사결정자는 가능한 많은 대안을 발굴하여 그 중에서 최선의 선택이 이루어지도록 하여야 한다. 좋은 대안을 많이 개발하는 것은 성공적 의사결정과정에서 매우 중요하다.

대안을 발굴하는 데 있어서는 의사결정자의 창의력creativity이 크게 요청된다.

개인의 창의력은 사람마다 다르다. 창의력 있는 사람은 그렇지 않은 사람보다 더

독창적인 대답을 하거나 좀 더 적극적으로 문제해결을 하게 되는데 의사결정에서 집단의 창의력을 자극시키면 대안의 발굴단계에서 큰 효과가 있고 활용하는 기법에는 브레인스토밍, 명목집단기법 등이 있다.

브레인스토밍brain storming은 5~10명의 참여자가 자유롭게 아이디어를 제시하여 최선의 해결책을 찾는 방법으로 성공하려면 공통의 문제를 제시받은 참여자가 문제해결의 아이디어를 계속 창출할 수 있어야 하고 절대로 다른 사람의 아이디어를 비판하거나 평가해서는 안 된다. 브레인스토밍은 질보다 양이 중요하고 능동적 참여, 열의, 개방적 분위기에서 최선의 해결대안을 찾아가는 것이다.

명목집단기법nominal group technique은 브레인스토밍을 수정하고 확장한 기법이다. 언어적 토의를 하지 않고 문서로 대안을 제시하고 돌아가면서 차례로 읽게 하며 무기명 아이디어에 대해 개별적 토의를 하되 참여자는 찬성 또는 반대의 의견을 표시하는 정도의 간단한 견해를 피력한다. 마지막에 추천된 아이디어에 대해 투표를 통해 최종대안을 결정한다. 참여자가 5~7점 정도의 척도에 의해 각 대안에 대해 문서로 점수를 제시한 후 가장 높은 점수를 받은 대안을 최종적으로 결정하는데 무기명 아이디어에 대한 견해를 피력하고 최종적으로는 투표에 의해 결정하므로 감정이나 분위기상의 왜곡현상을 회피할 수 있는 장점이 있다.

④ 대안의 평가

대안의 평가는 사회복지기관의 목표에 비추어 각 대안을 판단하고 문제를 해결하는데 많은 도움을 제공할 수 있는 대안을 선택하여야 한다.

사회복지기관 목표에 비추어서 각 대안을 판단해야 하는데 대안이 아무리 논리적이라 하더라도 사회복지기관 목표에 비추어 도저히 실천될 수 없다면 소용이 없다. 사회복지기관의 현재 자원으로서는 실천될 수 없는 것이라면 의미가 없고 구성원이 어떤 대안을 실천할 의사가 없는 경우에도 그 대안은 포기될 수밖에 없다. 문제를 해결하는 데 가급적 많은 도움을 제공할 수 있는 대안을 선택하여야 한다. 먼저 문제해결의 필수적 기준을 초과하는 대안을 선별한 후 그 중에서 희망적 기준에 가깝게 부합되는 대안을 선택하면 최선의 대안이 선택될 수 있다.

⑤ 최적대안의 선택

최적대안의 선택이 용이하지 않은 경우도 있는데, ① 각 대안들이 의사결정의 목표나 기준을 얼마나 잘 충족하는지 상호 비교하기가 쉽지 않은 경우, ② 여러 대안들이 모두 좋지 않은 대안일 때, ③ 너무 많은 대안이 확보되어 그 대안들을 평가하는 데 지나치게 많은 시간이 소비되고 의사결정자가 오히려 혼돈에 빠질 수 있는 경우이다. 이러한 때에는 개인의 주관적 판단이나 직관 그리고 위험에 대한 선호도에 의해 최적대안을 선택할 수밖에 없다.

최적대안을 선택하기 위해서는 ① 효용을 극대화시키는 관점에서 최적대안을 선택하고, ② 만족할 만한 대안을 찾아냈을 때는 다른 대안에 대한 탐색과 평가를 하지 않고 그것을 최종대안으로 선택한다. 최적대안의 선택이 계산적으로만 이루어질 수는 없다. 왜냐하면 경영자의 가치관, 조직풍토 등이 최적대안의 선택에 영향을 미치기 때문이다. 그러므로 주변 사람들이 수용할 수 있는 최적대안을 선택해야 한다.

(2) 제한적 합리성 모형bounded rationality model

제한적 합리성 모형은 허버트 사이먼Herbert Simon에 의해 1950년대에 처음 소개되었다. 제한적 합리성 모형은 처음부터 개인의 합리성은 제한적일 수밖에 없다고 가정하여 동일한 정보를 두고 서로 상이한 의사결정을 내리는 각 개인의 반응양상을 잘 설명하고 있는데, 의사결정시에 개인이 취하는 경향을 반영하고 사람은 최선의 목표 이하의 것을 선택하려고 하며, 다른 대안을 찾기 위해 많은 노력을 기울이지 않으며, 내·외적인 환경에 대한 부적절한 정보나 통제수단을 갖고 있다고 한다. 제한적 합리성 모형은 의사결정에 있어서 개인적 결정의 한계를 지적하고 있다.

(3) 정치적 모형과 일상적 의사결정

정치적 의사결정모형은 권력이 막강한 이해당사자의 특별한 관심이나 목표를 고려한 의사결정의 절차이다. 권력을 행사하는 사람은 문제의 정의, 목표의 선택, 대안의 고려와 선택, 여러 행동양식과 성공여부에 있어 강한 영향력과 통제권을 갖는다. 문제를 정의할 때나 목표를 선택할 때 견해가 대립되면 광범위한 협상과 절충을 거쳐 의사결정이 이루어진다.

일상적 의사결정은 개념이 분명하고 잘 알려진 문제를 다루는 선택방법을 말한다. 일상적 의사결정에 사용되는 방법은 규칙rule 과 표준작업절차standard operating procedures 그리고 인공지능artificial intelligence 등이 있다. 규칙은 특수한 일상적 문제를 다루는 데 일관성 있는 행동의 절차이다. 표준작업절차는 작업자가 순서대로 지켜야 할 일련의 규칙으로 어떻게 의사결정을 내려야 하는가와 의사결정의 형태까지 기술하고 있다. 인공지능이란 컴퓨터시스템이 사람의 지능과 관련된 기능을 수행하는 능력을 말한다.

(4) 점증모형

기존의 정책이나 결정을 일단 긍정하고 그것보다 약간 향상된 대안에 대해서만 부분적, 순차적으로 탐색하여 의사결정을 하는 현실적, 실증적 접근방법에 의한 모형이다. 인간의 지적 능력의 한계와 의사결정 수단의 기술적 제약을 인정하고 의사결정 과정에 있어서 대안의 선택이 종래의 정책이나 결정의 점진적, 세부적, 순차적 수정 내지는 약간 향상된 수준에서 이루어지는 것이 일반적인 현상이라고 본다.

(5) 만족모형

합리모형의 현실적 제약점을 극복하기 위해서 제시된 것으로 제한된 합리성에 기초하고 있다는 특색이 있으며 현실적으로 만족할 만한 대안의 선택에 강조점을 두는 현실적, 실증적 접근방법에 기초하고 있다. 조직 내 인간의 심리적 측면을 중요시하는 개인적, 형태론적 의사결정모형이라고 할 수 있다.

(6) 혼합모형

에찌오니Etzioni는 합리모형과 점증모형의 장점을 상호 혼용하는 혼합모형을 제시하였다. 이 모형은 인간의 정보수집 및 처리능력의 한계와 현실적 제약을 인정하면서 기본적으로 문제를 전체적, 체계적으로 검토한 후에 이상이 있다고 판단되는 것에 초점을 맞추어 현실적인 제약의 한계 내에서 가능한 모든 대안을 개발하여 효과성과 효율성이 경험적으로 가장 높을 것으로 생각되는 대안을 선택한다는 것이다.

(7) 최적모형

드로어(Dror, 1968)는 만족모형이나 점증모형이 지니는 보수성에 불만을 품고 특히 과거에 선례가 없는 비정형적인 의사결정을 하는 경우에 합리성 및 경제성을 고려하는 외에 불가피하게 적극적 요인으로서 직관, 판단, 창의성 개입을 중요시하는 모형을 제시하였다. 이 모형은 의사결정의 최적 여부는 그 결정이 정치적·경제적 측면에서 실현 가능성이 얼마나 내포되어 있는가에 따라 평가되어야 한다고 본다.

(8) 쓰레기통모형

조직의 목표가 모호할 뿐만 아니라 조직의 기술이 불확실하고 막연한 사회복지조직에 특히 잘 적용된다. 갖가지의 쓰레기가 한 쓰레기통 속에 모여지듯이, 네 가지의 비교적 독립적인 주입물인 문제, 해결책, 참가자, 선택기회 등이 하나의 통 속에 모이면 이 주입물 간의 특수한 혼합에 의해 의사결정이 이루어진다고 본다.

(9) 공공선택모형

공공선택모형은 정부 재정부문의 정책결정에서 바람직한 민주적 의사결정이 어떻게 이루어져야 하는가를 주요 내용으로 다루고 있다. 이 모형은 정치인들은 공익보다는 자신의 사익을 증대시키려고 하는 까닭에 정부재정은 적자를 면치 못하고 공공정책의 결정은 이에 참여하는 국민의 수가 많을수록 효율적이고 민주적이라고 본다. 또한 공공선택모형은 국민의 대표적 참여와 상황적응적인 행정 구조를 강조하고 있으며, 합리모형이 갖는 정책의 경직성과 비인간성의 난점을 극복할 수 있는 가능성을 제시하고 있다.

5) 의사결정의 제약요인

사회복지조직에서 합리적인 의사결정을 위해 다양한 방법과 노력을 기울이게 된다. 합리적 의사결정에서 결정적인 역할을 하는 요인은 리더의 리더십이다. 그러나 합리적인 의사결정의 도출에 커다란 방해 요인은 합리성의 한계에 있는데 어디까지가 합리적이고 비합리적인지의 구분이 명확하지 않다. 따라서 완전한 합리성에 의거한 의사결정보다는 제한된 합리성으로 의사결정을 하는 경우가 일반적이다.

합리적 의사결정을 방해하는 제약요인에는 의사결정자의 특성요인과 조직의 내적요인 그리고 환경적 요인 등이 있다.

(1) 의사결정자의 특성요인

의사결정의 중심에는 의사결정에 주도적인 역할을 하는 의사결정자가 있다. 의사결정자들의 사람됨, 가치관, 사회관, 경험, 지식, 종교성, 기술, 태도 등 개인적인 특성요인이 합리적인 의사결정을 내리는 데 제약요인으로 작용하기도 한다.

(2) 조직의 내적요인

사회복지조직의 구조, 특성, 규범, 커뮤니케이션의 경로, 구성원 간의 갈등 등을 사회복지조직의 내적요인으로 들 수 있다. 예를 들면 권한의 집중화, 의사결정 기구의 모호성, 커뮤니케이션 경로의 불명확성, 인적·물적 자원의 제한성, 정보의 부족, 시간의 제한, 조직구성원 간의 보이지 않는 갈등, 선례의 부족 등이 있다.

(3) 환경적 요인

사회복지조직을 둘러싸고 있는 정치·경제·사회·문화·법률적 배경이 의사결정에 영향을 미친다. 정치적 풍토나 사회적 관습, 법률적 또는 문화적 요인 등이 의사결정에 영향을 미치고 의사결정자의 재임기간, 업적평가 등이 의사결정의 질을 저하시키는 요인이 되기도 한다. 사회복지기관의 특성상 의사결정은 권한이 기관장에게 집중되어 있는 경향으로 기관장의 특성요인이 결정적으로 작용하게 되는 경우가 많다. 기관은 공공성과 공익성을 우선으로 해야 하므로, 감독기관의 정책방향과 기관장의 운영방침이 의사결정에 커다란 제한 요인으로 작용할 수 있다.

4. 의사소통 communication

1) 의사소통의 개념

의사소통은 사회복지조직의 필수기능이며, 일을 어떻게 할 것인지 지시하는 사회복지조직의 경영원리이다. 사회복지조직에서 의사소통은 인간에게 있어서 혈관과 신경계 같은 역할을 한다. 의사소통이 원활하게 이루어지고 있으면 그 사회복지조직은 활성화되어 있고, 모든 문제해결에 있어서 원만하다. 인간의 혈관이 건강하여 혈액의 소통이 원만할 경우에는 이를 통하여 산소의 공급과 더불어 영양분이 충분히 공급되어 건강하고 활기차게 활동할 수 있다. 의사소통 역시 인간의 혈액순환과 같아서 소통이 원활하게 이루어질 때 사회복지조직은 활발하게 움직이고, 리더의 바람대로 사회복지조직이 한 방향으로 정진할 수 있다. 의사소통이란 한 사람에게서 다른 사람에게 정보를 이전하는 과정이다(Keith Davis, 1981). 커뮤니케이션은 의사소통을 의미하기도 하지만 때로는 대화를 통한 상호 이해, 커뮤니케이션 매체, 커뮤니케이션 기술, 정보 등 실로 그 용법이 다양하고 인간과 인간이 의미 공유를 이루기 위해서 의도적으로 행하는 상징적이고 상호작용적인 과정으로 정의하기도 한다(강길호·김현주, 2006).

의사소통에 대한 많은 학자들의 정의를 살펴보면 사이먼Simon은 커뮤니케이션이란 "조직구성원의 한 사람으로부터 다른 사람에게 결정의 전제가 전달되는 과정"이라고 하였고 메리휴Merrihue는 "전달자가 수신자에게 소정의 의미를 전달하여 수신자로부터 그가 바라는 반응행동을 일으키게 하는 전달자의 주도적 행동"으로, 데이비스Davis는 "한 사람에서 다른 사람에게 정보를 전달하고 이해하는 과정"이라고 정의

하고 있다(김창걸, 1997).

결론적으로 의사소통이란 개인 간에 정보를 교환하는 과정이며, 사회복지조직에 있어서는 상위자와 하위자 간, 동료 간, 작업부서 간의 의사전달 및 정보전달을 의미한다. 이러한 의사소통은 의미 있는 기호symbols를 통한 정보의 이전과 이해를 가능하게 하며, 둘 또는 그 이상의 사람들이 함께 연관되어 있는 사회적 과정이기도 하다.

2) 의사소통의 중요성

사회복지조직은 책임을 달리하는 개인들의 집합으로 구성되어 있다. 이들 개인들의 집합은 각각 고도의 내적 의사소통과 어느 정도의 외적 의사소통을 하고 있다. 현대 사회복지조직은 갈수록 복잡해지고 각 부서 간에 의견이나 생각을 교환해야 하고 그들의 노력을 조정해야 하는 필요성이 더 높아진다. 이 때 의사소통 없이 조정은 거의 불가능하다. 목표를 어떻게 달성하고 평가해야 하느냐와 같은 중요한 문제에 대해 합의를 보기 어렵다. 개인 상호간의 접촉형태를 검토함으로써 사회복지조직을 운영함에 있어 관계망network of relation을 이해할 수 있다. 개인 또는 지위상의 관계망은 공식적·비공식적 의사소통 체제의 기능이다(김윤태, 2002). 사회복지조직에서 의사소통이 중요한 이유는 경영규모가 확대되고 복잡해지면서 인간관계 개선에 중요한 역할을 하기 때문이다(허갑수, 2004). 사회복지조직의 규모가 확대되었다는 것은 사회복지조직의 분화가 매우 복잡하게 이루어져 있으므로 복잡하게 분화된 사회복지조직이 원활하고 일사분란하게 움직이기 위해서는 절대적으로 커뮤니케이션 시스템이 구축되어 있어야 한다. 의사소통은 인간관계 개선에 중요한 역할을 한다. 스키드모어skidmore는 의사소통이 중요한 이유를 효과성, 효율성, 사기라고 말하고 있다. 최고경영자의 의사가 정확하게 하위조직까지 효과적이고 효율적으로 전달될 때 사회복지조직의 목표달성에 가깝게 접근할 수 있다. 의사소통의 흐름이 원만할 경우에는 구성원의 사기가 높아지고 인간관계 개선에 중요한 역할을 한다.

3) 의사소통의 기능

사회복지조직 내의 의사소통은 사회복지조직을 관리하는 데 중요한 요소로 작용하며 정보전달, 동기유발, 조정과 통제의 기능을 가지고 있다.

① 정보전달 기능

의사소통은 의사결정에 필요한 여러 대안을 마련하고 평가하는 데 유용한 정보를 제공함으로써 최적의 대안을 도출하는 데 중요한 역할을 한다.

② 동기유발 기능

의사소통은 구성원들 간의 사회적 접촉을 가능하게 하고 자신의 감정을 표현하게 함으로써 사회적 욕구를 충족시키며 구성원들에게 목표를 설정해주고, 목표달성을 위한 진행상황을 피드백하면서 활동을 조정하고 통합시킴으로서 구성원들에게 동기를 부여한다.

③ 조정과 통제의 기능

의사소통은 조직구성원들 간에 대화·협의·토론·지시·복종 등을 통하여 일정한 방향으로 행동하도록 조정·통제하는 기능을 갖는다.

4) 의사소통의 유형

의사소통을 통한 정보교환은 기획, 조직화, 지휘, 통제로 이루어진 사회복지기관의 경영활동에 효과적인 영향을 미친다. 의사소통의 형태를 살펴보면 대인접촉 의사소통, 대면접촉 의사소통, 언어적·비언어적 의사소통, 쌍방적 의사소통, 공식적·비공식적 의사소통, 수직적·수평적 의사소통 등 다양한 유형이 있다. 여기에서는 대인접촉 의사소통 형태와 조직적 의사소통 형태로 나누어 살펴보고자 한다.

(1) 대인접촉 의사소통 형태

대인접촉 의사소통의 형태에는 언어적 의사소통, 서면을 통한 의사소통, 비언어적 의사소통, 전자매체 등이 있다.

표 7-4 대인접촉 의사소통 형태의 장단점

의사소통 형태	장점	단점
언어적 의사소통	빠르고 신속한 피드백이 가능하고 수시로 아이디어나 해결책을 교환할 수 있으며 개인적 상호작용이 가능하다.	시간이 많이 소비되며 갈등유발의 위험이 존재한다. 공식적인 기록이 없고 메시지 왜곡이 가능하다.
서면을 통한 의사소통	공식적인 기록이 가능하여 정확성과 권위가 있어 보인다. 언제든지 참고가 가능하다.	해석이 다양해질 수 있어서 피드백을 구하기 힘들다. 문서작성 시간이 필요하다.
비언어적 의사소통	언어를 통한 의사소통을 보완하는 기능으로 다른 의사소통의 필요성을 감소시킬 수 있다.	언어를 통한 의사소통과 일치하지 않을 수도 있어서 무시될 수 있다.
전자매체	비교적 신속하게 피드백을 제공할 수 있고 공식적 기록이 가능하다. 개인적 상호작용으로 인한 정확한 의사소통이 가능하고 언제든지 참고할 수 있다.	전자적 오류 발생이 가능하다. 저장을 반드시 해야 하고 워드작성 시간이 필요하다.

※출처: 이진규(2006) 참조.

① 언어적 의사소통 oral communication

직접 대화를 한다거나 전화통화 또는 집단토의 등 언어를 통해 정보를 교환하는 것으로 가장 많이 활용되는 의사소통 형태이다.

② 서면을 통한 의사소통 written communication

간단한 메모를 통한 의사전달로부터 형식을 갖춘 복잡한 문서까지 글을 활용한 다양한 형태로 시간이 걸리는 단점과 영구적으로 기록을 남길 수 있는 장점이 있다. 중요한 사항은 언어를 통한 의사전달 보다는 서면을 통한 의사전달이 효과적이다.

③ 비언어적 의사소통 nonverbal communication

수화와 같이 신체적 표현을 통한 의사전달이 이루어지는 것을 말한다.

④ 전자매체

인터넷과 정보통신의 발달이 만들어낸 의사소통 수단이다. 이메일이나 메신저 등을 통하여 의사전달이 이루어지는데 최근에는 많은 사회복지조직들이 전자결재 시스템을 활용하여 의사소통을 하고 있다.

(2) 조직적 의사소통 형태

사회복지조직에서 조직적 의사소통 형태에는 수직적 의사소통, 수평적 의사소통, 커뮤니케이션 네트워크, 비밀정보망 의사소통 등이 있다.

① 수직적 의사소통

수직적 의사소통은 수직적 조직 하에서 명령의 흐름이 상하로 흐른다. 수직적 의

사소통은 상향적 의사소통과 하향적 의사소통 등 양방향의 교류가 가능하여 효과
적인 의사소통이 가능하다. 상향적 의사소통의 경우 하위관리자층의 요청이나 중
요한 정보, 상위관리자층의 요구에 대한 응답, 제안, 불평, 재무정보 등이 전달되는
데, 부하들의 자기 방어적 본능에 의해 정보가 왜곡될 가능성이 높다. 한편 하향적
의사소통의 경우는 상사로부터 부하에게로 이루어지는 전달방식으로 지시, 책임부
여, 과제 수행방법 등이 주로 이루어진다.

② 수평적 의사소통

수평적 의사소통은 동일한 계층의 동료들 간에 이루어지는 의사전달 방법으로서
다양하고 상이한 사회복지조직 단위 사람들 사이에서 이루어진다. 수평적 의사소
통방법은 부서 간에 조정을 촉진시키고, 연합된 문제를 해결하기 위해 사용된다.

③ 커뮤니케이션 네트워크

커뮤니케이션 네트워크는 집단구성원들이 의사전달하는 형태이다. 이는 정보교
환의 흐름에 따라 〈그림 7-5〉에서 보여주고 있는 연쇄형, 수레바퀴형, Y형, 원형, 스
타형과 같이 여러 가지 모양으로 구분되며, 각 유형의 특징은 〈표 7-5〉와 같다.

가. 연쇄형chain type : 의사소통이 상하로만 이루어지며, 수직적 조직에서 공식적인
　　명령계통이 이에 해당한다.
나. 수레바퀴형wheel type : 한 사람의 감독자가 있는 경우에 작업과 관련된 모든 보고
　　체계가 감독자에게 집중되어 있는 유형이다. 가운데의 감독자가 커뮤니케이
　　션의 중심인물이며 다른 구성원들은 중심인물과만 커뮤니케이션이 가능하다.
다. Y형Y type : 연쇄형과 바퀴형이 서로 혼합된 형태이다.
라. 원형circle type : 구성원 간의 상호작용이 집중되어 있지 않고 넓게 분산되어 있는

커뮤니케이션 네트워크이다.

마. 스타형star type: 비공식적 커뮤니케이션 네트워크에 해당한다. 이 유형에서는
공식적 또는 비공식적 리더가 존재하지 않으며 구성원 누구나 커뮤니케이션
을 할 수 있는 형태이다.

④ 비밀정보망

전체조직에 골고루 퍼질 수 있는 비공식적 의사소통 네트워크이다. 이러한 형태
의 의사소통 형태는 공식적 권한과 커뮤니케이션 경로를 따르지 않는 것으로서 가

그림 7-5 커뮤니케이션 네트워크의 종류

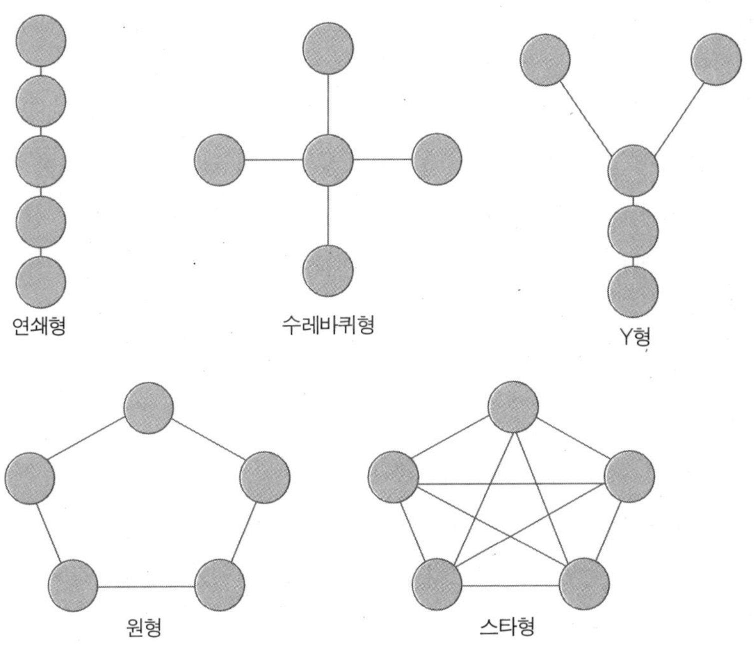

구 분	연쇄형	Y형	수레바퀴형	원형	스타형
권한 집중	높음	중간	중간	낮음	매우 낮음
의사소통 속도	중간	중간	단순업무: 빠름 복잡업무: 느림	단합: 빠름 개별: 느림	빠름
의사소통 정확도	서면: 높음 언어: 낮음	단순: 높음 복잡: 낮음	단순직무: 높음 복잡직무: 낮음	단합: 높음 개별: 낮음	낮음
구성원 만족도	낮음	중간	낮음	높음	높음
의사결정 속도	빠름	중간	중간	느림	빠름
의사결정 수용도	낮음	중간	중간	높음	높음
조직구조 형태	길다	길다	평면구조	평면구조	평면구조

※출처: 서인덕 · 김윤상(1996: 495) 재구성

십체인gossip chain과 군집체인cluster chain 등 두 가지 유형이 있다. 가십체인은 한 사람이 많은 사람들에게 메시지를 전파하는 형태이고, 군집체인은 한 사람이 선택된 소수의 사람들에게 정보를 전달하는 의사소통 형태이다.

5) 의사소통의 구성요소 및 과정

의사소통이 이루어지기 위해서는 발신자communicator, 수신자receiver, 메시지message, 그리고 매체medium or channel 등의 구성요소가 갖추어져야 한다.

발신자는 정보의 근원지로서 전달하고자 하는 생각이나 정보를 기호화하여 메시지를 창출하는 사람을 말한다. 기호화는 발신자가 전달하고자 하는 생각이나 정보

를 기호나 몸짓 등의 체계화된 메시지로 변환시키는 과정을 말하고 매체 또는 경로
란 발신자로부터 창출된 메시지를 전달하는 수단이며 메시지는 발신자의 생각이나
정보를 기호화한 결과이고 해독은 발신자로부터 창출되어 전달 경로를 거쳐 수신
된 메시지를 자신의 의미로 변환시키는 사고과정이며 수신자는 발신자의 메시지를
수신하는 사람을 말한다.

　의사소통의 과정은 공유, 이해, 명확화가 요구된다. 메시지를 보내고 받는 과정
을 공유라고 하는데 언어적, 비언어적이나 수평적, 수직적 등 다양하게 이루어진
다. 메시지를 이해하는 과정이란 전달자와 피전달자의 서로 오가는 말의 의미가 동
일함을 의미하는데 메시지를 명확히 하는 과정인 명확화가 중요하다. 사실을 있는
그대로 받아들이려는 과정으로 들은 내용을 정확히 이해하기 위한 질문을 반복하
는 과정이다. 구성요소들이 과정에 의해서 목적을 가진 메시지가 전달될 때 의사소
통이 이루어지게 된다.

6) 의사소통의 원칙

　효과적인 의사소통이 이루어지기 위해서 의사전달의 채널을 분명히 하고, 사회
복지조직에서 각 지위는 명확한 의사소통의 일정 선상에 위치해야 하며, 의사소통
의 라인은 직선적이면서 짧고, 능력과 책임을 겸비한 시스템 운영자가 있어야 한
다. 효과적인 의사소통을 위해서는 방해요인을 파악하는 일도 중요하다. 일반적인
방해요인은 언어의 장애, 전문가의 고집과 편견, 상급자에 대한 아부, 권한의 중앙
집권화, 제안자의 자기보호, 전달 정보에 대한 해석의 오류, 다른 부서로부터의 압
박, 왜곡된 의사소통의 내용, 정보의 누락 등을 들 수 있다.

　의사소통이 효율적으로 이루어지기 위해서는 메시지의 질, 수신조건이나 상황,

통합적인 노력의 유지, 비공식조직의 최대 활용과 명료성의 원칙, 주의집중의 원칙, 통합성의 원칙 등이 지켜져야 한다.

① 명료성의 원칙

의사소통에서 가장 중요한 것은 전달되는 내용이 수신자가 쉽게 이해하고 행동할 수 있도록 명확하여야 한다. 전달 내용이 명확하지 않으면 의사결정자의 의지가 다른 방향으로 향하게 된다.

② 주의집중의 원칙

수신자는 메시지 수신시에 주의 집중하여 전달내용을 명확하게 이해하려는 노력이 필요하다. 아무리 명료한 메시지가 전달된다 하더라도 수신자가 주의집중하지 않으면 명료성이 희미하게 된다.

③ 통합성의 원칙

중간 전달자는 구성원을 격려하고 동기를 부여하여야 한다. 의사결정자는 의사소통을 통하여 사회복지조직의 목표를 달성하는데 필요한 협조를 확보하고 유지한다.

④ 비공식조직의 전략적 활용 원칙

의사결정자는 비공식조직을 사회복지조직의 목표달성을 위한 협의체로서 활용하는 것이 바람직하다. 비공식조직이 사회복지조직의 분위기를 원만하게 만들고, 사회복지조직의 구성원 상호 간에 친밀성을 갖게 하는 역할을 하는데 비공식조직을 의사소통의 수단으로 활용한다면 특별한 거부감 없이 의사결정을 전달할 수 있다.

⑤ 다른 사람 이해하기

의사소통은 대상이 다수의 사람이든 단 한사람이든 상대를 충분하게 이해할 때 그들의 눈높이에 맞는 대화를 이끌어 갈 수 있다. 따라서 상대방의 사고방식이나 관점, 그들이 알고 있는 것, 앞으로 내가 이야기할 것에 대해 어떤 영향을 받을 것인지 이해하도록 노력하여야 한다.

⑥ 다른 사람에게 비친 자신을 인식하고 경청하기

대화를 이끌어 가는 데 있어 범할 수 있는 오류 가운데 하나는 자기 자신을 알지 못하고 대화에 참여하는 경우가 많은데 내 자신의 모습을 상대방의 시각에 비추어 자신에 대한 모습을 바라볼 수 있다면, 훨씬 효과적인 의사소통으로 이끌어 갈 수 있다. 대화란 일방적인 의사소통이 아니라 상호 교류하는 방식으로 정보의 교환이 활발하기 때문에 자신의 주장을 전달하는 것도 중요하지만 더 명확하게 전달하기 위해서는 상대방의 이야기에 귀를 기울이면서 적극적으로 경청하여야 한다.

7) 의사소통 시 고려사항

사회복지조직에 있어서 의사소통은 사실과 감정을 모두 포함하는데 사회복지조직에 대한 사실 및 생각들은 구성원들이 사회복지조직의 정책, 계획, 결정 및 활동을 알 수 있도록 분명히 밝힐 필요가 있다. 의사소통에 있어서 감정의 중요성은 면담, 위원회, 직원회의와 같은 대면적 관계에서 일어나는 것으로 의사결정자는 구성원들에게 자기가 실제로 느끼는 것을 전달할 필요가 있다. 의사소통에서 중요한 또 다른 요소는 길이다. 분명한 메시지는 너무 길어서도 또 너무 짧아서도 안 된다. 그러나 어려운 결정에 대해서는 충분한 시간이 할당되어야 한다. 의사소통을 위한 시간이 제한된 경우는 제한된 시간 내에 생각과 감정을 효과적으로 전달할 수 있도록 치밀한 준비가 있어야 한다. 만약 정보, 계획, 사건이 중요하다면 그런 것은 한 번 이상 언급되는 것이 필수적이다. 반복은 효과적인 의사소통을 위해 필요하다.

사회복지기관에서의 의사소통은 기업과 마찬가지로 사회복지기관경영에 매우 중요한 수단이다. 사회복지기관 의사결정자의 의지가 사회복지기관 종사자에게 충분히 전달될 때 사회복지기관이 활성화되고, 합리적인 운영이 가능하게 된다.

8) 의사소통의 장애요인과 극복방안

의사소통의 결정적 요인은 인간적, 조직구조적, 사회·문화적 요인이라고 할 수 있다. 사회복지조직 내의 구성원들의 지식, 경험, 가치관, 선입견 등이 의사소통에 영향을 미치는 인간적 요인이다. 해당 조직의 규모, 성격, 전문화, 계층제, 인간관계 구조 등의 조직구조적 요인도 의사소통에 영향을 미친다. 의사소통은 사회복지조직 내부적 요인뿐만 아니라 그 사회복지조직을 둘러싸고 있는 사회·문화적 요인의 영향을 받는다. 의사소통을 결정하는 결정적인 요인이 있는 반면 그 반대급부로 의사소통의 저해 요인도 존재하는데 인간적 요인을 먼저 살펴보면 첫째, 인간의 판단기준이 정확한 의사소통을 저해한다. 둘째, 인간 능력의 한계가 장애요소로 된다. 셋째, 의식적인 제한이 장애요소가 되기도 한다.

사회복지조직의 의사소통을 저해하는 구조적 요인으로는 첫째, 해당 조직의 생리가 장애요소로 될 수 있다. 조직의 성격, 규모, 인간관계 구조 등이 원활한 의사소통을 저해하는 경우이다. 둘째, 사회복지조직 내의 분화가 저해요소로 되는 수가 있다. 계층제에 의한 신분상의 간격, 전문화에 의한 분야상의 간격, 장소 분산의 공간적 간격 등이다. 셋째, 사회복지조직의 업무 자체가 저해요인으로 작용할 수 있다. 과다한 업무량이라든가 특히 비밀유지를 필요로 하는 업무 등인 경우이다. 마지막으로 의사소통을 저해하는 사회·문화적 요인으로는 언어, 환경, 정서, 사회분화도 등이 있다.

의사소통 장애요인의 극복방안으로는 대인관계의 개선, 의사소통체계의 확립, 적절한 언어의 사용, 신뢰의 분위기, 반복과 환류로 나누어서 살펴볼 수 있다.

첫째, 대인관계의 개선이란 자유스럽게 의사표시를 할 수 있는 분위기를 조성하고, 하급자들이 상급자들에게 접근하기 용이한 문호개방정책을 실시하며, 가족 동반의 사교적 모임을 통해 상급자와 하급자들의 인간적인 분위기를 조성하여 그러한 분위기 속에서 의사소통이 원활히 이루어질 수 있도록 제안함이나 건의함을 설치하여 어느 때라도 의견을 제시할 수 있도록 한다.

둘째, 의사소통체계의 확립을 이룬다는 것은 의사소통의 통로는 공식적으로 명시되고 명확하게 모든 구성원들에게 알려져야 하며, 사회복지조직의 모든 구성원에게 명확한 공식적 의사소통의 통로가 있어야 하고, 완전한 의사소통의 계선이 사용되어야 하는데 의사소통의 계선은 계선 손실을 최소화하기 위해 가능한 직접적이고 짧아야만 한다. 의사소통의 계선은 항상 유지되고 모든 필요한 의사소통은 적절히 통제되어야 한다.

셋째, 적절한 언어의 사용과 관련해서 전달자는 정보를 선택해 공통의 상징체계인 구두, 언어, 문자 등으로 변환시켜야 한다. 따라서 전달자는 피전달자가 가장 잘 이해하고 해석할 수 있는 방법을 사용해야 한다.

넷째, 신뢰의 분위기도 중요하다. 사회복지조직 내에서의 의사소통은 쌍방을 통해서 이루어져야 하며 상호 신뢰에 기초한 공개적인 분위기 속에서 의사소통이 이루어질 때 가장 효과적이다.

마지막으로 의사소통의 전부 또는 일부를 두 번 이상 되풀이하는 것을 반복이라고 한다. 반복은 의사소통의 정확성을 높일 수 있으나 의사소통 통로에 추가적인 부담을 준다. 환류는 전달자가 발송한 정보를 피전달자가 정확히 받아서 바르게 해석하였는가를 전달자가 알 수 있도록 해준다.

제7장 연습문제

주관식 문제

1 사회복지행정에서 기획의 필요성에 대하여 논하시오.

2 기획의 과정에 대해서 기술하시오.

3 의사결정과정에 대해서 설명하시오.

객관식 문제

01 기획에 대해 잘못 설명한 것은?

① 계속적인 과정이다.

② 구성원의 사기진작을 위해서도 중요하다.

③ 의사결정과 연관이 있다.

④ 목표달성을 위한 수단적 과정이다.

⑤ 기획은 계획의 결과물이다.

02 환경을 고려하여 향후 5년 개발 계획을 수립했다는 것은 어떠한 기획에 해당하는가?

가. 장기기획	나. 단기기획
다. 전략기획	라. 운영기획

① 가 · 나 · 다
② 가 · 다
③ 나 · 라
④ 라
⑤ 가 · 나 · 다 · 라

03 경영기획의 수립 과정을 바르게 제시한 것은?

① 목표설정 → 경영계획안 개발 → 계획안 탐색과 평가 → 계획안 선택 → 경영자원 배분 및 예산편성

② 목표설정 → 경영계획안 개발 → 계획안 선택 → 경영자원 배분 및 예산편성 → 계획안 탐색과 평가

③ 목표설정 → 계획안 탐색과 평가 → 경영계획안 개발 → 계획안 선택 → 경영자원 배분 및 예산편성

④ 목표설정 → 경영자원 배분 및 예산편성 → 계획안 탐색과 평가 → 계획안 선택 → 경영계획안 개발

⑤ 목표설정 → 계획안 선택 → 계획안 탐색과 평가 → 경영계획안 개발 → 경영자원 배분 및 예산편성

04 다음 〈보기〉에 해당하는 사회복지 활동기획 기법은?

네트워크를 이용하여 프로젝트를 효과적으로 수행할 수 있도록 시간 및 비용과 관련하여 합리적 기법으로 대규모 건설공사나 연구개발사업 등의 일정계획수립 및 통제기법으로 널리 이용되고 있다.

① Gantt Chart

② 월별 활동계획 카드

③ 의사결정 나무분석

④ PERT

⑤ 주요경로방법

05 다음은 무엇에 관한 설명인가?

세로에는 사업을 위한 주요 목표 및 관련활동을 기입하고, 가로에는 월별·일별 시간을 기입한 도표에 사업의 시작, 완료시까지의 기간 동안 계획된 세부목표 및 활동기간을 막대모양으로 표시한 도표

① 프로그램 평가검토 기법

② 방침관리기획

③ PPBS

④ ZBB

⑤ 간트 차트

06 PERT에서 임계경로가 의미하는 바는 무엇인가?

① 평균 비용이 드는 경도

② 가장 비용이 적게 드는 경로

③ 가장 시간이 많이 걸리는 경로

④ 평균 시간이 걸리는 경로

⑤ 가장 시간이 적게 걸리는 경로

07 의사결정의 과정의 순서가 올바른 것은?

① 문제의 인식 및 분석 → 목표의 규명 → 대안의 평가 → 대안의 도출 → 의사결정

② 문제의 인식 및 분석 → 목표의 규명 → 대안의 도출 → 대안의 평가 → 의사결정

③ 문제의 인식 및 분석 → 대안의 도출 → 목표의 규명 → 대안의 평가 → 의사결정

④ 목표의 규명 → 문제의 인식 및 분석 → 대안의 규명 → 대안의 도출 → 의사결정

⑤ 목표의 규명 → 대안의 규명 → 대안의 평가 → 문제의 인식 및 분석 → 의사결정

08 제한적 합리성 모형에 관한 설명으로 틀린 것은?

① 사이먼에 의해 1950년대에 처음 소개되었다.

② 개인의 합리성은 제한적일 수 밖에 없다고 가정하였다.

③ 다른 대안을 찾기 위해 많은 노력을 한다.

④ 효과성과 효율성이 경험적으로 가장 높을 것으로 증명되는 대안을 선택한다.

⑤ 동일한 정보를 두고 서로 상이한 의사결정을 내리는 각 개인의 반응양상을 잘
   설명한다.

09 의사소통에 관한 설명이다. 틀린 것은?

① 의사소통: 공유-이해-명확화의 단계를 거친다.

② 명확화: 사실을 있는 그대로 들으려는 과정이다.

③ 공유: 메시지를 보내고 받는 과정으로 언어적·비언어적으로 다양하게 이루어지며 수직적 또는 수평적으로 이루어진다.

④ 이해: 메시지를 이해하는 과정으로 전달자와 피전달자가 주고받는 말의 의미가 동일함을 인식하는 과정이다.

⑤ 명료화: 메시지를 명확히 하는 과정으로 사실을 있는 그대로 듣고 내용을 정확히 하기 위해 질문을 반복하는 과정이다.

10 다음은 대인접촉 의사소통의 형태에 관한 설명이다. 〈보기〉에서 설명하고 있는 의사소통 형태가 무엇인지 고르시오.

보기

· 장점: 빠르고 신속한 피드백이 가능하고, 수시로 아이디어나 해결책을 교환할 수 있으며 개인적 상호작용이 가능하다.
· 단점: 시간이 많이 소비되며 갈등유발의 위험이 존재한다. 공식적인 기록이 없고 메시지가 왜곡될 수 있다.

① 언어적 의사소통

② 서면을 통한 의사소통

③ 비언어적 의사소통

④ 전자매체

⑤ 수평적 의사소통

11 의사소통을 방해하는 장애요인을 극복하는 방안으로 적절하지 않은 것은?

① 적절한 언어를 사용해야 한다.

② 전달자는 정보를 선택해 공통의 상징체계로 변화시켜야 한다.

③ 신뢰의 분위기를 조성한다.

④ 조직 내에서 의사소통은 일방적으로 이루어져야 한다.

⑤ 반복과 환류를 사용할 수 있다.

객관식 문제 답 | 01. ⑤ 02. ② 03. ① 04. ④ 05. ⑤ 06. ③ 07. ② 08. ③ 09. ⑤ 10. ①
11. ④

제 8 장

리더십과 조직문화

이 장은 기존의 리더십에 대한 경영학적 개념과 사회복지학이라는 특수한 교육적 개념이 통합된 사회복지기관 경영의 리더십에 대하여 알아보고, 조직문화에 대해서도 살펴볼 수 있는 장이다.

- 최근 부각되고 있는 변혁적 리더십의 특성을 알고 있는가?
- 최고관리층, 중간관리층, 하급관리층 등 관리자의 유형에 따른 리더십 기술을 알고 있는가?
- 조직문화의 특징은 무엇인가?

원래 리더십Leadership의 원리는 일반경영학 이론 분야에서 나왔다. 그러나 사회복지기관 경영의 리더십은 기존의 리더십에 대한 경영학적 개념과 사회복지학이라는 특수한 교육적 개념이 통합된 것이다. 리더십은 경영과 함께 비전을 제시하고, 그 비전을 성취할 전략을 개발하는 것을 포함한다. 조직의 요구와 변화로서 의사소통이 필수적이고 리더십 원리가 효과적인 조직을 운영하는 데 도움을 줄 수 있다.

이 장에서는 학문적으로 논의되어 온 리더십에 대한 일반적인 이론들을 소개하고, 리더십에 속하는 하위 개념들과 아울러 성공적인 리더들이 갖추어야 할 역량들에 대하여 기술하고자 한다.

1. 리더십Leadership의 개념

1) 리더십의 정의

리더십을 지도력이라고도 하는데 사회복지조직이 추구하는 목표를 달성하기 위하여 개인이나 집단을 조정하여 동작하게 하는 기술이나 과정이라 할 수 있다. 사회복지조직에서 리더십은 사회복지조직과 프로그램을 향상시키는 변화를 달성하는 것, 변화에 대해 계획을 세우는 것을 포함한다. 리더는 체제, 정책, 규정을 유지하는 행정적인 행동과 주어진 책임감을 수행해야 하지만, 행정 자체가 리더십은 아니다. 그것은 단지 이미 있는 목표old goals를 달성하기 위해 이전부터 사용해 온 프로세스를 사용하는 것일 뿐이다. 리더십은 진행 중인 목표 또는 새로운 목표를 달성하기 위해 새로운 프로세스를 사용한다. 학자마다 다양하게 리더십에 대한 주장을 하고 있는데 블레이크와 머튼Blake & Mouton 은 상황적 접근으로 조직이 수행한 작업, 조직의 외적 작업 환경, 부하들의 특성에 주목하며, 경영격자모형인 매니지리얼 그리드Managerial Grid 를 통해 작업이 수행되는 방식을 측정하고 이 세 가지 변인과 그 작업과의 관계를 알아보았다. 가드너(Gardner, 1990)는 리더십을 리더가 집단에게 제시하거나, 리더와 추종자들이 공유한 목표를 따르도록 하는 설득의 과정이라고 정의하고 있는데 관리자는 프로세스와 자원을 주재하고 사회복지조직에서 직접적인 지시를 하는 개인으로 묘사했다. 유클(Yukl, 1994)은 리더십을 그룹이나 조직 내의 활동들과 관계들을 구성하기 위해서 한 사람에 의해 다른 사람들에게 행사된 사회적 영향력의 과정으로 보았다. 유클은 인간관계를 관리하는 효과적인 리더십 행동으로 지지하기, 개발하기, 인정하기, 보상하기, 팀을 구성하고 갈등을 조정하기, 그리고 네트워킹 등을 제안하고 작업을 관리하는 특별한 행동으로는 계획하기, 명확히 하기, 모니터링, 문제해결, 정보 알리기를 제안하고 있다.

결국 리더십은 다른 사람들people이나 조직에 영향power을 끼쳐 그들이 자신의 능력을 최대한 발휘함으로써 어떤 임무나 목적을 달성performance하도록 하는 지속적인 상호작용process이라고 정의할 수 있다.

> **리더십의 4P**
> · People/Person: 사람
> · Power: 영향(력)
> · Performance: 성과 창출
> · Process: 상호작용

리더십 행동들은 적절한 상황에서 기술적으로 사용될 때 효과적이지만 상황에 따라서 다른 리더십이 필요하다. 효과적인 리더십은 사회복지조직의 전반적인 효과성에 공헌하는 조직적 과정이다. 행정과 관리는 비슷하지만, 리더십은 장기적인 이슈를 다루어야 하고 진행 중인 목표를 달성하기 위해 새로운 프로세스를 사용하면서 목표에 도달하기 위해 낡은 프로세스를 사용하거나 또는 새로운 목표에 도달하기 위해 새로운 프로세스를 사용한다는 점에서 다르다.

2) 리더십의 의의

많은 전문가가 고용되어 있는 사회복지조직에는 전문가의 자율성을 요구하는 욕구와 사회복지조직이 목표달성을 하기 위한 통제욕구 사이에 지속적인 긴장이 존재하는데 이와 같은 긴장으로 인해서 구성원이 사회복지조직의 규칙과 규정을 준수하도록 동기부여를 할 수 있는 리더십이 요구된다. 현재 사회복지조직의 현장에는 사회복지조직과 관련 있는 이익집단이나 지역사회와 관련된 환경적 압력이 증가하고 있으므로 환경의 변화에 대응할 리더십과 사회복지서비스 제공에 있어서 직원 채용과 같은 사회복지조직의 내부적 변화를 사회복지조직에 통합할 수 있는 리더십과 새로운 기술 혹은 구조의 도입과 같은 중요한 내부적 변화를 수용할 수 있도록 하기 위해서 리더십이 필요하다. 또한 사회복지조직에서 구성원이 조직의 목표와 구성원의 목표 간에 가능한 한 많은 일치점을 가지도록 하는 데에도 리더십이 필요하다. 리더십의 기능을 살펴보면 ① 지도자는 자신이 속해 있으면서 영향을 미칠 수 있는 집단이나 사회복지조직의 목표를 설정하는 역할을 한다. ② 설정된 목표 달성을 위한 수단을 효율적으로 동원하고 조작하는 기능을 하여야 한다. ③ 사회복지조직의 구성원이 목표를 성공적으로 달성할 수 있는 방향으로 행동하도록 조정하고 통합하면서 경우에 따라서는 통제하는 것이 필요하다.

2. 리더십 이론

1) 주요 이론

리더십 이론은 ① 리더의 신체적 특성 및 사회적 배경 등에서 리더의 특징을 밝히려고 했던 특성이론, ② 성공적인 리더의 행동유형이 구별된다고 본 행동이론, ③ 성공적인 리더의 특징이나 행동은 상황적 변수에 따라 달라진다고 본 상황이론 등 크게 3가지 이론을 주축으로 발전하였다.

(1) 특성이론 Leadership as a Set of Individual Traits

자질이론이라고도 하는 특성이론 접근법은 효과적인 리더들의 개인적 특성을 규명하는 초기 리더십 이론으로 1940~1950년대에 주로 주장되었다. 이 이론은 타고난 개인적 특성이나 자질이 위대한 리더를 만든다고 믿는 이론이며, 개인의 선천적 유전자에 크게 의존하는 유전자적 특성을 밝혔다는 측면에서 인물이론이라고도 한다. 리더와 비리더를 구별하는 각자의 개성을 찾는 것에 관심을 두고 있으며, 스토그딜 stogdill 은 리더의 6가지 주요 요소를 ① 신체적 특성, ② 사회적 배경, ③ 지적 능력, ④ 성격, ⑤ 과업관련 특성, ⑥ 사회적 특성으로 제시하였다.

이 이론은 리더로서 가능한 특성이 많이 제시되고 있으나 우선순위를 정하기 힘들며 그 구분도 명확하지 않다는 단점이 있다. 특히 리더의 특성이 특정 행동에 통일적으로 연결되지 않으며 행동도 특정 상황을 고려하지 않고 있다는 점, 즉 동일한 특성이라 할지라도 각기 다른 사람, 행동, 결과에 따라 달리 기능한다는 사실을 무시하고 있다는 비판을 받는다. 특성이론은 리더가 특정한 자질을 갖추었어도 그 능력을 다 발휘할 수는 없고, 리더가 어느 정도로 특정한 자질을 갖추어야 하는지를 제시하지 못하며 리더행동의 패턴을 제시하는 데 그쳤다.

특성이론은 이후 카리스마적 리더십으로 발전하였다. 카리스마적 리더십은 리더가 어떤 독특하고 위대한 특징을 선천적으로 가지고 있으며 이는 부하들의 지각에 근거하여 정의된다고 보는 관점이다. 카리스마적 리더십과 관련해서 특별한 재능이 있는 사람, 위기 상황, 위기에 대한 혁신적인 해결, 카리스마적인 리더의 출중한 능력에 대해 매력을 느끼는 추종자들, 반복적인 현상에 대한 타당성 등 5가지 요소가 제시되고 있다(Bass, 1990).

(2) **행동이론** Leadership as a Set of Behaviors

행동이론은 리더가 실제로 무엇을 하는가에 초점을 두고 리더십의 스타일과 그 특정 스타일의 적정 상황에 대한 연구로 1950~1960년대에 주로 주장되었던 이론이다. 행위이론, 행태이론이라고도 하는 이 접근방법은 리더십 개발에 대한 중요한 시사점을 주었다. 그 이전의 연구인 특성이론은 선천적인 자질의 양육에 관심이 있었지만, 행동적 접근의 경우 리더가 되는데 필요한 기술을 배울 수 있는 가능성을 제공하였다. 리더의 행동과 관련하여 권력의 개념이 레빈(Lewin, 1951)에 의해 구축되었다. 행동이론은 리더는 타고나는 것이 아니라 만들어지며 교육에 의해 개발될 수 있다는 이론으로 관리자의 행동양식을 전제적, 민주적, 방임적인 세 가지로 유형화하여 그 유형과 생산성의 관계에 대하여 실험적인 연구를 한 결과 민주적인 관리자가 가장 효율이 높은 것으로 입증되었다. 대표적인 연구로는 아이오와 연구, 오하이오 연구, 미시간 연구, 관리격자 모형 등이 있다.

① 아이오와 연구

르윈 Lewin 을 비롯한 학자들이 아이오와 대학에서 행동주의적 접근을 처음 시도하여 리더십 유형을 다음과 같이 3가지로 구분하였으며, 생산성 측면에서는 민주적 유형의 리더십이 효과적이지만, 위기상황에서는 독재적 유형의 리더십이 유용할 수 있다는 결과를 도출하였다.

가. 독재적 리더십: 과업성취에 초점을 두고, 명령이나 통제, 지시에 중점을 두는 유형

나. 민주적 리더십: 목표설정이나 의사결정에 있어 구성원의 참여를 촉진하고자 노력하고, 구성원의 만족에 관심을 갖는 유형

다. 방임적 리더십: 기본적인 정보와 자원을 제공할 뿐 그 이상의 참견이나 간섭

없이 모든 것을 방임하는 유형

② 오하이오 연구

오하이오주립대학교에서 진행된 이 연구는 리더의 행동기술설문지Leader Behavior De-
scription Questionare를 작성하여 정보를 수집, 분석하여 리더의 행동을 구조주도행동initiating
behavior과 배려행동consideration behavior으로 구분한 것이다. 구조주도행동은 리더가 조직
의 목표를 달성하기 위해 업무를 할당하고 의사전달 체계를 확립하고 업무의 성과
를 평가하는 행동을 말하고, 배려행동은 구성원에 대한 상호신뢰와 우호관계, 지지
등에 관심을 나타내는 행동을 말한다. 오하이오 연구는 구조주도행동과 배려행동
을 조합하여 구조주도행동과 배려행동이 모두 높은 리더가 어느 한쪽의 유형에 치
우친 행동방식이나 둘 다 낮은 행동방식의 경우보다 성과와 조직구성원들의 만족
도가 높게 나타난다는 결론을 도출하였다.

③ 미시간 연구

미시간대학교의 연구는 성과와 구성원의 만족을 위한 리더의 행동유형을 찾기
위해 진행되었다. 연구결과 리더의 유형은 직무중심적job-centered 리더와 직원중심적
employee-centered 리더의 두 가지 유형으로 구분됨을 발견하였다.

직무중심적 리더는 합법적이고 강제적인 권력을 통해 업무계획에 따라 엄격히
감독하고 업무성과를 평가하는 유형이며, 직원중심적 리더는 인간지향적 성향으로
구성원들의 복지·승진·개인적 성장 및 욕구 등에 관심을 갖는 유형이다. 직무중심
적 리더의 경우 구성원의 만족과 업무성과가 낮게 나타났고, 직원중심적 리더의 경
우 업무성과나 구성원의 만족이 높게 나타났다.

④ 블레이크와 머튼의 관리격자 이론

블레이크와 머튼의 관리격자 이론은 '인간에 대한 관심'과 '생산에 대한 관심'이라는 두 축을 토대로 한 바둑판 모양을 활용하여 〈그림 8-1〉과 같이 리더십 이론을 전개하였다. 인간에 대한 관심을 수직축으로, 생산에 대한 관심을 수평축으로 구분하여 각 축을 9구간으로 나누어 총 81종류의 리더십 유형을 세분화하였고, 그 중 5가지의 기본 유형을 제시하였다.

　　가. 무관심(무기력)형: (1.1)에 해당하는 이 유형은 인간에 대한 관심과 생산에 대한 관심이 모두 낮은 유형이다.

　　나. 컨트리클럽형: (1.9)에 해당하는 이 유형은 생산에 대한 관심은 낮지만, 인간

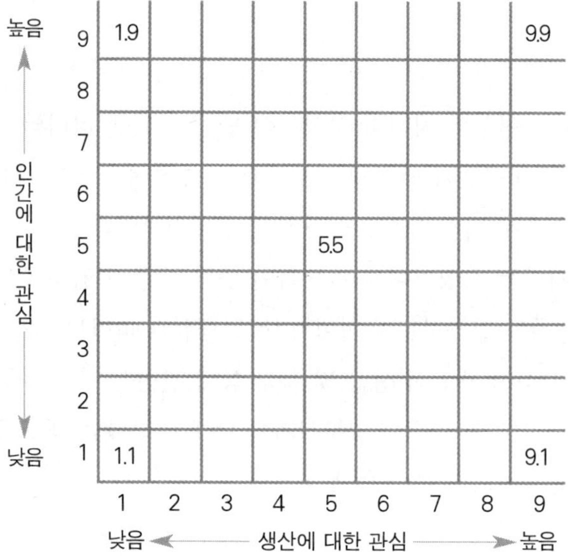

그림 8-1 관리격자 이론

에 대한 관심은 높은 유형이다.

다. 중도형: (5.5)에 해당하는 유형으로 생산에 대한 관심과 인간에 대한 관심이 모두 중간 정도인 유형이다.

라. 과업형: (9.1)에 해당하는 이 유형은 생산에 대한 관심은 높지만, 인간에 대한 관심은 낮은 유형이다.

마. 팀형: (9.9)에 해당하는 유형으로 인간에 대한 관심과 생산에 대한 관심이 모두 높은 유형이다. 블레이크와 머튼은 이 유형을 가장 높은 성과를 올릴 수 있는 최적의 리더십 유형으로 보았다.

(3) 상황이론 Leadership as a Situational

상황이론은 행동이론이 조직의 상황에 적절한 이상적인 리더십을 규정하는 데에 한계가 있음을 지적하면서 등장한 이론으로 1960년대 말부터 1970년대에 걸쳐 발전된 이론이다. 이 이론은 조직이 처한 상황에 따라 요구되는 효과적인 리더십 유형이 달라지고, 성공적인 리더십이라는 것도 특정하게 규정할 수 있는 것이 아니라 조직의 상황에 따라 달라질 수 있다는 관점을 전제로 한다. 대표적으로는 피들러 Fiedler 의 상황적합이론과 하우스 House 의 경로-목표이론, 허시와 블랜차드 Hersey & Blanchard 의 상황이론 등이 있다.

① 상황적합이론

피들러는 3가지의 상황적 변수와 2가지의 리더십 유형을 토대로 어떤 상황에 어떤 결합방식이 잘 맞는지를 비교하며 효과적인 리더십을 파악하고자 하였다.

3가지 상황적 변수는 첫째, 리더와 부하의 관계로 리더가 조직구성원들로부터 받는 존경과 신뢰의 정도를 의미한다. 둘째, 과업구조로서 과업의 할당 및 평가방식

등의 체계화 정도를 의미한다. 셋째, 직위권력은 조직구성원의 평가 및 인사관리 문제와 관련하여 리더가 영향력을 미치는 정도를 의미한다. 2가지 리더십 유형은 조직구성원과의 인간적 관계를 중심으로 하는 관계지향적 리더십과 업무의 성과에 중점을 두는 과업지향적 리더십으로 분류하였다.

피들러는 이러한 연구를 통해, 리더와 구성원 간에 상호우호적인 관계가 성립·유지되고 작업의 구조가 명확하게 제시되어 있으며 리더에게 충분한 권한이 부여되어 있거나 전혀 그렇지 않은 상황에서는 과업지향적 리더십이 효과적이며, 중간적인 상황에서는 관계지향적 리더십이 효과적이라는 결론을 도출하였다. 피들러의 연구는 조직을 둘러싼 상황에 따라 효과적인 리더십 유형이 달라질 수 있다는 새로운 시각을 제시했다. 그러나 상황적 조건이 복잡하고 측정이 어렵다는 점, 리더에게만 초점을 두어 조직구성원의 상황은 고려하지 못했다는 점 등은 한계로 지적되었다.

② 경로-목표이론

하우스는 행동이론인 오하이오연구와 동기부여의 기대이론을 결합하여 경로-목표이론을 제시하였다. 이 이론은 2가지 상황적 요인과 4가지 리더십 유형을 설명하는데, 2가지 상황적 요인은 조직구성원의 특성과 업무환경의 특성이며, 4가지 리더십 유형은 지시적 리더십, 지원적 리더십, 성취지향적 리더십, 참여적 리더십으로 구분하였다.

동기부여의 기대이론
기대이론은 직무수행을 통해서 개인이 바라는 좋은 결과를 얻을 수 있다고 하는 기대와 그러한 결과가 개인에게 얼마나 매력적인가를 보여주는 유인성의 정도에 따라 행동하게 된다고 보는 이론이다. 이와 관련해서는 9장에서 상세히 다룬다.

이 이론을 통해 하우스는 어떤 상황에서 어떤 리더십 유형이 효과적인가를 밝히려고 했으며, 그 결과 다음과 같은 결론을 도출하였다.

가. 과업의 체계화 정도가 낮아 업무수행에 관한 절차나 방법 등이 공식화되어 있지 않거나 구성원들의 지식과 경험이 부족할 때에는 지시적 리더십을 통해 구성원들의 활동을 세부적으로 분담하여야 한다.

나. 업무가 단순하거나 반대로 담당 직원이 감당할 수 없을 만큼 업무가 어려운 경우에는 지원적 리더십을 발휘하여야 한다.

다. 과업이 구조화되어 있지 않은 경우에는 조직구성원들을 목표설정 및 업무결정 과정에 참여시키는 성취지향적 리더십이 효과적이다.

라. 업무가 구조화되어 있고 조직구성원들이 업무의 성취감이나 자율성에 대한 욕구가 강할 때에는 참여적 리더십이 유리하게 작용한다.

③ 허시와 블랜차드의 상황이론

허시와 블랜차드는 부하직원의 상황에 주목하여 부하의 능력과 의지에 따라 4가지 차원의 성숙도 상황을 제시하였고, 그에 따라 적합한 리더십 유형을 제시하였다.

가. 준비상황 1: 부하가 능력도 없고 업무에 대한 의지도 없는 경우에는 모든 것을 지시하고 점검해주는 지시형 리더십이 효과적이다.

나. 준비상황 2: 부하가 능력은 부족하지만 업무에 대한 의지가 충만한 경우에는 업무처리에 관한 아이디어와 방향을 제시해주는 제시형 리더십이 효과적이다.

다. 준비상황 3: 부하가 능력은 충분하지만 업무에 대한 의지가 부족할 때에는 직원의 참여를 적극적으로 끌어내어 책임감을 갖고 의지를 성장시킬 수 있도록 하는 참여형 리더십이 효과적이다.

라. 준비상황 4: 부하가 능력도 충분하고 업무에 대한 의지도 충만한 경우에는 어느 정도 일을 위임하면서 함께 일하는 분위기를 연출하는 위임형 리더십이 효과적이다.

2) 최근 이론

(1) 거래적Transactional 리더십과 변혁적Transformation 리더십

리더가 조직의 안정에 초점을 두는지, 변화에 초점을 두는지에 따라 구분되는 유형으로 이 두가지 리더십 유형은 서로 상반되거나 대치되는 개념이 아니라 양립할 수 있는 개념이다.

① 거래적 리더십

번즈Buns가 제시한 거래적 리더십은 안정지향형의 리더십으로 업무의 할당, 결과의 평가, 통제 등 일상적인 리더의 행동을 강조한다. 리더와 구성원 간에 사회적·개인적 가치의 교환관계가 발생한다고 보았다. 즉 리더는 조직구성원의 역할과 임무를 명확하게 제시하고, 구성원들의 복종과 그에 대한 보상을 강조하였다.

② 변혁적 리더십

변혁적 리더십은 1980년대 미국의 기업들이 일본과 같은 타국의 기업과의 경쟁에서 살아남기 위해 조직을 새롭게 변화시키는 작업의 필요성을 인식하게 됨에 따라 이로부터 조직을 변화/변혁시켜야 한다는 의미에서 등장한 개념이다.

변혁적 리더십은 조직의 노선과 문화를 변동시키려고 노력하는 변화추구적이고 개혁적인 리더십이다. 조직을 둘러싼 환경 변화에 민감하게 대처하여 새로운 비전, 조직문화, 규범을 창출하고 추종자들의 지지와 신뢰를 확보하며 관행을 거부하고 스스로 위험을 감수하면서 도전하는 등 조직의 변화를 주도하는 카리스마 있는 변화주도형의 리더십을 강조한다.

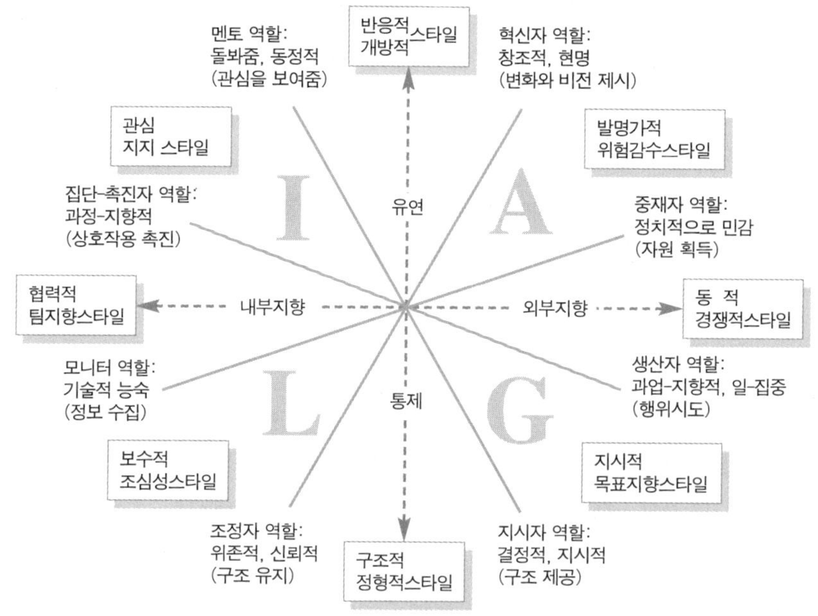

(2) 경쟁적 가치Competing Values 모델

경쟁적 가치 모델은 통합적 관점을 유지하는 리더십 이론이다. 리더십의 초점을 외부지향 – 내부지향의 연속선과, 유연성 – 통제의 연속선이라는 두 가지 축을 바탕으로 리더십의 기술영역을 ① 외부지향 – 유연성에 근거한 경계 잇기 기술, ② 내부지향 – 유연성에 근거한 인간관계 기술, ③ 외부지향 – 통제에 근거한 지시기술, ④ 내부지향 – 통제에 근거한 조정기술 등 4가지 유형으로 구분하여 제시하였다.

(3) 젠더와 문화적 차이의 리더십

리더의 위치에 있는 여성들이 새로운 스타일의 리더십을 창출할 것을 처음으로 부각시킨 것은 여권주의자들이다. 여성들은 관계지향적이고 동료지향적이기 때문에 남의 말에 귀를 기울이고 기업의 분위기를 긍정적으로 바꾼다. 한편, 문화적 소수민족에 관한 관심사에서 출발한 비교문화 연구cross-cultural studies에서는 리더와 추종자 간의 상호작용의 본질은 문화마다 다르므로 다양한 문화적 맥락 속에서 이루어지는 행동들은 서로 의미를 갖고 있기 때문에 보편적인 리더십 기술이 없다고 본다 (Bass, 1990).

(4) 윤리적 리더십 Ethical leadership

현대 리더십 관점들은 혼란과 단절 그리고 변화의 시대에 부합하고(Apps, 1994), 사회와 연결된 관계를 맺는 구성체(Donaldson, 1998)로서, 그리고 조직과 구성원들의 기능으로서의 다양한 방법으로 리더십을 재개념화한다. 결국 사회적으로 책임감 있는 신념과 가치를 근간으로 하여 도덕적 및 윤리적 리더십에 초점을 둔다.

하이페츠(Heifez, 1994)는 윤리적 리더십에 대한 접근에 있어서 리더가 어떻게 추종자들을 도와 그들로 하여금 갈등에 대처하게 하고 갈등으로부터 새로운 변화를 이끌어내는 데 영향을 미치는가에 초점을 맞추고 있다. 하이페츠의 관점과 같이 번스(Burns, 1978)의 경우에도 리더들은 부하들이 상충하는 가치들로 인한 개인적 고충을 극복하도록 도와주는 것이 중요하다고 주장한다. 이러한 과정에서 이루어진 리더와 추종자들 간의 관계는 양쪽 모두의 도덕성 수준을 높이는 결과를 가져온다. 리더십 윤리에 있어서 번스의 관점은 매슬로우와 콜버그의 연구에 뿌리를 두고 있다.

1970년대 초에 그린리프Greenleaf는 섬김의 리더십servant leadership이라는 접근법을 개발하였는데 그린리프는 리더십은 본성적으로 남을 섬기려는 사람에게 부여되는 것이라고 주장한다. 하이페츠, 번스, 그리고 그린리프의 리더십 관점의 공통적인 주제는 리더와 추종자간의 관계가 윤리적 리더십에 근거하고 있으며 리더가 추종자들의 특정한 요구에 깊은 관심을 기울이는 것이 중요하다는 것이다. 이는 리더—추종자 간의 개인적 관계가 윤리의 출발점이 되어야 한다고 주장한 길리건(Gilligan, 1982)의 돌봄의 윤리caring ethics와 일맥상통한다(Northhouse, 2004).

(5) 리더십 대체물 이론Leadership Substitutes Approach

케르Kerr가 주장한 리더십 대체물 이론은 공식적인 리더십을 대체하거나 대신할 수 있는 영향력 있는 환경적 요소가 있다는 것으로, 대체물과 장애물이라는 두 가지 상황적 변수가 리더십의 영향력과 관련되어 있다는 관점이다. 이때 대체물substitutes은 리더의 행동을 불필요하게 만드는 상황변수이고, 장애물neutralizer은 리더의 행동에서 유효한 기능을 방해하고 리더의 행동에 따른 효과를 약화시키거나 중화시키는 상황변수를 의미한다.

(6) 임파워링Empowering 리더십 이론

임파워링 리더십은 조직구성원에게 업무와 관련된 자율권을 보장하여 구성원의 잠재력을 극대화시키기는 리더십을 말한다. 임파워먼트 리더십의 핵심은 권한의 공유와 혁신에 있으며, 권한을 하급자에 줄수록 자신의 영향력이 증대된다는 자신감을 가지고, 직무 권한을 하급자와 공유하여 하급자들이 자신의 자율적 의사결정으로 업무상의 혁신을 이루도록 촉진하는 것이다.(우종모 외, 2004: 198)

3. 리더십 유형

1) 칼리슬의 리더십 유형

칼리슬Carlisle은 리더십을 지시형, 참여형, 자율형/자유형 등 3가지 유형으로 구분하였다. 이 유형 중 자율적 유형은 사용이 매우 제한적이기 때문에 주로 지시적 유형과 참여적 유형이 활용되고 있다.

① 지시적 리더십
명령과 복종을 강조하고, 독선적이며 조직체 성원을 보상-처벌의 연속선에서 통제한다. 정책에 일관성이 있고 신속한 결정이 가능하여 위기 시에 기여하는 장점이 있지만, 조직구성원의 사기저하와 조직 분위기의 경직성 등이 단점으로 지적된다.

② 참여적 리더십
민주적인 리더십으로 조직구성원을 결정과정에 참여시킴으로써 동기를 유발하고 구성원 개개인의 지식과 기술을 활용할 수 있다는 장점이 있다. 그러나 긴급한 결정이 요구되는 때에는 다소 부적합하다.

③ 자율적 리더십
방임적인 리더십으로 대부분의 의사결정권을 구성원 개인에게 위임하는 유형이다. 리더의 권한이나 역할이 불분명하기 때문에 업무에 대한 정보제공이 부족하고 내부갈등에 리더가 개입할 수 있는 여지가 없어 갈등상황에서 혼란이 일어날 수 있

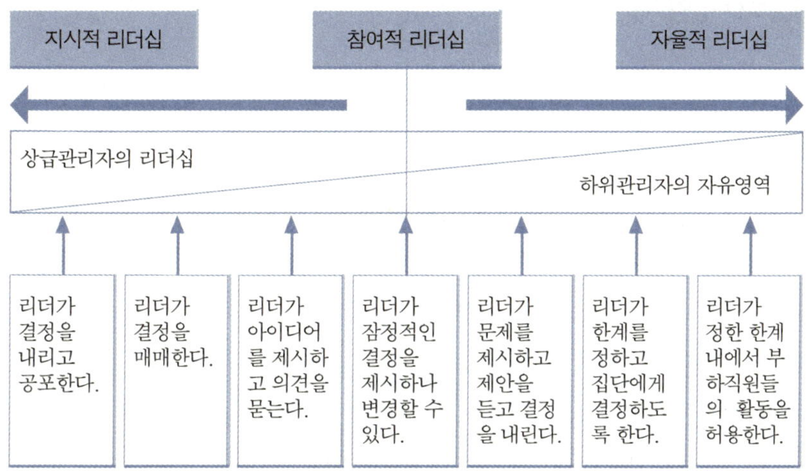

다는 단점이 있다. 자율적 리더십은 대체로 전문가 조직에 적합하다.

2) 탄넨바움과 슈미트의 리더십 유형 — 연속선상의 리더십

탄넨바움Tannenbaum과 슈미트Schmidt는 연속선상의 리더십을 제시하였다. 의사결정 과정에서 조직구성원의 참여가 낮은 수준에서 높은 수준으로 변화함에 따라 리더의 유형도 제시적 → 참여적 → 위임적 유형으로 변화한다는 것이다.

4. 리더십의 수준

1) 최고관리층upper-level의 리더십

최고관리층이란 정책을 행정으로 전환하고 필요한 재정을 획득하며 정치적 지지를 얻어내는 책임을 지고 있는 계층을 말한다. 조직 외부에 위치한 다양한 이익집단과 지역사회와의 상호지지 및 협력 관계를 이끌어내야 하며 조직 내·외부 환경의 변화에도 적절히 대처하면서 조직을 끌어나가야 한다.

최고관리층은 ① 조직의 기본적인 임무를 설정하고 ② 외부의 이해관계 집단과 교섭하고 중재하여 조직의 정체성을 확립하며 ③ 업무의 진행에 필요한 서비스 기술을 선정해야 한다. ④ 내부구조를 체계적으로 발전시키고 유지할 수 있도록 해야 하며 ⑤ 긍정적인 변화를 주도해야 한다.

2) 중간관리층middle-level의 리더십

중간관리층은 조직의 한 부서를 책임지는 계층이다. 최고관리층의 지시를 구체적인 프로그램으로 전환하고, 필요한 인적·물적 자원을 확보하며, 프로그램을 관리·감독·조정·평가하는 업무를 담당한다.

중간관리층은 ① 최고관리층의 지시를 하위관리층에 전달하는 동시에 ② 하위관리층의 욕구나 관심사를 대변하는 중간적 역할을 수행하며 ③ 동등한 위치에 있는 다른 부서나 팀의 중간관리층과도 수평적인 의사소통을 해야 한다.

3) 하위관리층 lower-level 의 리더십

하위관리층은 일선 사회복지사들을 관리하고 접촉하는 슈퍼바이저로서 일선 요원들의 프로그램 수행을 감독하고 업무를 분담·위임하고, 충고 및 지침을 제공해주기도 하며, 일선 요원들의 업무 성과를 평가하는 역할을 수행하는 계층이다. 최고관리층이나 중간관리층보다 일선 요원들과 일상적으로 긴밀한 관계를 맺게 되며 직접적인 서비스 분야의 전문적인 기술을 가지고 있어야 하며 중간관리층과 일선 요원들 사이에서 의사소통의 매개체 역할을 한다.

하위관리층은 ① 일선 요원들의 업무를 조직화하고 조정하기 위한 기술이 필요하고 ② 승진과 보상 등의 평가를 위한 공정성을 가져야 하며 ③ 슈퍼바이저로서 일선 요원들의 동기부여 및 소속감, 조직의 일체감 등을 발전시켜 나갈 수 있도록 해야 한다.

5. 조직문화 organizational culture

1) 조직문화의 개념 및 기능

조직문화는 조직구성원의 행동과 가치관, 신념, 규범 및 관습 등을 포함하는 종합적인 것으로 조직문화의 전제는 조직구성원과 조직전체의 행동에 영향을 미치는 것이다.

조직문화는 조직구성원들이 생각하고 행동하는 관습적이고 규칙적인 방식이다. 조직문화의 순기능을 살펴보면 조직구성원들에게 행동의 기준과 방향을 제시함으로써 구성원들의 행동이나 태도를 인도하고 규정한다. 조직문화는 조직원들에게 우리라는 정체성identity을 심어주며 자기 조직이 다른 조직에 비하여 어떤 특징과 우월성을 가지고 있는가를 주장할 수 있게 하며 조직원들의 통합 또는 단결을 촉진하는 기능을 한다. 조직문화가 조직의 내부적 단합과 조화를 강화하는 이유는 특정조직의 독특한 신화, 의식, 관습 등은 다른 조직과의 이질감을 더욱 느끼게 하고, 조직구성원들 간의 동질성을 높여주기 때문이다.

조직문화의 기능은 조직이 성장함에 따라서 역기능적이 될 수도 있는데 조직문화의 역기능으로는 지나친 정체성이나 단결심의 강조로 조직구성원들의 감정을 자극하여 다른 조직을 비난하거나 방해하는 것과 같은 부작용을 나타낸다. 조직의 형성기에 조직문화는 안정되고 예측 가능한 조직 환경을 창출하며 일체감과 의사소통의 체계를 제공하여 성장을 위한 긍정적 요인으로 작용하지만, 조직이 성장단계에 이르면 초기에 형성된 문화가 제도화되거나 조직구조의 과정 속에 정착하게 됨에 따라 조직문화를 의식하고 조직을 통합 유지하는 것이 어렵게 된다. 조직이 성숙 및 쇠퇴단계에 이르게 되면 조직문화가 도리어 조직혁신의 제약요인으로 작용한다. 조직문화는 조직이 과거에 거둔 영광을 보존하고 자부심 및 자기 방어의 원천이 되어 조직혁신을 거부하게 된다.

조직문화는 조직구성원들과 고객들의 문화패턴을 초월하여 조직관리 전략을 수립하는데 영향을 미친다. 또한 조직문화를 적극적으로 해석하고, 관리자가 조직의 효율성을 높이기 위한 방법으로 사용한다. 문화적 다양성에 대한 전제를 바탕으로 조직문제를 문화적이며 시너지적인 것으로 해결한다.

2) 조직문화의 형성요인

조직문화가 형성되는 데에는 조직 내적인 요인과 환경적인 요인이 따르게 된다.
조직내적 요인에는 첫째, 조직의 창설자나 최고경영자의 조직관리 이념이 있다. 조직의 발전과정 초기에는 창업자의 경영이념이 그대로 조직이 지향하는 가치로 나타나는 경우가 많고, 조직을 세우고 지나온 과정에서 생성된 조직탄생 설화나 일화들이 조직문화의 주요한 요소가 된다. 둘째, 조직의 역사와 조직구성원들의 안정성이 있다. 문화라는 개념 자체가 역사성을 내포하고 있기 때문에 조직문화가 형성되려면 어느 정도의 역사와 구성원의 안정성이 요청된다. 조직에서 오랜 역사와 안정적인 멤버십이 유지된다고 해도 구성원들이 가지고 있는 문화적 배경이 서로 다를 때에는 조직 특유의 문화 형성이 어렵게 되어 대체적으로 문화의 부재가 발생할 수 있고, 조직은 주어진 환경에 적응하면서 성장하기 때문에 조직의 문화적 가치가 조직의 성장전략에 얼마나 적합한가에 따라서 독특한 조직문화의 개발 가능성이 결정되는데 이때 조직의 전략과 관리체계가 중요하다.

조직문화의 환경적 요인이란 조직은 전체 사회의 한 부분이며, 따라서 조직문화는 사회문화와 영향에서 벗어날 수 없기 때문에 조직이 속한 사회문화의 성격이 조직문화의 형성에 영향을 미친다는 것이다. 조직의 지리적 위치, 건물 등과 같은 유형적 환경도 조직문화 형성에 영향을 미친다.

주관식 문제

1 리더십의 필요성에 대하여 논하시오.

2 효과적인 사회복지조직 리더들의 특성에 대하여 기술하시오.

3 리더십이 조직문화에 끼치는 영향에 대하여 논하시오.

객관식 문제

01 사회복지조직이 추구하는 목표를 달성하기 위해 개인이나 집단을 조정하여 동작하게 하는 기술이나 과정을 무엇이라고 하는가?

① 리더십

② 관리

③ 계획

④ 목표

⑤ 피드백

02 사회복지조직에서 리더십이 필요한 이유로 적절하지 않은 것은?

① 사회복지조직과 관련 있는 이익집단이나 지역사회와 관련된 환경적 압력에 대한 대응을 하기 위해서
② 조직의 이윤을 증가시키기 위해서
③ 사회복지조직에서 구성원이 조직의 목표와 구성원의 목표 간에 가능한 많은 일치점을 가지도록 하기 위해
④ 구성원들이 규칙과 규정을 준수할 수 있도록 유인하기 위해서
⑤ 조직의 내부적 변화를 조직에 통합할 수 있도록 하기 위해서

03 리더십 이론의 발전을 순차적으로 배열한 것은?

① 특성이론 – 상황이론 – 행동이론
② 상황이론 – 행동이론 – 변혁적 이론
③ 변혁적 이론 – 행동이론 – 상황이론
④ 특성이론 – 행동이론 – 상황이론
⑤ 상황이론 – 변혁적 이론 – 특성이론

04 하우스에 의해 발전된 경로–목표이론에서 제시하고 있는 리더십 유형이 아닌 것은?

① 지시적 리더십
② 지원적 리더십
③ 성취지향적 리더십
④ 참여적 리더십
⑤ 제시적 리더십

05 〈보기〉에서 설명하고 있는 리더십에 관한 이론은 어떤 이론인가?

· 블레이크와 머튼에 의해 개발된 리더십 유형에 관한 모형이다.
· 팀 형의 리더십이 업무수행에 있어서 효과적인 것으로 결론을 내렸다.
· 무엇이 리더를 만드는지에 관한 해답을 제공해 주지는 못하고 단지 리더십을 개념화하기 위한 뼈대만 제공해준다.

① 오하이오 연구
② 관리격자 이론
③ 미시간 연구
④ 상황이론
⑤ 호손실험

06 변혁적 리더십 이론에서 제시한 리더의 자질에 대한 설명으로 틀린 것은?

① 비전을 통한 단결능력을 가져야 한다.
② 비전을 전달할 수 있는 능력이 있어야 한다.
③ 리더가 어떤 독특하고 위대한 특징을 가지고 있다는 부하들의 지각에 근거하여 정의된다.
④ 신뢰감이 있어야 한다.
⑤ 자신의 이미지 관리에 관심을 가져야 한다.

07 조직문화에 대한 특징으로 잘못된 것은?

① 개인지향적인 문화, 집단지향적인 문화, 평등문화, 계층문화의 종류가 있다.

② 개인지향적 문화는 개인의 업적 특성과 개인적 복리를 강조하는 조직문화로 미국, 캐나다가 대표적이다.

③ 집단지향적 문화는 공동체의 이익이나 목표를 강조하는 조직문화형태로서 중국, 한국, 일본이 대표적이다.

④ 평등문화는 수평적인 관계를 중시하는 조직문화인 라틴국가들이 이에 속한다.

⑤ 계층문화는 수직적인 관계를 중시하는 동양권 국가들이 이에 속한다.

08 조직문화의 형성요인에 대한 설명으로 틀린 것은?

① 조직문화가 형성되는 데는 조직내적인 요인과 환경적인 요인이 따른다.

② 조직내적 요인이란 조직의 창설자나 최고경영자의 조직관리 이념이다.

③ 조직문화의 내적요인이란 조직은 전체 사회의 한 부분이며, 사회문화의 영향에서 벗어날 수 없다는 것이다.

④ 조직문화의 내적요인이란 조직의 역사와 조직구성원들의 안정성이다.

⑤ 조직은 주어진 환경에 적응하면서 성장하기 때문에 독특한 조직문화의 개발 가능성이 결정되는데 조직의 전략과 관리체계가 중요하다.

09 효과적인 리더십을 위하여 리더들이 증진해야 할 기술이 아닌 것은?

① 내·외적인 재원을 이용하고 요구분석에서 능숙함을 개발한다.

② 총체적인 문제를 확인하고 전략을 설정한다.

③ 복합적인 제안을 적용하는 것을 통하여 자금관리 기술을 연마한다.

④ 다양한 성격의 기관들과 강한 유대감을 형성하고 의사결정시스템을 고안한다.

⑤ 행정적인 업무에 있어서 기존의 철학만을 고수한다.

10 조직구성원들이 감지하는 조직체에 대한 인상 또는 인지상태인 조직풍토는 무엇인가?

① 조직문화

② 조직기능

③ 조직우월성

④ 조직의 통합

⑤ 조직의 관습

인적자원관리

이 장은 조직을 중심으로 채용에서 이직에 이르는 일련의 관리과정인 인적자원관리에 관한 내용으로, 사회복지조직에서의 인사관리에 대하여 살펴볼 수 있는 장이다.

- 인사관리의 개념은 무엇인가?

- 직무기술서와 직무명세서의 차이는 무엇인가?

- 사회복지조직에서의 소진과 갈등관리에서 효과적인 방법으로는 어떠한 것들이 있는가?

현대사회에는 다양한 조직들이 있다. 사회복지조직은 공공복지조직, 민간복지조직, 공동복지조직으로 구성되어 복지서비스를 전달하고 있다. 사회복지행정에서 인사관리란 목표를 효과적으로 달성하기 위하여 사회복지조직 활동에 필요한 인적

자원을 동원하고 관리하는 기능이다. 인사관리가 중요한 것은 사회복지조직의 목적인 성과창출과 개인의 목적인 행복 및 욕구 충족 등 사회복지조직 활동의 성과를 좌우하는 활동으로서 인사관리의 대상과 주체는 인간이다. 이 장에서는 인적자원관리에 필요한 직원능력개발, 슈퍼비전, 동기부여, 직무만족과 소진, 갈등관리 등 사회복지조직에서 인적자원관리를 효과적으로 운영하기 위해 필요한 전반적인 요인들을 살펴보고자 한다.

1. 인적자원관리의 개념 및 과정

1) 인적자원관리의 개념

인적자원관리Human Resouces Management, HRM란 사회복지조직을 중심으로 채용에서 이직에 이르는 일련의 관리과정으로, 사회복지조직의 목표를 달성하기 위해 직원을 채용하고 능력을 개발하며 근무의욕을 갖고 조직에 헌신할 수 있도록 동기부여하고 유지하는 관리활동이다. 즉 조직인력에 대한 모집, 채용, 유지 및 개발과 함께 평가과정까지를 포함하는 연속적인 관리과정을 의미한다.

사회복지조직의 목표를 효과적으로 달성하기 위한 사람, 자원, 재정, 정보 등 4가지 요소 중 어느 것 하나만 없어도 사회복지조직의 활동은 유지될 수 없다. 사회복지조직의 4가지 요소는 그 대상에 따라 전문적인 관리가 고려된다. 사회복지조직의 목표를 달성하기 위해서 소요인력 관리활동이 필요하게 되는데 어떤 원칙에 따라 조직구성원을 채용하여 어느 직위에 얼마동안 얼마만큼의 봉급으로 배치하고, 어떤 교육훈련을 누구에게 시켜서 승진시킬 것이며, 퇴직은 어떻게 할지 등 다양한 인력 관리에 대한 문제를 해결하는 업무가 필요한 사회복지조직은 클라이언트의 욕구를 충족하기 위한 목적을 두고 있는데 목표를 달성하기 위해서는 인적자원을 확보하여 그 능력을 배양시켜 나가는 것이 중요하다.

사회복지행정에서 인사관리에 대한 관심은 일차적으로는 업무담당자의 능력 향상에 있다. 향상된 업무담당자의 능력을 통해 서비스 프로그램의 효과성과 생산성을 증대시키고, 이는 곧 클라이언트의 복지 증진과도 연결된다. 인사관리는 주체와 객체가 인간이란 점에서 기본적으로 인간의 상호작용 관계로 볼 수 있다. 사회복지조직에서의 인사관리란 사회복지조직의 구성원들이 자발적으로 사회복지조직의 목적달성에 적극적으로 기여하도록 함으로써 사회복지조직의 발전과 함께 개인의 안정과 발전도 아울러 달성하도록 하는 사회복지조직에서 사람을 다루는 철학과 그것을 실현하는 제도 및 기법의 체계로 정의할 수 있다.

인적자원관리는 현재 및 미래의 시점에서 사회복지조직이 필요로 하는 수준의 인원을 사전에 예측하고 결정하며, 이에 대한 조직 내·외적 공급인력을 예측하고 계획하는 것으로 사회복지조직이 조직구성원이 될 수 있는 잠재적 역량을 갖춘 사람들을 찾아내는 과정이다.

2) 인적자원관리의 과정

(1) 채용

① 모집

모집recruitment이란 선발을 전제로 양질의 인력을 사회복지조직으로 유인하는 과정으로 자격 있는 지원자들을 비어 있는 직위에 유치하는 과정으로 모집의 목적은 전문적으로 유능하고 클라이언트 및 다른 직원들과 원만한 대인관계를 맺을 수 있는 능력을 지닌 직원을 고용하는 것이다.

직원을 모집하기 위해서는 해당 직무에 대한 직무분석이 선행되어야 하고, 어떤 업무를 수행해야 하는지에 대해 서술되어 있는 직무명세서와 직무기술서를 작성한 후 모집공고를 내게 된다. 직무분석job analysis이란 사회복지기관의 모든 직무를 대상으로 각각의 직무를 수행하는 데 따른 책임과 업무내용을 수집하고 분석하여 분류한 것으로 직무기술서를 작성하기 위한 기초자료이다. 직무기술서job description는 특정한 직무 및 직위에 부가된 임무와 책임을 구체적으로 기술한 것이다. 직무명세서job specification는 특정 직무를 적절히 수행하는 데 요구되는 최소한의 자격요건을 기술한 것을 말한다. 모집공고는 직무명, 직무분류 및 봉급범위, 근무지역 및 직무부서, 직무명세서, 최소한의 자격요건, 시험 및 면접일시, 신청절차, 지원신청 마감일시 등을 기재하여 모집공고를 하게 된다.

모집은 사내에서 이루어질 수도, 사외에서 이루어질 수도 있다. 사내모집은 인사부분에서 기능목록 또는 인력배치표를 통해 해당 직위에 적합한 인물을 찾아내는 방법으로 공개모집제도를 이용하는데 사회복지조직이 외부인들에게 신문광고, 사

표 9-1 사회복지기관 내부모집과 외부모집

모집 유형	장 점	단 점
내부모집	· 지원자에 대한 정확한 자료 확보 가능 · 지원자에 대한 정확한 평가 가능 · 저렴한 모집 비용	· 지원자의 참신성 부족 · 지원자의 현재 업무에 지장 초래 · 모집 범위의 제한
외부모집	· 참신한 응모자의 확보 · 새로운 기술이나 경험을 소유한 지원자 확보 · 다수 인력 확보에 유리	· 모집 비용이 과다 · 지원자에 대한 정확한 자료 부족 · 내부 인력의 사기 저하

보, 사내게시판을 통해 충원할 직위를 종업원들에게 알려서 응모하게 만드는 방법이다. 사외모집은 광고활동, 직업소개소, 현직종업원의 추천, 교육훈련기관, 노동조합, 예기치 못했던 응모자, 가까운 친지, 일시고용계약 등의 방법이 있다. 공개채용의 장점은 기업 이미지개선을 할 수 있다.

② 선발

모집의 단계를 거치면 선발이 이루어진다. 선발의 특성은 조직의 요구와 기대, 채용될 사람의 요구로 이루어지며, 직원선발의 과정은 시험이 부과되며, 시험과정은 객관도objectivity, 타당도validity, 신뢰도reliability가 있어야 한다. 실제 선발과정은 기관에 따라 다양하게 진행될 수 있으나, 일반적으로 직무명세서 작성 → 서류시험 → 경력조회 → 신체검사 → 선발결정 → 채용으로 진행된다. 시험방법에는 필기시험, 실기시험, 면접시험이 있다. 필기시험written test은 관리가 용이하고 시간과 경비를 절약, 객관도와 타당도를 높일 수 있다. 필기시험은 주관식 시험과 객관식 시험을 별도로 시행할 수도 있고 혼용할 수도 있다. 각각의 장점과 단점(〈표 9-2〉 참조)이 다르기 때문에 상황에 따라 적합한 방식을 채택해야 한다.

표 9-2 주관식 시험과 객관식 시험 비교

	주관식 시험	객관식 시험
장 점	통찰력, 추리력, 판단력 등과 같은 고도의 복잡성을 지닌 사고 능력을 측정할 수 있으며 시험출제에 비교적 적은 시간이 소요된다.	채점이 용이하고 고도의 객관성을 확보할 수 있다.
단 점	채점자의 객관도가 문제가 되어 채점에 많은 시간과 경비가 소요될 수 있다.	고도의 복잡성을 지닌 사고능력을 측정하는 데는 비효과적인 시험방식이다.

실기시험performance test 은 실제로 근무하는 경우와 같은 조건하에서 같은 도구나 기구를 사용하여 시험을 치르는 것으로 장점은 타당도가 높은 것이고, 단점은 많은 사람들을 한번에 테스트하기는 곤란하고 채점에서 객관도나 신뢰도가 저하될 수 있다. 면접시험oral test 은 사람의 태도, 성격, 창의성, 협조성을 파악하기 위해 필요하다. 하지만, 면접관의 선입견이 개입될 가능성이 있다. 면접유형에는 직무명세서를 기준으로 하는 구조적 면접과 면접자의 자유로운 질문을 위주로 하는 비구조적 면접이 있다. 면접방법으로는 면접자 또는 피면접자가 복수인 집단면접방법과 면접자는 복수이며 피면접자는 한 사람씩 진행되는 위원회 면접방법이 있다.

③ 임명

채용의 마지막 단계는 임명이다. 사회복지조직에서 직원의 임명은 관리자에게 조직을 해석하고 설명할 기회를 준다.

2. 직원능력개발

1) 직원능력개발의 개념

사회복지조직에서 활동하는 직원들의 소양과 능력을 개발하고 직무수행에 필요한 지식과 기술을 향상시키며 가치관과 태도를 바람직한 방향으로 변화시키기 위한 교육 및 훈련활동을 직원능력개발이라고 한다. 직원능력개발을 통한 직원들의 새로운 지식, 기술 및 전문적 태도의 향상은 사회복지서비스의 질 향상으로 이어질 수 있다. 또한 조직구성원들의 능률향상 및 사기진작, 경력발전, 조직구성원 간의 상호작용을 통한 연대감 증진 등을 통해 직·간접적으로 업무의 효과성과 효율성을 높일 수 있다.

2) 직원능력개발의 유형

① 신규 채용자 훈련(오리엔테이션)

신규 채용자 훈련이란 새로운 직원에게 사회복지조직과 사회복지조직의 서비스 및 지역사회를 소개하는 과정이라고 할 수 있다. 신규 채용자 훈련에서는 사회복지조직의 역사와 서비스기본정책, 규정 및 절차, 조직구조, 봉급, 작업시간, 휴가, 병가 등에 관한 기본적인 정보, 직원을 위한 사무실 배열, 특별급여, 승진, 봉급인상과 같은 내용을 소개한다.

② 일반직원 훈련

일반직원 훈련이란 직무수행 개선을 위한 교육훈련으로 일반직원들에게 필요한 새로운 기법을 습득하게 하는 등의 직무수행 능력을 향상시키는 훈련을 말한다. 이는 장기적이고 지속적인 실시가 필요하다.

③ 감독자 훈련

감독자 훈련이란 1인 이상의 부하를 지휘하고 감독할 책임을 진 슈퍼바이저에 대한 훈련을 말한다. 사회복지조직에서 슈퍼바이저는 팀장, 계장, 과장을 의미한다. 훈련내용으로는 업무수행에 필요한 지식, 사기, 리더십, 의사전달, 인간관계, 인사관리 등이고 훈련방법으로는 강의, 회의, 토의방법, 사례발표 등이 있다.

④ 관리자 훈련

관리자 훈련은 슈퍼바이저보다 높은 최고계층에 속한 중·고급 관리자에 대한 훈
련을 의미한다. 관리자에게 요구되는 능력은 정책수립에 필요한 능력과 리더십이
있다.

3) 경력개발

인적자원관리의 중요한 요소이자 과제로 부각되고 있는 것이 경력개발이다. 경
력개발이란 조직구성원 각각이 원하는 경력을 쌓아 나갈 수 있게 하기 위해 경력욕
구, 가치지향, 강점과 제한점 등에 대한 파악과 함께 경력의 목표를 형성할 수 있게
지원하고, 경력의 목표를 이룰 수 있는 행동계획을 세우게 하고, 구성원의 경력목
표와 관련되어 현재 유용한 조직 내 정보를 제공하면서 관련된 업무 등을 경험할 수
있게 하는 것을 의미한다.

4) 직원능력개발을 위한 교육 및 훈련 방법

① 회의conference

주로 소규모로 이루어지며 어떤 주제에 대해 논의·토의가 이루어지는 공식적인
모임이다. 참여자들이 주제에 대한 사전지식이 공유되지 않을 경우 회의가 불명확
해질 수 있다는 점에 유의해야 한다.

② 토의/토론discussion

진행자와 참여자가 자유로운 분위기 속에서 자신의 의견을 말하고 서로의 의견

을 듣는 방식이다. 포럼, 패널, 심포지엄, 대담 등의 방식이 있다.

가. 포럼forum: 특정 주제에 관하여 새로운 자료와 견해를 제공하여 관심을 높이고 문제를 명확하게 한 후 각자의 의견을 표명하도록 하는 방식이다. 참여자들이 잘 모르는 주제에 대해 전문가가 정보를 제공하고 그에 대한 의견을 교환한다.

나. 패널panel, 심포지엄symposium: 여러 사람의 발표자가 토론을 하고, 청중은 토론에 참여할 수 없다. 패널은 발표자들이 동일한 주제에 대해 발표하지만, 심포지엄은 발표자들이 각각 다른 주제를 다룬다는 점에서 차이가 있다.

다. 대담dialogue: 두 명의 발표자가 대화를 끌어나가고 청중은 참관하는 방식이다.

③ OJT, Off-JT

가. OJT On the Job Training: 직장훈련, 현장훈련, 직무상 훈련이라고도 하며, 근무현장 내에서 실제 직무를 수행하면서 선임자로부터 대면지도, 개별지도, 훈련지도 등을 통해 직무수행능력을 개발하는 방법이다.

나. Off-JT Off the Job Training: 직장 외 교육이라고도 하며, 직장 내·외의 전문가를 초빙하여 직무현장이 아닌 강의실이나 세미나실 등에서 강의식으로 교육하는 방법으로 실무 중심이 아닌 일반적인 원리나 지식을 교육하는 데에 적합한 방법이다.

④ 슈퍼비전supervision

슈퍼바이저가 부하직원을 업무과정에서 지도·감독하는 것을 말한다(OJT와 유사하며, 슈퍼비전에 대해서는 '3. 슈퍼비전' 참조).

⑤ 사례발표 case presentation

직원들이 돌아가면서 사례를 발표하고 이에 대해 다른 직원들이 평가하고 토의하는 방식이다.

⑥ 임시대역 understudy

공연에서 배역을 대신하여 연기한다는 것에서 비롯된 용어로, 상사의 부재시에 대비하여 직무수행을 대리하도록 하는 방식이다.

⑦ 역할연기 role-playing

특정 상황을 제시하고 그에 대해 연기로 표현하도록 하는 방식이다. 주로 인간관계나 상황관계에 대입하여 활용된다. 이 방법은 사용가능한 범위가 매우 좁다는 단점이 있다.

⑧ 순환보직 rotation

피훈련자를 일정한 시일의 간격을 두고 여러 다른 직위나 직급에 순환시켜가면서 훈련시키는 방법이다. 다양한 경험을 할 수 있다는 장점이 있지만 잦은 이동으로 업무수행의 전문성과 능률성의 저하를 가져올 우려도 있다.

⑨ 계속교육

학교 교육이 끝나고 입사한 직원들을 대상으로 업무에 대한 전문성을 향상 또는 유지할 목적을 위해 계속적으로 교육하는 것이다.

3. 슈퍼비전

1) 슈퍼비전의 개념

사회복지에 있어서 슈퍼비전은 사회복지조직에서 활동하고 있는 직원이 서비스를 효과적이고 효율적으로 전달하기 위하여 지식과 기술을 잘 사용할 수 있도록 도움을 주는 활동으로 전문성과 능력을 발휘할 수 있도록 하는 과정이다. 사회복지조직에서 슈퍼바이저는 직원들의 일을 조직하고 모니터하고 평가하고 정서적이고 사회적인 지지까지도 제공하며 업무담당자들의 전문성 개발에도 기여하는데, 궁극적인 목적은 클라이언트에 대해 효과적이고 질 높은 서비스를 제공함으로써 기관의 책임성을 높이는 것이다. 결론적으로 슈퍼비전이란 지속적인 훈련과 개발에 핵심적인 기여를 하는 것으로 사회복지사의 발전과 향상에 있어 중요한 역할을 하면서 사회복지시설의 실천현장에서 활약하고 있는 직원이나 실습생에 대하여 전문성과 능력을 발휘할 수 있도록 교육 및 지도, 원조하는 것이다.

2) 슈퍼비전 모형

(1) 코울세드 Coulshed 의 모형(6가지)

① 개인 슈퍼비전 - 집단 슈퍼비전: 슈퍼바이저 1명이 몇 명에게 슈퍼비전을 행하는가에 따라 구분된다.

② 직접 슈퍼비전 - 간접 슈퍼비전: 직접 슈퍼바이저를 만나는 것과 기록이나 실험을 통해 슈퍼비전을 행하는 것으로 나뉜다.

③ 공식적 슈퍼비전 – 비공식적 슈퍼비전: 철저한 준비를 통한 슈퍼비전과 준비되지 않은 상태로 시행된 경우로 구분된다.

(2) 왓슨Watson 의 모형(6가지)

① 개인교습 모델: 슈퍼바이저와 슈퍼바이지가 1:1 관계를 통해 슈퍼비전을 주고받는 유형이다.

② 케이스 상담: 업무자와 상담인의 체계로서 형성하거나 일대 다수의 관계를 통해 슈퍼바이지에게 할당된 사례에 대한 슈퍼비전을 실행한다.

슈퍼비전의 기본원칙

① 능력 있는 슈퍼바이저의 일차적인 역할은 사회복지기관의 서비스와 관련하여 기술과 원칙을 가르치는 것이다. 슈퍼바이저는 자신의 교육과 경험에서 배운 바를 슈퍼비전에서 재확인하고, 속한 사회복지기관의 조직과 서비스와 관련하여 하급자의 지식과 기술을 향상시키도록 돕는다.

② 하급자는 슈퍼바이저의 원칙과 지식이 일치하는 목표를 선택하고, 사회복지기관에서 그들의 역할과 관련된 개인적인 목표를 명확히 설정한다. 목표가 정해지면, 그것을 분석, 평가하고 우선순위를 정한다. 목표는 사회복지기관의 정책 및 절차와 일치되어야 한다.

③ 슈퍼바이저는 필요할 때 워커(worker)들에게 도움을 줄 수 있는 태도가 준비되어있어야 한다. 즉 필요한 때 문을 두드리는 워커와 슈퍼바이저와의 관계에 대해 분명한 인식이 필요하다. 또 슈퍼바이저는 워커의 프라이버시를 존중해야 한다.

④ 워커들은 필요할 때 슈퍼바이저의 도움을 요청해야 한다. 문제가 있을 때 시기를 놓쳐서는 안 되며, 슈퍼비전의 과정을 최대한 활용해야 할 것이다.

⑤ 워커들은 슈퍼바이저에게 보고를 행함으로써 그들은 공동으로 앞으로의 계획을 세울 수 있는데 이 원칙은 평가와 책임성을 포함한다.

③ 슈퍼비전 집단: 한 명의 슈퍼바이저와 한 집단의 슈퍼바이지로 구성하며 개인 교습 모델의 확대된 형태이다.

④ 동료집단 슈퍼비전: 특정한 슈퍼바이저가 지정되지 않으며, 모든 집단 구성원이 동등한 자격으로 참여하여 서로에게 슈퍼바이저의 역할을 수행한다.

⑤ 직렬 슈퍼비전: 일종의 동료집단 슈퍼비전으로, 두 명의 업무자가 동등한 자격으로 서로에게 슈퍼비전을 제공한다.

⑥ 팀 슈퍼비전: 가능한 한 다양한 성격을 가진 구성원들로 팀을 이루도록 의도하고 있는데 아젠다가 사전에 제안되고, 한 케이스에 대한 결정은 동료 상호작용을 통해서 한 사례에 대한 결론을 도출한다. 슈퍼비전은 워커 개인에 대한 것부터 특정한 직위에 필요한 내용을 모두 포함한다.

3) 슈퍼비전의 기능

사회복지기관의 조직에서 슈퍼비전의 기능은 슈퍼비전의 목적을 이루기 위한 수단이며 역할과 과제와 활동들 간의 구체화되고 분화된 기능 달성의 수단이라고 할 수 있다. 카두신Kadushin은 슈퍼비전 기능을 행정적·교육적·지지적 슈퍼비전으로 나누어 다음과 같이 설명하였다.

(1) 교육적 슈퍼비전

슈퍼비전의 기능 중 교육적 슈퍼비전의 핵심은 워커의 지식과 기술의 향상이다. 교육은 지식과 기술개발의 관점에서 정의되며 개념, 이론, 조사, 기술, 실천전략과 전술이 강조된다. 슈퍼바이저는 기관의 기본가치, 임무 및 목적에 대한 교육과 함께 다양한 서비스 실천이론 및 모델에 대한 교육을 통해 워커의 문제해결과 실천기술 향상을 도모한다. 슈퍼비전의 기능은 결국 하나의 전문인으로서 워커의 능력을 향상시키는 데 초점을 둔다.

(2) 지지적 슈퍼비전

슈퍼비전의 교육 및 관리기능은 워커의 수단적 욕구에 관심을 두지만 지지적 기능은 워커의 개별적 욕구에 관심을 갖는다. 슈퍼바이저와 슈퍼바이지는 업무와 관련된 다양한 스트레스에 직면하게 되는데 주변의 자원들이 스트레스를 다루는 데 도움이 되지 못하면 효과성을 손상시키게 된다. 예를 들면, 워커에게 스트레스를 유발하는 상황을 제거하고 이에 대처하는 것에 슈퍼바이저가 관심을 갖는다. 이를 통해 워커의 동기와 사기를 진작시키며 불만족과 좌절을 해결함으로써 업무만족을 높이는 것에 초점을 둔다. 슈퍼바이저의 지지기능은 워커의 직무만족에 큰 영향력을 갖는다. 지지적 슈퍼비전을 통해 업무에 대한 스트레스와 긴장을 다루는 자아의 능력을 강화시키고 자아의 방어도를 강화시키는 기능이 수행되어야 한다. 결론적으로 지지적 슈퍼비전의 목적은 완전한 정서적 건강과 인간의 목적달성 능력의 극대화라고 할 수 있다.

(3) 행정적 슈퍼비전

관리자로서의 슈퍼바이저의 역할은 기관의 규정과 절차에 맞는 서비스를 제공하는 것이다. 적합한 워커에게 특정한 클라이언트의 사례를 위임하는 것을 비롯하여 워커의 사례관리 및 서비스 제공을 감독하고 평가하는 역할을 수행한다. 기관 관리자들과 워커의 의사소통을 촉진하

행정적 슈퍼비전의 과제(카두신)
① 직원모집과 선발
② 직원 배치
③ 업무 계획
④ 업무 할당
⑤ 업무 위임
⑥ 업무의 모니터링
⑦ 검토, 평가
⑧ 업무 조정
⑨ 의사소통 기능, 대변인으로서 슈퍼바이저
⑩ 행정적 완충자로서의 슈퍼바이저
⑪ 변화매개인과 지역사회 연계인으로서의 슈퍼바이저

는 역할과 함께 전반적인 기관활동에 대한 조정과 통제의 임무를 수행한다.

(4) 각 기능의 상호연관성

슈퍼비전의 각 기능은 상호연관되어 있다.

첫째, 슈퍼비전이 제공하는 내용적인 측면은 행정적 슈퍼비전이 조직적 구조를 제공하고 업무를 유용하게 위해 자원을 가능하게 한다면, 교육적 슈퍼비전은 업무수행을 위해 기술과 지식을 제공하고, 지지적 슈퍼비전은 효과적인 업무수행을 위해 심리적이고 대인관계적인 자원을 제공한다.

둘째, 슈퍼비전이 제공하는 효과적인 측면은 행정적 슈퍼비전이 효과적인 조직과 사회복지사와의 관계, 활동가능한 자원, 조직의 구조와 효과성 증진이 목적인 반면에 교육적 슈퍼비전은 향상된 기술을 통해 효과성을 증가시키는 것이고 지지적 슈퍼비전은 스트레스를 감소함으로 사회복지사의 효과성 증진에 초점을 둔다.

셋째, 슈퍼비전이 제공하는 영역적인 측면은 행정적 슈퍼비전이 힘, 위치, 보상에 교육적 슈퍼비전은 전문가로서의 힘에 중점을 두고, 지지적 슈퍼비전은 자아를 지지 하는데에 중점을 두는 것이다.

넷째, 슈퍼비전이 사회복지사에게 추구하는 측면은 행정적 슈퍼비전을 통해 효율적인 사회복지사로, 교육적 슈퍼비전을 통해 능력 있는 사회복지사로, 지지적 슈퍼비전을 통해 열정과 이해심이 많은 사회복지사로 키워나가는 것이다.

4. 동기부여 motivation

1) 동기부여의 개념과 과정

동기부여는 사회복지서비스를 관리하는 데 중요한 요소로서 직원들의 사기 증진과 근무의욕 발생에 중요하다. 동기는 개인의 내적 심리상태를 자극하는 요인으로 행정결정에 매우 중요한 기능이므로 최고 관리자는 무엇이 사람들에게 동기를 부여해 주는가를 알아야 효율적인 인적자원관리를 할 수 있고 동기부여에 관한 지식을 기초로 하여 인적자원을 관리해야 한다. 사회복지조직의 관점에서 동기부여란 인간의 정태적인 상태를 동태적인 상태로 변환시키기 위하여 인간의 행동에 동기를 주입시키는 것을 의미한다. 동기는 인간행동의 주요 원인으로 최고관리자는 목표지향적인 조직구성원들의 행동을 자극하고 유발시켜야 한다. 이런 의미에서 동기부여의 개념은 목표달성을 위한 조직구성원의 지속적인 노력을 효과적으로 유도하는 것이다.

일반적 동기부여는 욕구 needs → 충동 drives → 목표 goals → 만족 satisfaction → 욕구 needs의 순환으로 이루어진다.

2) 동기부여 이론

(1) 내용이론 content theory
① 매슬로우 Maslow의 욕구 5단계 이론
매슬로우는 욕구와 관련하여 사회 구성원들이 인생의 전 과정 동안 목표를 추구

하고 그 목표를 달성하기 위해 내적으로 끊임없는 충동이 일어나며 인간의 욕구를 가장 낮은 것으로부터 가장 높은 것으로 올라가는 계층hierarchy의 형태로 보고 어떤 욕구가 만족되면 그 욕구는 더 이상 동기유발 요인이 되지 않는다고 결론지었다. 매슬로우의 욕구단계는 피라미드 모양의 다섯 단계로 구성되어 있다. 매슬로우의 욕구단계는 강도와 중요성에 따라서 계층적 단계로 배열되어 있으며 인간의 욕구는 낮은 단계에 있는 욕구가 어느 정도 만족되어야 더 높은 단계의 욕구를 의식하거나 동기가 부여된다고 가정하였다(Hjelle & Ziegler, 1981: 368). 인간의 기본적인 욕구는 〈그림 9-1〉와 같은 피라미드형으로 나타낼 수 있으며 각 단계마다 욕구의 다양한 특징들이 있다.

가. 생리적인 욕구: 인간의 모든 욕구 중에서 가장 강력한 욕구로 인간의 생존을 위해 필요한 음식, 물, 공기, 수면성 등에 관한 생리적 욕구가 다른 욕구에 비해서 가장 기본적이고 강력하다.

나. 안전에 대한 욕구: 생리적 욕구가 비교적 잘 채워지면 새로운 욕구가 나타나게 되는데 질서 있고 안정적이며 공포와 불안으로부터의 자유가 요구된다. 이 단계의 부정적인 면은 굶주림과 목마름과 같은 욕구가 아니라 두려움과 불안으로 걱정하게 된다.

다. 소속감과 사랑의 욕구(애정에 대한 욕구): 소속과 사랑의 욕구로는 다른 사람과의 친밀한 관계 특별한 친구 관계, 연인 관계 맺기를 원하며 특별한 집단에 소속되기를 바란다. 사랑에 대한 욕구는 사랑을 받고 주는 것까지 포함하는데 결혼을 하고 가족을 갖고, 지역공동체의 한 성원이 되는 것이다.

라. 자존감의 욕구(자기존중의 욕구): 자존감 욕구는 두 가지 유형이 있는데 이는 자기에 대한 존중과 타인으로부터의 존경이다. 자기존중을 이루기 위해 개인은 유능감, 자신감, 숙달, 성취, 독립, 자유 등을 갖는 것이 필요하고 자

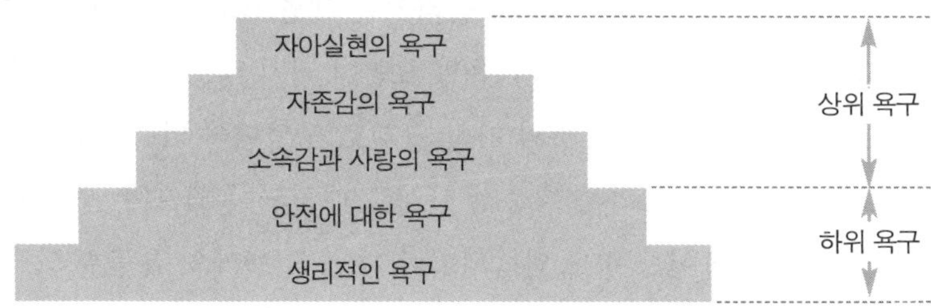

아존중의 욕구를 충족시킨 사람은 자신의 힘, 가치, 적절함에 대한 확신을 갖는다.

마. 자아실현의 욕구: 자아실현의 욕구는 발달의 마지막 단계이며 최고의 단계로서 자신의 모든 잠재력과 능력을 인식하고 충족시키는 것이다. 인구의 1% 정도가 자아실현에 근접하였다. 자아실현의 욕구는 제일 위의 계층에 위치해 있기 때문에 본능적인 욕구의 힘이 제일 약하다고 할 수 있다.

매슬로우는 후기에 이를 세분화하여 생리적 욕구, 안전의 욕구, 소속 및 애정의 욕구, 자기존중의 욕구, 존경의 욕구, 인지적 욕구, 심미적 욕구, 자아실현의 욕구 등 8단계로 욕구체계를 완성하였다.

② 알더퍼 Alderfer 의 ERG 이론

ERG 이론은 매슬로우 이론과 차이점이 있는데 욕구좌절, 역구역행, 만족향상과 같은 기본적인 명제를 기초로 하고 있다. 욕구좌절은 낮은 수준의 존재욕구가 충족되지 않으면 더욱 존재욕구를 원하게 된다. 보다 낮은 차원의 관계욕구가 충족되지 않으면 관계욕구를 더욱 원하게 된다. 이러한 현상은 욕구좌절이 욕구의 증대를 초래한 결과인 것이다. 역행이란 관계욕구가 충족되지 않으면 존재욕구를 더욱 원하게 되고, 성장욕구가 충족되지 않으면 관계욕구를 더욱 바라게 된다. 만족향상은 더 많은 존재욕구가 충족되게 되면 관계욕구를 더욱 갈구하게 되고, 관계욕구가 더욱 충족될수록 성장욕구를 더 바라는 충동이 일어난다.

알더퍼는 매슬로우의 5단계를 간결화하여 인간이 지니고 있는 욕구를 존재욕구, 관계욕구, 성장욕구로 나누어 설명하였다. ERG이론은 상위욕구가 개인의 행동과 태도에 영향을 미치기 전에 하위욕구가 먼저 충족되어야 한다고 보았다.

가. 존재욕구Existence needs : 배고픔, 갈증, 수면, 주거와 같은 생리적이고 물리적인 욕구로서 매슬로우 이론의 생리적 욕구와 안전욕구에 해당한다.

나. 관계욕구Relatedness needs : 직무 내외적으로 상호 인간관계에 관련된 모든 욕구를 포함하는 것으로서, 다른 사람과의 감정의 교류와 상호의존성에서 만족감을 얻고자 하는 욕구로서 매슬로우 이론의 소속욕구와 존중욕구 중 일부가 이에 해당한다.

다. 성장욕구Growth needs : 개인과 직무에 대한 계속적인 성장과 발전에 대한 욕망으로, 잠재능력의 개발 및 확장과 이에 따른 개인적 성장과 관련된 욕구로서 매슬로우 이론의 존중욕구 및 자아실현 욕구와 본질적으로 동일하다.

③ 허즈버그Herzberg의 동기-위생 이론

허즈버그는 동기부여 이론으로 잘 알려져 있는데 매슬로우의 연구와 2요인이론을 확대하여 동기-위생 이론motivation-hygiene theory 이라고 불리는 내용이론을 전개하였다. 그는 직무에 만족을 주는 요인을 동기유발요인motivators 으로 불만을 초래하는 요인을 위생요인hygiene factors이라고 하였다. 위생요인은 감독, 통제, 보수, 대인관계, 근무요건, 지위, 안전 등으로 매슬로우의 하위욕구인 생리적 욕구와 안전욕구에 해당되는 욕구이고 맥그리거의 X이론과 유사하다.

가. 동기유발요인: 직무에 대한 달성감achievement, 성취에 대한 인정recognition, 직무 자체work itself, 증대되는 책임성responsibility, 능력과 지식의 신장advancement

나. 위생요인: 기업정책과 경영company policy and administration, 기술적 감독technical supervision, 봉급salary, 작업조건working condition, 인간상호관계, 감독자interpersonal relations, supervisor

④ 맥클리랜드McClelland의 성취동기이론

성취동기이론은 매슬로우의 이론과 마찬가지로 인간의 욕구에 기초해서 동기부여를 설명하려는 이론이다. 하버드 대학교수인 맥클리랜드는 기본적으로 동기를 부여시키는 권력욕구need for power, 친화욕구need for affiliation, 성취욕구need for achievement의 세 가지 형태로 파악하였으며, 특히 성취욕구의 중요성을 강조하였다.

가. 권력욕구: 다른 구성원에게 통제력을 행사하거나 행동에 영향을 미치는 욕구 또는 다른 구성원에 대한 책임을 지거나 그들 위에 권위로 군림하려는 욕구를 말한다.

나. 친화욕구: 다른 사람과 우호적이고 따뜻한 관계를 유지하려는 욕구이다. 집단 내에서 사랑을 주고받는데 만족, 타인의 감정 중시, 가능한 사회집단에서 소외되는 아픔을 피하려는 경향이다.

다. 성취욕구: 우수한 결과를 얻기 위해서 높은 기준을 설정하고 이를 달성하고자 하는 욕구로써 성공에 대한 강렬한 희망을 가지고 있으며, 또한 실패에 대해서도 비슷한 정도의 두려움을 가지고 있다.

⑤ 맥그리거 McGregor 의 X·Y이론

맥그리거의 이론에 따르면, 전통적 인간관을 X이론이라 하고, 현대적 인간관을 Y이론이라 한다. 맥그리거는 인간의 하급욕구 관리전략을 X이론, 인간의 상급욕구 관리전략을 Y이론으로 설명하였다. X이론은 일이란 고통스러워 사람들이 하기 싫어하는데 사람들은 책임지는 것을 싫어하고 창의력을 발휘하지 못하므로 엄격히 통제되어야 하고 목표달성을 위해서 강제적으로 행하고 본능적 욕구나 안전욕구계층에서만 동기부여가 가능하다고 본다. Y이론은 일이란 작업조건만 좋으면 놀이와 같이 자연스럽고 목표를 달성하기 위한 자기통제가 가능하고 창의성을 다 가지고 있어서 적절히 동기가 부여되면 자율적으로 일을 하고 생리적 안정적 사회적 존경과 자기실현의 욕구계층에서도 동기부여는 가능한 것이라고 하는 이론이다. 〈표 9-3〉에서 X이론과 Y이론의 인간관을 잘 설명해 주고 있다.

(2) 과정이론 process theory

① 아담스 Adams 의 공평성 이론

공평성 이론은 동기부여 과정 이론에 속하며, 행동 유형의 과정, 방향 또는 선택에 관심을 가진다. 투입 및 산출에 대하여 형평에 맞은 보상을 받게 될 경우 공정성을 지각하지만 어긋난 보상을 받게 될 경우 불공평을 느끼게 되고, 이 불공평으로 인해 긴장감이 발생하여 이 긴장감을 줄이려고 노력하게 된다. 공평성 이론의 요점은 사람들은 자기 자신의 투입 대 산출의 비율을 동일한 직무상황 내에 있는 다른 사람들의 투입 대 산출의 비율과 비교하는 것이므로 조직원은 타인과의 관계에서 공평성을 유지하는 방향으로 동기부여를 한다. 사회복지기관의 관리자는 보상배분의 공정성과 직무만족 유지를 위한 사항을 준수해야 하는데 ① 급료나 승진과 같은 보상이 배분될 때마다 공정성을 검토하고 ② 불공정성의 부정적 영향을 예측하면

X이론(전통적 인간관)	Y이론(현대적 인간관)
· 본래 태만하고 가능한 한 일을 회피함	· 일을 놀이와 같이 자연스럽게 생각함
· 야망이 없고 책임지기를 싫어함	· 목표 달성을 위해 자기통제가 가능함
· 이기적이며 창의력이 부족함	· 수동적인 성향을 지닌 것은 아님
· 변화에 저항함	· 변화에 저항적으로만 반응하지는 않음
· 생리적, 안전적 수준에서 동기부여됨	· 친화, 자존, 자기실현 수준에서 동기부여
· 인간은 통제와 강제의 대상임	· 자율성, 창조성을 지님

※출처: 박경일 외(2001).

서 ③ 보상에 관련된 각 개인과 의견을 교환하고 그 효과를 검토하여야 한다. ④ 관리자의 보상배분을 각 개인이 어떻게 느끼고 있으며, 동기부여의 측면에서 공정성을 유지하고 있는지를 검토하는 것이 중요하다.

② 브룸 Vroom 의 기대이론

동기부여의 기대이론은 수단성이론 혹은 유의성이론이라고 한다. 직무수행을 통해서 개인이 바라는 좋은 결과를 얻을 수 있다고 하는 기대와 그러한 결과가 개인에게 얼마나 매력적인가를 보여주는 유인성의 정도에 따라 행동하게 된다고 보는 것으로 직무에서 열심히 일함으로써 긍정적 유의성이 높은 성과들을 얻을 확률이 높다고 지각하면 동기부여의 힘이 강하다고 보는 것이다. 브룸의 기대이론은 어떤 일을 하게 되는 사람의 동기는 적극적이든 소극적이든 간에 자신의 노력이 목표를 성취하는 데 실질적으로 도움을 줄 것이란 확신을 갖게 될 때 더욱 크게 동기부여를 받는다. 브룸의 기대이론을 이해하기 위해서는 이론을 구성하고 있는 기대감, 유의성, 수단성의 개념을 이해하여야 한다.

유의성이란 가치성이라고도 하는데, 직무의 결과에 대해 개인이 부여하는 가치를 말한다. 예를 들면, 경제적 유인, 승진, 성취감, 신분보장에 대해 부여하는 가치라고 할 수 있다. 기대감이란 특정 행위 또는 노력이 특정한 성과를 가져오리라는 가능성 혹은 주관적 확률probability과 관련된 믿음이다. 내가 어떤 한 행동을 했을 때 성공할 확률이 얼마인가 하는 것으로 기대란 직무에서 열심히 일함으로써 높은 보수를 받을 수 있다고 믿는 지각수준이다. 수단성이란 어떤 행동의 결과 보상이 주어질 것이라고 믿는 정도를 의미하는 데 성과상여금 등 인센티브가 수단성에 속한다.

결론적으로 브룸의 기대 이론은 어떤 일을 하게 되는 사람의 동기는 적극적이든 소극적이든 자신의 노력의 결과에 대해 스스로 부여하는 가치에 의해 결정되는 것이며, 또한 자신의 노력이 목표를 성취하는 데 실질적으로 도움을 줄 것이라는 확신을 갖게 될 때 더욱 크게 동기부여를 받는다. 즉 동기부여란 어떤 사람의 활동에거는 기대가치와 그의 목표가 성취될 수 있다고 믿는 인지된 확률의 산물이다.

(3) 기타 이론

① 아르기리스Argyris의 성숙 – 미성숙 이론

미성숙이론이란 조직구성원을 X이론의 가정에서 보고 자율성을 제한하고 수동

표 9-4 미성숙 단계에서 성숙 단계로의 전환

미성숙 단계	성숙 단계
수동적 행위	능동적 행위
한정된 행위	다양한 행동
엉뚱하고 얕은 관심	보다 깊고 강한 관심
단기적 전망	장기적 전망
종속적 위치	대등하고 우월한 위치
자아의식 결여	자아의식과 자기통제

※출처: 박경일 외(2001).

적이고 의존적이며 종속적인 행동을 강요하는 것이고, 성숙이론이란 조직구성원을 Y이론의 가정에서 보고 성장하고 성숙할 수 있도록 기회를 제공하고 자질향상과 자기실현을 할 수 있게 조장한다는 것이다. 미성숙단계에서 성숙단계로 전환하는 과정을 자세히 살펴보면 〈표 9-4〉와 같다.

② 샤흐터Schachter 의 참여동기 이론

샤흐터는 인간은 사회적 동물이기 때문에 인간 사회에서 고립되면 소외감을 느끼거나 이방인으로 생각하게 되어 성장 후 사회문제점을 유발하게 되므로 유아시절부터 사회와의 접촉을 통해 사회적 동기가 길러져야 할 것을 요구하는 이론이다.

③ 포터와 로울러Porter & Lawler 의 보상 모델

포터와 로울러는 동기와 관련된 만족과 성취의 관계를 설명하면서 사람은 노력하기 전에 먼저 노력할 만한 가치가 있는지 생각해보는 보상가치와 이미 지각된 노력에 의해 승진, 임금, 인정 등의 가능성을 생각해보고 노력하게 되는 보상가능성을 생각하게 된다고 보았다. 보상 모델로 부르기도 하는 이 이론에 의하면 개개인은 과거에 습득한 바 있는 경험이나 미래에 대한 기대감에 의해 동기를 부여 받는다. 연구 모형 속에는 노력, 업적, 보상 및 만족감 등의 많은 핵심적 변수를 포함하고 있다. 포터와 로울러는 성과와 만족도의 관계를 새로이 정립하였는데 만족과 성과의 관계에서 성과가 만족에 영향을 주므로 만족이 성과에 영향을 준다는 전통적인 사고를 뒤집었다. 공정성 이론을 도입한 것으로서 그들의 성과에 대한 지각이 만족에 영향을 준다.

이 론	학 자	주요 내용
5단계 욕구이론	Maslow	욕구는 가장 낮은 것으로부터 가장 높은 것으로 올라가는 계층의 형태로 생리, 안전, 소속, 존경, 자아실현 등의 욕구체계로 분류
ERG 이론	Alderfer	주요 욕구가 동시에 개인의 행동과 태도에 영향을 미치고 존재욕구, 관계욕구, 성장욕구로 분류
성취동기이론	McClelland	권력욕구, 친화욕구, 성취욕구의 형태로 파악
위생동기이론	Herzberg	성취감, 인정받음, 도전적인 일, 승진, 책임감, 성장 및 발전 가능성, 공평한 대우 등이 만족요인. 이 요인들의 만족감이 클수록 동기부여가 잘된다.
공정성 이론	Adams	동기부여에 있어서 중요한 요소는 구성원 개인이 보상체계를 공정하다고 인식하고 있는지의 여부이다. 공정하다고 인식된 보상은 직무 만족도와 성과를 향상시킨다.
기대 이론	Vroom	동기부여에 기대 이론을 적용한 이론으로 동기부여는 어떤 사람의 활동에 거는 기대가치와 목표가 성취될 수 있다고 믿는 인지된 확률의 산물이다.
XY 이론	McGregor	X이론의 동기부여방법은 운명적·통제적이고 Y이론의 특징은 구성원들의 의사결정 참여, 최소한의 통제와 지시, 개인을 창의성을 발휘할 수 있는 존재로 본다.
Z 이론	Ouchi	상호신뢰감, 상호인간관계의 민감성, 친밀감이 요구된다. 동질성, 정착성, 집단주의적인 의식을 통해 조직의 응집력을 강하게 하며, 생산성이나 능률이 높아진다.
관리시스템이론	Likert	4개의 시스템으로 조직의 성격을 분류, 시스템 1은 과업 지향적, 독재적인 관리유형, 시스템 4는 상호신뢰, 상호작용 등에 기반을 둔 관계 지향적 관리 유형, 시스템 2, 3은 양극의 중간이다.
성숙-미성숙 이론	Agiris	개인의 인성은 미성숙에서 성숙으로 발전하고 조직 속에서 수동적, 의존적, 종속적이 되어 성숙을 방해한다고 믿는다.
참여동기 이론	Schachter	인간은 사회적 동물이기에 참여 동기가 필요하다. 참여 동기는 유아기부터 길러지는 것이 요구된다.
보상 모델	Poter, Lawler	동기와 관련된 만족과 성취의 관계를 설명한다. 실제보상 ≥ 공정보상 ——————— 만족 실제보상 < 공정보상 ——————— 불만족
귀속이론과 통제의 장		개인 내적인 측면과 외적인 측면에서 귀속과 통제를 파악하는 데 내적인 측면의 요인이 동기부여와 만족 등에 크게 작용한다.

④ 귀속이론과 통제의 장

개인 내적 측면인 능력, 기술, 노력 등과 법률, 봉급 등 외적인 측면에서 귀속과 통제가 파악되며 내적인 측면의 요인이 동기부여와 만족 등에 크게 작용한다는 이론이다. 귀속이론이란 개인이 조직에서 맡은 직무를 수행하면서 개인이 조직에 귀속되는 것을 의미하는 것이고, 통제의 장이란 조직이 무엇에 의해 통제되는가하는 것을 설명하는 것이다.

3) 사회복지조직에서의 동기부여

① 업무상의 동기부여

업무상의 동기부여를 위해서는 기술의 다양성과 전문성을 발휘할 수 있는 기회를 제공하고 과업의 완성을 추구한다. 또한 과업의 의미, 공헌, 중요성, 과업의 자율성이 보장될 수 있어야 하고 과업 수행의 결과가 어느 정도 목표를 달성했는지, 잘했는지 못했는지 등에 대한 피드백이 반드시 있어야 한다.

② 과업환경상의 동기부여

과업환경상의 동기부여를 위해서는 물리적 환경인 작업환경의 개선이 요망된다. 사회적 환경에서 인간관계가 중요하고 문화적 환경도 고려해야 한다.

③ 인사관리상의 동기부여

인사관리상의 동기부여를 위해서는 신분보장이 이루어져야 하고, 보수가 보장되어야 하면서 적재적소의 배치가 요청된다.

④ 개인적 특성상의 동기부여

개인적 특성상의 동기부여는 가정환경이 고려되어야 한다. 개인이 직장 밖의 취미생활이나 여가활동을 하고 있다면 이들이 직무와 어떠한 관계가 있는가도 동기부여에 중요한 영향을 미친다. 직무가 요구하는 지적 수준과 실제 개인의 능력과의 일치는 상당히 중요한 의미를 갖는데 성격 유형 또한 동기부여와 밀접한 관계가 있다. 동기부여는 단순히 욕구 하나만의 충족으로 이루어지는 것이 아니라 다른 개인적 특성과 동기요인을 동시에 고려하는 지혜가 요구된다.

5. 직무만족과 소진

1) 직무만족

(1) 개념

한 개인이 직무와 관련하여 가지는 감정적 상태를 직무만족이라 한다. 이는 행동이나 활력이 아닌 상태로 이해되며, 태도, 가치, 신념, 욕구 등과 밀접한 관계를 맺고, 이러한 요소들의 충족의 정도는 근로의욕에 많은 영향을 미친다. 또한 직무만족은 동기부여와 밀접한 관계를 가지고 있다. 조직구성원의 직무만족 여부는 그 조직의 효과성과 관련하여 볼 때 매우 중요한 의미를 지니는데 조직구성원들이 일과 업무 환경에 대해서 갖는 태도와 인지인 직무만족은 내적만족, 외적만족이 있다. 내적만족internal job satisfaction 은 직무의 난이도, 도전감, 중요성, 다양성, 책임 등 그 자체의 내재적 가치가 주는 만족감을 말하고, 외적만족external job satisfaction은 보상, 작업환경, 승진 등 직무 수행의 결과에 따라 직무 외적으로 부여된 가치에 대한 만족감을 의미한다.

(2) 직무만족의 결정요인

사회복지조직 자체와 직무수행자인 사회복지조직구성원마다 내적, 외적인 특성과 상황에 따라 다르게 나타나기 때문에 직무만족에 영향을 미치는 요소들을 찾아내어 설명하기는 쉬운 일이 아니다.

직무만족의 결정요인을 로크Locke는 직무차원에 따라 다음과 같이 정리하여 제시하고 있다. 직업이란 본질적인 흥미, 다양성, 학습기회, 난이도, 양, 성공에 대한 기회, 작업속도와 방법에 대한 통제, 임금이란 임금액, 공정성, 임금지급방법, 승진이란 승진기회, 공정성, 기초적인 체계, 인정이란 성취에 대한 칭찬, 수행한 일에 대한 신망, 비판, 부가급부는 연금, 의료혜택, 연가, 유급휴가, 작업조건은 작업시간 휴식시간 시설 온·습도 통풍 입지, 감독은 감독의 유형과 영향력을 포함하고 있다. 회사경영방침은 임금과 부가급부정책, 근로자에 대한 관심 등을 포함하고 있다.

2) 소진burnout

(1) 개념

예전에는 헌신적이었던 전문직업인이 직업에서 경험하는 스트레스와 고통들에 대한 반응으로 직무에서부터 멀어져 가는 과정을 말하며, 자기직업에 대한 이상, 열정, 목적의식이나 관심을 점차적으로 상실하는 과정을 소진이라고 한다. 소진은 주로 밀접한 인간관계와 관련된 직무스트레스가 많은 직종의 종사자들에게서 나타나는 부정적 현상이며, 특히 이러한 현상은 단순히 개인의 문제에 머무는 것이 아니라, 클라이언트에 대한 서비스와 기관에 영향을 미치게 된다.

(2) 예방 전략

① 조직 구조적 요인인 자율성과 통제권을 확대하는 방안

② 중요한 결정에 사회복지사의 참여기회를 보장하고 수직적 의사소통의 경로를
마련하는 방안

③ 사회복지사 대 클라이언트 비율을 낮추어 주는 방안

④ 정신적·정서적 부담이 가중될 때 타임아웃이 가능하게 하는 방안

⑤ 개별 사회복지사의 장점을 살릴 수 있도록 조직에 융통성을 부여하는 방안

⑥ 적절한 교육 훈련의 기회를 정기적으로 제공하는 방안

⑦ 일터의 물리적 환경을 개선하는 방안 등이 있다.

(3) 소진의 4단계

소진은 타인을 돕는 일과 관련된 휴먼서비스 직종에서 나타나기 쉬운데, 사회복
지사가 자기직업에 대한 이상과 열정 및 목적의식이나 관심을 상실해가는 과정이
라고 할 수 있는데 보통 4단계의 과정을 거쳐서 나타나게 된다.

① 열성 단계: 사회복지사가 자기 일에 대해 나름대로 열정을 가지고 많은 시간
과 노력을 투자하는 단계이다.

② 침체 단계: 근무하는 일이 다른 모든 것을 대체할 만큼 가치가 없다고 느끼는
단계로 사회복지사는 오히려 보수, 근무시간과 근무환경 등에 신경을 쓰고 개
인적인 욕구충족을 중요시한다.

③ 좌절 단계: 사회복지사가 자신의 직무수행 능력과 일 자체의 가치에 의문을
갖는 단계로 클라이언트의 직접적인 접촉을 피하고 피로, 투통, 복통 등의 경
험을 호소하는 증상을 보인다.

④ 무관심 단계: 자신을 좌절로부터 방어하기 위해 냉담해지는 단계인데 정신적,

신체적으로 포기상태에서 클라이언트에게 무관심해지거나 그 직업을 떠나는
단계라고 할 수 있다.

제9장 연습문제

1 인사관리의 과정에 대하여 기술하시오.

2 소진의 단계에 대하여 설명하시오.

3 갈등관리의 효과적인 방법에 대하여 논하시오.

객관식 문제

01 채용에서 이직에 이르는 일련의 관리과정을 무엇이라고 하는가?

   ① 재무관리

   ② 경력관리

   ③ 슈퍼비전

   ④ 인적자원관리

   ⑤ 직원선발

02 직무분석을 위한 직무명세서의 주요 내용인 것은?

① 직무표지　　② 직무개요　　③ 직무내용　　④ 교육수준　　⑤ 환경

03 시험제도가 갖추어야 할 조건이 아닌 것은?

① 난이도　　② 타당성　　③ 실용도　　④ 신뢰도　　⑤ 주관성

04 주관식 시험의 특징이 아닌 것은?

① 고도의 복잡성을 지닌 사고 능력을 측정할 수 있다.

② 시험출제에 비교적 적은 시간이 소요된다.

③ 채점자의 객관도가 문제가 된다.

④ 채점이 용이하다.

⑤ 채점의 경비가 절약된다.

05 훈련 관리자들을 소속과 배경이 고루 섞인 10명 내외의 소집단으로 나누고, 각 집단
별로 동일한 문제를 토의하여 그 문제에 대한 해결방안을 작성하고, 다시 전체가 모
인 자리에서 각 집단별로 작성한 문제해결방안을 발표하고 토론하여 하나의 합리적
인 문제해결방안을 모색하는 방안은 무엇인가?

① 사례발표

② 회의

③ 신디케이트

④ 토의방법

⑤ 관리자 훈련

06 갈등의 역기능으로 옳지 않은 것은?

① 의사소통을 지연시키고 집단 응집성을 감소시킨다.

② 집단의 목적 달성보다는 구성원들 간의 경쟁이 더 중요시되는 상황을 야기할 수 있다.

③ 조직의 능률성과 생산성을 저해한다.

④ 조직의 목표와 활동에 대한 재평가를 촉구하고 조직의 변화에 민감하게 반응한다.

⑤ 조직의 통제 관리체제 미비로 인해 조직의 안정성이 위협을 받을 수 있다.

07 사회복지조직의 상급직원이 서비스를 효과적이고 효율적으로 전달하기 위해 지식과 기술을 잘 사용할 수 있도록 도움을 주는 활동을 무엇이라고 하는가?

① 피드백　　② 슈퍼비전　　③ 리더십　　④ 의사소통　　⑤ 업무교육

08 동기부여의 과정이 순서에 맞게 배열되어 있는 것은?

① 욕구 – 충동 – 목표 – 욕구 – 만족

② 욕구 – 목표 – 충동 – 만족 – 욕구

③ 욕구 – 충동 – 목표 – 만족 – 욕구

④ 욕구 – 목표 – 충동 – 욕구 – 만족

⑤ 욕구 – 충동 – 만족 – 목표 – 욕구

09 동기-위생 이론에서 동기유발요인이 아닌 것을 고르시오.

① 직무에 대한 달성감　　　　② 성취에 대한 인정

③ 봉급　　　　　　　　　　④ 직무자체

⑤ 능력과 지식의 신장

10 소진의 단계에 대한 순서로 옳은 것은?

  ① 열성 – 침체 – 좌절 – 무관심

  ② 열성 – 좌절 – 무관심 – 침체

  ③ 열성 – 좌절 – 침체 – 무관심

  ④ 침체 – 열성 – 무관심 – 좌절

  ⑤ 침체 – 좌절 – 무관심 – 열성

객관식 문제 답 | 01. ④ 02. ④ 03. ⑤ 04. ④ 05. ③ 06. ④ 07. ② 08. ③ 09. ③ 10. ①

재정관리

이 장은 예산에 대한 기본적인 개념과 예산관리기법, 회계관리에 대하여 알아보고 실제로 사회복지조직에서 이루어지고 있는 전반적인 예산과정에 대하여 살펴볼 수 있는 장이다.

● 사회복지조직에서 재정관리의 중요성은 무엇인가?

● 다양한 예산기법 중 사회복지조직에 적합한 예산기법은 무엇인가?

● 예산과 결산 그리고 회계관리 과정은 어떻게 이루어지는가?

사회복지서비스를 실현하기 위해서 재원은 절대적으로 필요하다. 아무리 좋은 프로그램이나 정책을 가지고 있다고 하더라도 재원이 뒷받침되지 않으면 무용지물이 될 수밖에 없다. 또한 충분한 재원을 확보하지 못한 사회복지기관은 프로그램이나 정책 실현의 문제에 더하여 사회복지기관 존립 자체의 문제로 번질 수도 있다. 따라서 사회복지 재정관리자는 효율적이고 효과적인 재정관리를 위해 예산의 편성과 집행 그리고 회계절차 등 재정관리에 관한 전문적인 지식과 기술이 필요하다(김형식·이영철·신준섭, 2002: 225). 특히 사회복지행정가는 재정양식mode of finance에 대하여 더 많은 관심을 가져야 한다. 사회복지행정가는 재정양식에 관련된 모든 주요 쟁점들과 개념 그리고 가치 등에 대하여 적어도 실용적인 지식 정도는 갖추어야 한다(길버트·테렐, 2007: 336~337).

1. 재정관리의 개념 및 중요성

재정관리란 국가나 지방자치단체 혹은 민간단체가 행정활동이나 공공정책을 시행하기 위하여 재원을 만들어 관리하고 집행하는 경제활동을 말한다(〈그림 10-1〉 참조).

1) 사회복지조직 재정관리의 의의 및 중요성

사회복지조직의 재정관리financial management란 사회복지조직이 재정의 확보에서부터

그림 10-1 재정관리의 2대 요소

집행에 이르기까지 소요되는 재원을 합리적이고 계획적으로 동원·배분하고 이를 효율적으로 사용하고 관리하는 전 과정으로 정의할 수 있다(이계탁, 1998: 20). 한편 스키드모어(Skidmore, 1983)는 사회복지기관의 재정관리 과정에 대하여 ① 재정을 확보하는 단계, ② 확보된 재정을 계획하는 단계, ③ 계획된 재정을 집행하는 세 단계로 이루어진다고 보았다(〈그림 10-2〉 참조). 즉 첫 번째 재정계획 수립은 클라이언트에 대한 프로그램 실시에 따른 예상 수입과 지출 등 재정적 의미를 파악하는 단계이다. 두 번째 모금 활동은 계획된 재원확보를 위하여 기부 캠페인, 교부금 신청, 모금 운동, 수수료 징수 및 기타 모금 활동을 통하여 기금을 조성하는 단계이다. 세 번째 배분은 확보된 재원을 사회복지조직을 통해 클라이언트에게 적법한 절차 및 규정에 의하여 이용 가능한 자원을 세분하여 할당하는 단계이다. 이때 적법한 배분이 되도록 사회복지행정가의 지도감독을 통한 회계관리가 필요하다. 마지막으로 평가는 집행된 재원에 대하여 평가하는 단계로 재정의 효율성과 효과성을 더욱 높이기 위하여 필요하다.

행정학에서 재정관리는 시대를 초월하여 조직관리, 인사관리와 함께 3대 지주로 이해되고 있으며 또한 사회복지행정에서도 〈그림 10-3〉과 같이 일반행정과 마찬가지로 기관이 계획한 목표를 달성하기 위하여 조직을 구성하고 사람을 배치하며 재정을 동원하고 배정하는 등 조직, 인사, 재정의 활동을 주요 내용으로 하고 있다(White, 1955: 224; 이계탁, 1998: 9).

그림 10-2 사회복지조직의 재정관리 절차

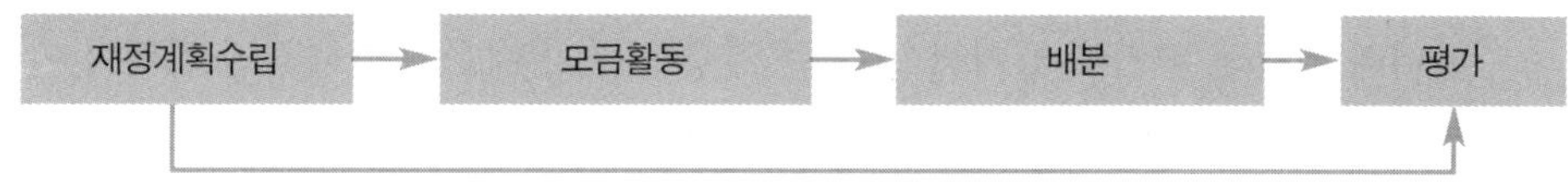

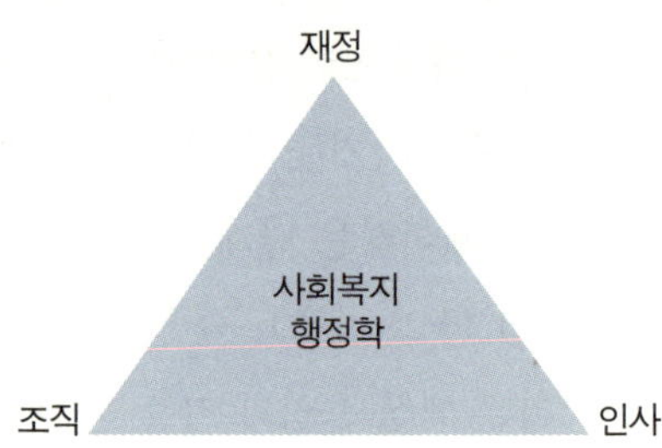

사회복지조직에서의 재정관리의 특징상 방대한 재원을 확보하는 일과 관리기능에 있어서 양적·질적으로도 그 수요가 확대·강화되고 있는 실정이다. 따라서 사회복지조직에서 이를 충족시키기 위한 재정관리 활동은 한정된 재원을 어떻게 적절하게 배분하는가에 달려있다.

로만(Lohmann, 1980)은 다음과 같이 사회복지조직에서의 재정관리의 중요성을 주장하고 있다(김형식 외, 2002: 226 재인용).

① 재정관리는 기관의 생존과 직결되는 사항이다. 재정관리는 기관의 존립을 위해서는 절대적으로 필요하며 이에 재원의 확보와 조달이 중요하다.

② 재정 운용의 중요성을 강조하는 최근의 경향이다. 공공기관·민간단체·개인 등 재원의 제공자들은 그들이 제공한 재원의 운용에 대하여 큰 관심을 나타낸다. 따라서 사회복지조직은 재정관리에 있어서 보편타당한 원칙과 합리적인 통제의 노력이 요구된다.

③ 재정 운용은 기관의 기획과정과 평가과정에 중요한 영향력을 갖는다. 재정 운용은 기관이 실현하고자 하는 목표를 달성하기 위하여 기획하는 전과정뿐만 아니라 기관의 평가에 있어서 매우 큰 영향을 주기 때문에 효율적인 집행이 이루어지도록 사회복지조직은 노력해야 한다.

2) 사회복지조직의 재정관리 특성

① 공공성: 공공기관이건 민간단체이건 간에 사회복지조직에서 이루어지는 재정관리는 사적인 관계를 위하여 이루어지는 것이 아니라 사회복지라는 공공의 목적을 실현하기 위한 것이다.

② 수익자 우선의 원칙: 사회복지 재정관리는 법적으로 규정된 클라이언트를 대상으로 서비스가 실시되는 것으로 원칙적으로 수익자를 우선으로 한다.

③ 계획성: 사회복지재정은 반드시 예산수립을 전제로 하며 재정의 운영은 수립된 예산을 통하여 계획성 있게 집행한다.

④ 민주성: 사회복지재정은 공공기관 및 개인과 민간단체 등이 함께 참여함으로써 이루어진다. 따라서 재정의 집행에 있어 평가 등 민주적인 절차에 의하여 관리되어야 한다.

3) 사회복지조직의 재정관리 원칙

① 수지균형의 원칙: 사회복지기관도 재원을 관리하는 기관이기 때문에 수입과 지출 간의 균형을 유지하여야 한다. 즉 예산의 적당한 편성 및 집행을 통하여 재정의 수지균형을 유지하여야 한다.

② 재정구조의 탄력성 확보의 원칙: 재정구조의 탄력성이란 재정의 경제변동이라든가 행정수요의 변화 또는 지역사회의 여건 변화에 따른 대응을 위한 유연성을 뜻한다. 이는 재정의 수지균형과 함께 재정운영의 건전성을 확보하기 위한 기초가 된다.

③ 행정수준의 확보·향상의 원칙: 사회복지조직의 존립 목적은 클라이언트의 복

지향상에 있다. 따라서 클라이언트의 요청에 부합할 수 있는 행정의 질과 양을 충실하게 뒷받침할 때 재정의 건전성은 의미가 있다.

④ 재정운영 효율화의 원칙: 재정운영의 효율화란 최소의 경비로 최대의 효과를 낳는 것으로 단위당 경비unit cost의 지출효과를 높이는 것을 의미한다. 재정운영의 효율화는 예산의 집행만으로 달성할 수 없다. 따라서 재정운영에 있어서 행정 및 재정관리의 효율화를 원칙으로 하여야 한다.

⑤ 재정운영 공정의 원칙: 재정운영에 있어 공정한 집행이 되도록 하기 위하여 기관 내에 재정운영에 대한 규정과 제도가 마련되어 있어야 하며, 한편 그에 따라서 적법하게 재정운영이 이루어지도록 해야 한다.

⑥ 재정질서 적정화의 원칙: 재정질서 적정화란 국가 및 공공기관과 민간단체 또는 개인의 의무 부담률이 적정하게 이루어지도록 하는 것을 의미한다. 즉 현재 국가 및 공공기관에서 사회복지기관에 보조하는 재정과 민간 및 개인의 기부금이나 수익자부담금 등에 따라 부담비율을 정하고 있다. 따라서 이에 각각의 부담구분이 적정하게 이루어져야 한다.

⑦ 장기적 재정안정의 원칙: 건전한 재정운영은 해당연도에 급급할 것이 아니라 장기적인 안목에서 다음연도의 재정운영을 고려하여야 한다. 즉 장기적인 재정안정을 위하여 예산편성과 집행 그리고 수지에 영향을 줄 원인이 될 행위 등에 대하여 해당연도는 물론 그 익년도 이후의 재정사정을 충분히 고려해야 한다.

2. 예산의 정의, 기능 및 원칙

1) 예산의 정의 및 개념

예산budget이란 어떤 기관의 재정상태를 설명하는 종합적인 문서(Lee & Johnson, 1983: 11)로 재정관리에서 말하는 예산은 기관이나 단체에서 한 회계연도(보통 1년 동안)의 재정활동(수입과 지출)을 미리 셈하여 체계적으로 총괄한 계획서이다. 따라서 예산은 일정한 회계연도의 재정활동에 대한 지침인 동시에 종합적인 재정계획에 대한 청사진이라고 할 수 있다(Gross, Warshauer & Larkin, 1991).

예산은 전통적으로 기관의 재정관리에 있어서 통제기능으로 작용하였다. 즉 계획된 예산 목적 외에는 사용할 수 없도록 통제하는 것이다. 하지만 근래에는 기관의 효율적인 목표달성과 비전을 제시하는 성격도 함께 강조되면서 관리기능과 기획기능이 더욱 요구되고 있다. 예산에서 관리기능이란 최소의 비용으로 최대의 효율을 낳을 수 있도록 하는 기능이며, 기획기능이란 장·단기적인 미래지향적 계획을 위한 것이다(신복기·박경일·이명현, 2008: 317). 그러므로 예산안에는 ① 프로그램 목적에 대한 개요, ② 서비스에 대한 정의, ③ 욕구인구와 서비스 활용수준에 관한 추정치, ④ 프로그램에 드는 비용과 그에 따라 요청되는 자금 등이 기본적으로 포함된다(Gates, 1980: 192~199; 김영종, 1998: 133 재인용).

예산의 개념은 일반적 개념, 형식적 개념, 행정학적 개념으로 구분한다(유종해, 1985: 732~733). 첫째, 일반적 개념은 일정 기간 수입·지출의 예정적 계산을 의미한다. 즉 예산은 사전에 예상되는 수입·지출의 예정적 계획이다. 둘째, 형식적 개념(법률적 개념)으로, 법률적 개념을 의미한다(김규정, 1991: 651). 즉 헌법과 예산회계법에 의거한 일정한 형식에 따라 예산을 편성하는 것을 말한다. 형식적 개념은 국회의 심의·의결을 거쳐 확정되며, 확정된 예산은 임의로 변경할 수 없는 구속력을 갖게 된다. 우리나라의 경우 예산에 있어서 형식적인 입장을 취하고 있다. 마지막으로 행정학적 개념에서, 예산은 재정적·수량적 용어로 표현된 장래의 일정 기간에 걸친 최고관리층의 체계화된 종합적인 사업계획을 의미한다.

2) 예산의 원칙

예산의 원칙은 예산의 편성·집행에 있어 준수되어야 할 원칙을 가리키는 것으로 크게 전통적 예산원칙(통제지향적)과 현대적 예산원칙(관리지향적)으로 나눌 수 있다(김규정, 1991: 668~670; 이규탁, 1998: 125~135).

표 10-1 예산의 고전적·현대적 원칙

전통적 예산원칙(통제지향적)	현대적 예산원칙(관리지향적)
사전 승인·의결성	계획성(행정부 계획)
공개성	책임성(행정부 책임)
명료성	적절성(적절한 행정장치 구비)
엄밀성	다원성(다원적 절차)
완전성	보고성
단일성	재량성(행정부 재량)
한정성	상호성(상호교류적)
통일성	융통성(시기적)

(1) 전통적 예산원칙(통제지향적)

전통적 예산원칙은 주로 통제지향적인 예산원칙이라고 할 수 있다. 선델슨Sundelson과 노이마크Neumark는 다음과 같이 전통적 예산원칙을 제시하고 있다.

① 사전 승인·의결성 prior authorization

예산의 사전 승인·의결의 원칙이란 예산은 회계연도 개시 전에 국회의 의결(승인)을 거쳐야 함을 말한다. 우리나라는 헌법 제54조 제2항에서 "예산안을 회계연도 개시 90일 전까지 국회에 제출하고, 국회는 회계연도 개시 30일 전까지 이를 의결해야 한다"고 규정하고 있다.

② 공개성 publicity

예산의 공개성이란 국회에서 심의·의결하여 확정된 예산의 모든 내용을 국민에게 알리는 것을 말한다. "정부는 예산이 성립되면 지체 없이 예산, 전년도 결산, 국채, 차입금, 국유재산의 현재액, 기타 재정에 관한 일반사항을 인쇄물 기타 적당한 방법으로 공개하여야 한다"고 예산회계법 제109조에서 재정상황에 관한 보고에 명시하고 있다. 영국에서는 예산백서budget white paper와 전년도 세입·세출의 개요인 재정설명서financial statement가 매년 발표되며, 미국은 예산교서budget message 외에 많은 정부간행물을 통해 예산을 알리고 있다. 우리나라에서도 예산개요(예산)와 결산개요(결산)를 발간하고 있다.

③ 명료성clarity과 엄밀성accuracy

예산의 명료성이란 예산의 형식과 기술에 관한 것으로 수입과 지출의 견적이 명확하고, 합리적으로 분류되어 국민이 이해하기 용이하도록 해야 한다는 의미이다.

예산회계법 제20조에서는 예산을 경상예산과 임시예산으로 구분(경상예산과 자본예산, 본예산과 추가경정예산, 일반회계·특별회계·기금)하고, 예산분류방식을 경제성장별·기능별·조직별로 체계화하고 있다. 예산의 엄밀성은 자원의 낭비를 막기 위하여 가능한 한 정확히 견적하여 세입과 세출의 결산이 일치하도록 하는 것을 말한다.

④ 완전성comprehensiveness

예산의 완전성이란 총계주의 예산원칙에 의한 것으로 예산의 포괄성 혹은 총괄성이라고도 한다. 예산의 완전성은 일체의 수입과 지출은 모두 예산에 포함되어야 하며, 만일 예산에 포함되지 않은 수입과 지출은 인정할 수 없음을 의미한다(예산회계법 제18조 제2항).

⑤ 단일성unity

예산의 단일성은 단일예산주의라고도 한다. 예산의 단일성은 예산·회계 및 국고의 단일화를 요구하는 것으로 모든 예산을 하나의 예산으로 묶는 것을 말한다. 즉 추가경정예산 또는 특별예산은 가급적 편성하지 않음을 의미한다. 단일하지 않은 독립된 복수의 예산운영체계는 전체적인 관련성이 불분명하여 예산을 이해하기 어렵고, 국회의 행정부에 대한 예산통제권도 약화되기 때문이다. 그러나 현대국가에서 하나의 예산으로 모든 것을 집행하는 데에 어려움이 따르기 때문에 단일화된 예산으로 일반회계예산 외에 특별회계예산·추가경정예산 등을 병행하고 있는 것이다.

⑥ 한정성periodicity

예산의 한정성이란 예산에서 규정한 목적 이외의 전용을 금하는 것으로 지출은 승인된 틀 내에서 정해진 지출기간 내에서 사용되도록 하고 있다. 예산회계법 제36조 제1항에서는 "각 중앙관서의 장은 세출예산이 정한 목적 이외에 경비를 사용하거나 예산이 정한 각 기관 간, 각 장·관·항 간에 상호이용할 수 없다. 다만, 예산집행상 필요에 의하여 미리 예산으로서 국회의 의결을 얻었을 때에는 기획재정부장관의 승인을 얻어 이용할 수 있다"고 규정하고 있다.

⑦ 통일성

예산의 통일성이란 예산의 통합을 말한다. 즉 특정한 수입을 특정한 지출에만 사용하여서는 안 된다는 원칙이다. 예를 들면, 자동차세를 도로건설비에만 충당하는 것을 금지하는 것으로 모든 세입과 세출은 국고금에서 이루어지도록 하는 것을 말한다.

(2) 현대적 예산원칙(관리지향적)

예산의 현대적 예산원칙이란 과거 전통적 사회환경보다 훨씬 복잡다단해진 현대 정치적·경제적·사회적 환경에 보다 신속히 대응하기 위한 원칙이다. 스미스(H. Smith)는 현대적 예산원칙에 대하여 다음과 같이 제시하였다.

① 행정부 계획executive programing의 원칙

예산의 편성은 행정수반의 사업계획 수립과 밀접한 관계를 맺고 있어 예산의 편성과 기획은 단연 행정수반의 지휘·감독 하에 행해져야 한다는 것이다.

② 행정부 책임executive responsibility의 원칙

예산의 행정부 책임원칙이란 행정수반의 지휘·감독 하에 해당연도의 예산을 심

의·의결하여 집행하도록 그 권한을 행정부에 일임한 국회의 의도를 가장 경제적인 방법으로 실현시켜야 할 책임을 가리킨다.

③ 행정부 재량executive discretion의 원칙

행정부 재량의 원칙이란 행정부에 예산을 집행함에 있어 법이 허용하는 한도 내에서 재정운용에 관한 얼마간의 재량권을 부여하는 것을 말한다. 이는 지출예산과목이 과도하게 세밀할 경우 행정관리에 있어서 저해요소가 되기 때문이다.

④ 적절한 수단adequate tools 구비의 원칙

적절한 수단이란 적절한 행정장치를 의미한다. 즉 예산기관과 예산의 경제적 배분과 집행을 위한 권한이 부여되어야 함을 말한다.

⑤ 다원적 절차multiple procedures의 원칙

각기 다른 행정기관의 예산을 반영함에 있어서 예산의 절차는 각기 다른 형태나 종류의 행정활동에 따라 달라질 수 있다. 그러므로 예산의 효과적인 운영을 위하여 다원적인 행정절차가 필요하다.

⑥ 상호교류적 예산기구two-way budget organization의 원칙

예산기능이 중앙예산기관뿐만 아니라 전체행정기구로 확산됨을 의미하는 원칙으로, 중앙예산기관과 각 행정기관의 예산은 상호교류적 협력관계가 이루어져야 함을 뜻한다.

⑦ 시기융통성 flexible in timing의 원칙

예산의 시기융통성의 원칙이란 경제상황에 따른 변화에 신속히 대처하기 위한 원칙을 말한다.

⑧ 보고 reporting의 원칙

행정부의 예산편성, 예산편성에 대한 입법부의 심의·의결, 행정부의 집행으로 이어지는 과정은 각 기관의 재무·업무·집행사항에 관한 보고에 근거하여야 한다는 것이다.

3. 예산의 유형 및 예산관리기법

1) 예산의 유형

예산의 유형에는 정부예산과 공기업예산, 일반회계예산, 특별회계예산, 기금, 본예산, 수정예산, 추가경정예산, 준예산, 잠정예산, 가예산, 신임예산, 총계예산, 순계예산, 통합예산, 자본예산 등으로 나눌 수 있다(이계탁, 1998: 137~174 참조).

(1) 정부예산과 공기업예산

정부예산을 일명 국가예산이라고도 한다. 정부예산은 반드시 입법부의 심의·의결을 통해 확정되는 예산을 가리킨다. 공기업이란 법률에 의하여 정부에서 기금을 투자하여 설립한 정부투자기관으로 공공성(공공이익)과 기업성(이윤추구)을 의미한다. 따라서 공기업예산은 국가 또는 공공단체의 승인이나 입법부의 심의가 요구

되며 또 한편으로는 공기업의 기업성으로 자율성·신축성이 있는 예산집행(김규정, 1991: 665)이 함께 요구된다.

(2) 일반회계예산 general account budget

일반회계예산이란 일반의 세입·세출에 관한 예산을 말한다(김규정, 1991: 661). 일반회계예산은 조세, 관세, 방위세, 교육세, 전매수입 등으로 국가활동에 관한 세입과 세출을 포괄적으로 계상한 예산을 가리킨다. 일반회계예산은 주로 교육비, 사회개발비, 경제개발비, 국방비, 일반행정비, 지방재정교부금, 채무상환, 예비비, 재정투융자지원 등에 사용된다(이계탁, 1998: 143~149 참조).

(3) 특별회계예산

특별회계예산은 일반회계와 구분되는 국가재정으로 특정한 세입으로 특정한 세출에 충당하는 예산운용제도를 가리킨다. 국가재정법 제4조 제1항 회계구분에서 "국가의 회계는 일반회계와 특별회계로 구분한다"고 규정하고 하였다. 특별회계는 정부기업특별회계, 자금 또는 기금특별회계, 관리특별회계, 보험사업특별회계, 투융자특별회계, 임시특별회계 등으로 이들은 공기업의 수지와 경영합리화를 가져올 수 있으나 예산구조가 복잡해지고, 불투명해지며, 예산과 행정통제가 어려워진다는 단점을 가지고 있다.

(4) 기금 fund

기금은 국가가 일정한 목적을 위하여 적립하거나 준비하는 자금을 가리킨다. 국가재정법 제5조에서 기금설치와 운영에 대하여 명시하고 있다. 기금은 국가가 특정한 목적을 위하여 특정한 자금을 신축적으로 운용할 필요가 있을 때에 한하여 법률로써 설치할 수 있으며, 기금은 세입세출예산에 의하지 아니하고 운용할 수 있다(제5조 제1항 및 제2항). 현재 정부에서 관리하는 기금에는 국민주택기금, 국민연금기금, 장애인고용촉진기금, 사회복지사업기금, 산업재해보상보험기금, 기타 등 여러 기금 등이 있다.

(5) 본예산

본예산은 헌법 제54조에 명시한대로 국무회의에서 심의하고 대통령이 승인한 다음연도 예산안에 대하여 입법부에서 심의·확정된 예산을 말한다. 본예산은 당초 예산 또는 성립예산이라고도 한다.

(6) 수정예산과 추가경정예산 supplemental budget

본예산이 확정되었다하더라도 불가피한 사정이 발생함에 따라 예산집행에 있어서 수정이 불가필 할 경우가 생긴다. 이러한 경우를 대비하여 마련한 것이 수정예산과 추가경정예산이다. 특히 수정예산은 예산안이 입법부를 통과하기 전에 수정하는 것이나, 국가재정법 제35조, 국회제출 중인 예산안의 수정에서 "정부는 예산안을 국회에 제출한 후 부득이한 사유로 인하여 그 내용의 일부를 수정하고자 하는 때에는 국무회의의 심의를 거쳐 대통령의 승인을 얻은 수정예산안을 국회에 제출할 수 있다"고 하였다.

추가경정예산은 예산안이 입법부에서 확정된 후에 변경하는 제도를 말한다. 헌법 제56조, 국가재정법 제89조에 "정부는 예산에 변경을 가할 필요가 있을 때에는 추가경정예산안을 편성하여 국회에 제출할 수 있다"라고 규정하고 있다.

(7) 준예산·잠정예산·가예산 provisional budget

준예산은 입법부에서 예산안이 확정되지 못하여 전년도예산에 준하여 경비를 지출하는 것을 말한다. 헌법 제54조 3항에 "새로운 회계연도가 개시될 때까지 예산안이 의결되지 못한 때에는 정부는 국회에서 예산안이 의결될 때까지 헌법이나 법률에 의하여 설치된 기관 또는 시설의 유지·운영·법률상 지출의무의 이행·이미 예산으로 승인된 사업의 계속을 위한 경비는 전년도 예산에 준하여 집행할 수 있다"고 규정하고 있다. 준예산은 해당연도의 예산이 확정될 경우 확정된 예산에 의하여 집행된 것으로 간주한다.

잠정예산은 준예산과 비슷한 제도로써 회개년도 개시일 전까지 예산이 입법부에서 확정되지 못했을 때 일정 기간 동안(4~5개월분) 잠정적으로 허용하는 제도를 말한다(영국, 일본).

가예산은 부득이한 사유로 예산이 입법부에서 확정되지 못했을 때 입법부가 1개월 이내의 가예산을 의결하여 집행하도록 하는 예산을 말한다. 이는 잠정예산과 비슷한 성격을 가지며 우리나라는 1955년까지 가예산을 편성한 기록을 가지고 있다(김규정, 1991: 664-665).

(8) 신임예산, 총계예산, 순계예산, 통합예산, 자본예산

① 신임예산 votes of credit

신임예산은 기금이나 정부투자기관 예산 같은 것으로 일반 또는 특별회계와는 달리 예산 외 off budget 로 운영되어 입법부의 예산심의를 받지 아니하는 제도이다. 입법부는 예산의 총액만 결정하고, 예산의 구체적인 용도는 행정부가 결정·지출한다(영국, 캐나다).

② 총계예산 brutto budget

총계예산은 말 그대로 '총액예산'이라 하여 세입·세출의 총액을 예산에 계상하는 방법을 말한다. 총계예산은 국가의 재정규모뿐만 아니라 예산과 집행의 책임소재를 명확하게 함으로써 우리나라는 물론 대부분의 나라에서 채택하고 있는 제도이다.

③ 순계예산 netto budget

순계예산은 '순액예산'이라고도 하는데 예산에 있어서 경비를 제외한 순세입과 순세출만을 계상하는 제도이다. 예를 들어 조세수입은 조세의 총수입액에서 징세비를 공제한 잔액을 수입으로 예산에 계상하는 것을 말한다.

④ 통합예산 unified budget

통합예산은 중앙정부의 일반회계예산, 특별회계예산, 기금과 지방정부의 일반회계예산과 교육비 특별회계예산을 모두 합친 국가와 지방재정 모두를 합친 예산을 말한다. 통합예산은 국가예산의 규모는 물론 보전재원 상태의 규모를 정확히 파악할 수 있어 경제의 안정과 성장측면에서 재정의 영향을 분석하는 데 매우 유용하다.

⑤ 자본예산 capital budget

자본예산은 이른바 '복식예산 double budget' 또는 '이중예산 dual budget'으로서 세입·세출예산에 있어서 각각 경상지출 current outlays과 자본지출 capital outlays로 구분하여 경상지출은 경상수입으로, 자본지출은 적자재정과 공채발행으로 충당하는 예산제도이다(김규정, 1991: 701～702). 자본예산의 장점은 경제불황 시기에 공채를 발행함으로써 적자재정을 보충할 수 있고, 더 나아가 이를 통하여 유효수요 창출은 물론 고용 증대를 통한 경기부양을 가져올 수 있다는 데 있다.

2) 예산관리기법

예산이론의 발전은 1920년대부터 통제지향, 관리지향, 기획지향의 세 단계로 발전(Schick, 1971: 4)하여 왔으며 1970년대 초반과 후반에는 각각 목표관리이론과 영기준예산제도가 새롭게 등장하였다. 초기 통제지향 예산기법은 예산집행에 있어서 지나친 통제로 말미암아 효율적인 예산집행에 많은 문제점을 낳게 되었다. 따라서 이러한 문제를 제거하고 보다 능률적인 예산관리를 위한 관심이 고조되고 있는 가운데 근래에 들어서서 예산관리기법에 대한 연구가 활발하다. 예산관리기법에는 품목별 예산Line-Item Budget, LIB, 성과주의 예산Performance Budget, PBS, 계획예산Planning-Programming-Budgeting System, PPBS, 영기준 예산Zero-Based Budget, ZBB, 목표관리이론Management By Objectives, MBO 등이 있다.

(1) 품목별 예산

① 의의

품목별 예산은 1921년 미국의 「예산 및 회계법Budget and Accountiog Act」의 제정을 계기로 예산의 능률과 지출을 통제하려는 목적(신두범, 1984: 485)을 가지고 출발하였다. 당시 정부와 공무원들의 재정 운영에 대한 낭비와 부정이 만연하여 미국 뉴욕의 시정연구회를 중심으로 예산개혁 작업이 활발하게 진행되던 때였다. 윌로우비Willoughby는 민주주의 원칙에 따른 예산운용, 국민통제확보, 적절한 회계와 보고체계 확립, 그리고 예산의 효율성 보장 등의 필요성을 역설하였다(Willoughby, 1918: 1~8; 정진환·김재영, 1996: 510~511).

과목				예산액 (단위: 천 원)	전년도 예산액	증감
관	항		목			
01 시설 운영비	11 인건비		111 급여	65,700	60,000	5,700
			112 일용잡급			
			113 제수당			
			114 퇴직금 및 퇴직적립금	2,740	2,466	274
			115 사회보험 부담비용	10,302	9,500	802
			116 기타 후생경비	5,808	5,350	458
	12 업무 추진비		121 기관운영비	180	172	8
			122 직책급			
			123 회의비	120	110	10
	13 관리 운영비		131 여비	180	150	30
			132 수용비 및 수수료	720	680	40
			133 공공요금	540	450	90
			134 제세공과금	300	272	28
			135 차량비	3,000	2,800	200
			136 연료비			
			137 기타 운영비	1,500	1,400	100
02 재산 조성비	21 시설비		211 시설비			
			212 자산취득비	1,400	1,350	50
03 사업비	31 운영비		311 생계비	4,000	3,600	400
			322 요양보호사	250	210	40
	32 교육비		331 홍보비	100	85	15
			332 복지사업비	2,580	2,300	280
	33 사업비		333 요양보호사 관리비	500	450	50
04 예비비	81 예비비		811 예비비	2,463	2,000	463

② 특징

품목별 예산은 인건비·물건비 등 품목별로 예산을 편성하며 지출 한도를 엄격히
하여 부정지출과 낭비를 막기 위해서 경상비, 인건비, 여비, 사업비 등 지출 품목별

또는 서비스별로 분류하여 편성하고 있다(〈표 10-2〉 참조). 품목별 예산은 일반적으로 1회계연도를 기준으로 한 가장 기본적인 예산편성방법으로 특히 사회복지조직에서 많이 사용되고 있다. 또한 품목별 예산은 지출항목별 회계와 전년도 예산을 근거로 한 점진주의적 예산과 통제위주의 보고서 양식(정진환·김재영, 1996: 511)이 특징이다.

③ 장점
  · 품목별로 되어 있어 예산안 편성과 심의 등 회계 작업이 용이하다.
  · 지출근거 및 책임을 명확히 하여 예산 통제가 효과적이다.
  · 집행자의 재량권을 제한함으로써 입법부와 국민통제가 가능하다.

④ 단점
  · 예산낭비를 억제하는 긍정적 효과에도 불구, 예산활동의 전체적인 상황을 파악하기 어렵다.
  · 예산편성이 부분적이므로 자원배분이 비합리적이고 신축성이 낮다.
  · 정책목표를 파악하기가 수월치 않다. 품목별예산은 결과보다는 투입을 중요시함으로써 목표달성이 어렵다.
  · 프로그램을 파악하기 어렵고, 사업의 효율성이 무시된다. 예컨대 〈표 10-3〉에서 보듯이 기존의 품목별 예산서에는 사업들에 대한 항목들이 한데 뭉뚱그려져 있어서 각각의 사업에 얼마의 예산이 사용됐으며, 얼마나 효율적인지를 한눈에 파악하기가 쉽지 않다. 그러므로 사업의 이해관계자가 사업의 전체비용을 알기 위해서는 품목별로 흩어져 있는 비용을 일일이 찾아 더해 봐야 한다는 수고로움이 남게 된다.

캐비넷식(칸막이) 재정운용

품목별 예산제도의 문제점은 잘 정리된 캐비넷에 비유하여 설명될 수 있다. 예를 들어, 첫 번째 캐비넷에는 법령 및 참고문헌을, 두 번째 캐비넷에는 생산된 문서를 정리하기로 하고, 첫 번째 캐비넷 상단에 법령집, 중단에 조례 및 지침, 하단에는 참고문헌을 정리한 후, 두 번째 캐비넷의 상단에 기안서류, 중단에 회계서류, 하단에 회의 및 협의관련 문서를 정리하였다고 가정하자. 언뜻 생각하기에 분류를 잘 해 놓은것 같지만, 특정 사업에 관련된 내용을 찾고자 한다면, 2개의 캐비넷을 모두 찾아야 한다. 이러한 불편을 없애기 위해 색인표를 만들어 보관하는데, 이 색인표가 바로 예산과목인 것이다. 그러나 색인표만 봐서는 원하는 사업을 쉽게 찾아내기 힘들고, 더구나 제3자가 특정한 사업에 대하여 알고자 할 경우 많은 인내와 어려움을 겪을 것이다.

※참조: 행정자치부(2005)

(2) 사업별 예산

① 의의

사업별 예산은 일반적으로 성과주의 예산으로 더 많이 알려져 있으며 기능주의 예산Functional Budget 이라고도 불린다. 1949년 미국 후버위원회Hoover Commission on Organization of the Executive of the Government 에서 기능·활동·사업계획에 근거한 예산 편성을 권고함에 따라 1950년 1월 트루만Truman 행정부가 사업별 예산안을 만들어 최초로 의회에 제출한 이후 연방정부뿐만 아니라 주정부나 시정부에서도 이 예산 방식을 채택하였다(신두범, 1984: 486; 김규정, 1991: 681).

우리나라는 종전에는 품목별 예산제도를 사용하였으나 2008년 회계연도부터는 사업별 예산제도를 따르고 있다. 우리나라의 사업별 예산제도는 ① 도입준비기(2004년 9월~2005년 3월: 적용기준, 시험적용 등 기반구축), ② 확산기(2005년 4월~2005

년 12월: 성과관리 등 사업별 예산 발전 모색), ③ 적응기(2006년 1월~2007년 12월: 정보시스템을 이용한 시험적용, 전 자치단체가 2007년도 예산에 사업별 예산제도 반영 및 적용), ④ 전면도입기(2008년 1월~현재: 2008년도부터 사업별 예산으로 편성, 의회제출 및 승인) 등으로 나눌 수 있다(행정자치부, 2005: 8). 종전의 품목별 예산제도는 그동안 사업을 추진할 때 예산서에 일반운영비·시설비·부대비 등 품목을 기준으로 사업내용을 분산 편성해 예산서 이해가 어렵고 사업에 대한 성과평가가 곤란하다는 문제점이 지적돼 왔기 때문이다. 사업별 예산제도는 추진하는 사업을 기준으로 당해 사업에 소요되는 비용내역이 일목요연하게 예산서에 나타나게 돼 있어 사업에 따른 직접적인 성과평가가 용이하고 효율적인 재정운영이 가능하다.

② 특징

가. 산출중심: 투입 input 중심에서 산출 output 중심으로의 예산제도이다. 기존의 품목별 예산제도는 투입중심으로 칸막이식 재정운용으로 말미암아 사업의 중복성과 비효율성을 초래하였다. 따라서 정보이용자가 정책방향과 성과를 명확히 파악할 수 있도록 산출중심으로 예산을 편성하는 제도이다.

나. 사업중심: 품목중심에서 사업중심으로의 예산제도이다. 정책과 사업이 체계적으로 연계된 제도이다. 품목별 예산제도의 단점인 정책과 사업을 체계적으로 연계하여 정책실현을 위한 top-down에 의한 예산 편성 체계이다.

다. 성과중심: 통제중심에서 성과중심으로의 예산제도이다. 품목별 예산제도는 지나친 통제로 말미암아 사업성과에 저해를 낳는 역기능으로 작용하였다. 따라서 이를 보완하여 더 나아가 성과목표를 달성하기 위하여 재원을 합리적으로 배분하는 특징을 가지고 있다(행정자치부, 2006: 6~9).

③ 장점

예산의 집행에 있어서 신축성을 기할 수 있다. 즉 행정부의 정책수립과 결정 그리고 입법부의 예산심의를 보다 효율적이게 한다. 예산서에 대해 보다 이해하기 쉬워 예산에 대한 정확한 정보제공과 기관활동을 쉽게 알 수 있다. 투입과 산출, 성과의 연계가 명확하여 사업별에 따른 기관활동의 평가가 보다 쉬워진다. 따라서 정책사업 및 단위사업 간의 우선순위 결정에 유용하고 객관적 성과평가가 가능하여 그 결과를 피드백함으로써 다음 회계연도 예산 반영에 영향을 미치게 한다. 재정 운영에 있어 자율성과 책임성이 확보된다.

④ 단점

업무측정단위 선정과 단위 원가 계산에 있어서 곤란성이다. 성과는 치료받은 환자나 건설된 도로 등과 같은 최종산물을 나타내지만 그중에는 그렇지 못한 것이 많아 업무측정단위를 선정한다는 것은 매우 큰 어려움이 있다. 따라서 이러한 어려움을 해결하기 위해서 단위가 동질적이며, 계산이 가능한 완결된 업무로, 영속성이 있고, 단수이며, 이해하기 쉬워야 한다는 조건이 선행되어야 한다.

특별히 단위원가를 정확하게 계산하기 위해서는 발생주의회계accrual accounting를 도입하여야 하는 난점이 있다. 또한 공통경비나 간접비 배분에 어려움을 갖고 있다(정진환·김재영, 1996: 513). 행정관리수준이 낮고 합리적인 회계제도나 유능한 인력을 확보하지 못할 경우 실패할 확률이 높다(Waterston, 1965: 241). 이외에도 예산을 집행하는 행정부에 대하여 입법부의 통제가 엄격할 수 없으며, 기능의 통합을 지나치게 확대할 우려가 있다. 예를 들어 사회복지기관을 운영하는 근본적인 목적은 수혜자의 삶의 질을 향상하는 데 있다. 하지만 성과를 지나치게 강조하다보면 서비스를 받은 수혜자의 숫자라든가 또는 서비스 시간 등 단위사업에 치중할 우려가 있다.

발생주의회계와 현금주의회계

기획재정부 장관은 10일 정부과천청사에서 연 제4차 위기관리대책회의에서 "2012년부터 적용하는 국가채무의 통계 기준을 현금주의에서 발생주의 방식으로 바꿀 것"이라고 말했다. 국제통화기금은 지난 2001년 회계 기준을 '현금주의'에서 '발생주의' 방식으로 바꾸고 국가채무에 비영리 공공기관도 포함하도록 제시한 바 있다.

· 발생주의회계(accrual basis of accounting): 수익과 비용은 현금의 수입 또는 지출과 관계없이 발생한 시점을 기준으로 하는 회계처리원칙을 말한다. 설사 발생한 수익이나 비용이 유입되지 않고 외상이 발생하더라도 해당연도 매출로 회계처리한다.

· 현금주의회계(cash basis of accounting): 회계인식을 할 때에 현금의 수입 또는 지출이 있을 때만 기록하는 것으로서 발생주의와 반대되는 개념이다. 이는 현금의 수입이나 지출의 시점을 기준으로 한다.

현대회계에서는 원칙적으로 발생주의회계를 채택하고 있다. 발생주의회계에서는 현금의 증감을 초래할 수 있는 거래가 발생하였을 때 그에 따른 현금의 수입 및 지출을 합리적으로 예측·평가할 수 있기 때문이다(최우근, 2006: 76).

(단위: 천원)

품목별 예산서(현행)			사업별 예산서(개편)		
장·관·항·세항	예산액	산출기초	정책사업·단위사업	예산액	산출기초
2000 사회개발비	5,557,412		문화관광국	5,557,412	
2110 문화예술	5,557,412		체험문화 예술기반구축	2,334,556	
2111 문화예술관리	5,557,412				
100 경상예산	2,433,664				101-04 사무보조 인건비 = 12,048 ①

110 인건비	198,339				201-01
					향토사료관
					운영물품
					    2,400
					200,000원*12월 =
					향토사료관
					소개책자
					    6,000
					3,000원*2,000부 =
					향토사료관
					유물보존
					    5,000
					5,000,000원*1식
					향토사료관
					학술학회가입비
					90,000원*3개학회 =
					    270
					향토사료관
					대형난로
					516원*10 l *105일 =
					    542 ②

101 인건비	198,339		향토사료관 운영	30,460	
	84,226	02 수당			
		시간외 근무수당(일반직) 6,483원 65,496 *21인*38시간 *12월 *1.005 =			
	114,111	04 일용인부임			202-01 향토사료관 자료수집 및 학회참석 40,000원*2인*3일*5회 = 1,200 ③
		우암사적공원 청소인부 향토사료관 12,048 사무보조 ①			405-01 향토사료관 유물격납서가 3,000 ④ 150,000원*20개 =
120 경상적경비	2,235,325				
201 일반 운영비	209,611				

품목별 예산서(현행)			사업별 예산서(개편)		
장·관·항·세항	예산액	산출기초	정책사업·단위사업	예산액	산출기초
	209,611	01 일반운영비			
		〈일반수용비〉 시문화상 시상 향토사료관 운영물품 200,000원 *12월=2,400 향토사료관 소개 책자 3,000원 *2,000부=6,000 향토사료관 유물보존 5,000,000원 *1식=5,000 향토사료관 학술학회가입비 90,000원*3개학회=270 〈연료비〉 향토사료관 대형난로 516원*10 l *105일=542 〈관서운영비〉 일반수용비및급량비등=34,436 ②	고대지역 문화체험		
202 여비	24,038				
	24,038	01 국내여비	레저관광산업육성		
		문화예술자료수집 40,000원*5인 *3일*9회=5,400 향토사료관 자료수집 및 학회참 석 40,000원*2인*3일*5회=1,200 부서운영국내여비=9,240 ③			
220 자체사 업					
405 자산 취득 비	4,781				
	4,781	01 자산및물품취득비			
		디지털카메라 부대장비=351 렌지후드 45,000원*1개=45 향토사료관 유물격납서가 150,000원*20개=3,000 ④			

*자료: 행정자치부(2005), 「사업별예산제도 실무 매뉴얼」, Ver 3, p. 8, 재구성인용.

(3) 프로그램 계획예산(계획예산)

① 의의

계획예산은 기관의 목표달성을 위하여 자원과 함께 기획기능이 강조된 장·단기적인 예산제도이다. 종전의 통제 기능을 가진 품목별 예산제도와 관리 기능을 가진 사업별 예산제도와는 달리 기관의 목표달성을 위한 자원의 효율적인 배분과 함께 중요한 요인으로 예산의 기획기능을 강조하여 합리적인 의사결정을 추구하고 있다.

계획예산제도의 발달을 가져오게 된 요인은 케인스의 거시경제학을 계기로 경제분석의 발달, 새로운 정보기술과 체계분석기법의 개발 그리고 무엇보다도 계획과 예산의 일치를 추구하고자하는 움직임이 활발하였기 때문이다. 이전까지만 해도 계획과 예산 간에 서로 연관성이 매우 낮았다.

계획예산제도는 미국의 RAND 연구소에서 개발하여 1954년 계획예산을 채택하도록 공군성에 건의하면서 당시 국방장관이던 맥나마라McNamara가 국방비의 급증과 더불어 육해공군 간의 격심한 대립, 무기체계의 발전 필요성과 함께 국방예산의 효율화를 위하여 1961년에 이 제도를 도입하였다. 그 후 존슨 대통령에 의하여 1965년 연방정부에서 이 제도를 채택하였다. 당시 존슨 대통령은 이 제도를 채택함에 있어서 국가 목표를 정확히 그리고 지속적으로 파악하며, 이들 목표 중 가장 시급한 것을 선택하여 최소의 비용을 들여 장기간에 걸친 사업계획과 주요 내용을 표명하고 있었다. 하지만 계획예산제도는 그 자체가 가지고 있는 여러 가지 문제점으로 인하여 1971년에 공식적으로 사용을 중단하고 폐지되었다.

② 특징

· 경제적 합리성이다. 체계분석기법을 도입하여 경제적 합리화를 이루고 있다.

· 과학적 객관성이다. 계획 예산제도는 체제분석, 비용효과분석 등 과학적인 방

법과 의사결정자의 주관적 편견을 배제한 객관성을 띠고 있다.

· 장기적 목표지향적이다. 계획 예산은 조직의 목표를 수치로 명확히 하며, 장기 적으로 선택한 목표의 달성에 힘쓴다.

· 효과성과 능률성이다. 계획 예산은 여러 대안을 비교, 평가하여 효과성이 높은 대안을 선택하며, 최소자원의 투입으로 최대효과를 높이고자하는 능률성을 갖고 있다.

· 계획예산은 체제예산의 성격 때문에 체제의 균형과 조화를 이루며 또한 각 대안들에 대하여 비교·조정이 유리하다.

③ 장점

· 의사결정의 일원화이다. 최고관리계층이 보다 합리적으로 결정할 수 있다.

· 장기사업계획에 대한 신뢰성이다. 계획 예산은 적어도 5년이라는 기간을 두고 장기간의 효과와 비용 등을 분석하여 실현가능한 계획안이 만들어지기 때문에 장기적인 사업계획에 있어서 신뢰를 가져온다.

· 자원배분의 합리화이다. 최소비용으로 최대효과를 지향하기 때문에 자원 이용에 합리적이다.

· 조직의 통합적 운영이다. 대안에 대한 활발한 의사소통으로 조직의 통합이 가능하다.

· 계산과 예산의 괴리를 제거한다. 종전의 예산제도는 계산과 예산이 일치하지 않았다. 하지만 계획예산에서는 이러한 점을 보완하여 계산과 예산이 일치하도록 하고 있다.

④ 단점

· 목표설정의 곤란성이다. 목표의 다원화, 정치적 성격, 목표분류에 있어서 효용
  성, 그리고 목표설정에 있어 대립으로 목표설정이 곤란할 수 있다.
· 행정조직상의 문제점과 중앙집권화이다. 계획예산은 중앙집권화로 인한 행정
  조직상 하부구조의 자주성을 상실할 우려가 있다.
· 계량화의 곤란이다. 계획예산은 산출·편익·효과 등 계량화에 중점을 두고 있
  다. 그러나 현실적으로 계량화하기에 불가능한 요소들이 상존하다.
· 입법부의 기능이 약화될 우려가 있다. 계획예산은 특성상 입법부의 권위가 약
  해질 수 있다.
· 지나치게 낮은 행정관리수준이나 불충분한 행정자료와 정보체제의 미발달로
  계획예산을 실행하기가 어렵다(김규정, 1991: 685~692 참조).

(4) 목표관리이론

목표관리이론은 예산제도라기보다는 행정관리의 하나로 보아야 하지만 목표관
리이론을 예산제도의 하나로 다루는 것은 조직의 목표와 자원배분 간에는 불가분
의 관계가 있기 때문이다(정진환·김재영, 1996: 516~517).

목표관리이론은 공통된 목표를 가진 기관의 상부와 하부 관리자들이 그들 개개
의 책임영역을 규정한 운영지침을 활용하여 책임을 맡은 개개인이 조직성과에 어
느 정도 기여하고 있는지를 평가하는 하나의 과정이라고 할 수 있다(Odione, 1965:
55~56).

목표관리이론은 계획예산이 폐지된 이후 말단관리자에 이르기까지 관리·통제가
미치게 하기 위하여 1970년대 닉슨Nixon 정부가 도입한 제도로써 당시 중앙집권화와
최고 집행자의 의도에 따라 달라지는 계획예산제도의 문제점을 극소화하기 위해서

사용된 제도이다. 한 예로 닉슨 행정부의 국방장관이었던 맥나마라는 연간 700건에 달하는 국방예산을 스스로 결정하고 처리하였고, 결국 일선관리자들과의 충돌로 사임하게 되었다.

① MBO의 절차

MBO는 목표를 설정하며 문제를 분석한 후, 중간점검 및 환류의 과정을 거쳐 성과관리를 이룬다.

　가. 목표설정: 조직원과 함께 목표를 설정한다. 효과적인 목표 달성을 위하여 구체성 Specific·측정가능성 Measurable·성취성 Attainable·업무 관련성 Relevant to work·구체적인 시간성 Time-Based specific 등이 구비되어야 한다. 이를 'SMART 원칙'이라고 한다.

　나. 중간점검 및 환류: 조직의 목표와 활동 및 가용재원을 배분하는 활동계획을 세우며 수시보고체계를 통한 환류 feedback가 가능하도록 한다. 이는 관리자가 조직원의 업무를 관찰·점검함으로써 목표 달성에 도달하는 정도와 그 가능성

그림 10-4 MBO 과정도

을 알아보기 위한 점검의 차원이다. 필요할 경우 기관의 목표에 따라 수정할 수도 있다.

다. 성과관리: 성과관리는 공식적으로 목표의 달성 수준을 평가하는 과정이다. 비교적 계량화되어 있어 개개인에 대한 평가가 용이하다. 즉 과정 중의 문제점 혹은 달성의 이유와 그러지 못한 이유 등을 구체적으로 논의한다. 이외에도 또한 보상과 연계 그리고 차기 목표를 준비하는 과정도 이 과정 중에서 다루게 된다.

② 목표관리 도입의 이유
· 기업의 변화에 대처할 수 있는 능력을 제고한다.
· 조직원의 인사와 급여 관리를 위한 구체적이고 객관적인 자료를 제공한다.
· 피드백 및 중간점검으로 관리 능력이 개선되며 더 나은 업적 수준을 기대할 수 있다.
· 조직원의 책임·역할·권한을 구체적이고 명확하게 한다.
· 목표 수립과정에 조직원을 참여시키면서 동기를 부여하고 일체감을 높인다.
· 조직원의 조직 내 의사소통을 원활히 할 수 있다.
· 진급 대상자 선정에 효과적이다.

③ MBO의 한계
· MBO는 조직구조개혁에 어려움이 있다.
· 법규에 의한 사업수행절차일 경우 자기수단선택이 불가능하다.
· MBO는 분권화를 지향하기 때문에 위기해결방안으로 부적합하다.
· 담당자의 참여제한과 융통성 없는 의사결정체제로 인하여 목표설정에 제약된다.

④ MBO에 대한 평가

MBO는 조직원을 조직목표개발에 참여시킴으로써 동기를 유발하고 조직목표달성에 능률을 가져오는 결과를 낳기도 하였으나 예산제도의 개혁보다는 행정관리에 가까운 관계로 그다지 매력적인 예산제도로 각광을 받지 못하였다.

⑤ 목표관리이론과 계획예산과의 차이점
- 계획예산은 정책의 우선순위를 평가와 확정에 두고 있으나 목표관리이론은 정책의 관리능률 향상에 관심을 둔다.
- 계획예산은 경제적 분석에 따른 자원의 최적배분을 목표로 하나 목표관리이론은 일선 담당자의 제량에 의한 문제해결을 중시한다.
- 계획예산은 선택을 위한 분석에 비중을 두고 있으나 목표관리이론은 관리의 측면에 치중하고 있다.
- 계획예산은 집권적이고 상위관리자에 의존하나 목표관리이론은 분권적이고 하위관리자에 치중한다(신두범, 1984: 503~505).

표 10-4 목표관리이론과 계획예산과의 비교

	목표관리이론	계획예산(PPBS)
기획	부분적, 1년 단위계획	포괄적, 종합적 5~10년 단위계획
지휘구조	분권적, 계선기관에 치중	집권적, 상층관리자에 치중
전문기술	일반적, 산술적 계산	통계적, 세련된 관리기술
프로그램비교	내적, 산출량에 치중	외적, 비용 – 편익에 치중
예산범위	부분적, 개별적	종합적 배분

※출처: Jerry McCaffery, "MBO and the Federal Budgetary Process", *Public Administration Review*, vol. 36, No. 1(January-February 1976), pp.33~39.

(5) 영기준 예산

영기준 예산은 본래 집적회로IC를 생산하는 텍사스 기구회사Texas Instruments의 경영위기를 극복하기 위해서 피르Pyhrr가 만든 예산제도이다. 당시 조지아Georgia 주의 주지사였던 카터Jimmy Carter는 만성적자를 면치 못하고 있던 주정부예산은 물론 행정제도를 개혁하기 위하여 1973년부터 피르가 개발한 영기준 예산제도를 도입하여 큰 성공을 거두었다. 이후 1977년 카터의 대통령 당선으로 말미암아 연방정부의 예산제도로 추진되었고 1979년 회계연도부터 정식으로 연방정부의 예산제도로 실행되었다.

① 의의

영기준 예산제도는 전년도 예산과는 무관하게 영의 상태에서 프로그램의 우선순위에 따라 예산을 편성하는 제도이다. 이때 기존 또는 신규사업을 막론하여 프로그램에 대한 효과성·능률성·사업지속성·사업의 축소 또는 확대여부를 진단하여 우선순위를 정하여 그에 따라 예산을 편성하게 된다. 따라서 영기준 예산제도는 불필요한 지출을 막고 반드시 필요한 부분에 예산을 편성 지원하도록 하는 제도이다.

② 예산 절차

영기준 예산제도에서 예산절차는 다음과 같이 네 가지 단계를 통해 이루어진다 (김규정, 1991: 692~696 참조).

　가. 예산결정단위의 확인: 예산결정단위란 기관의 상급관리자가 내리는 것으로 그가 속한 조직의 사업을 가리키는 것으로 어떤 사업을 할 것인가 먼저 단위 (사업)를 확인한다.

　나. 예산결정표decision package, DP의 작성: 예산결정표란 각 예산결정단위(사업)을 어느 수준까지 그리고 그것을 어떻게 수행할 것인가에 관한 대안을 제시한 자

료로써 우선순위를 정하는데 필요하다. 따라서 예산결정표에는 목적(목표), 활동에 관한 지침, 비용·편익, 성과 측정단위, 목표달성을 위한 대안 등으로 구성되어 있다.

다. 예산결정단위 순위결정: 예산결정단위(사업) 순위결정은 최하위관리자가 작성한 사업 package 의 우선순위표를 상급관리자가 집계하여 결정순위를 정하여 예산의 범위 안에서 사업활동을 결정하는 것을 말한다.

라. 실행예산 편성: 예산결정표에 의하여 제시된 사업(결정단위)이 달성되도록 실행예산을 편성한다.

③ 특징 및 장점

· 일선담당자의 재량강화: 일선당담자가 당면문제를 분석하여 가능한 대안을 찾을 수 있게 한다.

· 재정운영의 효율성: 사업의 우선순위에 따라서 합리적으로 재원을 배분함으로써 재정운영의 효율은 물론 탄력성을 확보할 수 있다.

· 상향식 의사전달: 일선담당자나 사업에 관계된 하위관리자를 의사결정과정에 참여시킴으로써 상향식 의사결정과정을 갖게 된다.

· 목표지향: 영기준 예산제도는 조직의 목표를 지향하는 예산제도이다.

④ 단점

영기준 예산제도의 단점으로는 일선담당자들이 결정단위 decision units 를 어떻게 정해야 하는지, 분석을 위하여 적합한 자료를 어떻게 만들어야 하는지, 상이한 사업들 간의 순위결정과 다량의 결정항목 decision package 을 어떻게 정해야 하는지 등을 다루는 일이 쉽지 않다는 것이다(신두범, 1984: 511~512).

특성	품목별 예산 (LIB) (~1939)	사업별 예산 (PBS) (1939~1960)	계획예산 (PPBS) (1960~1970)	목표관리 (MBO) (1970~1976)	영기준 예산 (ZBB) (1976~)
기본방향	통제	관리	기획	관리	관리(미래)
취급범위	투입	투입, 산출	투입, 산출, 효과성	투입, 산출	투입, 산출, 효과성
담당자의 기능	회계학	행정학	경제학, 기획	관리상식	경제학, 관리
중요정보	지출대상	기관의 활동	기관목적	사업계획의 효과성	프로그램이나 기관의 목표
정책결정 방식	점증주의 (하향식)	점증주의 (상향식)	포괄주의 (하향식)	점증주의 (상향식)	포괄주의 (상향식)
기획책임	최고책임자	분권적	최고관리자	분권적	포괄적 결정, 관리자와 Staff
인간관리 이론	X이론	Y이론	X이론	Y이론	Y이론
특징	- 전년예산근거 - 품목별 편성 - 회계실무자에게 유리한 예산	- 단위원가×업무량=예산 - 단기적 예산 - 효율성 중심	- 포괄적, 종합적 예산편성(주로 10년 계획) - 정책목표 달성지향 - 계획자에게 유리한 예산	- 부분적이고 보통 1년 계획 - 하위관리자에 재량부여 - 주로 관리 면에 치중함(효과성 및 능률)	- 매년 영에서 시작 - 매년 프로그램 우선순위에 따라서 예산편성
장점	지출근거가 명확함에 따라 통제가 용이함	- 사업목표를 분명히 이해함 - 사업별통제 및 자금배분의 합리성 - 사업의 효율성 제고가능	- 사업목표를 분명히 함 - 장기적 사업계획 유리 - 사업계획과 예산의 괴리 방지 - 사업별통제 및 자금배분의 합리성 - 사업의 효율성 제고 가능	- 피드백 및 중간점검으로 관리능력이 개선되며 더 나은 업적 수준을 기대 - 조직원의 책임·역할·권한을 구체적이고 명확하게 함 - 목표 수립과정에 조직원의 참여로 동기부여·일체감·의사소통을 원활히 함	- 예산 절약 및 사업의 쇄신에 유리 - 하위관리자의 참여 - 상향식(일선담당자의 재량강화) - 재정운영과 자금배분의 합리성·탄력성 기대 - 사업의 효율성·효과성 제고가능

특성	품목별 예산 (LIB) (~1939)	사업별 예산 (PBS) (1939~1960)	계획예산 (PPBS) (1960~1970)	목표관리 (MBO) (1970~1976)	영기준 예산 (ZBB) (1976~)
단점	- 예산의 신축성 - 예산 증대에 대한 정당성 및 효율성 낮음 - 전체사업에 대한 파악이 어려우며 결과나 목표달성이 어려움	- 예산통제 및 비용산출의 단위설정과 비용책정의 어려움 - 효과성이 무시됨	- 목표설정의 어려움 - 과정보다 결과 우선 - 예산집행에 있어 권한 행사 및 의사결정이 중앙집권화될 경향이 높음	- 조직구조 개혁의 어려움 - 법규에 의한 사업수행 절차일 경우 자기수단 선택이 불가능함 - 분권화로 위기해결 방안이 부적합함 - 담당자의 참여제한 및 융통성 없는 의사결정체제로 인하여 목표설정이 제약됨	- 단기적인 사업에 유리 - 효과적인 의사소통과 결정 및 사업평가에 대한 관리자의 훈련이 필요함 - 정치적·심리적 요인 배제됨

※출처: 김규정(1991: 691~697); 신두범(1984: 505~513) 재구성.

이외에도 사업 축소 또는 폐지의 어려움, 목표달성과 계획기능의 위축, 업무부담의 과중함, 정치적·심리적 편견 무시, 시간적 제약, 자료부족과 분석·평가능력의 전문화에 대한 요구, 분석기법을 적용하는 데 있어서의 한계 등이 단점으로 지적되고 있다(김규정, 1991: 698~699).

4. 예산의 집행

확정된 예산은 정해진 목적에 따라 자금 수급 등의 재정여건을 감안하여 합리적이고 효율적으로 집행하여야 한다. 따라서 예산집행시 예산의 취지에 충실하기 위해서는 법령에 규정된 절차에 따라 집행해야 하며 규정 이외에 사용해서는 안 된다.

1) 재정집행의 목적

재정집행의 주요 목적은 재정통제와 예산의 신축성을 확보하는 것이다.

(1) 재정통제

재정집행에 있어서 가장 기본적인 기능은 확정된 예산의 지출을 허가 또는 금지하는 것이다. 전통적으로 품목별 예산에서 보듯이 예산집행의 목적은 통제에 두고 있다. 이는 행정의 경직화라든가 형식화를 가져올 수 있지만 한정된 예산을 가지고 사업을 진행하다보면 불가피하게 재정을 통제하지 않을 수 없다.

재정통제를 위해서 지출원인행위에 대한 상세한 지출계획서를 요구함으로써 예산전용이라든가 불필요한 지출을 막고, 기관의 적절한 인원과 임금을 유도하며, 기관의 채무부담행위가 발생하지 않도록 해야 한다. 재정집행에 있어 통제가 심할 경우 행정의 경직성과 부처의 예산권이 박탈되고 부서 간에 갈등이 유발됨과 동시에 사업성과보다는 지출목적을 강조하게 된다(정진환·김재영, 1996: 506).

다음은 로만(Lohman, 1998)이 제시한 예산의 통제에 대한 기본 원칙이다(장신재, 2005: 204).

① 개별화의 원칙: 예산집행은 개별 기관의 전체적인 상황을 고려하여 고안되어야 한다.

② 강제의 원칙: 예산집행시 강제성이 있어야 안정적인 재정집행으로 말미암아 기관의 정책목표를 달성할 수가 있다.

③ 예외의 원칙: 사업수행시 의외의 상황이 발생할 것을 고려하여 예외적인 규칙

을 마련하도록 한다.

④ 보고의 원칙: 예산집행시 전과정에 걸쳐 보고가 있어야 한다. 특히 예산집행시 문제가 발생하였을 경우 지체 없이 보고하여야 한다.

⑤ 개정의 원칙(환류): 예산집행을 위한 기준이나 규정이 일정한 기간이 경과하였거나 개정의 필요성이 발생할 경우 적법한 절차에 따라 개정 또는 환류할 수 있어야 한다.

⑥ 효율성의 원칙: 예산통제에도 시간과 비용이 투입된다. 따라서 예산통제에 투입되는 시간이나 비용을 최소한으로 하여 예산통제의 효율을 극대화하는 것이다.

⑦ 의미의 원칙: 조직원들이 예산집행상 적용되는 기준이나 규정을 이해하게 하는 것을 말한다.

⑧ 생산성의 원칙: 예산통제 역시 기관의 사업을 효과적이고 효율적으로 이루기 위한 것이다. 따라서 예산통제시 사업에 장해가 되지 않도록 하는 것을 말한다.

(2) 신축성 확보

예산의 신축성이란 통제의 원리와 반대되는 개념으로 성립된 예산을 변화하는 사업환경에 적응하고 예산을 효율적으로 집행하기 위하여 사용처·금액·기간 등 필요에 따라 알맞게 집행하는 것을 말한다. 예산의 신축성을 확보하기 위해서 예산의 이용, 전용, 이체, 이월, 예비비, 계속비, 추가경정예산 등이 있다.

① 예산의 이용: 예산이 정한 입법과목(장·관·항) 간에 상호 융통하는 것을 말한다. 예산이용은 원칙적으로 입법부의 의결과 예산집행부서장의 승인으로 가능하다.

② 예산의 전용: 예산이 정한 행정과목(세항·목) 간의 상호 융통을 말한다. 예산

집행부서장의 승인으로 예산을 전용할 수가 있다. 다만 급여·공공요금은 전용할 수 없다.

③ 예산의 이체: 예산의 목적은 변경하지 않고 예산의 책임소관만을 변경하는 것을 말한다.

④ 예산의 이월: 해당연도의 예산을 다음회계연도로 넘겨 사용하도록 하는 것을 말한다. 사회복지법인에서는 이사회의 의결을 거쳐 다음연도에 이월하도록 명시하고 있다.

⑤ 예비비: 말 그대로 예측할 수 없는 예산외 지출 또는 초과지출을 충당하기 위하여 마련된 예산을 말한다. 사회복지법인의 경우 대표이사는 예측할 수 없는 예산 외의 지출 또는 예산의 초과지출에 충당하기 위하여 예비비를 계상할 수 있다고 명시하고 있다.

⑥ 계속비: 예산집행상 시기적인 신축성을 유지하기 위한 것으로 수년에 걸쳐 진행되어야 할 사업에 대하여 예산총액을 정하여 미리 입법부의 의결된 범위 내에서 지출할 수 있는 경비를 말한다.

⑦ 추가경정예산: 국가재정법 제89조에서는 전쟁, 대규모 자연재해발생, 경기침체, 경기침체, 대량실업, 남북관계의 변화, 경제협력과 같은 대내·외 여건에 중대한 변화가 발생하였거나 발생할 우려가 있는 경우, 법령에 따라 국가가 지급하여야 하는 지출이 발생하거나 증가하는 경우 추가경정예산안을 편성할 수 있도록 규정하고 있다. 또한 사회복지법인 재무·회계 규칙 제13조에서도 추가경정예산과 관련하여 법인의 대표이사는 예산성립 후에 생긴 사유로 인하여 이미 성립된 예산을 변경할 필요가 있을 때에는 추가경정예산을 편성·확정

할 수 있도록 하고 있으며, 다만 추가경정예산이 확정된 날로부터 7일 이내에 이를 시장·군수·구청장에게 제출하도록 명시하고 있다.

5. 결산

결산이란 한 회계기간이 종료됨에 따라 그 회계연도의 예산집행내용에 대한 실적보고서를 작성하여 확정하는 것을 말한다. 국가재정법 제1조에서는 결산의 목적과 관련하여 국가의 예산·기금·결산·성과관리 및 국가채무 등 재정에 관한 사항을 정함으로써 효율적이고 성과지향적이며 투명한 재정운용과 건전재정의 기틀을 확립하기 위한 것으로 정의하고 있다. 따라서 결산이 필요한 이유는 그 회계연도의 재정의 집행실적과 기관의 활동상황 및 다음회계연도 예산편성에 반영하기 위해서이다.

사회복지법인 재무·회계 규칙 제19조 결산서의 작성 제출에서 법인의 대표이사는

표 10-6 사회복지법인 결산 흐름도

법인대표이사	- 법인회계와 시설회계의 세입·세출 결산 보고서를 작성 - 이사회 의결

↓ **제출 (다음연도 3월 31일까지)**

시·군·구청장	- 제출받은 결산 보고서를 20일 이내 - 시·군·구의 게시판과 인터넷 홈페이지에 20일 이상 공고 - 공고내용: 법인과 시설의 세입·세출 결산개요, 후원금품의 수입 및 사용내역 개요

↓ **통보**

법인대표이사	- 해당 법인 및 시설의 게시판과 인터넷 홈페이지에 20일 이상 공고

법인회계와 시설회계의 세입·세출 결산보고서를 작성하여 이사회의 의결을 거친 후 다음연도 3월 31일까지 시장·군수·구청장에게 제출하여야 한다. 그리고 시장·군수·구청장은 결산보고서를 제출받은 후 20일 이내에 법인과 시설의 세입·세출 결산개요, 후원금품의 수입 및 사용내역 개요 등을 시·군·구의 게시판과 인터넷 홈페이지에 20일 이상 공고하고, 법인의 대표이사로 하여금 해당 법인 및 시설의 게시판과 인터넷 홈페이지에 20일 이상 공고하도록 하여야 한다고 규정하고 있다.

① 결산은 과정인 동시에 산물: 결산은 회계연도 기간 동안의 기관의 재정보고서를 작성하기 위한 과정이며, 동시에 산물로서 예산의 집행실적을 보여주는 최종 보고서를 의미한다. 결과적으로 결산은 세입·세출의 계수를 확정한다는 의미와 함께 이를 기관과 관계된 모든 관련인들에게 보고 및 공개하는 의미를 갖는다.

② 결산은 예산주기의 마무리: 일반적으로 예산과정은 예산의 편성과 심의, 집행, 결산, 회계검사의 4단계로 이루어진다. 예산과정은 일정한 주기로 반복되며 이를 예산주기 또는 예산순기budget cycle라고 한다. 우리나라의 경우 예산주기는 통상 3년으로 예산의 편성과 심의는 전년도에, 예산의 집행은 당해연도에, 결산 및 회계검사는 다음연도에 수행된다.

③ 결산은 정보산출과정: 결산은 단순한 예산과 결산의 일치 여부 또는 예산집행의 적법성 여부를 검토한 결과만을 보여주는 것이 아니라 예산집행의 경제성, 효율성, 효과성과 같은 평가내용을 포함하여 이를 다음 예산편성 및 심의과정에 있어 정보를 산출하는 과정이다.

④ 결산은 통제 및 환류과정: 결산은 결산보고서를 통하여 사후 심사를 받게 되는데 이는 결산의 통제를 의미한다. 또한 결산심사의 결과는 다음 연도 예산편성 및 예산심의에 반영된다는 점에서 환류 과정이다.

6. 회계관리 및 회계감사

1) 회계관리

회계accounting란 일반적으로 기관의 예산집행에 관한 재정적 활동의 사실들을 일목요연하게 기록하여 그 결과를 해석하게 하는 기록과 분류 및 요약의 기술이다. 회계는 목적에 따라서 재무회계와 관리회계로 나눈다. 재무회계는 예산편성 및 배정, 수입, 계약, 지출 등 당해회계연도의 재정의 수입과 지출에 관한 사항 및 절차를 뜻하며, 관리회계는 행정적 책임자가 행정적 의사결정을 내리는 데 도움이 되도록 회계행위의 방법에 관한 것으로 법규에 규정하고 있다. 사회복지기관에서의 회계업무는 기록업무, 정리업무, 재정보고서 작성 등이 있다(장신재, 2005: 206~207).

(1) 기록업무

기록업무란 수입과 지출, 곧 예산집행에 관한 다양한 내용들을 회계장부에 회계원칙에 의하여 기록하는 것을 말한다. 사회복지법인 재무·회계 규칙 제21조~제24조에서 사회복지법인의 대표이사나 시설장은 수입 및 지출원인행위에 관한 현금출납업무를 하며 회계는 단식부기로 하는 것을 원칙으로 하지만, 법인회계와 수익사업회계에 있어서는 복식부기가 필요할 경우 복식부기를 할 수 있도록 하고 있다. 사회복지법인에서 갖추어야 할 회계장부는 현금출납부, 총계정원장, 총계정원장 보조부, 재산대장, 비품관리대장 등이다.

(2) 정리업무

정리업무는 기록업무와 성격이 비슷하다. 다만 정리업무는 회계장부에 기록된 집행내역을 월별 혹은 분기별로 구분해서 주기적으로 정리하는 것을 말한다. 이는 기관의 재정상태를 파악하기 쉽도록 한 것으로 재정보고서 작성을 위해 필요한 전 단계라고 할 수 있다.

(3) 재정보고서 작성

기관의 재정상태를 쉽게 파악하기 위해서 만들어지는 것이 재정보고서이다. 재정보고서는 정리업무를 기반으로 해서 월별 혹은 분기별로 만들어져 관계자에게 보고된다. 또한 회계연도가 끝나는 연말에는 그 회계연도 안에서 집행되었던 세입·세출 현황을 파악할 수 있는 연말정산서(대차대조표)를 따로 작성한다. 이는 기관의 재정현황을 나타내는 것으로 그치지 않고 그동안 예산집행이 어떻게 되었는지 그리고 더 나아가 다음회계연도의 예산편성에 중요한 자료로 사용되기 때문이다.

2) 회계감사

(1) 개념

회계감사란 예산집행의 합법성, 재정지출에 있어 과소비를 방지하고, 회계상 비위, 부정을 적발·시정하며, 예산집행의 개선 및 정책과 계획을 합리적으로 반영하기 위한 목적으로 기관의 회계처리에 관한 사실을 확인·검증·보고하기 위하여 회계장부를 검사하는 행위를 가리킨다. 따라서 회계감사는 회계기록 장부를 제3자가 회계집행내역의 정확성을 검증하여 회계기록에 대한 적절성 여부를 판단하여 검사자의 의견을 나타낸다. 사회복지법인 재무·회계 규칙에서는 매년 1회 이상으로 할 것을 명시하고 있으며, 감사가 종료된 후에는 감사보고서를 작성하여 당해법인의 이사회에 보고하여야 하며, 만일 재산상황 또는 업무집행에 관하여 부정 또는 불비한 점이 발견된 때에는 시장·군수·구청장에게 보고하도록 하고 있다. 그리고 감사보고서에는 감사가 서명 또는 날인하도록 규정하고 있다.

(2) 감사 방법

① 서면감사와 실지감사

서면감사란 계산서, 증거서류, 조서 등 회계관계서류에 관하여 서류를 통하여 감사하는 것을 의미하며, 실지감사는 자료의 신빙성 또는 관계자의 비위사실 은폐 등 서면감사의 취약점을 보완하기 위하여 실제 현장에서 실시되는 감사방법을 말한다. 대부분 회계상 적발되는 회계비위사실들은 실지감사를 통하여 나타난다.

② 사전감사와 사후감사

사전감사pre-audit란 말 그대로 지출에 앞서 그 적법성을 승인하는 것을 말한다. 사후감사post-audit는 사전감사의 반대 개념으로 지출이 끝난 후에 그 적법성을 감사하는 것을 말한다. 일반적으로 감사를 말할 때 사후감사를 의미한다고 할 수 있다.

③ 정밀감사와 선택감사

정밀감사란 전면감사 또는 완전감사라고도 하며 이는 모든 회계업무에 대하여 하나도 빠짐없이 세밀하게 검사하는 것을 말한다. 이에 반하여 선택감사는 임의로 표본을 추출하여 검사하는 방법으로 만일 선택된 표본이 검사에 문제가 없을 경우 나머지 검사대상도 문제가 없다고 본다. 하지만 이와 반대일 경우 부정적인 회계처리로 간주될 수 있는 위험이 있다(김규정, 1991: 738~739 참조).

제10장 연습문제

1 사회복지기관에서의 재무행정의 필요성에 대하여 논하시오.

2 우리나라 정부가 채택한 최근의 예산관리기법에 대하여 기술하시오.

3 예산의 집행에서 회계감사까지의 과정을 설명하시오.

객관식 문제

01 다음 중 그 성격이 다른 것은?

① 이용, 전용, 이체, 이월

② 인건비, 사업비

③ 예비비

④ 계속비

⑤ 추가경정예산

02 다음과 같이 주장한 학자는?

"사회복지기관의 재정관리는 재정을 확보하는 단계, 확보된 재정을 계획하는 단계 그리고 계획된 재정을 집행하는 세 단계로 이루어진다."

① Skidmore　　② White　　③ Taylor　　④ Mayo　　⑤ Gantt

03 사회복지조직의 재정관리 원칙에서 어긋난 것은?

① 수지균형 및 탄력성의 원칙

② 행정수준의 확보·향상의 원칙

③ 재정운영 효율화의 원칙

④ 재정질서 적정화의 원칙

⑤ 단기적 재정안정의 원칙

04 다음은 사회복지법인의 결산 과정을 순서대로 설명한 것이다. 틀린 것은?

① 법인의 대표이사는 세입·세출 결산 보고서를 작성한다.

② 이사회의 의결을 거쳐 다음연도 3월 31일까지 시·군·구청장에게 제출한다.

③ 시·군·구청장은 제출받은 보고서를 30일 이내에 홈페이지 등에 공고한다.

④ 공고내용은 법인과 시설의 세입·세출 결산개요, 후원금품의 수입 및 사용내역 개요 등이다.

⑤ 공고는 20일 이상 하여야 한다.

05 다음 〈보기〉는 무엇에 대한 내용인가?

예산의 능률과 지출을 통제하려는 목적으로, 1921년 미국의 「예산 및 회계법」의 제정을 계기로 만들어진 제도로써 지출항목별 회계와 전년도 예산을 근거로 한 점진주의적 예산, 장점은 회계작업용이하고, 통제가 쉬우나 전체 목표를 파악하기가 쉽지 않다.

① PPBS ② MBO ③ LIB ④ PBS ⑤ ZBB

06 한국 정부가 2008년부터 본격적으로 도입한 예산제도는?

① 영기준 예산

② 사업별 예산

③ 프로그램 계획예산

④ 품목별 예산

⑤ 다양한 예산제도의 복합적 사용

07 예산제도의 성격이 잘못 짝지어진 것은?

① MBO – 관리, 상향식, X이론

② PBS – 관리, 상향식, Y이론

③ LIB – 통제, 하향식, X이론

④ PPBS – 기획, 하향식, X이론

⑤ ZBB – 관리, 상향식, Y이론

08 주로 장기적인 사업계획에 유리한 포괄적이고도 종합적인 예산편성으로 계획자에 유리한 예산사업목표로 사업계획과 예산의 괴리방지, 사업별 통제및 자금배분의 합리성 등의 장점이 있으나 예산집행에 있어 권한 행사 및 의사결정이 중앙집권화될 경향이 높은 예산제도는 무엇인가?

① 영기준 예산

② 사업별 예산

③ 품목별 예산

④ 프로그램 계획예산

⑤ 목표관리예산

09 재정집행의 목적으로 옳은 것은?

① 재정통제와 신축성 확보

② 재정분배와 신축성 확보

③ 행정통제와 회계감사

④ 회계관리 행정의 신축성 확보

⑤ 회계의 투명성 확보

10 다음은 로만(Lohman)이 주장한 내용으로 무엇에 관한 원칙인가?

개별화의 원칙, 강제의 원칙, 예외의 원칙, 보고의 원칙, 개정의 원칙(환류), 효율성의 원칙, 의미의 원칙, 생산성의 원칙

① 신축성의 원칙

② 행정의 원칙

③ 예산통제의 원칙

④ 재정집행의 원칙

⑤ 회계관리의 원칙

객관식 문제 답 | 01. ② 02. ① 03. ⑤ 04. ③ 05. ③ 06. ② 07. ① 08. ④ 09. ① 10. ③

홍보와 마케팅

이 장은 본래 영리기업 조직을 더욱 활성화하기 위한 수단으로 사용하던 홍보와 마케팅에 대하여 알아보고 더 나아가 비영리조직인 사회복지조직에서의 그 유용성에 대하여 살펴볼 수 있는 장이다.

● 사회복지조직에서 마케팅의 필요성은 무엇인가?

● 마케팅을 통한 사회복지조직에 적합한 모금활동은 무엇인가?

● 영리조직의 마케팅과 비영리조직의 마케팅의 차이는 무엇인가?

현대사회는 홍보PR시대라고 한다. 최근에는 홍보와 함께 마케팅이란 용어도 널리 쓰이고 있다. 홍보와 마케팅은 마치 실체와 그림자처럼 함께하는 주요한 개념으로 조직에서 매우 중요한 위치를 점하고 있다. 본래 홍보와 마케팅은 영리를 목적으로 하는 기업들이 자신의 조직을 더욱 활성화하기 위한 수단으로 사용하던 것이다. 그러나 최근에는 비영리조직, 즉 사회복지조직에서도 그 유용성을 인정하고 받아들여 조직의 행정에 적극적으로 활용하는 단계에 있다. 따라서 이 장에서는 마케팅의 의의, 마케팅의 과정, 사회복지조직의 홍보 등을 통하여 사회복지조직에서 홍보와 마케팅이 어떤 위치를 차지하고 얼마만큼의 영향을 미치는지를 살펴본다.

1. 마케팅의 의의

1) 마케팅의 의의

미국마케팅협회American Marketing Association, AMA 는 마케팅marketing 을 단순히 이윤을 남기기 위한 것만이 아니라 창조하고, 소통하고, 전달하기 위한 과정이며 고객·민원인·동반자를 위하여 가치를 지닌 제공물을 교환하는 전 사회적인 제도의 활동이라고 정의하였다.

코틀러Kotler 는 마케팅에 대하여 구체적으로 다음과 같이 설명하고 있다(Kotler, 1982: 6~7; 양용희·김범수·이창호, 1997: 28 재구성).

① 마케팅은 체계적인 과정이다. 즉 분석, 계획, 집행, 조정 등 일련의 과정을 포함하는 체계적인 과정을 뜻한다.

② 마케팅은 프로그램이다. 마케팅은 소비자뿐만 아니라 제공자 모두의 욕구를 충족시키기 위하여 면밀히 계획된 프로그램이다.

③ 마케팅은 가치의 자발적인 교환voluntary exchanges of values 을 추구한다. 즉 제공자와

소비자 사이에 형성된 가치를 서로 교환하는 것이다.

④ 마케팅은 표적시장target markets을 대상으로 한다. 불특정다수를 상대하는 것이 아닌 필요로 하는 대상(표적시장)을 중점적으로 공략한다.

⑤ 마케팅은 조직의 건전한 발전을 위한다. 그러므로 조직은 실현가능한 구체적인 목표를 설정해야 한다.

⑥ 마케팅은 조직의 공략체계에 의존한다. 마케팅은 제공자의 입장보다는 소비자, 즉 표적시장의 욕구를 실현하기 위한 조직의 공략체계가 필요하다.

⑦ 마케팅은 소위 마케팅 믹스marketing mix의 방법을 적용한다. 제공자가 표적시장에서 목적을 달성하기 위하여 통제가능한 마케팅 변수인 제품Product, 가격Price, 유통Place, 촉진Promotion을 적절하게 배합하는 것을 말한다.

마케팅 믹스(4P)

① 제품: 제공자가 표적시장에 제공하는 상품에 관한 일체의 것을 말한다. 즉 제품종류, 품질, 디자인, 포장, 크기, 서비스 등으로 사회복지에서의 제품이란 사회복지서비스법에 의한 정해진 수혜자를 대상으로 하는 서비스를 가리킨다. 예를 들어 노인에게는 노인복지, 아동은 아동복지, 장애인은 장애인복지 등을 말한다.

② 가격: 제품을 구매할 때 지불하게 되는 화폐량을 말한다. 사회복지에서 가격이란 수혜자가 기관에 지불해야 하는 서비스 비용을 의미한다.

③ 유통: 표적고객들이 제품을 구매하기에 용이하도록 제품출고에서 고객의 손에 들어갈 수 있도록 하는 전달과정을 말한다. 사회복지에서 유통은 사회복지법에 정한 전달체계에 따라서 수혜자에게 서비스가 전달되며, 또한 지역별로 위치한 공공 또는 민간 사회복지시설을 이용할 수 있다.

④ 촉진: 표적고객들이 제품을 구매하도록 하기 위하여 제품의 우수성을 알리며 설득하는 활동을 말한다. 정기간행 홍보물, 전단지 배포, 현수막, 통신매체 등 여러 가지 방법들을 이용한다.

2) 마케팅 이념

마케팅 이념이란 기관의 마케팅 활동을 위한 지침을 가리킨다. 여러 가지 이해관계가 상충하는 환경 속에서 보다 더 마케팅을 활발하게 수행하기 위해서 마케팅 이념을 이해하는 것은 매우 중요하다. 마케팅 이념은 생산 개념, 제품 개념, 판매 개념, 마케팅 개념, 사회지향적 마케팅으로 나눌 수 있다.

(1) 생산 개념 production concept

마케팅 이념에서 생산 개념은 소비자의 욕구충족을 위한 생산에서 유통까지의 경영관리를 가리킨다. 소비자들은 제품을 보다 저렴하고, 쉽게 구입하는 데 관심을 갖고 있다. 따라서 소비자를 유치하고 유지하기 위하여 품질을 개량하고 유통 효율을 높여 전체적으로 비용을 줄이는 것이 보다 중요하다. 사회복지조직에서의 생산은 사회복지서비스로 서비스의 양적·질적 문제뿐만 아니라 클라이언트의 접근성도 함께 고민해야 한다.

(2) 제품 개념 product concept

제품 개념이란 동일한 가격이라면 보다 더 질이 좋은 제품을 구매하려는 구매자의 특성을 고려하여 판매자는 제품의 질을 향상시키기 위해 노력해야 한다는 개념이다. 그러나 제품의 품질만을 고려할 것이 아니라 디자인, 포장, 가격 등 제품 이외의 것을 통하여 제품의 가치를 극대화해야 한다(Levitt, 1960: 45~56). 서비스의 내용뿐만 아니라, 서비스 제공자(프로그램 담당자, 상담가 등), 진행 환경 그밖에 다양한 기자재나 부자재도 소홀히 해서는 안 됨을 의미한다.

(3) 판매 개념selling concept

판매 개념은 소비자들이 제품을 구매하게끔 만드는 것으로, 제품에 대한 소비자의 관심을 불러 일으키려는 노력을 말한다. 즉 판매 개념은 기업이 자신의 제품을 판매하여 이윤을 남길 수 있도록 판매자의 필요에 의하여 벌이는 촉진활동을 말한다. 사회복지조직에서는 이윤을 목적으로 하지는 않지만 서비스의 홍보라는 맥락에서 판매 개념을 적용할 필요가 있다.

(4) 마케팅 개념marketing concept

마케팅 개념은 가장 최근에 추가된 개념으로써 기업의 목적을 생산된 제품을 판매하는 것으로 보는 종래의 판매 개념에서 더 나아가 소비자의 욕구가 무엇인지 알아내어 그것을 충족시키려는 보다 적극적인 개념을 말한다. 즉 소비자의 구매욕구에 초점을 두고 있는 것이 마케팅 개념이다(〈표 11-1〉 참조).

드러커Drucker에 의하면 마케팅 개념과 판매 개념은 서로 정반대의 개념이라고 한다. 즉 마케팅 활동을 정상적으로 전개하면 판매활동의 필요성은 자동적으로 소멸된다고 한다. 이는 소비자의 욕구를 충족시킬 수 있는 제품(서비스)을 제공하게 되면 특별한 판촉활동 없이도 소비자는 지속적으로 구매하기 때문이다. 마케팅 개념은 소비자의 욕구충족에 기업의 장래가 달려있음을 깨닫고 점차 확대일로에 있다.

표 11-1 판매 개념과 마케팅 개념의 비교

	판매 개념	마케팅 개념
관심	제품판매	고객의 욕구충족
방법	판촉활동	통합적 마케팅
목적	대량판매를 통한 이익획득	고객만족을 통한 이익획득

사회복지조직에서도 단지 서비스를 알리는 것에서 나아가 클라이언트의 욕구와 어떻게 연결되고 부합하는지를 고민하는 적극적인 마케팅 자세가 필요하다.

(5) 사회지향적 마케팅 개념 societal marketing concept

사회지향적 마케팅 개념이란 표적시장에서의 소비자와 사회전체의 장기적인 복지향상을 목적으로 하는 것을 말한다. 즉 화석연료의 사용이라든가 건축을 위한 무분별한 벌목은 일부 소비자의 욕구충족을 가져다주지만 대다수, 즉 전체 지구로 볼 때 자원낭비는 물론 지구 온난화와 같은 환경오염의 문제를 야기하게 된다. 이에 사회지향적 마케팅은 소비자의 욕구충족과 더불어 한 걸음 더 나아가 전체사회의 복지향상을 염두에 두도록 한다. 사회지향적 마케팅이란 개념은 기업이 마케팅활동에 대한 의사 결정시 사회전체의 이익과 복지를 고려해야 한다는 개념으로 소비자만족, 기관의 이익, 사회복지 등 세 가지를 만족시키는 개념이다. 흔히 자원의 부족, 과잉인구, 교통문제, 환경오염, 소비자피해, 소외계층문제를 해결하기 위해 실행된다. 이러한 개념에 맞추어 코틀러와 레비는 『마케팅 개념의 확대』라는 논문을 통해 기업에서만이 아니라 비영리조직에도 마케팅 도입의 필요성을 주장하였다. 이러한 조직환경의 변화에 따라 미국에서는 1970년대부터 도입하기 시작하였으며, 우리나라는 걸음마 단계지만 비영리기관들이 1980년대부터 마케팅 개념을 도입해 오고 있다(양용희 외, 1997: 31~32).

2. 비영리조직의 마케팅 특성

비영리조직 마케팅은 본래 영리조직 마케팅으로부터 파생된 분야이다. 따라서 영리조직의 마케팅 용어와 전략이 그대로 적용된다. 다만 비영리조직에서는 유형의 상품을 가지고 고객에게 가치를 부여하는 영리조직과는 다른 서비스, 즉 무형의 상품(Drucker, 1990)으로 접근하는 차이가 있다. 러브락과 와인버그는 마케팅 원칙에 따른 비영리조직 운영에서 유의할 점 4가지를 제시하였다(Lovelock & Weinberg, 1980).

① 고객: 비영리조직의 마케팅 고객은 수혜자와 기부자 모두를 가리킨다. 수혜자는 자원의 분배문제, 기부자는 자원의 동원문제가 제기된다. 따라서 마케팅을 계획할 때 수혜자의 욕구뿐만 아니라 기부자의 욕구도 함께 고려해야 한다.

② 다양한 목적: 비영리조직은 다양한 목적을 추구하는 경향이 있다. 그러나 다양한 목적들을 동시에 충족하는 전략을 구상하기는 어렵다. 따라서 이를 극복하려는 차원에서 여러 전략들 중 상대적인 중요성을 강조해야 한다.

③ 무형 서비스 제공: 비영리조직은 유형(물품)보다는 무형(서비스)이 주류를 이룬다. 무형(서비스)은 말 그대로 실체가 없으므로 시간이 경과함에 따라 소멸되는 속성을 가지고 있어 이를 보완할 수 있는 방법을 제시해야 한다.

④ 대중의 평가: 비영리조직은 수혜자뿐만 아니라 모든 일반 사람들로부터 평가를 받는다. 그러므로 대중이 필요로 하는 서비스는 물론 재정집행의 투명성 등 비영리조직 운영에 있어서 전반적인 신뢰성을 확보하는 것이 무엇보다 중요하다.

3. 마케팅의 필요성

기업이나 비영리조직에서의 마케팅의 필요성은 더욱 증대되고 있다. 극심한 경쟁 속에서 기업이나 조직의 생존을 위해서는 마케팅 기법을 도입하지 않을 수 없게 되었다. 이는 단지 경쟁에서 살아남으려는 목적을 위한 것만은 아니다. 기업이나 비영리조직의 마케팅 도입은 고객의 욕구충족을 한층 더 높일 수 있기 때문이다. 따라서 마케팅은 어느 단체, 조직에서나 반드시 필요한 요소로 고객가치, 고객만족, 고객유지, 총체적 품질관리 등으로 나눌 수 있다(여운승, 2003: 38~63 재구성).

(1) 고객가치customer value

고객가치란 고객이 인정할 만한 가치 수준을 말한다. 즉 고객(소비자)은 자신에게 전달되는 가치가 가장 높다고 믿는 것에 구매의 욕구를 가진다. 여기서 고객에게 전달되는 가치customer delivered value란 총고객가치total customer value와 총고객비용total customer cost의 차이를 말한다. 총고객가치란 고객의 기대의 총합을 말하며, 제품가치, 서비스가치, 인적자원가치, 이미지가치 등을 들 수 있다. 총고객비용이란 기대에 대해 지불해야 할 비용의 총합을 말한다(〈그림 11-1〉 참조).

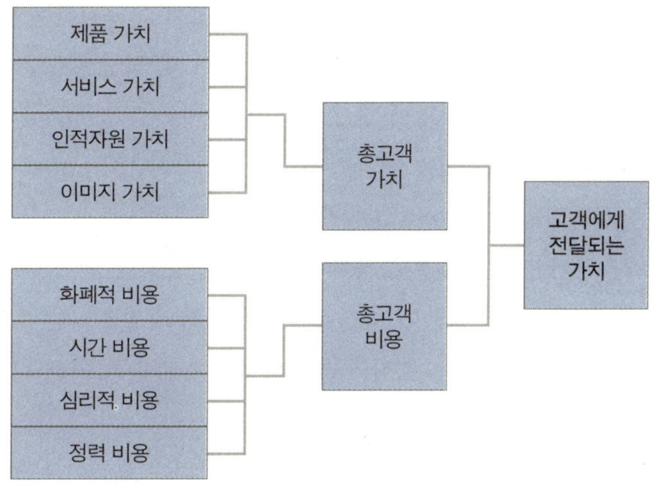

그림 11-1 고객에게 전달되는 가치

※출처: 여운승(2003: 39) 재구성.

(2) 고객만족customer satisfaction

고객만족이란 제공되는 제품 또는 서비스에 대한 소비자의 경험 정도를 말한다. 만일 제공되는 제품이나 서비스가 소비자의 기대에 미치지 못한다면 소비자는 만족하지 못할 것이며, 이와는 반대로 기대와 일치한다거나 초과할 경우 소비자는 만족 또는 대만족하게 될 것이다. 따라서 비영리조직에서 행정가는 마케팅의 수준을 적정하게 설정할 필요가 있다. 왜냐하면 기대수준을 낮게 하거나 혹은 반대로 너무 높게 할 경우 소비자들의 구매의욕을 감소시키거나 실망감을 줄 수 있기 때문이다. 특별히 소비자가 제품이나 서비스에 대해 매우 큰 만족을 갖게 되면 반복적으로 구매하고자 하는 충성도가 증가하게 된다.

(3) 고객유지

고객유지란 기존의 소비자와의 관계를 지속적으로 구축하는 것을 말한다. 전통적인 마케팅에서는 기존의 소비자보다는 새로운 고객을 유치하는 데 중점을 두었다. 하지만 최근의 마케팅은 표적시장에서의 다변화 및 경쟁으로 인하여 기존의 소비자들과의 관계를 구축하는 것이 더 효율적이다.

(4) 총체적 품질관리 Total Quality Management, TQM

고객이 제품이나 서비스에 만족하거나 가치를 창출하는 데 있어서 가장 기본적인 것이 품질에 달려있기 때문에 마케팅에서 총체적 품질관리는 무엇보다 중요하다. 따라서 사회복지행정가는 조직의 총체적인 품질관리를 위해 다음의 사항들에 주목해야 한다.

① 소비자들의 욕구와 요구조건을 정확하게 파악하여 고객이 무엇을 원하는지를 제품 개발자들에게 전달하는 책임을 가진다.

② 제공되는 물품이나 서비스가 제대로 실시되고 있는지 그리고 소비자들이 제
   공되는 물품이나 서비스를 제대로 사용하고 있는지를 점검해야 한다.
③ 제공되는 물품이나 서비스가 종료되었을지라도 후속관리를 통하여 만족도를
   확인하여야 한다.
④ 소비자의 의견을 수렴하여 보다 나은 품질을 제공할 수 있도록 하여야 한다.

4. 사회복지조직 마케팅의 필요성

사회복지조직에서 마케팅의 필요성은 1970년대 경제위기로 인한 사회복지재정의
취약과 더불어 비영리부문의 급속한 증가에 따른 비영리기관 간의 경쟁으로 초래되
었다. 즉 조직의 목적을 달성하기 위하여 수혜자의 관리, 서비스 개발과 전달, 홍보
등 안정적인 재원확보에 있어 마케팅 기법을 도입하게 되었다. 따라서 사회복지조
직에서의 마케팅은 일반기업에서의 마케팅과 더불어 다음과 같은 필요성을 갖는다.
① 사회복지조직에서의 마케팅은 재정확보를 위한다. 무엇보다도 사회복지조직
   에서의 마케팅은 조직의 목표 달성을 위하여 필요한 재정을 확보 또는 동원하
   기 위한 것이다.
② 사회복지조직에서의 마케팅은 서비스 개발을 위한 것이다. 사회복지조직은
   조직외부환경의 변화에 민감하게 대처하여야 한다. 따라서 변화하는 외부환
   경에 대한 분석과 더불어 이에 대처할 수 있는 서비스 개발이 필요하다.
③ 사회복지조직에서의 마케팅은 사회복지기관의 책임성을 위한 것이다. 특히
   사회복지기관은 운영에 있어 외부재원에 의존하기 때문에 서비스를 제공함에
   있어서 재원의 효과와 효율을 높이기 위한 마케팅 기법이 동원된다.

④ 비영리기관들의 확대와 경쟁으로 인하여 마케팅이 필요하다. 위에서도 설명
한 바와 같이 비영리기관들의 급속한 증가로 인하여 재원마련에 있어 마케팅
기법을 도입하지 않을 수 없는 시대적 상황이다.

5. 사회복지마케팅의 과정

사회복지조직에서의 마케팅의 과정은 기관의 외부환경 및 내부자원의 분석, 마
케팅 조사, 마케팅 목표 설정, 시장분석, 마케팅 도구 설정, 마케팅 실행, 마케팅 평
가 등으로 나눌 수 있다.

1) 기관의 외부환경 및 내부자원의 분석

기관환경분석에는 크게 기관의 기회와 위협적인 요소를 파악하기 위한 외부환경
분석과 기관의 장점과 단점을 분석하기 위한 내부환경 분석으로 주로 SWOT 기법
이 적용된다. SWOT란 강점Strength, 약점Weakness, 기회Opportunity, 위협Threat의 요소들을 말
한다. 즉 조직에서의 마케팅 전략을 세우기 위해서는 SWOT 기법을 통하여 조직이
처해있는 상황, 곧 좋은 이미지, 자원 등의 강점과 결정과정에서의 문제점, 조직 내
부에서의 지원여부와 유통망에 있어서의 약점을 파악하며, 조직이 가지고 있는 상
품 그리고 그에 대한 시장과 그에 대처할 수 있는 기술과 방법 등의 기회와 정치, 경
제, 종교, 타기관과의 경쟁과 실행과정에서의 위협적인 요소들이 무엇인지 분석하
는 것이 중요하다(양용희 외, 1997: 45).

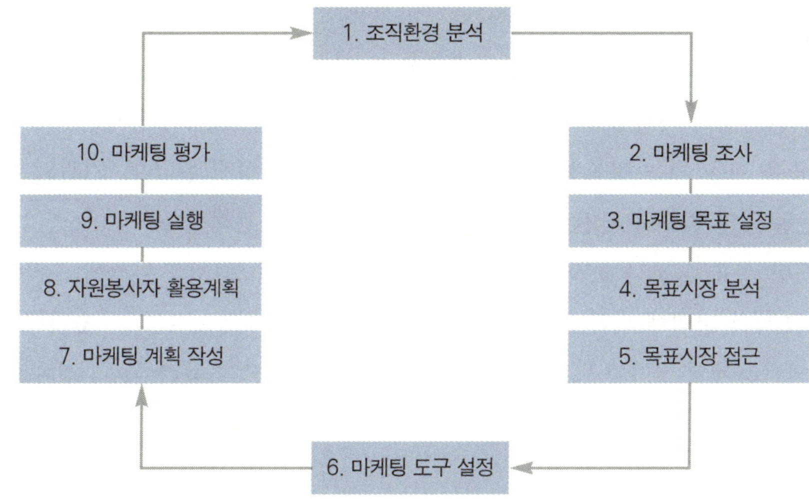

※출처: 우종모·김재호·조당호(2004)

2) 마케팅 조사 Marketing research

마케팅 조사란 소비자(클라이언트)가 누구며, 그들이 원하는 것이 무엇인지를 찾아내는 과정을 말한다. 곧 누가Who, 무엇을What, 언제When, 어디서Where, 어떻게How, 왜Why라는 육하원칙에 의하여 누가Who 상품이나 서비스를 원하고, 어떤What 상품이나 서비스를 원하는지, 또한 상품이나 서비스를 언제When 구매하기를 원하며, 그와 같은 것을 또한 어디서Where 구매하기를 원하는지, 어떻게How 후원금을 받으며, 왜Why 소비자들은 자사의 상품이나 서비스를 원하는지를 찾는 일이다.

3) 마케팅 목표설정

마케팅 목표를 설정할 때 먼저 고려해야 할 사항은 기관의 목적이다. 마케팅 목표는 어디까지나 기관의 목적을 이루기 위한 하나의 하부 목표이기 때문이다. 따라서 목표를 세울 때는 정확한 문제의 진술, 표적집단의 성격과 규모, 기관의 정책, 자원동원 등의 변수를 기반으로 하여 그 범위와 방향이 정해진다.

마케팅 목표 설정시 조작적 정의 operational definition 에 의한 SMART 원칙에 준하여 세운다. 조작적 정의에 의한 SMART 원칙이란 목표를 구체적으로 Specific, 숫자나 기준 등을 제시하여 측정가능 Measurable 하도록 하며, 이는 곧 달성가능한 Attainable 선에서, 현실적 Realistic 이고, 시간적 Time bounded 인 요소들을 포함해야 한다.

4) 시장분석

목표설정 다음은 시장을 분석하는 일이다. 시장이란 욕구를 가진 소비자가 상품이나 서비스를 구매하려는 장소를 말하며 시장분석을 한다는 것은 표적시장에서 기관의 매력도를 분석하는 단계를 의미한다. 시장분석에는 상품이나 서비스에 대한 소비자의 관심과 욕구 여부 그리고 그 상품이나 서비스를 구매할 능력과 의사여부를 파악해야 한다(Kinnear, Thomas, & Kenneth L. Bernhardt, 1990: 101).

시장분석에 있어 중요한 요소가 표적시장 target market 과 시장세분화 marketing segmentation 작업이다. 소비자들은 다양한 욕구를 가지고 있다. 시장세분화란 다양한 욕구를 지닌 소비자를 찾아내어 비슷한 구매욕구성향을 가진 소비자들로 구성하는 과정을 의미한다. 시장세분화 작업은 지리적, 인구통계학적, 심리묘사적, 행동적 변수를 기준으로 동질적인 부문 homogeneous parts 에 따라 이루어지며 이 작업을 통하여 표적시장이 선정된다. 시장세분화의 기준과 요건을 살펴보면 다음과 같다.

(1) 시장세분화 기준

① 지리적 세분화 Geographic Segmentation

지리적 세분화란 소비자의 거주지역(크기, 인구구성)을 기준으로 시장을 세분화하는 방법을 말한다. 미국의 Maxell House에서는 전국적으로 커피를 판매하면서 지역별로 맛을 다르게 하고 있다. 서부에서는 진한 맛으로, 동부에서는 순한 커피를 판매하는 전략을 펴고 있다(이석규, 2005: 177). 이는 지역소비자들의 기호에 맞도록 시장을 세분화한 예이다.

② 인구통계학적 세분화 Demographic Segmentation

인구통계학적 세분화란 성별, 나이, 가족 수, 종교, 직업, 교육정도, 가정의 라이프사이클 life cycle 등에 의하여 시장을 세분화하는 것을 말한다. 성별에 의한 시장에서 미국의 장난감회사인 마텔 Mattel 사와 하스브로 Hasbro 사의 예를 들면, 마텔은 여자아이들이 좋아하는 바비 인형 barbie doll 을, 하스브로는 남자아이들이 좋아하는 트랜스포머 로봇(변신로봇)과 지아이 조(G. I. Joe, 군인 인형) 등 성별에 따라서 시장을 세분화하였다. 또한 화장품 회사들의 연령에 따라 전용화장품을 구분하여 판매하는 것 등이 인구통계학적으로 세분화한 경우라고 할 수 있다(〈표 11-2〉 참조).

③ 심리적 세분화 Psychographic Segmentation

심리적 세분화란 사회계급 social class, 생활방식, 개성, 소속감, 관계의 지속성 등 심리적인 변수에 따라서 시장을 세분화한다. 예를 들어 소속감의 여부에 따라 유대감과 친밀감 그리고 자부심을 갖게 하여 기관의 목표를 원활하게 이룰 수 있게 한다.

표 11-2 사회복지기관의 기부자 시장세분화(직업별)						
	결연후원	정기후원	자선달리기	자선바자회	자선파티	동전 모으기
초등학생		●	●●●			●●●●●
중·고등학생		●	●●●●	●		●●●●
청년	●●●	●●●	●●●●●	●●		●●●●
일반인	●●●●	●●●●●	●●●●	●●●●	●●	●●●
전문인	●●●●●	●●●	●●	●●●	●●●	●●●
기업인	●●●	●●●	●	●●	●●●●●	●●
주부	●●●	●●●	●●	●●●●●	●●	●●●
군인	●●●	●●●	●●●	●		●●●

※ ●표시는 시장개발 가능성 정도를 나타냄.
※출처: 양용희·김범수·이창호(1997: 53) 재인용.

④ 행동적 세분화Behavioral Segmentation

행동적 세분화란 상품이나 서비스에 대한 소비자의 지식, 태도, 사용반응 등에 의하여 세분화하는 것을 말한다.

(2) 시장세분화의 요건

① 시장의 규모: 각각의 세분화된 시장은 기관이 개별적인 마케팅 프로그램을 실행할 수 있을 정도의 충분한 규모를 지니고 있어야 한다. 이는 기관의 생존여부와 관련된 사항이기에 시장의 규모를 살펴야 한다.

② 접근 가능성: 충분한 시장규모를 가지고 있다면 두 번째 요건으로는 세분화된 시장에 효율적으로 접근이 가능한지를 살펴야 한다.

③ 반응성 조사: 세분화된 시장의 마케팅에 대한 반응성을 조사해야 한다. 만일 세분화된 시장들이 실제 마케팅에 있어서 차이를 보이지 않는다면 굳이 시장

을 세분화할 필요가 없다(Kinnear, Thomas, & Kenneth L. Bernhardt, 1990: 104~105).

④ 측정 가능성: 마케팅 계획을 세우기 위해서는 마케팅 관리자(행정가)가 각 세분화된 시장의 규모와 소비자의 구매욕구 및 구매력을 측정할 수 있어야 한다(이석규, 2005: 181).

(3) 표적시장 전략과 포지셔닝

표적시장은 세분화 작업을 통하여 선정된 시장으로 마케팅 활동을 통하여 소비자는 물론 기관에게 유리한 성과를 가져다주는 기관의 마케팅 활동이 초점이 되는 시장을 가리킨다.

표적시장의 평가기준으로는 시장의 규모와 성장성, 구조적인 매력도, 기관의 목표와 자원 등으로 나눌 수 있다. 이러한 기준을 가지고 표적시장을 선정한 후에는 차별화 전략, 비차별화 전략, 집중화 전략을 통하여 표적시장을 공략한다.

① 표적시장 전략

가. 차별화 전략 Differentiated Market Strategy: 차별화 전략이란 다양한 소비자의 욕구에 대응하기 위한 것으로 다른 기관과의 제품이나 서비스에 있어서 차별성을 두는 전략을 말한다. 이는 소비자의 인식과 이미지를 강화시켜 구매 욕구를 충족하여 이윤을 극대화할 수 있으나 비용이 과다하게 지출될 수 있어 결과적으로 수익이 저하될 우려가 있다.

나. 비차별화 전략 Undifferentiated Market Strategy: 비차별화 전략이란 소비자의 욕구에 따라 접근하는 차별화 전략과는 다르게 전체시장에 무차별적으로 접근하는 전략을 말한다. 대중시장을 겨냥하거나 보편적으로 접근한다. 장점으로는 표준

	차별화 전략	비차별화 전략	집중화 전략
특징	다양한 표적시장 접근	연결된 표적시장 접근	단일 목표시장 접근
장점	· 다양한 욕구충족 · 세분화 시장 마케팅 전략 수행 가능 · 소비자 인식 및 이미지 강화	· 일반 대중시장 겨냥 · 경제적 · 보편성이 높은 제품	· 특정 시장에 집중함 · 틈새 시장(Niche Market) · 효율성 · 전문화
단점	· 비용 과다 · 수익 저하 · 마케팅 믹스 복잡	· 시장기회 낮음	· 소비자 욕구에 따라 달라짐
적용	시장의 세분화가 명확히 구분되었을 때	보편성이 높은 제품이나 서비스에 가능	기관의 한정된 자원 또는 새로운 시장을 확보하려 할 때

※출처: 이석규(2005: 185) 재구성.

화된 상품이나 서비스가 가능하다. 단점으로는 지나친 가격이나 서비스경쟁으로 소비자의 불만을 초래할 수가 있다.

다. 집중화 전략Concentrated Market Strategy : 집중화 전략이란 특정한 몇몇 표적시장을 대상으로 높은 점유율을 추구하려는 전략을 말한다. 주로 큰 기관보다는 작은 기관에서 널리 사용하는 전략으로 다소 규모가 큰 경쟁기관이 등장할 경우 소비자를 확보하는 데 어려움을 갖게 된다.

② 포지셔닝 전략

포지셔닝positioning 이란 잭 트라우트Jack Trout 와 알 리스Al Ries 가 도입한 용어로 말그대로 '위치를 점하는 것'으로 상품이나 서비스가 소비자의 마음에 인식되는 모습을 말한다. 포지셔닝 절차는 우선 첫 단계로 소비자에 대하여 분석한다. 2번째 단계에서 경쟁자가 누구인지 확인한다. 세 번째 단계에서는 경쟁관계에 있는 기관의 상품이나 서비스 포지션을 확인한다. 네 번째 단계에서는 자신의 기관의 상품이나 서비스 포지션을 개발한다. 마지막으로 포지셔닝 확인 및 재포지셔닝한다(이석규, 2005: 183~195 참고).

5) 마케팅 도구 설정

마케팅을 실행하기 위해서는 다음과 같은 방법들이 동원된다. 곧 기관활동 지원과 재원확보를 위한 모금활동방법을 가리킨다.

① DM Direct Mail: DM은 잠재적 소비자, 특별히 표적시장에서의 소비자를 선정하여 상품 또는 서비스 내용을 담은 안내 문서를 첨부하여 소비자가 참고할 수 있도록 편지를 보내는 것을 말한다.

② 기부금 grantsmanship: 소비자나 기관으로부터 증여된 기금을 말한다. 기부는 누구나 자유롭게 구애받지 않고 자신의 의사결정에 따른다.

③ 특별행사 event: 특별행사는 기관의 목적달성을 위하여 특정한 기간과 장소에서 표적시장에 대하여 상품 및 서비스에 대한 정보를 알림으로써 전달자와 수용자가 현장에서 시각, 청각, 촉각, 후각, 미각 등 오감으로 느끼며 체험하게 함으로써 기관의 상품이나 서비스를 오래 기억하도록 하는 장점이 있다. 사회복지기관에서 주로 하는 특별행사로는 모금만찬회, 자선음악회, 전시회, 자선바자회, 자원봉사자 축제 등이 있다.

④ 대중매체 광고: 대중매체 광고는 TV, 라디오, 인터넷, 신문, 잡지 등 대중매체를 이용한 마케팅 전략을 말한다. 비영리기관들의 매체를 통한 광고는 아직 활발하지 못한 실정이다.

⑤ 전화 및 자동응답시스템 ARS: 전화마케팅은 기관들이 적은 비용으로 소비자에

게 상품이나 서비스를 제공하고 관리할 수 있는 방안을 모색하기 위하여 마련된 것으로 제공자가 소비자에게 직접 전화를 하는 방법과 소비자로부터 걸려오는 것을 받는 방식이 있다. ARS는 소비자가 전화를 걸면 일정금액의 후원금이 자동으로 전화요금에 부과되는 것으로 기부하는 모금방법이다. ARS는 누구나 손쉽게 참여할 수 있고, 액수의 부담도 크지 않아 비영리법인이나 단체에서 그 활용도가 점차 커지고 있다.

⑥ 인터넷 마케팅: 컴퓨터 통신의 발달은 마케팅 분야에 새로운 장을 열고 있다. 비영리조직들은 자체 홈페이지를 통하여 기관의 상황을 공개하고 있으며 소비자 또는 후원자들이 언제든지 홈페이지를 통하여 상품이나 서비스를 선택하여 이용할 수 있다. 인터넷, 모바일 등 컴퓨터 통신을 통한 마케팅 활동은 기관의 서비스와 이미지를 널리 알림으로써 소비자(서비스 수혜자)의 선택을 자유롭게 할 수 있으며, 무엇보다도 대외적으로 신뢰성 구축에 긍정적 효과를 낳게 한다.

⑦ 고객관계 관리마케팅Customer Relationship Management Marketing : 소비자 관리는 물론 후원자 관리에 있어 기존 후원자 및 신규 후원자 개발에 유용하다. 맞춤서비스를 제공하여 모금효과를 증대시키는 전략이다. 기존 마케팅이 단발적인 마케팅 전술이라면 고객관계 관리마케팅은 고객과의 지속적인 관계를 유지하면서 '한번 고객은 평생고객', '고객을 위한 맞춤형 마케팅' 등을 강조한다.

⑧ 기업연계 마케팅Cause-Related Marketing : 공익연계 마케팅이라고도 한다. 기업의 이윤을 사회에 환원한다는 사회지향적 마케팅으로 사회공헌과 맥락은 유사하나 사회공헌이 사회적 책임을 다하는 기업의 역할이 강조된 것인 반면, 공익연계 마케팅은 공익적 이슈를 기업의 마케팅 활동과 연계하는 마케팅적 측면이 강하다.

⑨ 사회마케팅Social Marketing: 정부나 지방자치단체, 시민과 지역사회를 위한 대중의 행동 변화를 위한 마케팅 기법으로 공익을 실현하기 위한 집단적이고 조직적인 노력이다.

⑩ 데이터베이스 마케팅Database Marketing: 비영리조직에서 데이터베이스 마케팅은 기관을 찾는 이용자, 즉 고객과의 개별접촉을 통해 명단과 주소, 프로그램 이용 현황(프로그램 명, 이용 횟수, 이용 시기) 등의 정보를 입력하고 기관이나 프로그램에 관련된 태도, 반응, 기호 및 생활 스타일 등을 정보화하여 마케팅에 활용하는 것이다.

6) 마케팅 평가

마케팅 평가란 기부금의 결과에 대한 기대와 실제의 차이를 종합적으로 분석하며, 더 나아가 기관 외부환경에 대한 분석으로 연계되는 일련의 과정을 말한다. 마케팅 평가는 포괄적, 단계적(체계적), 객관적, 주기적 평가로 나눌 수 있다(여운승, 2003: 108).

① 포괄적 평가: 부분적인 문제뿐 아니라 마케팅 활동의 전반적인 문제를 평가한다.

② 단계적(체계적) 평가: 마케팅 외부환경, 내부 마케팅 시스템, 구체적인 마케팅 활동의 순으로 진단하여 마지막으로 마케팅 효율을 제고시키기 위한 장·단기의 방안을 제시한다.

③ 객관적 평가: 마케팅부와는 별개의 조직 또는 외부기관에서 행해지는 것을 말한다.

④ 주기적 평가: 문제가 발생할 때마다 실시하는 것이 아니라 정기적, 즉 주기적으로 실시하는 것을 말한다.

6. 사회복지조직 마케팅의 과제

1970년대부터 도입된 사회지향적 마케팅 개념은 기관의 이윤보다는 기관의 목표와 사회적 책임을 조화시키는 일을 중요시하고 있다. 따라서 21세기에 사회복지조직에서의 마케팅은 우선 수혜자지향적이고 시장중심적인 총체적 마케팅 책무에 초점을 두고 진행되어야 한다. 이를 좀 더 구체적으로 제시하면 다음과 같다.

① 수혜자지향적 마케팅: 사회복지조직은 우선 수혜자지향적인 마케팅이 이루어져야 한다. 즉 수혜자 입장에서 마케팅 활동을 평가하고 계획을 수립하며 수혜자의 욕구를 효과적으로 충족시킬 수 있어야 한다.

② 혁신적 마케팅: 사회복지조직은 수혜자에게 제공하는 서비스와 마케팅 활동을 개선하기 위하여 끊임없는 연구조사가 필요하다. 이는 기관의 발전을 위해서는 물론 다른 한편으론 유사한 다른 기관과의 차별화를 위해 필요하다.

③ 가치지향적 마케팅: 사회복지조직의 모든 자원을 가치 있는 마케팅활동에 투입하여야 한다. 즉 일회성이나 단기적인 면보다는 장기적인 안목으로 근본적으로 서비스를 개량하려는 노력을 기울이는 것이야말로 수혜자에게 보다 많은 가치를 부여하게 된다.

④ 사명감 있는 마케팅: 단순히 조직의 목표를 위한 활동이 아니라 사회전체적인 관점에서 결정하여야 한다. 이는 조직구성원의 사기진작은 물론 조직원 자신이 일의 성격과 중요성을 깨닫게 되고 명확한 방향감각을 갖게 된다.

⑤ 사회지향적 마케팅: 수혜자의 욕구와 조직의 제약조건을 고려하여야 함은 물론 수혜자 및 사회전체의 장기적인 이익을 고려해야 한다. 따라서 조직은 수혜자에게 즉시 만족감을 주면서도 장기적인 혜택을 줄 수 있는 바람직한 서비

스가 이루어지도록 끊임없이 연구하고 노력하는 자세가 필요하다.

⑥ 윤리적 마케팅: 사회복지조직에서의 마케팅은 어떠한 경우에도 허용되지 않는 행동규범을 정하여 이를 준수할 것을 요구하는 것으로 단순히 서비스 목표 달성만을 위하여 행동결정을 내린다면 그러한 행위는 비도덕적일 수가 있다. 또한 반대로 목표에 미치지 못하였을 경우 마케팅에 관련된 조직원은 무능력자로 오인하여 결과적으로 조직전체에 악영향을 미치게 된다. 따라서 조직은 조직원을 평가할 행동자체, 행동동기, 행동결과 등의 도덕적인 기준을 토대로 결정하여야 한다.

7. 사회복지조직의 홍보

1) 홍보 publicity 의 개념

홍보란 '사람 이외의 방송 또는 인쇄매체로 하여금 상품·서비스·기관 등을 뉴스나 논설의 형태로 다루게 하여 이것들에 대한 수요를 자극하는 것'이라고 정의할 수 있다(유필화·김용준·한상만, 2005: 358). 홍보는 광고와 달리 비용이 들지 않는다. 또한 홍보는 조직의 상품이나 서비스에 대하여 긍정적 기사의 게재를 유도하기 위한 것으로 단기적이고, 다른 한편으론 조직의 의사에 달린 것이 아니라 기사를 게재하는 매체사의 호의적인 의사결정에 달려 있다. 따라서 홍보는 PR을 위한 커뮤니케이션 도구이다.

홍보와 관련된 용어로 PR Public Relations 이 있다. 흔히 홍보와 PR은 자칫 하나의 개념으로 이해하기 쉽다. 하지만 실제에 있어서 홍보와 PR은 현격한 차이를 보인다. 그

홍보	PR	광고
정치적 이념적 의도적 비영리적 이데올로기 주입 인간의 사고와 변화추구	사회적 사실적 사회여론의 조성 사회적 이슈의 교유추구	기업적 비이념적 설득적 영리적 소비자 구매욕구 해소와 만족 추구

※출처: 맹명관(1999: 17) 재구성.

러나 최근 홍보와 PR을 동일한 개념으로 사용하면서 홍보를 PR의 한 부분으로 취급하고 있다. 사회복지조직에서의 홍보, 즉 PR은 조직과 다양한 이해관계자publics, 즉 수혜자와 그의 가족, 지역사회, 후원자, 정부, 기타 기관 등과의 호의goodwill를 구축하는 데 이용되는 마케팅 커뮤니케이션 도구를 가리킨다(안광호·이유재·유창조, 2004: 126~132). 〈표 11-4〉는 홍보, PR, 광고를 비교한 것이다.

2) 홍보 매체

후원자 개발을 위한 사회복지조직의 홍보매체로는 시각적·청각적·시청각적 매체로 나눌 수 있다. 시각적 매체로는 신문, 잡지, 책자, 유인물, 연례보고서, 카탈로그, 광고지, 회보, 사보, 사진 등이 있으며, 청각적 매체로는 라디오, 강연회, 이야기, 기자회견, 인터뷰, 좌담 등을 들 수 있고, 시청각적 매체로는 뉴스 아이템 개발, 취재유도, 특집기획 프로그램 협찬, 드라마 제작 협찬, TV, 영화, 인터넷, CD-ROM, 모바일통신, 비디오, 공개토론, 대중집회 등이 있다.

따라서 사회복지조직의 홍보를 위하여 이들 매체들의 고유한 특성과 효과를 감안하여 가장 효과적인 매체를 선택하여야 한다. 다음은 효과적인 홍보를 위한 6가지 원리이다(장동일, 2006: 217~219).

① 홍보내용은 특정 목표집단을 대상으로 전달할 가치가 있어야 한다.

② 홍보내용은 절대적으로 정직하며 교육적이어야 한다.

③ 홍보내용은 이용가능한 자원을 고려하며 이해하기 쉬워야 한다.

④ 홍보내용은 생생하고, 매력적이며, 오랫동안 흥미를 유지할 수 있어야 한다.

⑤ 홍보에 관한 구체적인 기법을 알아야 한다.

⑥ 홍보내용은 반복 전달해야 한다.

3) 사회복지관 홍보

(1) 사회복지관 홍보 목적

사회복지관의 홍보 목적은 복지관의 목적과 하는 일을 홍보마케팅 방법을 활용하여 사회복지관 내부는 물론 복지관과 지역사회의 원활한 의사교류를 촉진하며 지역사회로부터 인정받고 지역사회자원의 참여를 증진하는 데 있다. 따라서 사회복지관 홍보는 주로 사회복지관 시설 및 이미지 홍보, 자원봉사자 모집 홍보, 후원자개발 홍보, 프로그램 홍보로 나눌 수 있다.

(2) 홍보 기대효과

사회복지관 홍보는 두 가지 측면에서 기대효과를 볼 수 있다. 먼저, 지역사회주민에게 복지관의 인지도를 높인다. 이는 사회복지관에 대한 지역주민들의 원활한 상호작용과 태도 변화를 유도한다. 그리고 사회복지관 홍보를 통해 사회복지관의 영향력을 확대한다. 지속적인 홍보활동으로 자원 확보와 지지자의 증가를 꾀할 수 있어 사회복지관의 영향력을 높인다.

(3) 홍보대상

홍보활동 대상으로는 내부적으로는 복지관 이용자 및 가족, 자원봉사자, 후원자, 조직원 등이며, 외부적으로는 지역주민, 지역언론기관 관계자, 행정 기관, 견학·방문자, 기타 자원체계 등으로 나눌 수 있다.

(4) 홍보방법

홍보방법으로는 사회복지관과 관련된 기사거리를 육하원칙에 의하여 결론부터 제시한 두괄식 문장의 간결한 핵심 내용으로 보도자료를 작성한다. 작성한 보도자료를 1~2개월 전에 관회보, TV, 라디오, 신문 등 홍보매체기관에 우편, 팩스, E-Mail, 직접전달 등 활용 가능한 수단을 이용하여 전달한다. 그리고 보도자료가 해당 언론 기관에 정확히 전달되었는지 확인하고 게재여부를 파악한다. 끝으로 보도 후 주민들의 반응과 결과를 점검하며, 보도기관에 감사의 뜻을 전한다.

사회복지관 견학은 홍보담당이나 복지관에 대하여 잘 알고 있는 사람이 담당한다. 견학은 복지관과 지역복지의 현황과 문제 등에 대하여 보다 실제적으로 알릴 수 있는 기회가 되기 때문이다. 효율적인 견학이 되기 위해서 가능한 사전 예약을 통해 진행될 수 있도록 해야 한다. 견학 시에는 복지관을 소개하는 광고지, 홍보물, 비디오, 슬라이드를 활용한 시청각 자료를 제공한다. 방문자들에게 사회복지관 연혁·조직·프로그램·후원·자원봉사자 모집·복지관의 당면 현황 등을 간략하고 명료하게 체계적으로 소개한다.

복지관을 잘 알릴 수 있는 주요 행사 및 프로그램에 대한 기록, 비디오, 슬라이드, 사진집 등을 정리하고 제작한다. 제작된 시청각 자료는 분류 보관하며, 복지관 전체가 공유할 수 있도록 목록을 각 부서에 배포한다.

관회보는 기관의 대변지이므로 기관의 전체 방향성과 의지를 잘 파악하여 편집 계획시 반영하는 한편 직원의 의견이나 동정과 프로그램 등을 상세히 전해주는 역할을 해야 한다. 따라서 관회보는 복지관에서 발생하는 각종 소식과 정보를 복지관 이용자, 조직원, 봉사자, 후원자, 지역주민, 관계기관 종사자, 행정기관 등 다양한 독자에게 전해주는 소식지의 성격을 갖는다. 특히 발간 기간을 정하고 회보 구독자에 대한 회원관리를 한다.

사회복지관에서 발행되는 각종 책자나 인쇄물에 대한 종합적인 관리를 통해 일관된 이미지와 메시지를 제공하기 위해 출판물을 관리한다.

인터넷 홈페이지는 사회복지조직에서 매우 유용한 홍보매체이므로 복지관의 소식, 프로그램 이용절차, 안내 등 관련 내용을 게재함으로써 홈페이지를 통해 사회복지관 안팎의 커뮤니케이션을 활성화한다.

4) 우리나라 사회복지조직의 홍보의 문제와 개선과제

우리나라 사회복지기관 홍보의 가장 큰 문제점은 예산부족으로 인해 전문적인 홍보 담당자나 부서를 둘 수 없다는 것이다. 하지만 홍보의 중요성을 생각할 때 하루속히 홍보전문인력을 양성함과 아울러 홍보예산확보에 힘써야 한다. 또한 사회복지기관의 활성화를 위하여 적극적인 언론매체 홍보활동이 필요하며, 동시에 사회복지기관에 적합한 홍보매체 개발이 시급하다고 할 수 있다.

주관식 문제

1 1970년대 이후 새롭게 등장한 사회지향적 마케팅에 대하여 설명하시오.

2 사회복지조직의 마케팅의 필요성에 대하여 설명하시오.

3 사회복지관의 홍보 목적을 기술하시오.

객관식 문제

01 다음 〈보기〉는 무엇에 대한 정의인가?

보기

단순히 이윤을 남기기 위한 것만이 아니라 창조하고, 소통하고, 전달하기 위한 과정이며, 고객·민원인·동반자를 위하여 가치를 지닌 제공물을 교환하는 전 사회적인 제도의 활동

① 마케팅　　② 홍보　　③ 광고　　④ 선전　　⑤ 교환

02 마케팅 믹스를 일명 4P라고 한다. 다음 중 4P에 해당하지 않는 것은?

① 제품

② 가격

③ 유통

④ 촉진

⑤ 홍보

03 마케팅 이념이란 기관의 마케팅 활동을 위한 지침을 가리킨다. 다음에서 마케팅 이
념에 해당되지 않는 것은?

① 사회지향적 마케팅

② 생산 개념

③ 구매 개념

④ 판매 개념

⑤ 마케팅 개념

04 코틀러와 레비가 '마케팅 개념의 확대'라는 논문을 통해 주장한 것은?

① 기업의 마케팅 확대

② 비영리조직 마케팅

③ 영리조직 마케팅

④ 기업의 마케팅 축소

⑤ 영리기업 마케팅 확대

05 다음에서 설명이 잘못 연결된 것을 고르시오.

① 생산 개념: 동일한 가격이라면 보다 더 질이 좋은 제품을 구매하려는 구매자의 특성을 고려하여 판매자는 제품의 질을 향상시키기 위해 노력해야 한다는 개념

② 제품 개념: 제품의 품질만을 고려할 것이 아니라 디자인, 포장, 가격 등 제품 외의 것을 통하여 제품의 우수성을 알리는 것이 중요함

③ 사회지향적 개념: 표적시장에서의 소비자와 사회전체의 장기적인 복지향상을 꾀함

④ 판매 개념: 제품에 대한 소비자의 관심을 불러 일으키려는 노력

⑤ 마케팅 개념: 소비자의 구매욕구에 초점을 두고 있는 개념

06 비영리조직에서의 마케팅 특성이 아닌 것은?

① 고객　　　　　　　　　② 다양한 목적

③ 무형의 서비스 제공　　　④ 소외 계층

⑤ 대중의 평가

07 기업이나 비영리조직의 마케팅 도입은 고객의 욕구충족을 한층 더 높일 수 있다. 따라서 마케팅 도입시 필요한 요소가 아닌 것은?

① 고객가치

② 고객형편

③ 고객만족

④ 고객유지

⑤ 총체적 품질관리

08 기관환경분석에 사용하는 기법 중에 주로 많이 활용되는 기법은?

① SNOT   ② TQM

③ 마케팅 믹스   ④ SWOT

⑤ TQC

09 다음 〈보기〉는 무엇에 대한 설명인가?

보기
목표를 구체적으로, 숫자나 기준 등을 제시하여 측정 가능하도록 한다. 이는 곧 달성가능한 선에서, 현실적이고, 시간적인 요소들을 포함해야 한다.

① SMART 원칙   ② PPBS 원칙

③ START 원칙   ④ PPBST 원칙

⑤ ELITE 원칙

10 마케팅 과정 중 시장분석단계에서 다양한 욕구를 지닌 소비자를 찾아내 비슷한 구매 욕구성향을 가진 소비자들에 대한 시장세분화 작업을 하게 된다. 이는 무엇을 하기 위한 것인가?

① 시장분석을 위하여

② 소비자의 구매욕구 파악을 위하여

③ 표적시장 선정을 위하여

④ 판매촉진을 위하여

⑤ 제품 홍보를 위하여

11 사회복지관의 홍보 목적과 다른 것은?

① 복지관 내의 원활한 의사교류를 위하여

② 지역사회로부터 인정받기 위하여

③ 지역사회자원의 참여 증진을 위하여

④ 홍보마케팅 방법 활용

⑤ 사회복지관 시설 및 이미지 홍보

객관식 문제 답 | 01. ① 02. ⑤ 03. ③ 04. ② 05. ① 06. ④ 07. ② 08. ④ 09. ① 10. ③

11. ①

정보관리

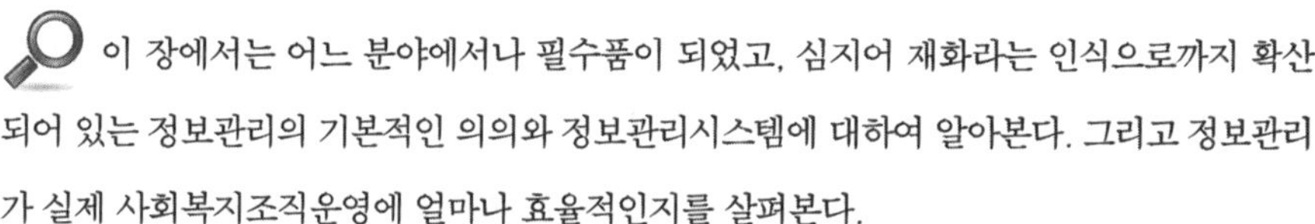 이 장에서는 어느 분야에서나 필수품이 되었고, 심지어 재화라는 인식으로까지 확산되어 있는 정보관리의 기본적인 의의와 정보관리시스템에 대하여 알아본다. 그리고 정보관리가 실제 사회복지조직운영에 얼마나 효율적인지를 살펴본다.

● 사회복지조직운영에서 정보관리의 중요성은 무엇인가?

● 다양한 정보관리시스템 중 사회복지조직에 적합한 정보관리체계는 무엇인가?

● 사회복지조직에서 문서관리의 필요성은 무엇인가?

인터넷이 급속도로 발전하고 있는 현대사회에서 정보는 재화처럼 여겨질 정도로 매우 중요해졌다. 특히 자원을 효율적으로 관리·집행해야 하는 사회복지조직에서도 정보관리는 무엇보다도 중요하다. 조직의 내부뿐만 아니라 외부에 관한 정보를 잘 관리할 때 그만큼 조직을 보다 더 효율적으로 운영할 수 있다.

이 장에서는 정보관리의 기본개념으로 정보관리의 의의, 정보관리 시스템에 대하여 살펴본 후 사회복지분야의 정보관리 및 문서관리에 대해 접근해보고자 한다.

정보의 기본 개념

일상적으로 정보(information)와 함께 혼용되는 말이 자료(data)이다. 그러나 정보와 자료는 엄격히 구분해서 사용할 필요가 있다.

① 자료: 자료란 본래 라틴어 'informare', 'informo'에서 유래된 것으로 'to give(~주다)'라는 의미로 있는 그대로의 사실(facts)이거나 혹은 요약 또는 분석되지 않은 원시자료(raw materia)를 가리킨다. 따라서 자료는 그 자체로는 아무 의미가 없다. 다만 필요한 분야의 가치로 전환될 때 비로소 의미가 있다.

② 정보: 정보(information)란 자료를 기반으로 한 개인이나 조직이 의사결정을 내리는 데 실질적인 가치가 있거나, 유용하게 쓰이도록 전환된 것을 의미한다. 따라서 자료(원료)가 정보로서의 가치를 발휘하기까지는 여러 단계를 거쳐(처리과정) 특정한 목적에 맞는 정보를 생산(완제품)해내게 되는 것이다.

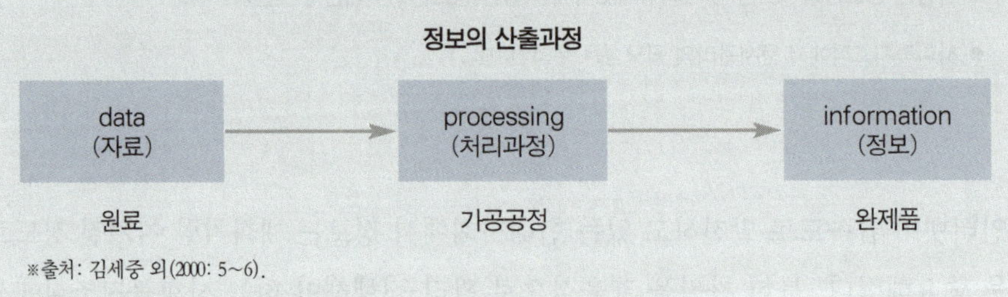

정보의 산출과정

※출처: 김세중 외(2000: 5~6).

1. 정보관리

정보관리Information Management, IM 란 지식관리knowledge management 또는 정보원천관리information resource management 라고도 한다. 정보관리는 하나 또는 여러 개의 자료로부터 온 정보의 수집과 관리이며 또한 그 정보를 한 사람 또는 여러 사람들에게 전달하는 것이다. 때때로 정보관리는 지분을 가진 사람들 혹은 그 정보에 대한 권한을 가진 사람들을 포함한다. 관리란 정보의 조직, 구조, 과정 그리고 전달에 대한 통제를 뜻한다. 즉 정보관리는 정보의 조직, 회수, 획득, 그리고 유지를 수반하며, 또한 자료관리 실행과 중복되며 그것과 밀접하게 관계된다.

정보관리는 문서와 문서보관 그리고 종이로 된 문서, 매체와 기록들의 수명관리로 크게 제한되었으나 1970년에 시작된 정보기술의 확산으로 데이터 보관 분야를 포함한 정보관리 직업은 새로운 빛이 되었으며, 1990년 말 정보가 컴퓨터 네트워크와 다른 전자기기들 간에 정식으로 확산되었을 때 네트워크 관리자들은 정보관리자들이 되었다. 따라서 정보관리자들은 하드웨어와 소프트웨어로 더욱 복잡해진 업무에 놓이게 되었고, 정보관리는 가장 최근에 사용가능한 도구로 강력한 자원이 되었고, 여러 조직들에 있어서 많은 지출이 되었다.

2. 정보관리시스템Information Management System

1) 정보시스템의 개념과 구성

(1) 정보시스템

정보시스템information system이란 조직의 목적을 수행하는 데 관리나 의사결정에 필요하고 유용한 정보를 생산하기 위해 자료를 수집, 정리, 분석처리, 보고, 배분하는 구조를 말한다. 따라서 정보시스템은 다양한 방식에 의하여 정보를 처리하는 구조를 말한다. 하지만 일반적으로 정보시스템을 가리킬 때 컴퓨터 기기와 인터넷을 이용하여 데이터베이스를 구축하는 전산화를 의미한다. 특별히 사회복지조직과 관련한 전산화는 첫째, 조직의 관련된 자료나 정보를 경영정보시스템Management Information System, MIS 이나 의사결정시스템Decision Support System, DSS 과 같은 프로그램을 통하여 일괄적으로 처리할 수 있고, 둘째, 컴퓨터에 의하여 데이터베이스화된 자료는 업무의 효율, 자동화 및 체계화를 꾀할 수 있으며, SPSS나 SAS와 같은 통계프로그램을 가지고 통계적 분석을 통해 자료분석과 개인의 업무처리 능력을 획기적으로 향상시킴과 동시에 컴퓨터에 의한 전산화는 인간과 기술의 상호작용을 촉진하는 장점을 가지고 있다(최성재·남기민, 2009: 362~363).

① 관리정보시스템Management Information System, MIS

관리정보시스템이란 조직관리자의 의사결정을 효과적으로 지원하기 위한 것으로 정보보고시스템Information Reporting System, IRS , 의사결정지원지스템Decision Support System, DSS , 최고관리자정보시스템Executive Information System, EIS 등으로 구분한다. ① 정보보고시스템이란 의사결정에 있어서 필요한 정보를 보고서 형식으로 관리자에게 제공하는 시스템을 말하고, ② 의사결정시스템이란 데이터베이스와 의사결정모형을 의사결정자에게 제공하는 시스템을 말하며, ③ 최고관리자정보시스템이란 중역정보시스템 또는 임원정보시스템이라고도 불리며 이는 말 그대로 최고관리자의 전략적 의사결정을 지원하기 위한 정보시스템을 가리킨다.

관리정보시스템은 새로운 정보기술의 발달, 인적·물적 자원의 부족, 환경변화와 경쟁의 격화로 인하여 필요성이 증대하고 있다. 즉 기존의 응용시스템중심의 정보시스템은 그 기능에 있어서 조직의 환경변화에 대한 능동적인 대응을 하기 위하여 시스템통합에 대한 필요성이 커지고 있기 때문이다.

관리정보시스템의 기능은 거래처리, 마스터파일의 유지, 보고서 작성, 조회처리, 대화식 업무처리 등 다섯 가지로 나눌 수 있다. 즉 조직과 관련된 내·외부의 거래관계를 처리하는 거래처리, 자료들을 장기적이고 영구적으로 저장하여 언제나 이용 가능하게 하는 마스터파일의 유지, 거래 관계에 대한 결과를 규정된 양식으로 정리한 보고서 작성, 특정한 자료에 대한 다양한 형태의 분석결과를 제공하는 조회처리, 그리고 사용자와 시스템 간의 자료와 응답을 반복적으로 실시함으로 원하는 결과를 얻을 수 있게 하는 사용자와 시스템 간의 대화식 업무지원을 말한다(Davis & Olson, 1985: 200).

② 운영정보시스템 Organizational Information System, OIS

운영정보시스템이란 하위관리자의 업무에 필요한 정보를 제공하기 위한 시스템으로서 거래처리시스템 Transaction Processing System, TPS, 사무자동화시스템 Office Automation System, OAS, 과정통제시스템 Processing Control System, PCS으로 구분한다. ① 거래처리시스템 TPS은 조직 내에서 발생하는 모든 거래를 처리하는 시스템이며, ② 사무자동화시스템 OAS은 컴퓨터와 그와 관계된 일체의 사무기기를 이용하여 사무처리에 있어서 자동화하기 위한 시스템을 가리키며, ③ 과정통제시스템PCS은 일상적인 운영과정이 원활하게 이루어지도록 통제하기 위한 시스템을 가리킨다.

③ 기타 정보시스템

조직의 운영을 위한 기타정보시스템으로는 전문가의 의사결정과 문제해결을 위한 전문가시스템Expert System, ES, 집단의 의사결정을 지원하기 위한 집단의사결정지원시스템Group Decision Support System, GDSS, 그리고 여러 개의 컴퓨터를 연결한 시스템(인터넷, LAN, WAN) 등이 있다(신민식 외, 2003: 540~541 참조).

(2) 정보시스템 구성

정보시스템은 조직의 목표를 효율적이고 효과적으로 달성하기 위하여 하드웨어, 소프트웨어, 사용자 및 개발자, 데이터베이스로 구성된다. 즉 정보시스템은 일반적으로 컴퓨터와 관련된 장치들을 의미하고 있다. 컴퓨터는 시스템 측면에서 EDPSElectronic Data Processing System를 의미하며 이는 프로그램 명령에 따라서 데이터의 입력input·처리processing·출력output·기억storage·제어control를 수행하는 전자적 기계장치라고 할 수 있다.

3. 조직의 관리·운영에서의 정보시스템

1) 의사결정과 정보시스템

(1) 의사결정의 의의

조직운영은 곧 의사결정의 연속decision making process이며 관리자의 모든 활동은 의사결정을 통해서 이루어진다고 볼 수 있다. 따라서 조직 내에서의 문제해결과 의사결정은 조직에 큰 영향을 미칠 뿐만 아니라 조직이나 개인의 행위를 결정하게 된다. 특히 조직의 중, 장기계획과 같은 의사결정은 그 조직의 사활이 걸린 문제로서 매우 중요하다. 한편, 조직 내에서의 의사결정decision making은 특정한 목적을 효과적으로 달성하기 위해 몇 가지 대안 중에서 가장 유리하고 실행 가능한 최적대안을 선택하는 행동이라고 할 수 있다.

(2) 의사결정과정과 정보시스템

의사결정과정은 인지 및 탐색활동intelligence activities, 대안설계활동design activities, 선택활동choice activities, 실행 및 통제활동 등 네 단계의 과정을 거친다. ① 인지 및 탐색활동에서 문제를 발견하고 자료를 수집한다. 이 과정에서 정보시스템은 의사결정환경 및 내부여건을 조사하여 의사결정 상황을 보다 구체화하도록 한다. ② 대안설계활동에서는 문제해결을 위한 여러 가지 대안을 계획하는 단계로서 의사결정 대안을 개발하고 평가할 수 있도록 한다. 이 과정에서 정보시스템은 의사결정지원시스템DSS과 전문가시스템을 활용하여 의사결정을 돕는다. ③ 선택활동 단계에서는 정보시스템의 다양한 지표를 통하여 우선순위에 의한 대안평가와 실행가능한 대안을 선택한다. ④ 마지막으로 실행 및 통제활동단계에서는 선택된 대안을 실행하며, 또한 의사결정의 실행과정을 통제한다. 이 단계에서의 정보시스템 활용은 결정대안의 성공적 실행 여부의 판단과 추후 필요한 의사결정에 대하여 도움을 받을 수 있다.

2) 조직운영과 정보시스템

조직은 특정한 목적과 목표를 갖는다. 따라서 조직은 목적 및 목표를 달성하기 위해 계획을 수립하고, 수립한 계획을 실행에 옮기며, 실행과정에서 계획된 대로 실행되도록 통제한다. 이러한 과정에서 설정된 목표의 효과적인 달성을 위한 계획수립에는 그동안의 조직의 업적이나 성과 그리고 조직의 현재 상황과 능력, 또한 조직외부환경에 대한 정보가 필요하다. 통제과정에서는 실행이 계획한대로 올바르게 진행되는지를 비교·평가할 수 있는 정보가 필요하며 때에 따라서는 계획과 실행 간의 차이가 생겨난 원인과 문제점에 대한 정보도 함께 필요하다.

3) 조직기능과 정보시스템

조직의 주된 활동은 생산기능, 마케팅기능, 인사관리기능, 재무·회계기능 등으로 이를 정보시스템과 연관지을 때 각각 생산정보시스템, 마케팅정보시스템, 인사정보시스템, 재무·회계정보시스템으로 분류할 수 있다.

(1) 생산정보시스템

생산정보시스템Manufacturing Information System이란 조직의 생산기능과 관련한 활동을 지원하는 정보시스템을 말한다. 일반적으로 생산정보시스템에는 현장의 작업을 운

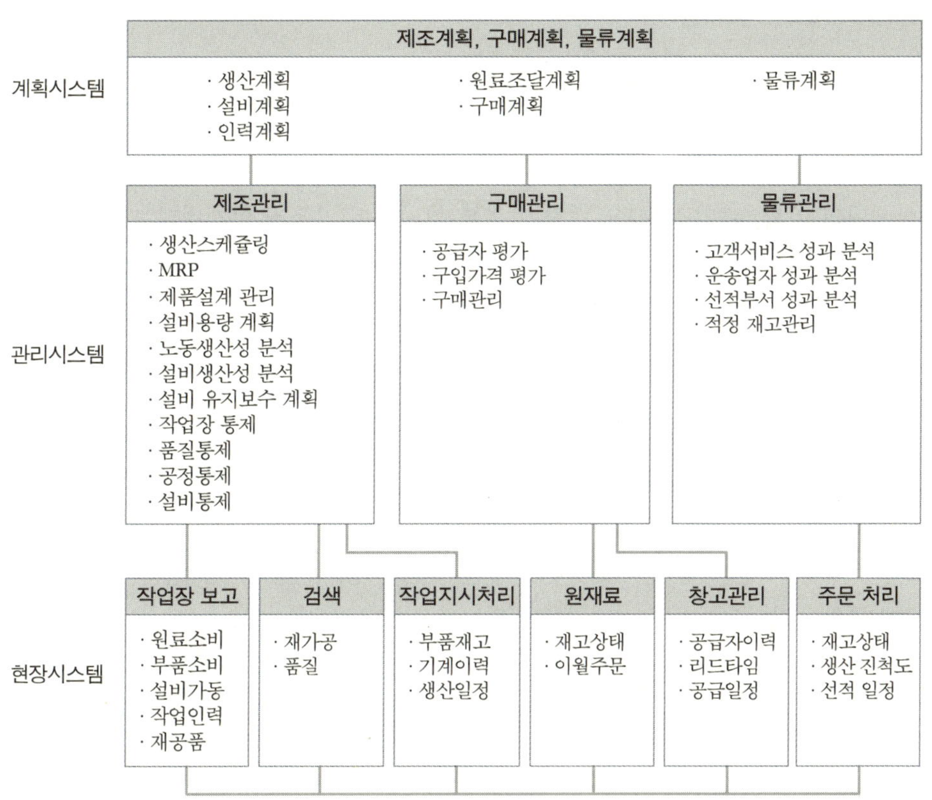

※출처: 김세중 외(2000: 92).

영·통제하는 현장시스템, 생산활동에 대한 내역을 분석·평가하는 관리시스템, 생산
활동을 계획수립하는 계획시스템으로 구성된다(〈그림 12-1〉 참조). 생산정보시스템
을 구성하는 하위시스템의 대표적인 예로는 CAD Computer Aided Design (제품설계) 시스
템, CAPP Computer Aided Processing Planning (생산공정관리), MRP Material Requirements Planning (원자재관

리), CAM Computer Aided Manufacturing (생산기획, 관리, 통제), CIM Computer Integrated Manufacturing (모든 관리시스템을 통합) 등이 있다.

(2) 마케팅정보시스템

마케팅정보시스템 Marketing Information System 이란 고객의 욕구를 파악하고 이를 토대로 마케팅의 기획, 관리, 거래에 대한 자료를 처리하며 아울러 마케팅과 관련된 의사결정에 필요한 정보를 제공하는 정보시스템을 말한다. 마케팅정보시스템은 제품주문에서부터 A/S에 이르기까지 각종거래에 대한 거래처리시스템, 마케팅의 성과를 분석·관리하는 관리시스템, 제품과 관련된 의사결정과 계획수립에 관한 계획시스

그림 12-2 마케팅정보시스템의 구조

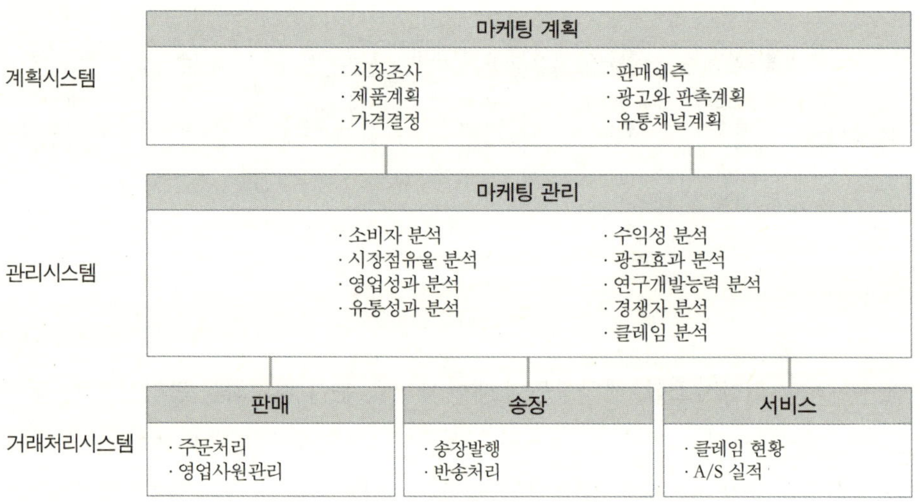

※출처: 김세중 외(2000: 95).

템으로 구성된다(〈그림 12-2〉 참조).

(3) 인사정보시스템

인사정보시스템Human Resource Information System이란 조직원의 모집, 선발, 고용, 업무배치, 평가, 복지, 개발 등 종합적인 인력관리를 위한 시스템을 말한다. 최근에 인사정보시스템은 조직을 둘러싼 외부환경의 급격한 변화에 능동적으로 대처하고 확대일로에 있는 조직구조에 알맞은 우수한 인적자원을 확보하기 위해서 인사정보시스템의 필요성이 부각되고 있다(〈그림 12-3〉 참조). 인사정보시스템은 직무명세서, 인사기록 등의 기본업무를 지원하는 거래처리시스템, 성과 및 업적분석 등 인사관리업무를 지원하는 관리시스템, 인력충원, 인력예산수립 등 인력계획을 지원하는 계

그림 12-3 인사정보시스템의 구조

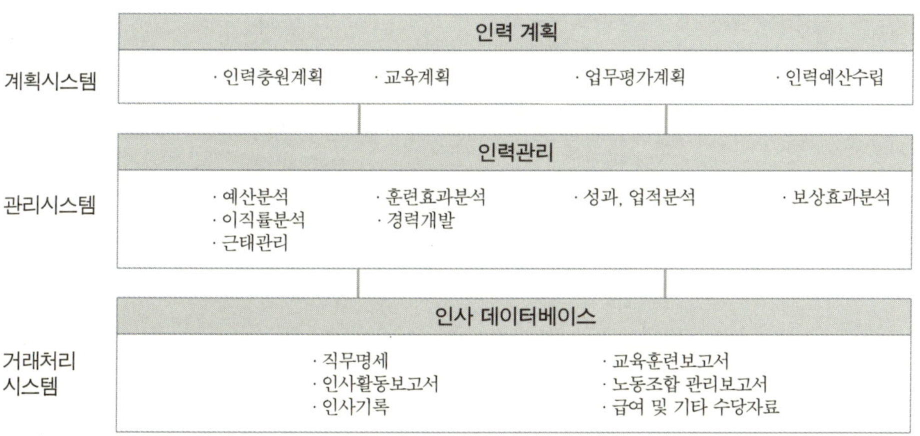

※출처: 김세중 외(2000: 99)에서 재인용.

획시스템으로 구성된다.

(4) 재무·회계정보시스템

재무·회계정보시스템Financial & Accounting Information System이란 회계정보시스템과 함께 연계하여 현금, 유가증권, 자본 예산 수립 등 자금조달 및 재무자원의 운용 및 평가에 대한 정보를 제공하는 정보시스템을 말한다(〈그림 12-4〉 및 〈그림 12-5〉 참조).

그림 12-4 회계정보시스템의 거래

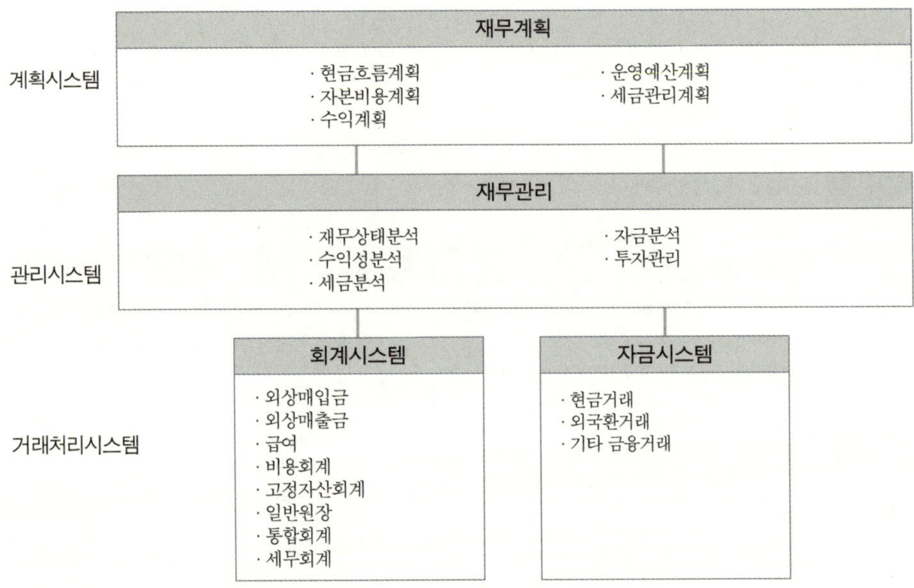

※출처: 김세중 외(2000: 104)에서 재인용.

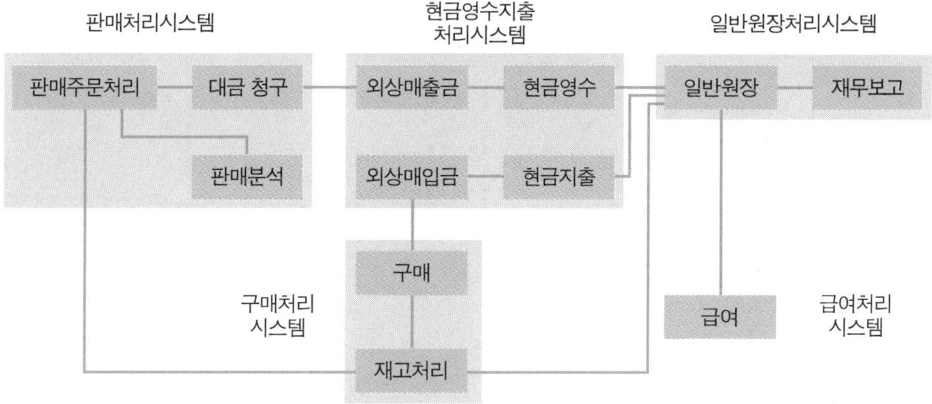

※출처: 김세중 외(2000: 101)

4) 관리층과 정보시스템

조직 내의 관리자를 일반적으로 최고관리자, 중간관리자, 하위관리자, 담당자로 나눌 수 있다. 이들 각각의 의사결정을 지원하는 프로그램으로는 일선담당자를 위한 거래처리시스템Transaction Processing System, 하위관리자를 위한 운영통제시스템Operation Control System, 중간관리자를 위한 관리통제시스템Management Control System, 최고관리자를 위한 전략계획시스템Strategic Planning System 등이 있다(〈그림 12-6〉 참조).

(1) 일선담당자 – 거래처리시스템

거래처리시스템Transaction Processing System, TPS이란 조직 내의 일선담당자에게 필요한 시스템으로서 조직의 모든 거래에 대한 것들을 일괄처리batch processing방식 혹은 온라인처리on-line processing방식으로 신속하고 정확하게 처리하기 위한 시스템을 말한다. 거래

※출처: 김세중 외(2000: 48); 송교석·이진우(2006: 64) 재구성

처리시스템은 자재 구입, 상품 판매, 영수증 발행, 급여 지급, 온라인 입·출금, 신용도 관리, 상품의 주문·발송 등 거래와 관련한 자료가 발생할 때마다 수작업 또는 기계장치에 의하여 수행하던 현장업무clerical operation를 컴퓨터를 이용하여 일시에 많은 양의 자료를 처리하여 일선담당자의 업무 능률을 높일 수 있는 장점이 있다.

(2) 하위관리자 – 운영통제시스템

운영통제시스템Operation Control System이란 조직 내의 하위관리자들에게 필요한 관리시스템으로서 조직의 기본업무, 서비스 활동들이 효과적이고 효율적으로 이루어지도록 운영을 통제하는 시스템을 말한다. 즉 운영통제시스템은 서비스를 어느 정도수

준에서 어떤 대상에게 실시할 것인가 등의 정해진 과업에 따라서 운영통제 수준에서 처리하는 시스템을 가리킨다.

(3) 중간관리자 - 관리통제시스템

관리통제시스템Management Control System이란 조직 내의 중간관리자들에게 필요한 관리통제시스템으로서 조직의 최고관리자가 세운 전략계획에 따른 목적을 달성하기 위한 자원조달 및 예산실행계획을 수립·실행·통제하는 시스템을 말한다. 따라서 관리통제시스템은 조직의 운영과 관련된 과거와 현재에 대한 내부관리정보를 필요로 한다.

(4) 최고관리자 - 전략계획시스템

전략계획시스템Strategic Planning System이란 조직 내의 최고관리자들에게 필요한 시스템으로서 기관의 사업방향설정, 서비스전략, 자원조달전략 등과 같은 기관의 존립과

표 12-1 기능별 및 관리자별 정보시스템관계

관리자별 기능별	거래처리시스템	운영통제시스템	관리통제시스템	전략계획시스템
생산정보 시스템	생산 구매	생산계획 재고관리	원가차이분석	생산기술, 시설투자 및 전략
마케팅정보 시스템	영업 판매집계	영업계획·조정 판매실적분석	계획과 실제 차이분석 (고객, 시장경쟁분석)	시장, 서비스 환경분석
인사정보 시스템	급여 인사, 고용	인력수급 후생복지	인력수급·비용차이분석	인력확보, 유지개발전략
재무·회계 정보시스템	경리회계 자산관리	경리 회계관리	자금관리·회계비용분석, 효율성분석	장기자금전략

※출처: 송교석·이진우(2006: 67) 재구성.

유지 및 발전에 관한 사항에 대하여 장기적인 전략계획을 세우는 시스템을 말한다. 따라서 전략계획시스템의 효율적인 운영을 위해서는 조직의 내·외와 관련한 광범위한 정보를 필요로 한다(Anthony, 1965).

4. 조직운영과 정보화의 영향

정보화는 현대사회에 많은 영향을 미치고 있다. 특히 비영리기관이나 단체에서 새로운 사고방식과 업무형식, 근무형태 그리고 서비스에 영향을 미치고 있다. 정보화가 개인, 조직, 사회, 기관에 어떤 영향을 미치는지 살펴본다.

(1) 개인에게 미치는 영향

정보화가 개인에게 미치는 영향은 크게 3가지로 분류할 수 있다. 첫째, 직무상의 영향으로는 컴퓨터에 의하여 전문적이 아니어도 비교적 쉽게 업무를 수행할 수 있다는 점에서 직무내용의 변화, 직무환경의 변화(업무생산성 증가), 인력구조의 변화(인력감소로 인한 원가절감)를 가져왔다고 할 수 있다. 둘째, 정신적으로는 정보시스템을 도입함으로써 직무만족도를 상승시키는 결과를 낳기도 하지만 한편으로는 개인의 독특한 개성을 말살시키거나 대인관계의 결핍과 정서적 불안정을 가져올 수 있다. 셋째, 건강과 안전에 있어서는 정보시스템의 사용으로 편리함과 신속함 등 직무에 만족을 주기도 하지만 한편 새로운 기술을 익혀야 하는 직무스트레스가 발생할 수 있으며, 전자파로 인한 근육마비, 시력저하, 피로감 등 새로운 질병에 노출되기도 한다.

(2) 조직에 미치는 영향

정보화는 조직에도 많은 영향을 미친다. 정보화는 조직의 목표와 장래환경을 위하여 최선의 결과를 얻기 위한 합리적인 시스템을 채택하여 의사결정의 적합성과 신속성을 증가시키며, 조직의 과업에 따라서 새로운 일자리를 만들어 내기도 한다. 또는 조직의 과업 및 고용구조의 변화와 아울러 궁극적으로는 전통적인 계층구조를 축소하는 플랫flat화와 슬림slim화라는 조직구조의 변화를 가져온다. 이외에도 정보화는 의사소통 양상의 변화, 권력의 재분배, 정보시스템의 공동사용으로 인한 부서 간 갈등의 증가, 언제, 어디서나 가능한 정보시스템으로 근무형태의 변화에 영향을 미친다.

(3) 사회에 미치는 영향

정보화는 개인의 생활방식에 있어서 보다 질적인 향상을 가져오며, 개인의 정보공개에 대한 사생활 침해행위를 보호하기 위한 법적 규제의 필요성을 제기하기도 한다. 음성인식이나 영상인식과 같은 인공지능관련 정보화는 장애인들과 같은 소외계층에게 자신들의 능력을 발휘하고 아울러 사회에 한 부분을 담당할 수 있는 기회를 제공하기도 한다.

(4) 기관에 미치는 영향

과학적 방법에 의한 조직관리를 특징으로 하는 산업화시대의 생산성은 실제로 경제전체에서 차지하는 비중이 크지 않았다. 따라서 정보화는 지식 및 서비스노동자들의 생산성에 주목하여 종래의 서류중심, 사무적인 승인절차, 노동집약적인 업무들을 전자적 자료교환, 온라인 의사결정지원과 문서관리시스템, 전문가시스템으로 대체하는 결과를 가져왔다. 이외에도 기관의 질 높은 서비스(제품)의 향상, 소비자 욕구에 대한 신속한 반응, 거리나 장벽이 사라진 전 세계에 걸친 네트워크화, 그리고 기관의 일부를 외부에 의탁하는 외주화outsourcing, 일과 기업 간의 협력화(컨소시엄)에 큰 영향을 미쳤다. 또한 기업의 사회적 책임을 널리 알림으로써 조직원들의 사기진작을 가져오며 외부적으로는 기관활동에 대한 긍정적인 생각을 불어넣을 수 있게 된다(김세중 외, 2000: 35~63 참조).

5. 정보시스템의 통제와 평가

1) 정보시스템의 통제의 개념과 특성

(1) 통제의 개념

정보시스템의 통제란 정보시스템의 실행에 지장을 주는 불법적인 행위를 방지하거나 그 피해를 최소화하기 위한 관리적 행위를 말한다. 조직의 관리는 정보를 통해 이루어진다. 즉 정보의 흐름에 따라서 조직의 모든 의사결정이 이루어지게 된다. 따라서 이러한 과정에서 오류가 발생할 경우 조직에 커다란 손상을 입힐 수 있다. 최근 조직적인 대규모 해커hacker들이 컴퓨터 시스템에 무단침입하여 고객의 정보를 획득하여 은행에서 돈을 인출하거나 기관의 주요 정보를 빼내 조직의 업무수행에 막대한 지장을 초래하는 일들이 빈번하게 발생하고 있다.

> **해커hacker와 크래커cracker**
> 해커란 본래 컴퓨터 전문가(보안전문가)를 가리킨다. 일반적으로 고도의 컴퓨터 지식을 이용하여 남의 시스템에 침입하거나 범죄를 저지르는 사람을 크래커라고 한다.

(2) 통제의 특성

다음은 정보시스템의 통제에 대한 특성을 나타낸다(민경호, 2002: 387~390 참조).

① 정보시스템은 공식적이고 광범위한 대상을 가진다.

② 정보시스템에서 통제를 위한 증거자료로 활용할 만한 원시자료가 매우 적다.

③ 정보시스템설계 초기단계부터 통제가 고려되어야 한다. 시스템 실행 후에 할 경우 이중 부담으로 작용한다.

④ 정보시스템은 시스템에 대한 문서화가 필수적이다. 즉 처리과정이나 자료가 비가시적이므로 일일이 검색하여 자료를 수집하고 검증하는 것이 매우 복잡하고 많은 시간을 요하기 때문이다.

⑤ 정보시스템은 물리적 통제가 가능하다. 즉 정보시스템은 중앙집중적으로 데이터 파일을 관리하기 때문이다. 그러나 만일 파일이 손상을 입을 경우 업무 마비 또는 조직의 존립에 치명적인 손상을 가져올 수 있다. 따라서 물리적 통제와 함께 체계적인 통제가 필요하다.

⑥ 정보시스템은 컴퓨터에 의해 프로그램화한 통제로 보다 강력하게 실행할 수 있다.

(3) 통제의 유형

정보시스템의 통제는 관리적 통제, 장치적 통제, 응용 통제로 나눌 수 있다. 관리적 통제administrative control란 각종 규제, 절차 및 지침 등의 방법으로 정보시스템운용이 제대로 이행되는지를 확인하는 자료처리자원에 대한 획득, 개발, 사용 및 유지 등과 관련된 일반적 의미의 통제를 말한다. 장치적 통제built-in control란 컴퓨터에 내장된 하드웨어, 시스템 소프트웨어를 대상으로 하는 통제를 말한다. 장치적 통제는 본래 컴퓨터에 구성된 것으로 컴퓨터를 구동할 때마다 자동적으로 작동한다. 그리고 응용통제application control란 개별 응용부문에 대한 통제기능으로서 입력에 대한 통제, 프로세싱 통제, 시스템 내 저장된 자료를 보호하는 데이터베이스 통제, 시스템에 침입하여 정보파괴 또는 변조를 일으키지 못하도록 하는 통신 통제, 자료의 출력에 대한 통제 등을 가리킨다.

(4) 정보시스템 보안의 필요성

정보시스템의 보안은 그 어느 때보다 심각한 상태에 이르렀다. 최근 개인정보 유출은 물론 절대적으로 보안이 필요한 금융기관이나 국가기관의 정보시스템까지 해커들의 침입으로 인하여 막대한 유무형의 손실을 가져오고 있다. 특히 주요기관들의 정보시스템에 대한 해커들의 침입시도는 점점 고도화, 은폐화, 지능화되고 있다. 2007년 한 해 동안 컴퓨터 보유 사업체 총 136만 4천여 개 중 16만 8천여 개(12.3%) 사업체가 컴퓨터바이러스, 웜, 트로이얀 등에 의한 피해를 경험했고, 이 업체들 중 가운데 컴퓨터 바이러스 피해 복구를 위해 금전적 비용을 지출한 경험이 있는 사업체가 약 47%로 거의 절반의 사업체가 바이러스 피해 복구를 위해서 금전적 비용을 지출한 것으로 나타났다(정보화 통계집, 2008: 168~172). 특히 시스템 규모가 커지고 응용분야가 다양해짐에 따라 사고발생률이나 규모가 대형화하고 있어 정보시스템의 보안은 매우 중요한 필수과제로 부상하고 있다.

① 정보시스템의 보안 위험요소

정보시스템의 보안 위험요소로는 우발적인 위험요소, 컴퓨터 바이러스, 컴퓨터 범죄 등으로 분류할 수 있다. 즉 우발적인 위험요소는 사용자의 실수, 하드웨어나 소프트웨어의 고장 또는 오류, 자료의 오류 그리고 화재, 홍수, 지진 등 자연재해 등으로 인한 위험요소를 말한다. 컴퓨터바이러스는 바이러스에 의한 자기복제 및 다른 시스템을 공격하도록 프로그램화된 것으로 컴퓨터바이러스에 의하여 감염시 시스템의 작동시간·메모리·각종 정보의 변화, 디스크 파손, 파일 삭제, 그리고 시스템 정지 등 컴퓨터의 정상적인 운영을 방해하는 위험요소를 가리킨다. 또한 컴퓨터 범죄는 컴퓨터에 대한 전문적인 지식을 바탕으로 불법적으로 행해지는 범죄를 말한다. 주로 정보시스템 기기를 훔치거나 복사하는 행위, 데이터 및 소프트웨어의 변조를 통해 금품이나 재산상 손해를 입히는 변조형 범죄, 그리고 해커에 의하여 허가 없이 타인의 컴퓨터시스템에 침입하여 자료를 인출하거나 컴퓨터시스템을 손상시키는 인터넷범죄 등이 있다.

② 정보시스템의 보안기법

정보시스템의 보안기법에는 기술적·관리적·시스템적인 보안기법으로 나눌 수 있다. 기술적인 보안기법으로는 패스워드(주기적 변경) 사용, 내용을 기록할 수 있는 컴퓨터 로그log, 백업과 복구시스템으로 운영된다. 관리적인 보안기법은 조직 내 컴퓨터시스템 사용자들의 책임감을 고취하며, 정기적 또는 비정기적인 내부감사를 통하여 정보시스템의 보안을 꾀할 수 있다. 또한 시스템적인 보안기법으로는 데이터의 입력, 처리, 출력 등에 있어서 각 단계마다 통제 및 보안절차가 마련되고 엄격히 실행함으로써 시스템 상에서 발생할 가능성을 미리부터 차단하는 프로그램화된 보안기법을 가리킨다. 이외에도 스마트카드(IC카드Integrated Circuit)의 사용과 방화벽fire wall 시스템 구축을 둘 수 있다(김세중 외, 2000: 633~666 참조).

2) 정보시스템의 평가

(1) 정보시스템의 평가

정보시스템 평가란 관리정보시스템 개발, 도입, 운영과 정보시스템과 관련된 업무가 조직에서 설계한 목표대로 수행되었는가를 확인하고 분석하는 업무과정을 말한다.

(2) 정보시스템의 평가절차

정보시스템의 평가절차란 정보시스템의 기능과 역할의 수행 정도를 점검·평가하기 위한 체계적인 과정을 말한다. 이를 위하여 적합한 평가항목 선정 및 각 항목에 따른 상세한 평가지표, 그리고 조직 내 다양한 부서의 참여를 유도하고, 또한 평가에 대한 적합성도 평가해야 한다. 적절한 평가를 위한 과정은 평가팀 구성을 시작으로, 평가항목 선정, 평가지표 개발, 평가계획 수립, 평가지표별 측정 자료수집, 평가자료의 체계적 축적, 평가자료분석, 시스템 개선안 모색 및 수립, 시스템 개선작업 수행, 끝으로 평가과정에 대한 평가의 절차를 거친다(〈표 12-2〉 참조).

(3) 정보시스템 평가의 장애요인

정보시스템 평가과정에서 나타날 수 있는 장애요인은 다음과 같다(박운성, 1996: 930~938).

① 정보시스템의 평가기준으로서 목표가 불분명하고 구체성이 떨어지며, 또한 조직 내 부서들의 목표가 잘 반영되지 않아 적절한 평가로 인정받기가 쉽지 않다.

② 조직 전체 수준에서의 평가가 아니라 부분적인 평가에 치우치는 경향이 있다.

표 12-2 정보시스템의 평가절차

과정	내용
1. 평가팀 구성	· 시스템사용자, 시스템요원, 시스템관리자, 감사요원, 외부평가전문가로 구성(조직 내 관련구성원으로 폭넓게 구성)
2. 평가항목 선정	· 일차적으로 정보시스템부서에서 선정 · 최종적으로 정보시스템사용부서, 감사부서, 관리층 및 운영위원회에서 확정
3. 평가지표 개발	· 평가항목을 객관적인 자료로 측정할 수 있도록 해야 함 · 각 평가항목별 평가지표 설정은 조직목표 및 조직의 정보시스템 상황을 고려해야 함
4. 평가계획 수립	· 평가영역, 평가주체, 평가시기, 평가범위, 평가방법에 의한 계획수립(정보시스템의 효과성, 효율성 측면을 고려)
5. 평가지표별 측정 자료수집	· 자료수집을 정량적(계량화 가능), 정성적(비계량화)으로 분류 · 정량적 자료(회계자료, 실적자료) · 정성적 자료(만족도, 향상정도)
6. 평가자료의 체계적 축적	· 측정 수집된 자료의 항목별로 체계적으로 데이터베이스화함
7. 평가자료분석	· 우선 현실적으로 타당한 자료선정 · 추세분석(과거와 비교), 다른 성과표준치와 비교, 분석
8. 시스템 개선안 모색 및 수립	· 자료분석을 바탕으로 문제의 원인과 개선안 도출 · 문제원인 구분(조직적, 업무적, 인사제도적, 시스템적인 측면)
9. 시스템 개선작업수행	· 원인에 따른 개선안을 기반으로 시스템 사용방식, 개발과 운영에 관한 전반적인 개선 추진
10. 평가과정에 대한 평가	· 시스템 평가과정 자체 평가 · 주기적으로 합리화, 평가결과를 알려서 인식 제고

즉 평가시 계량화가 용이한 평가기준 항목에 치중하여 조직 전체에 대한 바람
직한 평가가 힘들다.

③ 정보시스템의 특성상 평가시점을 결정하기가 쉽지 않다. 즉 정보시스템은 동
태적 특성으로 이용자의 실행과정상의 학습효과와 상황변화로 평가기준을 정
하기가 매우 어렵다.

④ 부서별 평가대상항목이 매우 다양하기 때문에 정보시스템의 목표에 대한 요
구조건을 통일하기 어렵다.

⑤ 정보시스템의 운영에 대한 신뢰도와 타당도가 입증되거나 표준화된 정보시스
템 평가지표가 미흡하다(김세중 외, 2000: 656). 따라서 평가과정에서 오류를
낳을 수 있다.

⑥ 정보시스템의 질적 목표에 대한 평가자들의 인식이 각기 다르기 때문에 평가
결과에 있어 차이를 가져올 수 있다.

6. 사회복지분야의 정보관리 체계

1) 사회복지분야의 정보체계

사회복지행정에서의 정보관리체계는 1999년 보건복지정보화 촉진사업을 정보화
핵심사업으로 추진하면서 사회복지조직의 행정업무, 홈페이지, 온라인 상담 등 컴
퓨터네트워킹을 통한 전산망을 구축하여 서비스 업무를 활성화하고 있다. 일반적
으로 사회복지조직에서 필요로 하는 정보는 지역사회의 클라이언트에 대한정보로
욕구정보, 서비스자원정보, 처우정보, 사회복지의 전문적인 기술활용 등에 관한 기

술 정보, 자원봉사자와 후원자 등의 참여정보, 조직의 규범정보, 조직과 관련한 정부정책이나 제도에 관한 환경정보, 조직의 재무, 인사 및 기타에 관한 관리정보 등을 들 수 있다(오세영, 2009: 375). 이를 간추려보면 사회복지분야의 정보체계는 클라이언트 정보체계, 조직 정보체계, 성과 정보체계로 나눌 수 있다(Gates, 1980: 252~278 참조).

(1) 클라이언트 정보시스템 client information system

클라이언트 정보시스템이란 프로그램 이용자들에 대한 서비스제공을 주안점으로 한 기능으로 클라이언트 그리고 그들과 관계된 프로그램과의 상호작용에 관한

표 12-3 서비스 단계별 클라이언트 정보시스템

단계별 활동	활동자료 및 정보
1. 이용자확인	프로그램 서비스의 잠재적 수요자 명단(타기관의 의뢰, 비공식접촉, 혹은 다양한 out-reach 활동을 통해서 획득)
2. 인테이크(Intake)	개인 혹은 가족에 관한 개인력과 해결되어야 할 문제에 대한 자료
3. 자격여부결정	클라이언트의 프로그램에 대한 수혜자격 여부 판단에 적합한 자료(서비스비용 지불자 명시: 정부, 보험회사, 의뢰기관, 클라이언트 등)
4. 프로그램 진단과 문제해결 계획	문제, 욕구, 계획들 간의 관계에 대한 기록, 문제 사정은 구술형식으로 반면 치료계획 같은 문제해결 계획은 보다 구체적으로 기록한 자료가 필요함
5. 서비스 전달	언제, 누구에 의해, 어떤 서비스가 제공되는지 등의 자료 (연결된 서비스의 경우 그 과정에 대한 자료도 포함)
6. 사례 모니터링	활동계획과 실제적으로 제공된 서비스를 비교하는 자료 (차질이 있을 경우 그에 대한 자료도 포함)
7. 사례 평가	사례별 혹은 개인의 서비스 결과에 대한 정보, 사례 종결 전후에 발생되는 정보
8. 사례 종결	사례 종결의 시점과 이유에 관한 정보(자발적 중단, 성공적인 목표 달성 혹은 실패, 타 지역으로의 이전 등 포함)

※출처: Bowers & Bowers(1997: 10~13) 재인용.

정보의 생산·조직·보급과 관련된 정보시스템을 가리킨다. 〈표 12-3〉은 서비스단계별 클라이언트 정보 시스템으로 클라이언트의 이용자 확인단계에서부터Intake, 자격여부결정, 프로그램진단과 문제해결계획, 서비스전달, 사례Monitoring, 사례평가, 사례종결 등 여덟 단계 과정에 이르는 순서를 나타낸다.

(2) 조직 정보시스템 organization information system

조직 정보시스템이란 기본적인 행정기능을 보조하는 역할을 수행하며 누가 어떤 목적을 위하여 어떤 재원을 얼마나 사용했느냐에 관심을 가지고 욕구조사, 시설 및 운영기획, 예산, 인사, 회계, 결산 및 예측에 관한 것들에 관심을 갖는다. 따라서 조직정보는 조직의 경영층과 외부 재정후원자의 입장에 따라 대부분 결정된다.

(3) 성과 정보시스템 performance information system

성과 정보시스템이란 기존의 클라이언트 정보시스템과 조직정보시스템의 통합에 따른 결과로서 의사결정의 향상이나 프로그램의 생산성 및 효과성의 여러 측면들을 평가하기 위해 요구되는 정보들을 말한다. 성과 정보시스템은 기획정보와 평가정보로 구분된다. 즉 성과 정보시스템에서의 기획정보는 조직의 목표를 위한 기획수립에 필요한 제반 정보를 가리키며, 평가정보는 서비스성과와 비용에 관한 정보들로 서비스의 효과를 평가하기 위해서 기관이 제공한 서비스정보뿐만이 아니라 클라이언트의 타기관에서의 서비스경험에 대한 정보들도 동시에 요구된다(김영종, 2009: 230~231).

2) 사회복지분야의 정보체계과정

사회복지조직의 정보체계과정은 현재 상황 사정단계, 현재체계 분석단계, 세부
설계단계, 정보관리 체계시험 운영 및 기관의 준비단계, 전환단계, 평가단계 그리
고 운영 유지 및 수정의 단계로 구분 할 수 있다(Neff, J. & Roberts, 1995: 95~115). 이
들 각각의 단계의 과정은 〈표 12-4〉와 같다.

표 12-4 사회복지분야의 정보체계과정

단계	적용	실행
1. 현재 상황 사정	· 조직의 준비성과 실행가능성을 사정 · 조직의 여건, 자료, 비효율적인 요소, 수행방법의 변화 등을 사정	운영위원회 구성 (관리자, 감독자, 조직원, 담당자 및 관련된 조직구성원)
2. 현재 체계 분석	기존의 서비스구조모델 및 프로그램 목표	기존정보체계 분석 (Ct자료, 변화과정 및 결과, 조직원 직무 및 서비스단위)
3. 세부 설계	· 이전단계의 자료를 기초로 함 · 삭제(불필요한 자료)와 추가(유용한 자료)	자료 입력, 수집 및 분석 방법, 사례파일형식, 모든 사례 및 정보 전산화
4. 정보관리 체계 시험운영 및 기관의 준비	정보화체계기술 습득	조직원의 하드웨어, 소프트웨어 사용방법 습득 훈련
5. 전환	새로운 정보체계로 대체	기존정보체계사용중단 및 시설 변경
6. 평가	· 대체된 새로운 정보체계 · 조직체계	수행목적평가, 책임성 증가, 비용 절감, 업무 질 향상
7. 운영 유지 및 수정	· 새로운 체계의 지속적인 활용	전담직원확보, 새로운 정보체계 활용여건 마련

3) 사회복지조직의 정보관리 활성화

21세기는 정보화의 발전과 함께 디지털 컨버전스Convergence(집중/융합) 현상이 가속화되는 유비쿼터스Ubiquitous 시대를 향하고 있다. 즉 기술간, 산업간 융합을 거쳐 기술과 인간 삶의 융합에 이르기까지 사회 전반에 걸쳐 진행되고 있어 정보통신기술 자체가 우리의 일상과 문화가 되어 가는 시기에 와있다. 앞으로는 우리의 일상에서 언제 어디서나 네트워크 접속이 가능하다. 이러한 유비쿼터스 사회로의 진전은 인간의 삶의 질을 향상시키는데 그 목적이 있다. 특히 사회복지조직에서 정보화의 발전은 사회복지조직의 업무향상만이 아닌 복지수준을 끌어올리기 위한 것이다. 따라서 사회복지조직에서의 정보화의 활성화는 필수적이라고 할 수 있다. 이에 사회복지조직의 정보화를 활성화하기 위해 다음과 같은 전략이 요청된다.

첫째, 사회복지분야의 정보화의 질을 높여야 한다. 사회복지분야의 정보화의 질을 높이는 것은 곧 수혜자에 대한 복지의 질을 향상시키는 결과를 가져오기 때문이다. 따라서 사회복지의 응용분야에 대한 개발을 위해 인적, 물적 자원을 집중적으로 지원함으로서 디지털 복지사회 구축에 심혈을 기울여야 할 것이다.

둘째, 수요자 중심의 정보화 전략을 구상해야 할 것이다. 기존의 기술 중심의 정부 주도적인 정보화 정책은 복잡한 컨버전스 환경을 수용하기 어렵다. 유비쿼터스 시대를 맞이하기 위해선 단순히 기술발전 측면의 시각에서 벗어나 고객마인드를 먼저 고려하고 유비쿼터스 욕구를 찾아내, 적합한 응용서비스를 개발 및 활용하는 전략이 필요하다. 즉 수요자 중심의 정보화 전략을 설정함으로써 새로운 융합기술과 서비스에 대한 수요 기반을 확보하고, 궁극적으로 가치를 창출할 수 있는 구조를 만들어 나가야 할 것이다.

셋째, 사회복지기관은 지역사회 정보화의 중심적인 역할을 담당하고 관련기관이나 단체와의 네트워크를 형성해야 할 것이다. 사회복지기관은 지역주민을 위한 시설로써 당연히 지역복지정보센터 Community Welfare Information Center 의 역할을 위하여 관련기관이나 단체와 네트워킹하면서 임상업무 또는 직접서비스 중심의 정보화센터가 되도록 해야 할 것이다.

넷째, 사회복지관련자들의 정보화교육 및 평가가 이루어져야 할 것이다. 특히 정보화분야는 하루가 다르게 새로운 정보기술이 쏟아지고 있다. 그러므로 새로운 정보기술에 대한 체계적인 교육은 물론 행정업무지원과 정보체계를 지속적으로 수정하고 평가할 수 있어야 한다.

다섯째, 사회복지정보화에 대한 종합적인 시각을 가져야 할 것이다. 사회복지정보화는 정보화기술의 활성화에서부터 정보격차해소, 정보보안, 네트워크 안정, 네트워크 간의 안전한 교류, 조직구성원의 정보활용 능력과 윤리의식의 제고에 이르기까지 다양한 요소들이 상호발전을 이룰 수 있는 방안을 마련해야 한다.

7. 문서관리Document Management

1) 문서관리

문서관리란 조직에 필요한 문서를 신속, 정확하게 그리고 경제적으로 정리, 보관, 폐기하기 위해서 계통적으로 조직하여 관리하는 것을 말한다. 문서관리는 종이서류방식과 전자시스템방식 두 가지로 분류할 수 있다. 종이서류방식은 종이에 의한 문서보관형태를 가리키나 전자시스템방식은 전자문서관리시스템Electronic Document Management System, EDMS에 의한 전자문서관리Electronic Document Management, EDM를 말한다.

2) 문서기능과 종류

문서의 종류는 기안, 선결, 완결, 시행, 보관, 보존, 폐기, 마이크로필름, 도면, 사진, 디스크, 테이프, 슬라이드, 전자문서(사무관리규정, 제3조) 등이 있으며, 주로 자료기록 및 보존의 기능, 의사전달 기능, 자료보급의 기능 등을 수행한다.

기안문서(결재문서)란 결재권자로부터 승인을 받기 위하여 기안서식에 따라 작성하는 문서를 말하고, 선결문서란 공문이 시행되기 전 최고결정권자의 결제를 미리 받는 문서를 말한다. 완결문서란 어떤 사안에 대하여 처리과정을 통해 승인완료된 문서를 말하고, 시행문서(발송문서)란 결재한 문서를 외부에 발송하기 위해 작성한 문서를 말한다. 보관문서란 완결된 문서로 보관할 필요가 있는 문서를 말하고, 보존문서란 자료의 가치가 있어 보존할 필요가 있는 문서를 말한다. 폐기문서란 보존기간이 지나거나 더 이상 자료로 쓸모가 없어 폐기처분되는 문서를 말하며, 마이크로필름문서란 종이에 기록하는 것이 아닌 마이크로필름에 자료를 보관한 문서를 말한다(배철효·이상락·배기효, 2006: 115~116).

3) 문서관리의 원칙

문서관리는 다음과 같은 원칙에 의하여 관리되어야 한다.

① 사무의 효율 증진 원칙

문서관리는 사무의 효율 증진을 위한다. 문서관리는 표준화와 간소화에 따른 신속성과 정확성을 가져야 한다. 즉 사무처리에 있어서 다양한 수단과 방법 중에 주어진 사무환경에 가장 적합하고 신속, 정확하게 처리할 수 있는 표준적이고 통일적인 문서 사무환경을 만드는 것이다. 서식이나 사무용지 등의 규격과 표준을 기해 문서사무의 기본이 되는 사무의 준비나 구조를 표준화하며, 문서의 접수, 배부, 기안, 전결 등의 문서 운행을 표준화하도록 한다. 또한 문서의 분류, 정리, 보관, 검색, 보존, 폐기 등의 보존관리를 체계화하는 것도 중요하다.

② 책임자관리 원칙

책임자관리 원칙이란 문서관리에 있어서 각 부서의 책임자들이 관리하고 추진해야 하며 조직 내의 환경에도 부합해야 한다는 의미이다.

③ 즉시 처리의 원칙

문서의 즉시 처리의 원칙이란 기본적으로 당일 또는 시간적으로 바로 처리하는 것을 말한다. 문서의 내용이나 그 성질에 따라 처리시간이나 방법을 다르게 할 수 있으나 일반적으로 당일 또는 바로 처리하는 것이 바람직하며, 만일 시간이 지체될 경우는 상급자의 지시에 따르도록 한다.

④ 법규에 준하는 원칙

법규에 준하는 원칙이란 문서는 각종 법규의 규정에 부합되도록 일정한 형식이나 요건을 갖추도록 한다. 정부기관은 이를 사무관리규정에 법률로 규정하고 있다. 일반적으로 사회복지조직에서도 조직의 행정업무에 맞도록 표준화한 양식을 사용할 경우 업무의 효율성과 통일을 기할 수 있다.

⑤ 사무자동화 원칙(사무관리규정 제101조)

행정기관은 소관사무를 효율적으로 수행하기 위하여 사무의 자동화를 추진하여야 한다.

제12장 연습문제

1 사회복지행정에 있어서 정보관리의 중요성을 설명하시오.

2 사회복지조직의 정보관리에서 보완의 중요성을 설명하시오.

3 사회복지조직에서의 정보시스템과 문서관리의 관계를 설명하시오.

01 다음은 무엇에 대한 설명인가?

---| 보기 |---

자료를 기반으로 한 개인이나 조직이 의사결정을 내리는 데 실질적인 가치가 있거나, 유용하게 사용될 수 있도록 전환된 것

① 정보　　② 데이터　　③ 문서　　④ 원시자료　　⑤ 문헌

02 다음의 분류에서 그 성격이 다른 하나는?

① 정보내용의 성격

② 경영주체 및 정보수집원천

③ 정보의 기능과 사용목적

④ 정보의 공식화 여부

⑤ 정보의 저장과 분배

03 다음은 무엇에 대한 설명인가?

| 보기 |

조직 내외에서 발생하는 정보로서 조직계층에 따라서 최고경영자층의 전략정보, 중간경영자층의 경영통제정보, 하위관리자층의 운영통제정보, 그리고 일선담당자층의 업무정보 등이 있다. 조직 외의 정보는 조직외부의 환경에 관련한 정보를 말한다.

① 정보의 기능과 사용목적

② 정보의 저장과 분배

③ 정보수집원천

④ 정보의 공식화 여부

⑤ 경영주체

04 다음에서 잘못 짝지어진 것은?

① 관리정보시스템: 조직관리자의 의사결정을 효과적으로 지원하기 위한 정보보고
　시스템

② 운영정보시스템: 하위관리자의 업무에 필요한 정보를 제공하기 위한 정보보고
　시스템

③ 집단의사결정시스템: 조직의 운영을 위한 전문가의 의사결정과 문제해결을 위
　한 정보보고시스템

④ 관리정보시스템: 거래처리, 마스터파일의 유지, 보고서 작성, 조회처리, 대화식
　업무처리 등으로 나눈다.

⑤ 전문가시스템: 조직의 의사결정 시 전문가의 의사결정과 문제해결을 위한 시
　스템

05 다음 중 문서관리에 관한 설명으로 맞는 것은?

보기

가. 사무의 효율성 증진을 목적으로 한다.

나. 문서는 작성뿐만 아니라, 보존 및 폐기의 방법도 중요하다.

다. 표준화된 양식을 사용함으로써 통일성을 기할 수 있다.

라. 전자시스템 방식은 문서관리에 포함된다고 볼 수 없다.

① 가·나·다

② 가·다

③ 나·라

④ 라

⑤ 가·나·다·라

06 "조직운영은 곧 (　　)의 연속이며 관리자의 모든 활동은 (　　)을/를 통해서 이루어진 다고 볼 수 있다. 따라서 조직 내에서의 문제해결과 (　　)은/는 조직에 큰 영향을 미칠 뿐만이 아니라 조직이나 개인의 행위를 결정하게 된다. 특히 조직의 중·장기계획과 같은 (　　)은/는 그 조직의 사활이 걸린 문제로서 매우 중요하다."에서 괄호 안에 들어갈 알맞은 말은?

① 경영관리　　　　　　　　② 정보화과정
③ 자료수집　　　　　　　　④ 의사결정
⑤ 조직관리

07 다음 중 연결이 잘못된 것은?

① 인사정보시스템: 직무명세서, 인사기록 등의 기본업무를 지원하는 거래처리시스템, 성과 및 업적분석 등 인사관리업무를 지원하는 관리시스템, 인력충원, 인력예산수립 등 인력계획을 지원하는 계획시스템으로 구성된다.

② 재무·회계정보시스템: 현금, 유가증권, 자본 예산 수립 등 자금조달 및 재무자원의 운용 및 평가에 대한 정보를 제공하는 정보시스템을 말한다.

③ 마케팅정보시스템: 원료공급 및 제품생산에서부터 A/S에 이르기까지 각종 거래에 대한 거래처리시스템, 마케팅의 성과를 분석·관리하는 관리시스템으로 구성된다.

④ 생산정보시스템: 현장의 작업을 운영·통제하는 현장시스템, 생산활동에 대한 내역을 분석·평가하는 관리시스템, 생산활동을 계획수립하는 계획시스템으로 구성된다.

⑤ 계획시스템: 제품과 관련된 의사결정과 계획수립에 관한 시스템으로 마케팅정보시스템의 한 요소이다.

08 다음은 무엇에 대한 설명인가?

이것은 조직에 직접적인 영향을 미치며, 조직의 목표와 장래환경을 위하여 최선의 결과를 얻기 위한 합리적인 시스템을 채택하여 의사결정의 적합성과 신속성을 증가시키며, 조직의 과업에 따라서 새로운 일자리를 만들어 내기도 하는 조직의 과업 및 고용구조의 변화와 아울러 궁극적으로는 전통적인 계층구조를 축소하는 플랫(flat)화와 슬림(slim)화하는 조직구조의 변화를 갖게 한다. 이외에도 이것은 의사소통 양상의 변화, 권력의 재분배, 정보시스템의 공동사용으로 인한 부서 간 갈등의 증가, 언제, 어디서나 가능한 정보시스템으로 근무형태의 변화에 영향을 미친다.

① 정보화　　　　　　　② 정보
③ 정보관리　　　　　　④ 정보수집
⑤ 정보관리자

09 정보시스템 통제의 특성이 아닌 것은?

① 정보시스템은 공식적이고 광범위한 대상을 가진다.
② 정보시스템설계 초기 단계부터 통제가 고려되어야 한다.
③ 정보시스템은 시스템에 대한 문서화가 필수적이다.
④ 컴퓨터에 의해 프로그램화한 통제로 보다 강력하게 실행할 수 있다.
⑤ 정보시스템에서 통제를 위한 증거자료로 활용할 만한 원시자료가 매우 많다.

객관식 문제 답 | 01. ① 02. ⑤ 03. ③ 04. ③ 05. ① 06. ④ 07. ③ 08. ① 09. ⑤

프로그램 개발과 평가

이 장은 최근 사회복지행정서비스에서 중요한 자리를 차지하고 있고, 또한 사회복지사업법에서 규정하고 있는 프로그램 개발과 평가에 대하여 알아보고 실제로 사회복지조직에서의 그 적용의 중요성을 알아볼 수 있는 장이다.

- 사회복지조직에서 프로그램 개발의 중요성은 무엇인가?
- 사회복지조직에서 평가의 필요성은 무엇인가?
- 프로그램 개발과 평가과정은 어떻게 이루어지는가?

우리나라의 짧은 사회복지역사 가운데서도 특히 사회복지프로그램에 대한 개발과 평가부분은 여전히 취약한 분야임에 틀림없다. 하지만, 최근 사회복지프로그램의 개발과 평가에 대한 인식이 바뀌고 있어 다행이다. 서비스 제공의 양적인 증가에 부합하는 질적인 향상을 위해서는 프로그램 개발과 더불어 평가가 필수적이라고 할 수 있다. 이제 사회복지기관의 프로그램 개발과 평가는 사회복지행정서비스에서 중요한 자리를 차지하고 있다. 특히 사회복지사업법에 평가를 규정하고 있다. 이는 그만큼 사회복지 프로그램의 비중이 얼마나 큰가를 가늠하게 하는 것이라 할 수 있다.

따라서 이 장에서는 사회복지 프로그램의 의의와 중요성, 프로그램 개발을 위한 욕구조사, 프로그램 설계에 대한 과정 그리고 평가에 대한 전반적인 내용을 학습하게 될 것이다.

1. 프로그램의 의의와 중요성

1) 프로그램의 의의

프로그램이란 특정한 대상을 위해 설정한 조직의 목표를 달성하기 위하여 잘 짜인 체계적인 행동들의 집합체이다. 즉 프로그램은 조직이 계획한 목표달성을 위한 집합적인 활동이다. 따라서 사회복지 프로그램은 아동, 청소년, 장애인, 노인, 기타 등 사회복지기관의 서비스대상에 따라 세운 기관의 목표달성을 위하여 실시하는 체계적인 활동을 말한다. 프로그램에 대한 학자들의 견해를 살펴보면 〈표 13-1〉과 같다.

학자		정의	
국내	박경일 (2000)	조직이나 기관의 의도된 계획에 따라 어떤 목적을 달성하기 위해 인적·물적 자원을 활용하는 일련의 집합적인 행동	인간과 환경의 상호작용
	정무성 (1999)	사회의 구성원들에 대한 원조를 제공함으로써 사회적 욕구를 충족시킴과 동시에 프로그램 제공자에겐 성취감과 만족감을 주는 수단	욕구충족과 성취감
	정진모 (1998)	기관의 목적 달성을 위하여 모든 과정을 종결하기까지 요구되는 내용 선정과 조직, 활동목표체계, 시설, 자원지원체계, 기간 등에 관한 전체적인 계획	기관의 목적달성을 위한 체계적인 계획
	김통원 (1998)	측정 가능한 목표달성을 위하여 한정된 집단에게 유용하게 제공하도록 선택된 서비스 혹은 지원의 일련의 배열	목표달성을 위한 서비스 또는 지원
	성규탁 (1985)	특정한 사회복지 향상의 목적 달성을 위하여 한 가지 또는 여러 가지 서비스를 예정된 계획에 따라 전달하는 의도적이고 조직적인 활동	복지 향상을 위한 의도적, 조직적인 활동
국외	Royse (2001)	특정한 목표 달성을 위한 조직화된 활동체계	대상자에 대한 개입과 서비스
	Barker (1995)	해야 할 일에 관한 계획과 지침	
	Rapp, Poertner (1992)	하나의 목적달성을 위한 행동들의 집합체	사람을 돕는 방법
	Patti (1983)	조직의 설립 이념 또는 사명을 위하여 서비스기술을 통하여 서비스 대상 집단에 적용되는 활동 체계	조직설립 이념 및 사명과 연관
	York (1982)	목적달성을 위한 일련의 상호 의존적인 활동들	

※출처: 신복기·박경일·이명현(2008: 432~433) 재구성.

2) 프로그램 개발의 중요성

프로그램은 기관의 목적달성을 위하여 모든 과정을 종결하기까지 요구되는 내용선정과 조직, 활동목표체계, 시설, 자원지원체계, 기간 등에 관한 전체적인 계획으로써 기관의 핵심 산출물이라고 할 수 있다. 따라서 프로그램 개발의 중요성은 날로 증대하고 있다. 특히 사회복지기관에서의 프로그램 개발은 매우 중요하다. 우수한 프로그램 개발은 곧 기관의 가치가 더욱 향상되는 결과를 가져오기 때문이다. 프로그램 개발의 중요성은 다음과 같다(장신재, 2005: 38~43 참조).

(1) 사회복지기관의 책임성

1990년대 이후 공공 또는 민간사회복지시설이 급증하면서 사회복지시설과 관련한 비리와 시설에 수용되어 있는 입소자들에 대한 인권유린의 문제들이 사회적으로 이슈화되기 시작하였다. 특히 재정의 비효율적인 낭비사례가 심심찮게 밝혀지면서 심지어는 사회복지기관의 효과성에 대한 의문이 제기되기 시작하였다. 이러한 상황 하에서 사회복지기관은 기관의 효율성과 투명성을 제시하지 않으면 안 되게 되었다. 따라서 사회복지계는 이러한 위기를 극복하기 위한 전략으로 사회복지기관 및 기관에서 실시하고 있는 프로그램에 대한 평가 제도를 도입하게 되었다. 급기야 1997년 사회복지평가제가 법적으로 의무화되었고, 동년 개정된 사회복지사업법에 사회복지기관은 3년에 한 번씩 평가를 받도록 명시하였다. 이는 곧 사회복지기관의 대사회적 차원의 책임성을 말한다.

(2) 사회복지기관의 기능성

사회복지기관의 주요 기능은 사회문제 해결과 욕구충족을 위한 서비스 제공이다. 사회복지기관에서 제공되는 서비스는 프로그램의 형태로 운영된다. 그러므로 사회복지기관의 프로그램은 곧 그 기관의 운영상황을 말하는 것이라고 해도 과언이 아니다. 사회복지기관에서의 프로그램 개발은 기관의 미래를 투명하게 만들고, 프로그램을 안정적·효율적으로 수행할 수 있고, 기관의 조직과 프로그램 차원의 효과성을 증진시킨다. 또한 기관의 프로그램 개발은 기관의 책임성을 높이고, 프로그램수행과 관련된 자원들의 참여를 유도함으로써 좀 더 완성도 높은 프로그램을 제공할 수 있게 됨은 물론 기관의 조직구성원의 사기를 진작시킬 수 있는 장점을 가진다고 할 수 있다.

3) 프로그램 개발 이전에 고려할 사항

프로그램은 기관의 목적달성을 위해 필요하다. 즉 기관의 목적달성을 위하여 프로그램을 개발하게 된다. 특히 사회복지기관의 프로그램 개발의 목적은 프로그램 참여자들의 욕구와 문제를 해결하는 것뿐만 아니라 이를 넘어 성장과 변화에 두고 있다. 따라서 프로그램 개발 이전에 고려할 사항은 다음과 같다(신복기 외, 2008: 436~438).

(1) 프로그램의 합목적성 purpose

프로그램의 합목적성이란 '어떤 목적에 들어맞는 성질'이란 의미로 프로그램 개발 이전에 기관이 개발하려는 프로그램이 과연 기관의 목적에 부합하는지를 먼저 고려해야 한다는 뜻이다. 기관에서 프로그램을 개발할 때 가장 중요하게 생각해야 할 부분이다. 기관의 목적과 일치하지 않는다면 그 프로그램은 개발할 가치가 없으며 설사 개발되었다고 할지라도 자원만 낭비하는 결과를 초래하고 말 것이다. 그러므로 기관은 프로그램 개발에 앞서 욕구조사를 통해 기관의 목적에 부합하는 프로그램을 개발할 필요가 있다.

(2) 프로그램의 통합성

프로그램의 통합성이란 프로그램 수혜자를 둘러싸고 있는 정치, 경제, 사회, 문화, 심리, 환경 등 제반 문제들을 통합적으로 고려하는 것을 말한다. 이는 프로그램의 포괄성, 다양성, 실용성, 현실성, 지역성 및 적절성과 효율성을 근거로 한다. 한편 브론펜브레너의 생태학적 이론에 의하면 클라이언트를 둘러싸고 있는 생태학적 환경을 종합적으로 고려하는 것이 보다 능률적이고, 효과적이라 할 수 있다.

(3) 클라이언트

프로그램 개발에 앞서 고려해야 할 사항은 프로그램 대상자인 클라이언트이다. 클라이언트는 프로그램 개발의 핵심이다. 따라서 직접적으로 프로그램에 참여할 클라이언트의 욕구와 참여의도 또는 능력을 고려하여 클라이언트가 적극적으로 참여할 수 있도록 프로그램 개발에 심혈을 기울여야 한다. 또한 앞서 언급한 것과 같이 클라이언트 당사자뿐만 아니라 그를 둘러싼 가족들도 포함할 수 있어야 한다.

(4) 프로그램의 지속성

프로그램의 지속성이란 프로그램을 장기적인 계획 하에 지속적이고 안정적으로 실시하는 것을 가리킨다. 즉 프로그램은 그 성격에 따라 단기적 혹은 일시적인 것일 수도 있으나 일반적으로 장기적인 서비스가 이루어지도록 엄격한 계획 아래 지속적으로 제도화된 프로그램이 되도록 해야 한다. 장기적·안정적인 서비스가 이루어지기 위해서는 다양한 성격의 서비스기관들의 네트워크 형성이 필요하다. 최근

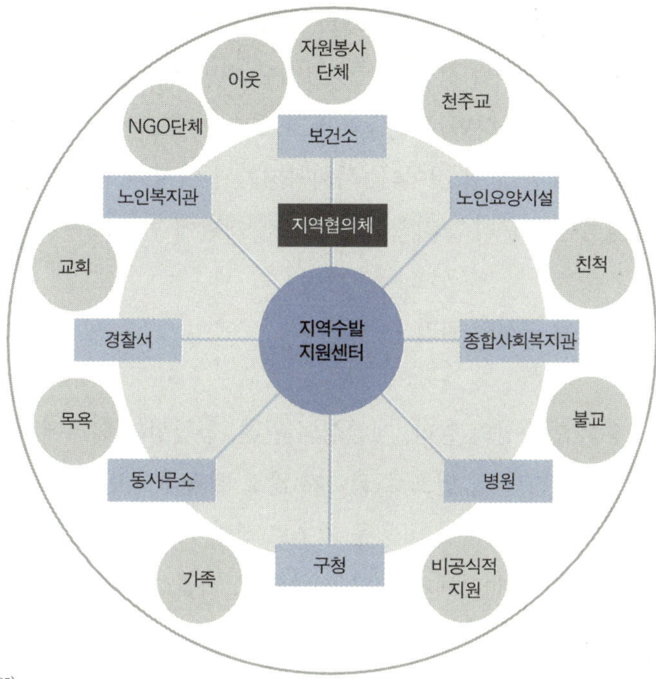

※출처: 김영숙(2005)

이러한 점을 인식하여 사회복지기관과 공공기관 그리고 지역사회의 다양한 서비스 지원체계가 공동으로 네트워크를 형성하여 클라이언트에 대한 프로그램의 효과를 높이고 있다. 〈그림 13-1〉은 2008년 7월 1일부터 실시하고 있는 노인장기요양보호 관리체계의 연계망을 나타낸다.

(5) 프로그램의 지역성

프로그램의 지역성이란 지역의 실정에 맞는 프로그램을 실시해야 한다는 의미이다. 어떤 기관이든지 지역사회를 기반으로 존재한다. 즉 지역사회주민을 위한 기관인 것이다. 그러므로 지역사회 내에 존재하고 있는 기관들은 지역의 특성을 세밀히 살펴서 지역주민들의 욕구에 적합한 프로그램을 개발해야 한다. 만일 지역성을 무시하고 프로그램을 개발한다면 주민들의 프로그램 참여도는 저조할 것이며 나아가 기관의 존재마저 위태롭게 될 것이다. 사회복지기관 역시 지역사회 내에 존재하는 기관으로서 지역성을 충분히 고려하여 프로그램 개발에 반영토록 해야 한다.

4) 프로그램의 내용 구성의 원리

프로그램 내용은 연속성의 원리, 계열성의 원리, 통합성의 원리에 따라서 구성해야 한다. 연속성의 원리란 한 번으로 끝나지 않고 계속해서 반복되는 것을 말한다. 계열성의 원리란 선행 경험이나 내용을 기초로 하여 다음 단계의 경험이나 내용이 점차적으로 깊이와 넓이를 더해가는 것을 말한다. 계열성의 원리를 위해서는 프로그램 활동 내용 간에 밀접한 연관이 있어야 하며, 단순하고 구체적인 것에서 복잡하고 추상적인 것으로, 쉬운 것에서 어려운 것으로, 가까운 주변에서 먼 곳으로, 전체에서 부분으로 관련짓는 것이 중요하다. 통합성의 원리란 보다 높은 공동목표를 성취하기 위하여 소주제들이 분리 또는 독립된 것이 아니라 보다 넓은 범주나 주제와 통합을 이루는 것을 말한다(정무성·정진모, 2001: 127~128).

2. 프로그램 개발 과정

1) 프로그램 개발 개념

프로그램 개발이란 용어 외에 기획, 계획, 설계라는 용어를 혼용하고 있다. 각각의 개념은 조금씩 차이가 있으나 근본적인 개념은 유사하다고 할 수 있다.

(1) 개발

개발이란 두 가지 측면에서 설명할 수 있다. 즉 하나는 개발이란 처음부터 없던 것을 새롭게 만드는 것을 말하고, 또 하나는 기존의 것을 더욱 발전시켜 유용하게 만드는 것을 뜻한다. 따라서 프로그램 개발이란 새로운 프로그램을 만들거나 기존의 프로그램을 과학적이고 체계적인 일련의 과정을 통해 더욱 발전하도록 만드는 작업을 말한다.

(2) 기획

기획planning이란 어떤 일을 꾀하는 것으로(목적purpose), 실제로 하고자 하는 일을 추진하는 데 있어 단순한 아이디어에서부터 실행단계에 이르는 모든 기안을 작성(목표concept)하는 것을 말한다. 즉 먼저 목표를 정한 다음 그 목표를 어떻게 실현할 것인지에 대한 구체적인 세부기획안을 작성하게 된다. 기획은 발상conception or idea하는 것으로부터 문서화writing하고 그리고 행동action으로 실천하여 결과를 획득하는 일련의 정보 고리information loop 작업이다(김형식·이영철·신준섭, 2002: 345). 기획은 어떠한 구상conception을 실행하여 보다 더 효율적인 성과를 얻기 위한 지적생산의 종합기술이

자, 창조행위creative behavior라 할 수 있다(안병기, 2009: 185~186). 따라서 기획에는 목표향상과 상호관계, 그리고 집행과정의 체계적인 결정을 포함하는 의사결정과정을 통하여 목표의 타당성feasibility과 집행수단에 대한 검토가 요구된다.

(3) 계획

계획plan이란 어떤 일을 함에 있어 목표를 설정하는 것으로 앞으로 할 일의 절차turn, 방법method, 규모scale 따위를 미리 헤아리는 것으로 기획한 내용을 효율적으로 수행하기 위한 단계에 해당한다. 따라서 계획은 기획한 내용을 어떻게how 실시하느냐가 중요한 요점이다.

(4) 설계design

설계란 어떤 일을 함에 있어 요구 조건을 만족시키고, 또한 합리적이며 경제적으로 만들기 위해서 그 계획을 종합한 설계도를 작성하여 구체적으로 내용을 명시하는 일을 말한다. 따라서 프로그램 설계란 일반적으로 계획 다음의 단계로 받아들여지는데 이는 어떤 일을 매우 상세하게 구체적으로 그 과정을 기술하는 것으로 실현가능성이 보다 높기 때문이다.

2) 프로그램 개발 과정

프로그램 개발은 프로그램 제공자, 프로그램 수혜자 모두에게 만족스러운 서비스 활동을 전개해 나가는데 있어서 필수적인 작업이다. 프로그램 개발은 수혜자의 욕구·기관의 외부환경영향·의사결정권자·사회복지사(일선관리자) 등의 필요에 의하여 개발된다. 일반적으로 프로그램 개발 과정은 ① 문제 확인 및 욕구사정 → ②

프로그램 설계 → ③ 프로그램 실행 → ④ 프로그램 평가의 단계를 통해 이루어지며 이러한 각 단계는 서로 간에 밀접한 관계를 가진다.

(1) 문제확인

프로그램 개발을 위한 첫 단계로는 문제확인이 필요하다. 즉 무엇이 문제인지 또는 원인이 무엇인가를 구체적으로 파악하는 것이 무엇보다 중요하다. 정확한 문제인식은 기관 내·외부의 지지를 얻어내고 원하는 성과를 산출하기에 유리하며 프로그램 개발의 목적 확립의 필요성을 제공한다. 문제확인을 위하여 필요한 기법으로는 특성 요인도를 활용할 수 있다.

문제확인 시 고려할 사항은 첫째, 사회적 사실social fact에 초점을 두어야 한다. 둘째, 사회적 사실 중에서 특히 문제를 일으킬 수 있는 위해harm, 부정적인negative, 병리적인pathological 것에 해당하는지와 그 정도를 판단한다. 셋째, 문제상황을 문제로 인식하는 사람(집단)과 그 근거를 파악해야 한다. 넷째, 문제확인 단계에서 중요한 것은 문제해결책을 찾는 것보다 문제의 이해에 초점을 두어야 한다. 다섯째, 현재 실시되고 있는 특정프로그램에 대한 가정을 기반으로 문제를 확인하려 해서는 안 된다(장신재, 2005: 48).

(2) 욕구사정

프로그램 개발에서 중요한 항목은 어떤 대상이 혜택을 받게 되는가이다. 따라서 프로그램 개발에서 두 번째로 중요한 단계는 욕구사정이다. 욕구사정이 바르게 되어야 프로그램에서 의도하는 목적과 목표를 보다 효과적으로 달성하게 된다. 만일 욕구사정이 잘못된다면 자원낭비는 물론, 더 나아가 프로그램을 절대적으로 필요로 하는 클라이언트가 혜택을 받지 못하게 되는 문제를 낳게 된다(Charles A. Rapp &

John Poertner, 정무성·박차상 역, 2002: 82).

① 욕구need의 개념

욕구란 기준에 미달되어 충족되어야 할 상태를 말한다. 즉 목표하는 수준과 현재 수준의 격차를 의미한다. 첫째, 욕구는 탄력적이며 상대적이다. 즉 욕구는 시간이나 환경적으로 그리고 개인 간에 따라서 각기 다르게 나타난다. 둘째, 욕구는 외부 환경변화에 영향을 받는다. 과거 노인에 대한 요양보호서비스가 개인 또는 가족단위로 이루어져왔으나 현재 노인인구가 급속히 증가하는 시대적 상황에서 국가적인 노인요양서비스제도가 필요하게 되었다. 셋째, 욕구는 자원의 유용성과 기술개발에 영향을 받는다. 즉 심장이식수술과 같이 의학기술의 발달은 수요를 창출하는 결과를 낳는데 이는 곧 욕구로 발전하게 된다. 사회복지기관에서의 프로그램 개발은 상대적인 욕구 충족에 대한 것이라고 이해할 수 있다.

② 욕구유형

가. 매슬로우의 욕구단계이론: 매슬로우Maslow는 인간행동의 동기를 욕구체계로 제시하였다. 즉 인간은 가장 기본적인 생리적 욕구에서부터 시작해서 안전의 욕구, 소속과 애정의 욕구, 자기존중의 욕구 및 인간의 가장 최고의 욕구 수준인 자기실현의 수준에 도달하기까지의 욕구를 갈망한다고 하였다(매슬로우의 이론에 대한 자세한 내용은 9장을 참고).

나. 브래드쇼의 4가지 욕구: 브래드쇼는 욕구를 규범적 욕구, 감지된 욕구, 표출된 욕구, 상대적 요구 등 인식기준에 따라 4가지로 구분하고 있다(브래드쇼의 이론에 대한 자세한 내용은 9장을 참고).

③ 욕구측정기법

가. 지표분석 방법: 인구센서스와 같은 기존 공용자료를 가지고 욕구를 알아내는 기법을 말한다. 이 방법은 표적 집단 확인·각 집단 및 변수 간의 비교·기초선baseline 자료 활용에 유익하며 욕구사정 시 비용이 저렴하다는 장점이 있다. 그러나 지표분석 방법은 어느 한 시점에 조사한 자료(정태적 자료)이기에 관심사항에 알맞은 자료를 찾기가 쉽지 않다는 단점이 있다. 일반적으로 상대적 욕구를 파악하기에 유리하다.

나. 주요정보제공자 기법: 클라이언트에게 서비스를 제공하는 제공자·전문직 종사자·사회복지기관 대표자·공직자 등 클라이언트의 문제를 잘 알고 있는 전문가들로부터 욕구를 알아내는 기법을 말한다. 이 기법은 원인에 대한 확인이 쉽고 비용이 저렴한 반면에 클라이언트의 문제보다는 전문가의 편견에 의하여 왜곡될 수 있는 단점이 있다. 이 기법은 규범적 욕구파악에 유리하다.

다. 델파이 기법: 클라이언트에 대한 정보를 가진 전문가들로부터 몇 차례 우편조사를 통해 욕구를 알아내는 기법을 말한다. 델파이 기법은 주요정보제공자 기법에서 나타나는 소수자의 왜곡현상을 줄이고 심도 깊은 욕구 파악이 가능하다는 장점이 있다. 단점으로는 많은 시간이 소요되며, 극단적인 의견은 무시되는 경우도 있다. 이 기법은 규범적 욕구파악에 유리하다.

라. 지역사회조사 방법: 지역사회조사 방법은 전화·면접·질문지 등으로 문제를 지닌 전체집단가운데서 표본을 선정하여 욕구를 조사하는 방법을 말한다. 지역사회조사방법은 해결되지 않은 욕구확인과 기존 서비스를 저해하는 원인을 파악하는 데 장점이 있다. 단점으로는 많은 비용과 시간이 소요되며, 조사대상선정과 척도의 설계에 전문적인 지식이 필요하다. 이 방법은 감지된 욕구파악에 유리하다.

마. 지역사회포럼: 지역사회포럼은 클라이언트의 문제나 욕구 및 대책에 대하여
     잘 알고 있는 해당 지역주민들의 공개적인 모임을 통해서 논의되는 욕구를
     알아내는 기법을 말한다. 이것은 지역문제에 대한 명확화가 쉽고, 우선순위
     결정 및 해결책 도출에 장점을 가진다. 단점으로는 대표성과 일부 이익집단
     에 의해 회의가 지배될 가능성이 많다. 이것은 표출된 욕구파악에 유리하다.

(3) 프로그램 대상자 선정

문제 및 욕구가 확인된 다음 단계는 프로그램 대상자 선정이다. 개발될 프로그램
의 수혜자는 누구인지 확인하는 단계를 말한다. 일반집단general population, 위험집단at-risk
population, 표적집단target population, 클라이언트 집단client population 순으로(일명 깔때기 형태
로) 대상자를 선별한다(Charles A. Rapp & John Poertner, 정무성·박차상, 2002:
83~86).

① 일반집단

일반집단이란 대상지역 안의 전체 인구를 말한다. 즉 클라이언트가 속한 관할 지
역 또는 행정구역 내에 있는 모든 사람을 가리킨다.

② 위기집단

위기집단이란 일반집단 중 해당문제에 대하여 욕구를 가지고 있는 집단을 말한
다. 즉 어느 지역 또는 연령층에 위험집단이 많이 존재하는지 파악한다.

③ 표적집단

표적집단이란 프로그램 수혜자가 되는 집단으로 프로그램 적용에 있어 실제적으

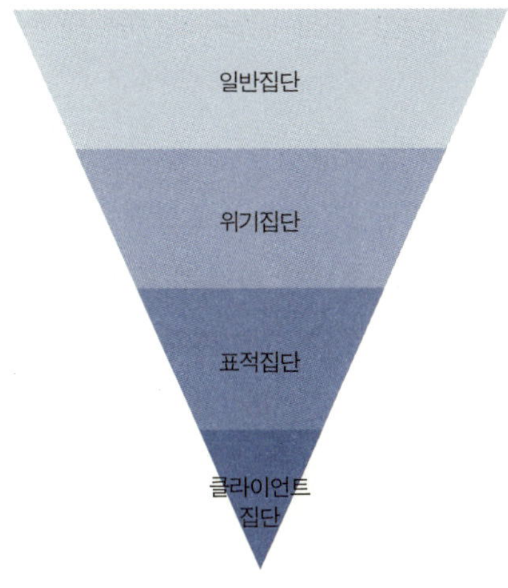

※출처: 정무성·정진모(2001: 91)

표 13-2 광명시 노인장기요양보험 대상자 중 기초생활보장수급권자에 대한 사후관리프로그램

대상구분	산출근거	인원(명)
일반집단	광명시 전체인구	311,700
위험집단	광명시 65세 이상 인구노인장기요양보험 대상자	24,024
표적집단	노인장기요양보험 대상자	607
클라이언트 집단	노인장기요양보험 대상자 중 기초생활보장수급권자	120

※출처: 광명시, 2008년 시정 백서.

로 표적이 될 수 있는 집단을 말한다. 하지만 위험집단의 모든 사람들이 프로그램을 필요로 하지는 않는다. 프로그램 개발자는 문제의 위험집단의 전체규모와 각 변수(연령, 지역, 경제수준, 장애등급 등) 그리고 표적집단의 규모와 변수 현황을 가능한 한 정확히 파악해 낼 수 있어야 한다. 표적집단에 대한 정보는 프로그램을 계획하는 데 필수적이다.

④ 클라이언트 집단

클라이언트 집단이란 표적집단 중 실제 프로그램에 참여하는 집단을 말한다. 클라이언트 집단 선정에 있어 가장 중요한 과제는 표적집단 중에서 프로그램에 참여할 자와 그렇지 못할 자를 선별하는 일이다. 이때 클라이언트의 프로그램 수용능력과 윤리성(클라이언트의 의사존중) 그리고 클라이언트의 능력을 기준으로 한다. 〈표 13-2〉는 클라이언트 집단 파악의 일례를 나타낸다.

(4) 목적 및 목표설정

목적과 목표의 설정은 앞서 파악된 문제와 욕구 그리고 선정된 프로그램 대상자들을 위해 무엇을 어떻게 하려는지 분명하게 방향을 제시하는 단계를 말한다. 따라서 이 단계에서는 클라이언트에 대한 프로그램 활동의 결과로서 기대되는 변화의 정도를 제시한다.

① 목적 goal

목적이란 '달성하고자하는 바람직한 미래의 상태'로서 사회복지기관의 경우 기관이 프로그램을 통하여 궁극적으로 달성하고자하는 결과를 가리킨다. 그러므로 목적은 지향하는 바가 거시적이고 장기적이며 또한 포괄적이고 추상적인 개념을 가진다. 목적은 하위목표들에 대하여 상위적 개념이라 할 수 있다.

목적은 먼저, 문제해결의 관점에서 설정하고, 둘째, 클라이언트가 달성할 결과의 입장에서 설정되어야 한다. 즉 "직업훈련을 제공한다"라기보다는 "취업에 필요한

전산 정보 처리 기능을 습득한다"로 기술하는 것을 말한다. 셋째, (재정적·기술적·
윤리적·법적 여건 등) 모든 현실적 여건에 맞도록 타당하게 설정해야 하고, 넷째,
명료해야 한다. 다섯째, 관찰과 측정이 가능하도록 해야 하며 마지막으로 긍정적으
로 설정해야 한다.

② 목표 objective

목표란 주어진 시간 안에 목적을 달성하기 위한 세부적인 방향성을 말한다. 즉
하나의 목적에는 다수의 세부적인 하위목표가 있다.

표 13-3 목표구조/목표기준(예)

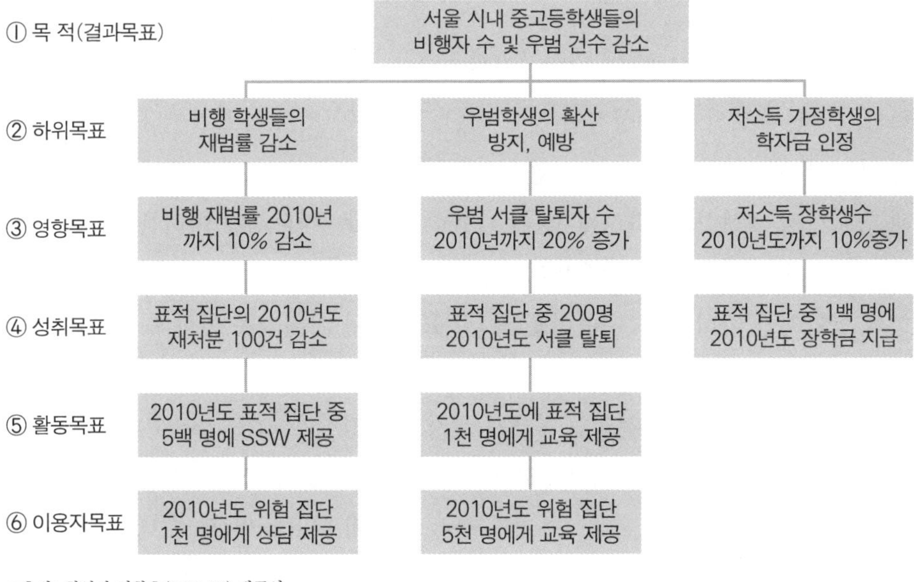

※출처: 최일섭·이창호(1993: 220) 재구성.

목표들의 위계

· 영향목표: 프로그램을 통한 문제 지표들에 대해 미치는 영향을 구체화한 것

(예) 2009년 12월 31일까지 서울시의 노숙자 수를 50%까지 감소시킨다.

· 성취목표: 무엇이 어느 정도 성취되어야 할지를 숫자로 구체화한 것

(예) 2008년에 노숙자 150명이 가정에 복귀한다.

· 활동목표: 얼마나 많은 서비스가 제공될 것인가를 구체화한 것

(예) 50명의 노숙인들에게 5회의 집단캠프를 실시한다.

· 소비자목표: 얼마나 많은 소비자들이 서비스를 받게 될 것인지를 구체화한 것

(예) 2010년 노숙인 150명에게 취업훈련 서비스를 제공한다.

※출처: 사회복지교육연구센터(2009: 333~334).

목표를 설정하기 위해서는 첫째, 상위개념인 목적과 논리적인 일관성을 가져야 하고, 둘째, 명료하게, 추상적인 것이 아닌 구체적인 것으로 표현한다. 셋째, 결과를 제시할 시간적인 기준을 설정한다. 넷째, 명확하게, 즉 프로그램대상자의 대상과 규모까지 제시한다. 다섯째, 성취 가능한 것으로, 지나치게 어려운 것(거부감)과 지나치게 쉬운 목표(동기유발저해)를 피한다. 여섯째, 측정 가능하도록, 즉 변화의 방향뿐만 아니라 수치나 비율(%)로 표현하여 기대되는 변화 수준을 제시한다. 이는 향후 평가 기준으로 작용하게 된다. 일곱째, 클라이언트 성과중심으로 설정한다. 마지막으로는 긍정적인 목표를 설정한다(장신재, 2005: 65~69).

목표는 다음과 같은 하위목표들로 구성된다(〈표 13-3〉 참조).

가. 영향(충격)목표impact objectives: 가장 높은 수준의 목표로써 프로그램이 문제 지표에 얼마만한 충격효과를 줄 것인가를 구체화한다. 영향(충격)목표는 표적

집단을 언제까지 어떤 상태로의 식으로 표현한다.

나. 성취 목표achievement objectives: 표적 집단에 대하여 무엇을 얼마만큼 달성할 것인가를 구체적으로 표현한다. 즉 몇 명에게 서비스를 주겠다가 아닌 서비스를 통해 몇 명에게 의도된 변화를 일으키겠다는 것을 나타낸다.

다. 활동 목표activity objectives: 이는 성취목표의 달성을 위해 투입할 서비스의 양을 계량적으로 표현한다. 보통 클라이언트의 수, 프로그램 수행시간, 클라이언트 지위의 변화 등과 같이 척도단위로 제시한다.

라. 이용자 목표consumer objectives: 얼마나 많은 수의 이용자들이 서비스를 받게 될 지를 정한다.

(5) 개입방안 수립

개입방안 수립이란 기관에서 제공하려는 프로그램 실시에 따른 목표를 달성하기 위한 체계를 세우는 과정이라고 할 수 있다. 따라서 개입방안 수립 시 고려해야 할 사항은 우선순위 비교와 자원동원 가능성 여부이다. 우선순위는 적합성과 실행가능성 여부에 따라 비교 및 결정된다.

① 우선순위 비교

우선순위 비교에 있어 적합성 기준은 목표달성 가능성, 클라이언트 수준, 기관의 정책, 지역의 문화적 배경과 지역적 특성, 프로그램이 지향하는 가치 등이다. 또한 실행가능성 여부를 판단하는 기준에는 예산범위, 인력수급, 물적 자원 동원, 클라이언트 확보 등이 포함된다. 따라서 개입방안 수립 시 우선순위 적합성 기준과 실행가능성 여부를 비교하여 최종적으로 결정하게 된다.

② 자원동원

위와 같은 절차를 통해 개입 방안이 수립되었다면 프로그램이 실행될 수 있도록 자원 조달계획을 세워야 한다. 사회복지기관에서의 프로그램을 위한 자원은 일반적으로 재정, 인력, 시설, 설비, 물품 등을 둘 수 있다. 즉 프로그램에 소요되는 예산 및 조달 계획을 세우고, 프로그램 실행에 필요한 인력 동원계획을 세운다. 그리고 원활한 프로그램 진행을 위하여 필요한 시설, 설비, 물품 등을 구입 또는 확보하여야 한다(김경우, 2007: 307).

③ 대안 선택 모형과 기준

이 과정에서는 대안을 선택하게 된다. 대안선택 기준은 크게 타당성desirability과 실행 가능성feasibility으로 나눈다. 타당성이란 채택된 대안의 실행결과의 바람직한 정도를 말하며, 실행가능성이란 대안이 채택되어 집행될 수 있는 가능성을 말한다. 타당성의 기준으로는 효과성effectiveness, 효율성efficiency, 비용-효율성cost-utility, 비용-효과분석과 비용-편익분석, 적합성adequacy, 형평성equity, 공평성equality 등이 있다. 실행 가능성 기준으로는 기술적·경제적·사회윤리적·정치적 실행 가능성, 이용자 확보 여부 등이 있다.

(6) 프로그램 설계

프로그램 설계program design는 사회복지행정가에게 있어 가장 중요한 임무 중에 하나이다. 즉 잘 설계된 프로그램은 기관의 목적을 달성하기에 용이하다. 직원들은 기대 이상의 업무 성취감을 얻을 수 있고, 분쟁은 감소되며 기관의 내외부로부터 더 많은 후원자들의 지지를 얻을 수 있게 된다. 또한 무엇보다도 프로그램의 질을 높일 수 있다는 데 의의가 있다. 즉 세부단위 프로그램간의 내용 및 실시방법을 관련

비용-효과분석과 비용-편익(이익)분석

비용-효과분석이란 여러 정책대안 가운데 가장 효과적인 대안을 찾기 위해 각 대안이 초래할 비용과 산출 효과를 비교·분석하는 기법을 말한다. 이 기법은 특정 프로그램에 투입되는 비용들은 금전적 가치로 환산하나, 그 프로그램으로부터 얻게 되는 편익 또는 산출은 금전적 가치로 환산하지 않고 취업자 수, 입양아 수, 청소년 범죄감소율 등, 수나 비율(%)로 산출물 그대로 분석에 활용하는 특징을 지닌다. 비용-효과분석은 산출물을 금전적 가치로 환산하기 어렵거나, 산출물이 동일한 사업의 평가에 주로 이용된다. 예를 들면, 리조트관광단지조성 대안과 도로건설 대안을 놓고 비용-효과분석을 비교하기기 쉽지 않다. 화폐단위로의 환산 없이 리조트관광단지조성과 고속도로 100㎞ 건설을 비교할 방법이 없다. 비용-효과분석을 적용하려면 리조트관광단지를 조성하는 대안들끼리, 고속도로를 만드는 대안들끼리 각각 비교해야 한다. 대게 비용-효과분석은 주어진 목표에 대한 어떤 대안이 최소한의 비용이 드는지만 비교하는 목표고정방법이 주로 쓰인다.

비용-편익(이익)분석이란 일명 투자효과분석이라고도 한다. 비용-편익분석은 어떤 대안을 실현하는 데 투입되는 비용과 그로 인해 발생하는 편익을 평가, 대비함으로써 그 대안의 채택 여부를 결정하는 방법을 말한다. 비용-편익(이익)분석방법은 프로그램비용은 물론 성취효과까지 모두 화폐가치로 환산할 수 있는 경우에 적합하다. 예를 들어 비행학생 한 명이 담배, 음주, 마약, 폭력행위를 끊는다면 그 사회적 편익을 화폐가치로 환산할 수 있어야 하며, 또한 반대로 그러한 변화가 없을 시에 발생할 사회적 불편익(손실) 등도 화폐가치로 환산할 수 있어야 한다.

결과적으로 비용-효과분석과 비용-편익(이익)분석은 상호보완적인 요소를 가지고 있어서 프로그램 설계 시 실현 가능한 대안 선택을 위한 폭넓은 기준을 제시한다고 할 수 있다.

※출처: 정무성·정진모(2001: 119~120).

시켜 효율성과 능률성을 추구할 수 있으며, 역동적인 조건 하에서 프로그램 조정기능이 양호해진다. 그리고 단위 프로그램간의 중복을 제거하여 생산성을 높일 수 있다(신복기 외, 2005: 421 재인용).

① 프로그램 설계의 개념

사회복지 프로그램 설계는 기관의 수행 능력 향상을 꾀할 수 있는 일종의 산출물인 동시에 방법이다(정무성·정진모, 2001: 45~46).

가. 산출물product로서 프로그램 설계: 산출물로서 프로그램 설계는 기관이 세운 목표를 달성하기 위해 프로그램 수행자에게 요구되는 최소한의 행동양식들을 제시한 문서를 말한다. 따라서 이는 프로그램 대상자에게 혜택을 줄 뿐만 아니라 동시에 기관 내외부의 지지를 얻기 위해서 논리적이고 정확하게 그리고 일관성 있게 설계되어야 한다.

나. 방법method으로서 프로그램 설계: 방법으로서 프로그램 설계는 프로그램을 진행하는 과정에서 중요한 결정을 내려야 할 때 적용할 수 있는 필수적인 지침을 말한다. 예를 들어 프로그램 진행에 필요한 사회복지사와 같은 직원의 채용과 진행상 필요한 것들에 대한 올바른 결정을 내리기 위한 지침이 되는 분석적인 도구를 제공하는 과정을 가리킨다.

② 프로그램 설계의 중요성

프로그램 설계를 통해 프로그램의 목표 설정을 명확하게 하고, 프로그램의 효율성 및 효과성을 향상시킬 수 있다. 또한, 프로그램 및 기관과 관련된 다양한 이해관계자들의 지지를 상승시킬 수 있으며, 조직 내적으로는 직원들의 업무가 명확해져 직무만족도의 향상을 가져올 수 있다. 프로그램 설계 시 서비스대상자를 폭넓게 적용할 수 있게 되고, 참여를 독려하며 역량을 강화하게 된다.

③ 프로그램 설계 시 고려사항

프로그램 설계 시 고려해야 할 사항에 앞서 프로그램 설계에 영향을 미치는 요소들을 살펴볼 필요가 있다. 프로그램 설계에 영향을 미치는 요소로는 가치, 실현가능성, 준비성, 합리성 등이 있다. 가치란 프로그램 대상자들이 받아들일 수 있는 가치의 반영을 말하고, 실현가능성이란 프로그램을 실행할 수 있는 정치적·경제적인 환경 요소를 말하며, 준비성은 프로그램을 실행할 만한 준비가 얼마나 갖춰졌는지, 그리고 합리성은 얼마나 객관적 사실에 근거하여 프로그램이 준비되었는지를 의미한다. 이러한 요소들을 바탕으로 프로그램 설계 시 고려해야 할 사항에는 프로그램과 가치, 활용 가능한 정보, 개입수준 등이 있다.

④ 프로그램 구성요소

프로그램에 관련된 주요 구성요소는 대체적으로 프로그램 참가자, 실시주체, 활동내용, 실시방법, 장비와 도구(지도매체), 실시기간, 환경과 장소, 프로그램 담당자(인적조직), 경비와 예산, 프로그램 평가계획 등이 있다(장신재, 2005: 75~77; 정무성·정진모, 2001: 128~131 참조).

　　가. 프로그램 참가자: 프로그램에 있어서 참가자는 가장 중요한 요소이다. 참가자가 없는 프로그램은 있을 수 없다. 따라서 프로그램 설계자는 참가대상을 명확하게 이해하고 참가자의 배치와 편성에 신중해야 한다.

　　나. 프로그램 실시주체: 프로그램 실시주체란 프로그램을 기획하고 수행하는 기관을 말한다. 따라서 프로그램 설계자는 프로그램 실시주체와 그들이 의도하는 바가 무엇인지 명확하게 파악하여 프로그램 개발에 반영해야 한다.

　　다. 활동내용: 프로그램 활동 내용이란 기관의 구체적인 프로그램 내용을 말한다. 프로그램 활동 내용은 기관의 목표 달성에 주요한 활동이다. 따라서 활동

내용을 선택하고 편성하는 데 있어서 먼저 프로그램 목적, 주제, 방침에 따라 활동 내용을 엄선하기 위하여 세분화가 필요하며, 이때 다음단계인 실시방법과 장비와 도구를 관련시켜 프로그램 내용과 일치하는 다양한 형태의 방법을 고려해야 한다. 그리고 프로그램의 연속적이고 발전적인 활동을 염두에 두어야 하며, 마지막으로 내용의 양과 질을 살펴 프로그램 활동에 편성해야 한다.

라. 실시방법: 프로그램을 위한 실시방법이란 프로그램 실행 시 수단 및 방법을 말한다. 프로그램 실시방법은 목표달성의 효과성, 내용의 양과 질의 적절성, 적절한 장비와 도구의 이용가능성, 지도자 및 참가자의 경험 능력에 대한 적합성, 참여효과를 높이기 위한 여러 방법의 혼용 가능성, 그리고 개인과 집단 지도방법 간의 상호 보완성 및 사용 가능성을 고려하여 선정해야 한다.

마. 장비와 도구(지도매체): 장비와 도구는 프로그램의 활동성을 높이기 위한 하나의 지도매체를 말한다. 지도매체 선정 시 활동목표, 주제, 내용, 방법의 적절성, 참가자의 경험 및 기술 수준, 장비와 도구(지도매체)에 대한 지도자의 이해도 및 숙련도, 지역성 및 참가자의 삶과의 긴밀성 등을 파악해야 한다.

바. 실시기간: 프로그램 편성에 있어 또 하나 고려해야 할 사항은 시간적 요소이다. 즉 효과적인 프로그램이 이루어지기 위해서는 참가자들이 참여하기 편리한 시간대 또는 시기와 기간 등을 염두에 두어야 한다. 이를 고려치 않을 경우 프로그램 실행에 커다란 문제를 가져올 수 있다.

사. 환경과 장소: 프로그램을 실행하는 데 있어서 환경과 장소 또한 중요한 고려사항이다. 즉 프로그램의 목적을 달성하기에 적합한 환경 또는 장소인지를 적극적으로 검토하여 선정해야 한다.

아. 프로그램 담당자(인적조직): 프로그램 담당자는 기관에서 프로그램을 진행할 담당 인력을 가리키는데 일반적으로 슈퍼바이저, 스태프, 자원봉사자로 구성된다. 프로그램의 목적달성을 위해서는 유능한 담당자를 배치하여야 한다. 또한 담당자들의 역할을 단계적, 구체적으로 명시하는 것이 프로그램 실행에 보다 책임성을 높이게 되고 목적 달성에 효율적이다.

자. 경비와 예산: 경비와 예산은 프로그램 실행에 절대적으로 필요한 사항이다. 잘 짜인 프로그램은 경비와 예산이 충분하게 확보되고 적절하게 분배된 것을 말한다. 일반적으로 프로그램 실행에 필요한 총예산은 인건비, 관리비, 물품구입비, 수용비, 사업비 등의 항목으로 나누어 산출근거를 구체적으로 제시하여야 한다.

차. 프로그램 평가계획: 프로그램 평가계획은 프로그램 실행 중과 실행 후를 나누어서 생각할 수 있다. 프로그램 평가계획을 세우는 것은 보다 나은 프로그

램의 실행을 위해서이며 궁극적으로는 기관의 목적달성을 보다 효과적으로 만들기 위함이다. 그러므로 프로그램 단계별로 유의사항 및 평가대상, 주체, 시기, 방법 등을 제시함으로써 평가의 객관성·정확성·합리성·효율성을 확보할 수 있다.

(7) 프로그램 예산 편성

일반적으로 프로그램 예산관리기법에는 품목별 예산, 사업별 예산, 계획예산, 영기준 예산, 목표관리 등이 있다(각 예산 유형에 관한 자세한 내용은 10장을 참고).

(8) 프로그램 관리기법

프로그램의 효과적인 실행을 위해서는 프로그램 활동에 대한 체계적인 프로그램 관리기법이 요구된다. 일반적인 프로그램 관리기법으로는 목표관리, 문제 발견 및 예측 관리기법, 프로그램 진행 관리기법 등이 있다.

① 목표관리

목표관리기법은 1954년 피터 드러커Peter Drucker가 고안한 관리기법으로 영리기업을 중심으로 활용되다가 1980년대 이후 비영리기관에서 채택하여 사용하는 관리기법을 말한다.

목표관리기법은 프로그램 설계 시 설정한 목표가 얼마나 성취되고 있으며, 목표달성에 영향을 미치는 요인이 무엇인지 파악하는 데 있다. 목표관리기법으로는 목표달성을 위한 관리 체크 시트check sheet, 각 하위별 책임 담당자 체크 시트, 계통도tree diagram 등이 있다(〈그림 13-3〉은 계통도를 나타낸다).

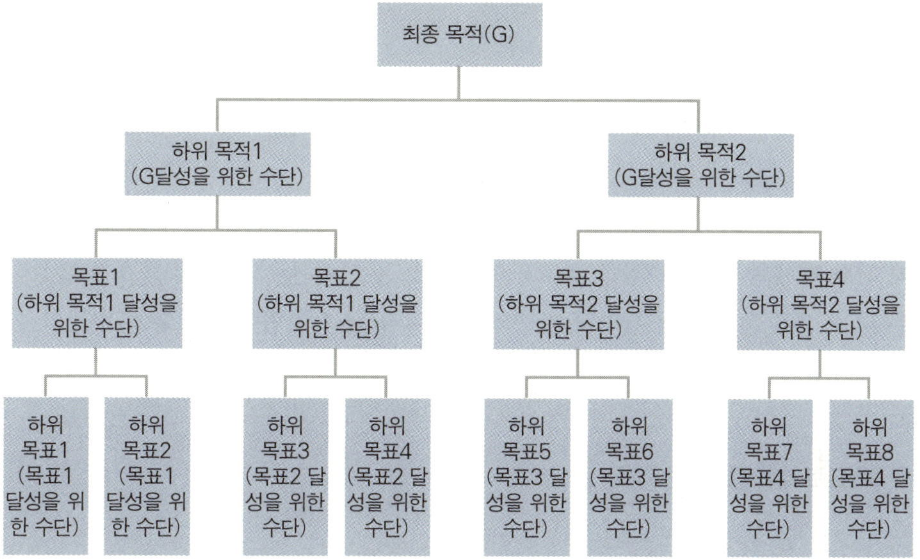

※출처: 장신재(2005: 84)

② 문제 발견 및 예측 관리기법

문제 발견 및 예측에 대한 관리기법으로는 5대 임무 체크법, 4M 체크법, 3무 체크법, 5P 체크리스트, 5W1H 등이 있다.

가. 5대 임무 체크법: 서비스의 질quality, 비용cost, 전달delivery, 안전safety, 방법method 등을 체크한다.

나. 4M 체크법: 사람man, 기계machine, 재료material, 방법method 등을 체크한다.

다. 3무無 체크법: 낭비되는 것, 무리한 것, 한결같지 않은 것 등을 중점적으로 체크한다.

라. 5P 체크법: 사람person, 문제problem, 목표purpose, 과정process, 장소place 등을 체크한다.

마. 5W1H: 누가who, 무엇을what, 언제when, 어디서where, 왜why, 어떻게how 등 6가지를
중점적으로 체크한다.

③ 프로그램 진행 관리기법

프로그램 진행에 대한 관리기법으로는 간트 차트Gantt Chart, 프로그램 평가검토 기
법Program Evaluation and Review Technique, PERT, 월별 활동계획 카드Shed-U Graph 등이 있다(각 기법
에 관한 자세한 내용은 7장을 참고). 이 기법들은 계획된 시간 내에 목표를 달성하
는 데 초점을 둔 과학적 관리론에 근거한 계량적 접근 방법이다(신복기·박경일·이
명현, 2008: 231~235).

3) 프로그램 평가

프로그램 평가program evaluation는 프로그램이 제시한 목표를 얼마만큼 달성하였는지
를 사정하는 것으로 사회복지 실천과 조사의 공통영역이다. 최근 사회복지사업법
에 평가를 규정하고 있다. 따라서 프로그램 평가는 사회복지기관의 행정운영 체계
로 자리 잡고 있으며 프로그램의 개발, 형성, 과정, 결과 등 실행 전반에 걸친 총체
적인 면을 다루고 있다. 특히 사회복지기관에서의 프로그램 평가의 필요성은 첫째,
사회복지 프로그램의 관리 능력을 향상시킨다. 즉 평가는 프로그램 담당자에게 프
로그램 실행에 따른 클라이언트의 결과를 피드백함으로써 더 효율적이고 효과적인
프로그램을 개발하게 하며 더 나아가 새로운 서비스 기술이나 불충족된 욕구를 파
악하여 클라이언트 중심의 서비스를 향상시키게 된다. 둘째, 사회복지 프로그램에
대한 자원을 조정하고 개발하는 데 영향을 미친다. 즉 평가는 사회복지의 예산정
책, 일반적인 사회복지기금정책, 그리고 종합적인 정부예산과 자금정책에도 영향

을 줄 수 있다. 또한 사회복지사업법에 규정하고 있는 것처럼 외부체계로부터 평가가 요구되고 있는 실정이다(정무성·정진모, 2001: 197~198). 이는 기관의 책임성을 뜻한다. 평가는 프로그램을 실행하는 데 있어서 보다 나은 결과를 이끌어낼 수 있도록 기관의 책임성을 갖게 한다.

(1) 평가의 의의

평가란 근거criteria 또는 기준standard을 가지고 어떤 사물이나 속성에 대한 가치를 판단하는 것을 말한다. 사회복지행정에서의 평가를 통해 프로그램 서비스 대상자들이 누구이며, 그러한 대상자들에게 서비스가 적절하게 제공되었는지, 그리고 서비스는 얼마나 효율적이고 효과적이었는지를 파악할 수 있다.

(2) 평가의 목적

평가의 목적은 다음과 같다.

① 기관의 목표가 얼마나 달성되었는가를 확인

② 기관의 외부체계요인들에게 사업의 효과에 대한 합리적인 답변

③ 프로그램의 효과성, 효율성, 형평성 검토

④ 프로그램 서비스 기술의 개선 및 보완

⑤ 지속적인 프로그램의 서비스를 위한 재정 및 인적자원의 확보

⑥ 프로그램의 사회적 요구도를 파악

⑦ 기관의 끊임없는 변화와 발전

이에 반하여 평가에 대한 저항resistance 요소로는 ① 평가 결과에 대한 과도한 기대 또는 아무런 영향을 미치지 못한다는 것, ② 평가 때문에 새로운 실험을 할 수 없다

는 것, ③ 평가로 인해 프로그램이 중도하차하는 경우, ④ 평가로 인한 정보 유출 우려, ⑤ 담당자에 의한 주관적 평가방법 선호, ⑥ 계량적 평가 설계의 비인간적인 요소 비난, ⑦ 평가로 인하여 프로그램 비용 잠식, ⑧ 평가기관 또는 프로그램 담당자의 부정적인 태도, 즉 눈가림eye wash, 흰색 칠하기white wash, 잠수함submarine, 포즈형positive, 지연작전postponement, 대체적substitution인 것들을 통하여 평가의 의미를 저해하고 있다.

(3) 평가의 유형

평가의 유형에는 목적에 따른 평가, 평가규범에 따른 평가, 평가시점에 따른 평가, 평가주체에 따른 평가, 평가의 평가(메타평가) 등 다섯 가지로 나눌 수 있다. 여기서는 평가의 대표적인 모델인 목적에 따른 평가에 대하여 좀 더 자세히 알아보기로 하자. 목적에 따른 평가에는 형성평가, 총괄평가, 통합평가 등이 있다.

① 형성평가formative evaluation / process oriented evaluation

형성평가는 과정중심평가라고도 한다. 즉 실행하고 있는 프로그램 중간에 운영 및 활동에 대하여 처음에 설계된 대로 제대로 운영되고 있는지를 분석한다. 이를 근거로 프로그램 내용의 수정·변경·중단·축소·확대·여부를 결정하기 위한 평가로써 프로그램의 서비스 전달체계 및 효율성 증진과 성공적인 수행을 위한 문제점의 발견과 수정·보완을 목적으로 한다. 따라서 형성평가(과정평가)는 총괄평가를 보완하는 기능을 가지고 있다.

② 총괄평가summative evaluation / objective oriented evaluation

총괄평가는 목표중심평가라고도 한다. 즉 실행하고 있는 프로그램의 종료 후에 기관의 정책 또는 목표를 얼마나 잘 이루었는지를 평가하는 것으로 일반적으로 프로그램의 효과성과 효율성을 평가한다. 총괄평가는 결과에 나타난 근거로 프로그램의 지속·중단·확대에 대한 총체적인 의사결정의 판단근거로 작용한다.

③ 통합평가

통합평가는 형성평가(과정평가)와 총괄평가를 혼합한 평가방법을 말한다. 일반적으로 프로그램 시행 초기 단계에서는 신속한 수정·보완을 위하여 형성평가(과정평가) 방법이 사용되며, 프로그램 종결 후에는 기관의 목표에 대한 프로그램의 효과성과 효율성을 종합적으로 평가할 수 있는 총괄평가 방법을 사용한다.

이외에도 평가규범·평가시점·평가주체·메타평가 등이 있다. 평가규범에 따른 평가에는 효과성 평가(목적달성 정도 평가), 효율성 평가(투입대비 산출 비교 평가), 공평성 평가(공평한 배분 정도 평가) 등이 있다. 평가시점에 따른 평가에는 사전평가(프로그램 종료 전 시행하는 평가), 사후평가(프로그램 종료 후 평가)가 있다. 평가주체에 따른 평가에는 자체평가(프로그램 담당자 자신의 평가), 내부평가(기관의 내부자에 의한 평가), 외부평가(기관 외부사람에 의한 평가) 등이 있다. 그리고 메타 평가meta-evaluation는 평가의 평가라고 불리기도 한다. 이는 평가계획서나 평가결과 등 판단자료를 다른 평가자에게 제공하여 평가의 합리성을 확보하기 위한 평가를 말한다.

(4) 평가의 기준 및 요소
① 평가의 기준
평가의 기준으로 요크York가 제시한 7가지를 들면 다음과 같다.
가. 노력성effort: 프로그램의 양과 활동내용에 대하여 평가하는 것을 말한다. 노력

성을 평가하는 기준으로는 단위 활동 수, 클라이언트 수, 전문 인력 수, 프로그램 예산 및 자원, 프로그램 기간 및 하위활동들의 단위 시간 및 전문 인력의 투입시간 등이 있다.

나. 효율성efficiency : 프로그램에 투입된 비용과 산출된 서비스 양을 비교 평가하는 것을 말한다. 효율성을 평가하는 기준으로는 프로그램 산출물의 단위와 관련한 비용, 프로그램 투입에 대한 비용, 프로그램 목표들을 성취하는데 부과된 비용 등이 있다.

다. 효과성effectiveness : 프로그램이 의도했던 목표를 얼마나 달성했는지를 평가하는 것을 말한다. 효과성을 평가하는 기준으로는 클라이언트의 취업률과 만족도 등이 있다.

라. 영향impact : 프로그램이 처음부터 의도했던 사회문제나 클라이언트의 변화에 어느 정도 영향을 미쳤는가를 평가하는 것을 말한다. 영향을 평가하는 기준으로는 위험집단과 표적집단 내에서의 변화 정도(아동학대 발생 건수), 사회지표상의 변화에 대한 실증적 기대 정도(청소년 비행률) 등이 있다.

마. 서비스의 질quality of services : 프로그램의 전문성을 평가하는 것을 말한다. 프로그램의 전문성이란 전문 인력에 의한 프로그램 관리 정도를 가리킨다. 서비스의 질을 평가하는 기준으로는 프로그램 인력의 전문 자격증 소유여부와 프로그램에서 사용되고 있는 전문지식과 기술상태 등이 있다.

바. 과정process : 프로그램의 성공 혹은 실패에 대한 결과의 경로를 말한다. 과정을 평가하는 기준으로는 프로그램 자체의 속성, 서비스 대상별 차별적 효과, 프로그램이 제공되는 환경적 조건, 효과의 지속성 등이 있다.

사. 공평성equity : 프로그램 배분에 있어서 얼마나 공평했는지를 평가하는 것을 말한다. 공평성 평가 기준으로는 대상 집단에게 동일한 접근 기회 제공 여부 정

도와 프로그램 활동이 지역 내에 균등하게 배분되는 정도 등이 있다.

② 평가의 기본요소

평가의 기본요소는 투입inputs, 전환 throughputs·활동 activities·과정 process, 산출 outputs, 성과 outputs로 구성된다. 김통원(2000)은 평가의 기본요소를 집 짓는 것에 비유하여 설명하기를 투입을 집을 짓는 데 필요한 땅, 자재, 인부 등으로, 전환을 목수, 미장, 철근공사 등 집을 짓는 활동으로, 산출을 완공된 집으로, 성과는 집에 거주하면서 얻는 유익함을 말하고 있다.

　가. 투입: 프로그램의 목표를 달성하기 위하여 투여하거나 소비된 자원과 물품을 가리킨다. 일반적으로 투입은 이용자, 직원·자원봉사자, 물적 자원, 시설, 설비의 다섯 가지 요소로 구성된다.

　나. 전환·활동·과정: 프로그램의 목표를 수행하기 위하여 투입과 함께 제공되는 서비스 제반활동을 말한다. 일반적으로 전환·활동·과정은 상담, 직업훈련, 사회적응훈련, 치료 및 교육 등과 같은 이용자와 관련한 문제를 중심으로 그들의 욕구를 충족시킬 수 있도록 개발된 프로그램의 직접적인 활동을 가리킨다.

　다. 산출: 전환·활동·과정에서 얻어진 최종적인 양적인 결과물이나 실적을 말한다. 일반적으로 프로그램 참가자 수, 자원봉사자 수, 상담 건수, 서비스 제공 시간, 제공된 교육자료 등 제반활동에 대한 양적 산출물을 가리킨다.

　라. 성과: 프로그램 종결 후 이용자가 얻은 이익·변화·효과 등 질적인 측면을 말한다. 성과를 평가하기 위해 표준화된 측정도구 사용이 필수적이며, 이는 프로그램을 통하여 이루어진 이용자들의 삶의 질적 변화를 계량화하기에 용이하다.

(5) 평가의 과정

평가의 과정은 일반적으로 프로그램 확인, 평가기준 선택, 평가 디자인 선택, 자료 수집, 자료 분석 및 결과 보고(장신재, 2005: 95~96), 그리고 평가결과 활용 등으로 나눈다(〈그림 13-4〉 참조).

그림 13-4 평가의 과정

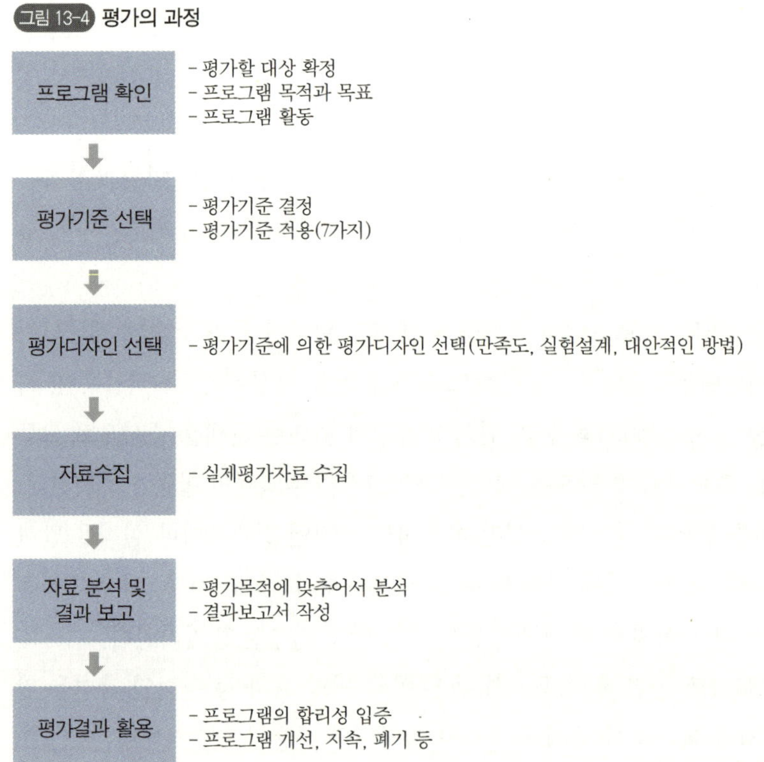

4) 사회복지 사업계획서(프로포절) 작성

사회복지 사업계획서는 표지, 문제분석, 대상자 선정, 목표설정, 활동 내용, 예산 수립, 평가 계획 등으로 구성된다(정무성·정진모, 2001: 246~250 참조).

① 표지

표지에는 기관과 프로그램에 대하여 소개한다. 일반적으로 기관에 대해서는 신청기관의 특성, 연혁(신청 프로그램과 관련한 실적을 부각시킴), 조직기구표 등을, 프로그램에 대해서는 문제의 심각성, 프로그램의 필요성 및 프로그램 실행에 따른 기대효과를 담아야 한다.

② 문제분석

문제분석 단계에서 프로그램의 필요성이 밝혀진다. 즉 문제의 심각성을 객관적인 자료를 통해 제시하며 프로그램이 실행되었을 경우 예상되는 변화와 이용자들에게서 기대되는 효과가 어느 정도인지를 제시한다.

③ 대상자 선정

대상자 선정은 일반집단(이용자가 속한 모집단)으로부터 위기집단(문제에 노출되었거나 경험이 있는 대상), 표적집단(프로그램을 통한 문제해결 대상)으로 압축하여 최종적으로 실제 프로그램에 직접적인 이용자가 되는 클라이언트 집단을 선정한다.

④ 목표 설정

목표 설정은 목적과 목표와 세부목표로 구성된다. 목적은 프로그램을 통하여 궁극적으로 달성하고자 하는 것을 말하고, 목표는 목적을 좀 더 구체적으로 제시하는 것이며, 세부목표는 프로그램에서 달성하고자하는 구체적인 목표로 영항목표impact objective, 성취목표achievement objective, 활동목표activity objective, 소비자목표consumer objective 등으로 구체적·현실적이며 측정 가능한 수치(양), 기간 등으로 제시한다. 특히 세부목표 평가기준인 SMART에 따라 구체적으로 명료하게Specific, 측정Measurable 및 실현Attainable이 가능하도록 양적으로, 결과지향적Result-oriented이고 시간구조Time frame를 갖도록 작성한다.

⑤ 활동 내용

활동 내용은 프로그램 구조, 담당인력, 일정표 등으로 구성된다. 프로그램 구조에는 세부목표를 중심으로 프로그램 내용과 수행 방법, 인적 자원, 클라이언트의 역할 등이 세부적으로 제시된다. 담당 인력에는 감독자, 자원봉사자 등을 포함하여 실명으로 담당인력의 경력, 학력 및 기타 사항을 제시한다. 그리고 일정표에는 진행에 대한 기간, 시간 등 프로그램 성격에 따라서 프로그램 진행에 관한 관리 기법을 적용한다.

⑥ 예산 수립

예산 수립은 프로그램에 따라 인건비, 관리비, 물품구입비, 사업 등의 항목으로 총예산을 제시한다. 이때 각각의 항목에 따라 산출근거를 구체적으로 제시하는 것이 중요하다.

⑦ 평가 계획

평가 계획은 프로그램 일정에 의해 진행된 내용에 대해 어떻게 평가할 것인지, 평가지표나 도구, 평가방법 등이 구체적으로 제시되어야 한다.

제13장 연습문제

1 사회복지 기관에서의 프로그램 개발과 평가의 중요성을 논하시오.

2 매슬로우의 욕구이론과 사회복지 프로그램 개발과의 관련성을 설명하시오.

3 사회복지사업법에 규정한 평가의 시대적 의의에 대하여 논하시오.

01 다음 중 프로그램 개발에 관한 설명으로 틀린 것은?

① 프로그램 개발은 기관의 책임성과도 관계된다.

② 프로그램은 합목적성을 고려하여 개발해야 한다.

③ 프로그램은 전문성이 중요하므로 통합적인 개발은 지양해야 한다.

④ 장기적인 계획에 따라 안정적으로 프로그램을 실시해야 한다.

⑤ 해당 지역의 실정에 맞는 프로그램을 개발해야 한다.

02 **프로그램 개발 이전에 고려할 사항으로 적당하지 않은 것은?**

① 프로그램의 합목적성　　　　　② 프로그램의 통합성

③ 프로그램 담당자　　　　　　　④ 클라이언트

⑤ 프로그램의 지속성과 지역성

03 **프로그램 개발 목적과 거리가 먼 것은?**

① 기관의 목적달성을 위하여

② 프로그램 참여자들의 욕구문제를 해결하기 위하여

③ 프로그램 참여자들의 성장을 위하여

④ 기관의 예산 확보와 대외적인 홍보를 위하여

⑤ 프로그램 참여자들의 변화를 위하여

04 **다음 〈보기〉는 무엇에 대한 설명인가?**

---| 보기 |---

프로그램 개발 이전에 가장 중요하게 고려할 사항으로 기관이 개발하려는 프로그램이 과연 기관의 목적과 맞는지를 먼저 고려해야한다. 기관의 목적과 일치하지 않는다면 그 프로그램은 개발할 가치가 없으며 설사 개발되었다고 할지라도 자원만 낭비하는 결과만 초래하고 말 것이다. 그러므로 기관은 우선적으로 프로그램 개발에 앞서 욕구조사를 통하여 기관의 목적과 부합하는 프로그램을 개발할 필요가 있다.

① 프로그램의 합목적성　　　　　② 프로그램의 통합성

③ 프로그램의 지속성　　　　　　④ 프로그램의 지역성

⑤ 프로그램의 계열성

05 다음 중 설명이 잘못된 것은?

① 프로그램: 일반적인 대상을 위해 설정한 조직의 목표를 달성하기 위하여 잘 설계된 체계적인 행동들의 집합체이다.

② 개발: 프로그램 개발이란 새로운 프로그램을 만들거나 기존의 프로그램을 과학적이고 체계적인 일련의 과정을 통해 더욱 발전하도록 만드는 작업이다.

③ 기획: 기획은 맨 먼저 무엇을 기획할 것인지 목표를 정한 다음 그 목표를 어떻게 실현할 것인지에 대한 구체적인 세부기획안을 작성하게 된다.

④ 계획: 계획은 앞으로 할 일의 절차, 방법, 규모 따위를 미리 헤아리는 것으로 기획한 내용을 효율적으로 수행하기 위한 과정이다.

⑤ 설계: 프로그램 설계란 어떤 일을 함에 있어 요구 조건을 만족시키고, 또한 합리적이며 경제적으로 만들기 위해서 그 계획을 종합해서 설계도를 작성하여 구체적으로 내용을 명시하는 일이다.

06 다음은 무엇에 대한 설명인가?

보기
첫째, 사회적 사실(social fact)에 초점을 두어야 한다. 둘째, 사회적 사실 중에서 특히 위해(harm), 부정적인(negative), 병리적인(pathological) 것에 해당하는지 그리고 그 정도를 판단한다. 셋째, 문제 상황을 문제로 인식하는 사람(집단)과 그 근거를 파악해야 한다. 넷째, 문제해결책을 찾는 것보다 문제의 이해에 초점을 두어야 한다. 다섯째, 현재 실시되고 있는 특정 프로그램에 대한 가정을 기반으로 문제를 확인하려 해서는 안 된다. 여섯째, 특성요인도를 활용한다.

① 프로그램 평가   ② 프로그램 설계

③ 대상자 선정   ④ 욕구 사정

⑤ 문제 확인

07 〈보기〉는 무엇에 대한 설명인가?

클라이언트에 대한 정보를 가진 전문가들로부터 몇 차례 우편조사를 통해 욕구를 알아내는 기법으로 이 기법은 소수자의 왜곡현상을 줄이고 심도 깊은 욕구 파악이 가능하다는 장점이 있다. 단점으로는 많은 시간이 소요되며, 극단적인 의견은 무시되는 경우도 있다. 그리고 특히 규범적 욕구파악에 유리하다.

① 지표분석 방법　　　　　② 주요정보제공자 기법
③ 델파이 기법　　　　　　④ 지역사회조사 방법
⑤ 지역사회포럼

08 다음 설명 중 맞지 않는 것은?

① 목적이란 달성하고자 하는 바람직한 미래의 상태로서 기관이 프로그램을 통하여 궁극적으로 달성하고자 하는 결과를 가리키며, 목표란 주어진 시간 안에 목적을 달성하기 위한 세부적인 방향성을 말한다.

② 영향목표는 프로그램이 문제 지표에 얼마만한 충격효과를 줄 것인가를 구체화하기 위하여 표적집단을 언제까지 어떤 상태로의 식으로 표현한다.

③ 활동목표는 목표 달성을 위해 투입할 서비스의 양을 계량적으로 표현하는 것으로 클라이언트의 수, 프로그램 수행시간, 클라이언트 지위의 변화 등과 같이 척도 단위로 서비스를 제시한다.

④ 성취목표는 가장 높은 수준의 목표로써 표적집단에 대하여 무엇을 얼마만큼 달성할 것인가를 구체적으로 표현한다.

⑤ 이용자목표란 얼마나 많은 수의 이용자들이 서비스를 받게 될지를 정한다.

09 다음 중 설명이 틀린 것을 고르시오.

① 평가란 프로그램이 제시한 목표를 얼마만큼 달성하였는지를 사정하는 것으로 프로그램의 개발, 형성, 과정, 결과 등 실행 전반에 걸친 총체적인 면을 다루고 있는 사회복지 실천과 조사의 공통영역이며, 사회복지사업법에 평가를 규정하고 있다.

② 평가는 기관의 목표의 달성 정도를 파악하기 위한 목적이 있다.

③ 평가에 있어서 긍정적인 태도는 흰색 칠하기, 잠수함, 포즈형, 지연작전(postponement), 대체적인 것들이 있다.

④ 평가의 유형에는 목적에 따른 평가, 평가규범에 따른 평가, 평가시점에 따른 평가, 평가주체에 따른 평가, 평가의 평가 등이 있다.

⑤ 총괄평가는 프로그램의 종료 후에 기관의 정책 또는 목표를 얼마나 잘 이루었는지를 평가하는 것으로써 일반적으로 프로그램의 효과성과 효율성을 평가한다.

객관식 문제 답 | 01. ③ 02. ③ 03. ④ 04. ① 05. ① 06. ⑤ 07. ③ 08. ④ 09. ③

책임성과 시설평가

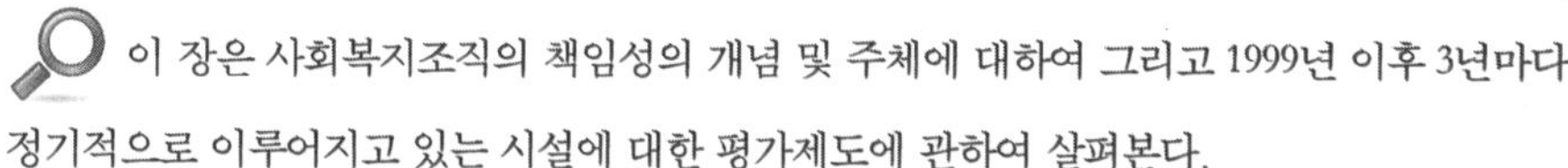 이 장은 사회복지조직의 책임성의 개념 및 주체에 대하여 그리고 1999년 이후 3년마다 정기적으로 이루어지고 있는 시설에 대한 평가제도에 관하여 살펴본다.

- 사회복지조직에서의 책임성이 중요한 이유는 무엇인가?
- 사회복지 시설평가의 중요성은 무엇인가?
- 사회복지조직의 책임성과 시설평가의 관련성은 무엇인가?

사회복지서비스에서 책임성 문제는 최근 프로그램 개발과 평가와 함께 중요하게 부각되고 있는 부분이다. 따라서 프로그램 평가와 시설평가를 명확히 구분하는 것이 중요하다. 이 장에서는 사회복지시설의 책임성의 개념 및 주체, 책임성의 한계,

유형 등에 대하여, 그리고 사회복지시설의 투명성을 확보하고 사회복지서비스의
품질제고 및 복지예산활용의 효율성을 높이기 위한 사회복지 시설평가에 대하여
알아본다.

1. 사회복지조직의 책임성

1) 사회복지조직에서의 책임성 개념

책임성이란 영어로 'accountability(포괄적인 책임)' 또는 'responsibility(한정적인
책임)'라고 하는데 사회복지조직의 책임성은 좀 더 포괄적인 개념을 담고 있는 'ac-
countability'가 보다 더 적절하다. 책임성이란 특정업무수행과 집단이나 개인에 대
한 책임을 의미한다. 즉 조직의 효과성(결과의 호불호여부) 및 효율성(자원의 적절
한 사용여부)을 중시하는 수행결과에 대한 책임감과 함께 수행 과정에서의 정당성
과 아울러 권한의 원칙이나 영향력 등의 정당성까지 포함한다. 따라서 사회복지조
직에서 책임성은 일반적으로 광의적 측면에서 효율성과 효과성을, 협의적 측면에
서 회계와 보고의 목적으로 사용된다. 그러므로 사회복지조직의 책임성을 향상하
기 위해서는 신뢰할 수 있고, 이용 가능한 다양한 척도와 측정치를 광범위하게 개
발해야 한다(이문국 외 역, 1999).

2) 책임성의 주체

책임성의 주체는 공공기관(정부), 사회복지기관, 사회복지 전문직, 클라이언트

등이다.

(1) 공공기관(정부)

사회복지사업법 제4조 제1항에서는 "국가와 지방자치단체는 사회복지를 증진할 책임을 진다"라고 하여 복지증진의 책임이 국가와 지방자치단체에게 있다고 규정하고 있다. 특히 동조 제2항에서는 "국가와 지방자치단체는 사회복지서비스와 보건의료서비스를 함께 필요로 하는 사람에게 이들 서비스가 연계되어 제공되도록 노력하여야 한다"고 명시하고 있다. 또한 동조 제3항에서는 사회복지를 필요로 하는 자에 대하여 그 사업과 관련한 상담·작업치료·직업훈련 등을 실시하고 필요한 경우에는 주민의 복지욕구를 조사할 수 있게 하였고, 동조 제4항에서는 수요자를 고려한 균형 있는 사회복지시설설치를, 동조 제5항에서는 민간부문의 사회복지증진활동의 활성화와 공공기관의 사회복지사업과 민간부문의 사회복지증진활동의 원활한 연계를 위해 노력해야 한다고 하였다. 따라서 공공기관(정부)은 사회복지서비스 및 그에 합당한 재정정책, 법률제정, 행정전달체계 등을 통해 사회복지를 증진할 책임이 있다.

(2) 사회복지기관(조직)

사회복지사업법에서는 책임성의 주체를 공공기관(정부)에 이어 사회복지기관(조직)에 두고 있다. 사회복지사업법 제16조에 사회복지법인, 제34조에 사회복지시설(조직)을 설립할 수 있도록 규정하고 있다. 따라서 사회복지기관(조직) 역시 공공기관(정부)과 같은 책임성을 가진 기관(조직)이라 할 수 있다. 그러므로 사회복지기관(조직)은 서비스전달 및 실천기관으로서 경제적 효율성 및 윤리적 책임을 고려하여 객관적인 평가기준과 투명한 회계감사 및 공정한 평가를 통하여 책임성을 다해야 한다.

(3) 사회복지 전문직

사회복지 전문직이란 사회복지에 관한 이론적 지식과 현장실천경험을 가진 자를 가리킨다. 우리나라의 경우 사회복지사 1·2·3급으로 하고 등급별 자격기준을 명시하고 있다. 사회복지사업법 제11조 제1항에 전문지식과 기술을 가진 자에게 사회복지사의 자격증을 교부할 수 있다고 규정하고 있으며, 동법 제11조 제3항에 "사회복지사 1급의 자격증을 교부받고자 하는 자는 국가시험에 합격하여야 한다"고 명시하고 있다.

동법 제13조 제1항에 사회복지법인 및 사회복지시설을 설치·운영하는 자는 대통령령이 정하는 바에 의하여 사회복지사를 그 종사자로 채용하도록 하고 있으며, 동조 제2항에 "보건복지부장관은 사회복지사의 자질향상을 위하여 필요하다고 인정하는 경우 그리고 사회복지법인 또는 사회복지시설에 종사하는 사회복지사는 정기적으로 보수교육을 받아야 한다"고 명시하고 있다. 또한 제14조에서는 사회복지사업에 관한 업무를 담당하게 되는 사회복지전담공무원을 사회복지사 자격을 가진 자로 명시하고 있다.

법률에 의한 사회복지사 자격제도는 사회복지 전문성을 지지하고 있다. 따라서 공인된 제도를 통하여 전문직이 된 사회복지사는 업무에 대한 윤리적·법률적 책임은 물론 담당 업무에 대한 타당성 있는 평가를 통해 인정받고 신뢰를 얻도록 해야 한다.

(4) 클라이언트

클라이언트는 일반적으로 사회복지전문가인 사회복지사에 비해 상대적으로 책임성의 주체에서 제외시킬 염려가 있다. 그러나 어떤 면에서 클라이언트는 욕구의 당사자로서 목표 달성을 위한 가장 적절한 아이디어와 계획과정에 도움을 주는 것은 물론 보다 많은 치료기술을 새롭게 경험할 수 있다. 또한 클라이언트는 공공복지 수혜자일 경우 현실에 안주하지 말고 좀 더 적극적인 노력을 통해 수혜자의 입장에서 벗어날 수 있도록 현실에 대응해 나갈 책임이 있다.

3) 사회복지조직의 책임성에 영향을 미치는 요인

(1) 사회복지조직 책임성의 근거

김병식(2000: 35)은 명문화된 기준(법규, 규정)에의 충실성과 조직의 가치지향과 시대적 요구에 따른 합법성, 능률성, 효과성이 전제된 이념, 사적인 이익이 아닌 공익의 관점을, 그리고 클라이언트의 입장에서 그들의 요구를 반영하고 있는지를 책임성에 대한 근거로 제시하고 있다.

(2) 사회복지조직의 책임성에 영향을 미치는 요인

사회복지조직의 책임성에 영향을 미치는 요인은 크게 내부적 요인과 외부적 요인으로 나눌 수 있다.

① 내부적 요인

사회복지조직의 책임성에 영향을 미치는 내부적 요인으로 서비스의 다양성, 기술의 복잡성, 목표의 불확실성 등이 있다(김형식 외, 2002: 377~380).

가. 서비스의 다양성: 하나의 서비스를 제공하는 조직은 거의 없다. 대부분 여러 방면의 다양한 서비스를 제공하기 때문에 책임성을 추구하기란 쉽지 않다.

나. 기술의 복잡성: 기술의 복잡성이란 서비스의 다양성과 연관되어 있다. 복잡한 기술은 많은 인력과 자원의 동원이 필요하다. 따라서 제공되는 서비스마다 적용하는 기술의 복잡성으로 인해 각 서비스에 대한 투입과 산출의 효과성과 효율성을 측정하기가 모호하며 더 나아가 책임을 추궁하기가 쉽지 않다.

다. 목표의 불확실성: 목표의 불확실성이란 사회복지조직의 특성에서 그 원인을 찾을 수 있다. 사회복지조직은 무엇보다도 인간을 대상으로 서비스를 제공하는 조직이기 때문에 조직특성상 투입과 산출 간의 인과관계가 항상 불확실하기 마련이다. 왜냐하면 인간은 기계나 원료처럼 수동적이거나 피동적인 것이 아닌 능동적으로 반응하는 특성을 가진 존재이기 때문에 목표 또한 불확실한 특성을 가지고 있다. 결과적으로 이런 특성은 목표에 대한 책임 추궁을 어렵게 만드는 요인이 된다.

② 외부적 요인

외부적으로 영향을 미치는 요인으로 공급주체의 다원화, 민영화 경향, 법률 정비 등이 있다.

가. 공급주체의 다원화: 공급주체의 다원화란 공공기관 외에 민간에서 설립한 사회복지기관을 통한 서비스공급의 다양화를 의미한다. 공공기관이나 단체가 설립한 사회복지기관 외에 개인 및 종교 또는 시민단체에서 설립한 사회복지기관을 통한 사회복지활동이 점차 확대되고 있는 실정이다. 공급주체가 많아질수록 비민주적인 운영사례가 늘어날 수 있으며, 후원금 관리가 투명하지 못할 수도 있다. 또한 행정비의 과다 지출 등에 대한 책임성이 제기될 수 있다.

나. 민간위탁: 민간위탁이란 사회복지서비스에 있어서 국가의 역할보다는 민간부문의 역할 확대를 말한다. 즉 최근 사회복지서비스는 대상자에 대한 공공

기관의 직접적인 서비스보다는 민간기관에 위탁하여 서비스를 실행하는 일들이 점차 늘어가고 있는 실정이다. 대부분 민간에 위탁된 사회복지기관들은 정부의 결정에 의존하고 있고, 운영에 있어 자율적이지 못하고, 비체계적이고, 비효율적이라는 문제점을 가지고 있다.

다. 법률적인 규정: 사회복지사업법에 의하면 사회복지기관이나 시설들은 3년에

사회복지시설의 평가

사회복지사업법 제43조

제43조(시설의 평가) ① 보건복지부장관 및 시·도지사는 보건복지부령이 정하는 바에 따라 시설을 정기적으로 평가하며, 이를 시설의 감독, 지원 등에 반영하거나 시설거주자를 다른 시설로 보내는 등의 조치를 할 수 있다.

② 보건복지부장관 또는 시·도지사는 제1항의 평가결과에 따라 시설거주자를 다른 시설로 보내는 경우에는 제38조 제3항의 조치를 하여야 한다.

사회복지사업법 시행규칙 제27조

제27조(시설의 평가) ① 보건복지부장관 및 시·도지사는 법 제43조의 규정에 의하여 3년마다 1회 이상 시설에 대한 평가를 실시하여야 한다.

② 제1항의 규정에 의한 시설의 평가기준은 다음 각호와 같다.

1. 입소정원의 적정성

2. 종사자의 전문성

3. 시설의 환경

4. 시설거주자에 대한 서비스의 만족도

5. 기타 시설의 운영개선에 필요한 사항

③ 제1항의 규정에 의한 평가의 방법 및 기타 평가에 관하여 필요한 사항은 보건복지부장관이 정한다.

1회 이상 평가를 통해 책임성을 입증하도록 법률적으로 규정하고 있다. 사회복지사업법 제43조와 동법 시행규칙 제27조에 보건복지부장관 및 시·도지사는 3년마다 1회 이상 시설에 대한 평가를 실시하여야 한다고 규정하고 있다. 이때 평가기준은 입소정원의 적정성, 종사자의 전문성, 시설의 환경, 시설거주자에 대한 서비스의 만족도, 기타 시설의 운영개선에 필요한 사항 등에 관하여 평가하도록 명시하고 있다.

4) 사회복지조직의 책임성 대상

조직이란 목표달성을 위하여 의도적으로 구조화되고 계획된 단위이다. 따라서 사회복지조직은 욕구를 가진 사람들의 삶의 질을 향상시킴으로써 보다 나은 삶을 살 수 있도록 전문적이고 직업적인 기술을 제공하도록 사회적으로 위임받은 곳이라 정의할 수 있다. 그러므로 사회복지조직의 책임성 대상은 일차적으로 클라이언트이며, 그 다음은 사회에 대한 책임을 가진다.

(1) 클라이언트에 대한 책임

클라이언트에 대한 사회복지조직의 책임성이란 사회복지기관에서 제공되는 모든 사회복지서비스에 클라이언트의 자기 결정권을 부여하며, 수혜자 중심으로 전달되도록 하고, 또한 서비스과정에서 알게 되는 클라이언트의 사생활에 관한 정보는 외부로 누출되지 않도록 기밀유지가 이루어져야 한다는 것을 말한다.

(2) 사회에 대한 책임

사회복지조직은 사회에 대하여 사회통합과 안정, 경제 성장과 안정, 정치적인 안정 등의 책임을 가진다. 즉 사회복지조직은 일차적 서비스대상자에 대한 욕구충족을 넘어서서 사회적 책임을 다하고 사회적 공동 목표에 부합하며 긍정적인 영향력을 발휘할 수 있도록 지역사회주민과 함께 복지공동체를 구축해야 한다. 사회복지조직은 사회생활상 어려움을 가지고 있는 개인이 사회복지적인 원조를 통하여 사회생활을 유지하게 함으로써 개인적으로 사회에 적응할 수 있도록 할 수 있을 뿐만 아니라 사회 전체적으로는 사회혼란을 방지하게 되어 사회통합과 안정에 기여하게 된다(권육상, 2009: 26~27). 또한 사회복지조직은 정치적으로도 주민들의 참여로 말미암아 그들의 복지증진을 도모하는 장치로써 소득 재분배, 보편성, 평등, 개인의 책임성, 노동과 연계성을 추구하며 대상자에 대한 공평성을 확보하고 투입에 대한 산출 비용의 효율성을 증진시킬 사회적인 책임을 가진다.

2. 책임성의 관리

1) 행정관리자의 역할

책임성 수행을 위한 행정관리자의 역할은 사회복지전문가인 사회복지사의 역할과 일맥상통하다. 사회복지조직에서의 사회복지사의 역할은 다음과 같다(최성재·남기민, 2000: 379 참조).

① 촉진자 facilitator

촉진자는 모든 계획이 원활히 진행되도록 돕는 과정기술 process skill 의 소유자라고 할 수 있다(김종일, 2007: 208). 사회복지조직에서의 행정관리자는 촉진자 역할을 하게 된다. 조직원들 간의 상호작용을 촉진시키며 또한 조직원들 간에 원만한 관계를 통해 궁극적으로 조직의 공동의 목표를 달성하도록 하는데 있다.

② 지휘자 director

지휘자는 마치 오케스트라의 지휘자처럼 조직을 잘 이끌고 나가는 역할을 말한다. 사회복지조직의 외부환경은 끊임없이 변화한다. 따라서 그 변화에 잘 적응하도록 하며 더 나아가 조직의 달성 가능한 목표설정과 합리적이고 명확한 의사결정을 통해 목표달성을 이룰 수 있도록 해야 한다. 또한 행정관리자로서의 지휘자는 조직 운영에 필요한 인적·물적 자원을 동원하는 역할을 담당해야 한다.

③ 생산자 producer

생산자는 마치 생산현장에서 물건이나 재화를 만들어내는 사람과 같이 사회복지조직에서 어떤 특정한 목표에 대한 산출물을 만들어내는 역할을 말한다. 따라서 조직에서의 행정관리자는 생산자로서 행동과 과업 지향적으로 업무에 초점을 두고 에너지를 쏟아야 한다.

④ 점검자 monitor

점검자는 조직의 업무흐름을 점검하는 기능을 수행한다.

⑤ 조정자 cordinator

조정자로서 행정관리자는 객관적인 입장을 지키면서 조직의 목표를 일깨워주고, 이를 달성하기 위하여 리더십을 발휘하며, 적절한 인적, 물적 자원의 배치와 업무를 조정함은 물론 합리적인 통제시스템을 행사하게 된다.

⑥ 조력자 mentor

조력자로서 행정관리자는 사회복지조직의 과정을 용이하게 하는 역할을 말한다. 즉 조력자로서 조직에 대한 조직원들의 불만을 일깨우고 집약하는 역할을 하며, 조직원들의 개인적 문제와 욕구에 민감해야 하고 지지와 인정을 통해 조직화를 격려하는 일은 물론 조직원들의 발전을 촉진시키는 역할을 하게 된다.

⑦ 혁신자 innovator

혁신자로서 행정관리자는 사회복지조직의 발전적인 변화를 꾀하는 역할을 말한다. 혁신자는 사회복지조직을 현실에 안주하거나 타성에 젖어 있지 않도록 창조적이고 진취적이며 개방적으로 새로운 변화를 이끌어낼 수 있는 역할을 하게 된다.

⑧ 중개자 broker

중개자로서 행정관리자는 사회복지조직의 목표달성을 위하여 자원지향적이고 정치적으로 기민할 필요가 있다. 특히 중개자로서 조직 외부환경의 지지와 협력을 이끌어내기 위한 역할을 하게 된다.

2) 경영자의 역할

경영자에게 서비스 전달에 있어 전반적인 프로그램의 효율성을 위한 전문적인 경영이 요구된다. 드러커 Drucker 는 운영의 목표로 전환될 수 있는 잘 조직된 임무 진술문, 대상과 조직이 획득하려고 하는 결과에 대한 명확한 정의, 책임완수의 명확한 과정, 강력한 책임 기관 등을 제시하고 있다.

3) 클라이언트를 위한 책임성의 영역

NASW는 사회복지사의 책임성에 대한 윤리강령에 클라이언트에 대한 책임, 동료에 대한 책임, 실천 현장에서의 책임, 전문직으로서의 책임, 사회복지 전문직에 대한 책임, 사회 전반에 대한 책임을 제시하고 있다. 특히 클라이언트에 대한 사회복지사의 책임성의 영역으로는 클라이언트에 대한 헌신, 자기결정, 알려진 정보에 근거한 동의, 적임능력, 문화적 능력과 사회적 다양성, 이익의 갈등, 프라이버시와 비밀보장, 기록에의 접근, 성적 관계, 신체적 접촉, 성희롱, 인격을 손상시키는 언어, 서비스 비용의 지불, 의사결정 능력이 없는 클라이언트, 서비스의 중단, 서비스의 종결 등을 제시하고 있다(NASW 홈페이지 참조).

(1) 클라이언트에 대한 헌신
사회복지사의 일차적 책임은 클라이언트의 복지 증진으로 클라이언트의 이익을 위하여 가장 최우선적으로 헌신한다.

(2) 자기결정
사회복지사는 클라이언트의 자기결정권을 존중하고 증진시키며 자신의 목표를 확인하고 명확히 하려는 클라이언트를 도와준다. 그러나 한편으로 클라이언트의 행동이 위험을 초래한다고 전문적으로 판단될 때 사회복지사는 클라이언트의 자기결정권을 제한할 수 있다.

(3) 알려진 정보에 근거한 동의
사회복지사는 유효한 동의에 기초한 전문적 관계의 맥락 안에서만 서비스를 제공해야 한다. 따라서 사회복지사는 클라이언트에게 명확하고 이해하기 쉬운 말(통역가, 번역가 제공)로 서비스의 목적, 서비스와 관련된 위험, 제3자 지불자의 요청에 의한 서비스의 한계, 관련 비용, 합리적인 대안들, 동의를 거절하거나 철회할 수 있는 클라이언트의 권리 및 동의에 따르는 시간계획 등을 알려주어야 하며 또한 클라이언트가 질문할 기회도 제공해야 한다.

(4) 적임능력

사회복지사는 자신의 교육, 훈련, 면허, 자격증, 자문을 받은 경험, 슈퍼비전을 받은 경험 또는 다른 관련된 전문직 경험의 범위 안에서만 서비스를 제공하고 그 서비스를 제공할 적임자임을 나타낼 수 있다. 따라서 사회복지사는 우선적으로 적임능력을 위한 훈련을 받아야 하며, 기타 위급한 상황이 발생할 경우 클라이언트를 보호하기 위한 조치를 취해야 한다.

(5) 문화적 능력과 사회적 다양성

사회복지사는 문화와 그것이 인간행동과 사회에서 수행하는 기능을 이해하며, 모든 문화가 갖고 있는 강점을 인식해야 한다. 그러므로 사회복지사는 인종, 민족, 국적, 피부색, 성별, 성적지향, 연령, 혼인관계, 정치적 신념, 종교, 정신적 또는 신체적 장애에 관한 사회적 다양성 및 억압의 성격 등에 관한 교육을 받고 그것을 이해하도록 힘써야 하며, 클라이언트가 속한 문화에 대한 기본적 지식과 그들의 문화 및 서로 다른 사람들이나 문화적 집단들에 적절한 서비스를 제공할 수 있는 능력을 발휘해야 한다.

(6) 이익의 갈등

사회복지사는 전문적 분별과 공정한 판단을 저해하는 이익갈등에 항상 주의를 기울이고 이를 피해야 한다. 사회복지사는 이익갈등이 존재하거나 발생하려 할 때 이를 클라이언트에게 알려 그들의 이익을 최대한 보호하는 합리적 조치를 취하여 문제를 해결해야 한다. 따라서 사회복지사는 자신의 이익을 위해 어떠한 상황에서도 자신의 지위를 이용하거나 또한 현재나 과거의 클라이언트와 이중, 다중의 관계를 맺어서는 안 된다. 그리고 클라이언트의 이익을 위해서 어떤 경우에는 적절한 곳에 의뢰하고 클라이언트와의 전문적 관계를 종결해야 할 때도 있다.

(7) 프라이버시와 비밀보장

사회복지사는 프라이버시에 대한 클라이언트의 권리를 존중해야한다. 사회복지사는 서비스의 제고나 사회복지실천평가, 조사수행에 필수적인 경우를 제외하고는 클라이언트에게 비밀정보를 요청해서는 안 된다. 일단 개인정보가 공유되면 비밀보장의 기준이 적용된다.

① 비밀공개 범위
- 클라이언트나 클라이언트의 대리인으로 타당한 동의를 얻었을 경우
- 클라이언트 자신이나 타인에 대한 위해를 방지하기 위한 경우
- 법률이나 규정이 클라이언트의 동의 없이도 정보의 공개를 요구하는 경우
- 소기의 목적달성을 위해 필요한 최소한의 정보
- 목적에 직접적으로 관련된 정보

② 사회복지사

· 전문서비스 과정에서 취득한 모든 정보에 대해 비밀을 보장해야 한다.

· 비밀정보가 공개되기 전에 공개사실 및 예상되는 결과를 클라이언트에게 알려야 한다.

· 비밀보장의 성격이나 비밀보장에 대한 클라이언트의 권리의 한계에 관해서 클라이언트나 다른 관련 당사자들과 의논해야 한다.

· 비밀정보가 요구될 수 있는 상황 및 법적으로 비밀정보의 공개가 요청되는 상황들을 클라이언트와 함께 가능한 한 빠르게, 필요시마다 검토해야 한다.

· 가족, 부부, 집단에 대하여 상담서비스를 제공할 때 각 개인의 비밀보장 권리나 타인과 공유하는 정보의 비밀보장 의무에 관해서 당사자들 간에 합의를 구해야 하며, 동시에 그러한 합의의 이행이 완전히 보장될 수 없음을 당사자들에게 알려야 한다. 또한 비밀정보의 공개에 관한 사회복지사, 고용주 및 기관의 정책을 알려야 한다.

· 클라이언트가 공개할 권한을 주지 않는 한 제3자 지불자에게 비밀정보를 공개해서는 안 된다.

· 프라이버시가 보장되지 않는 어떤 현장(공적, 사적 장소-복도, 대기실, 승강기, 식당 등)에서도 비밀정보를 논의해서는 안 된다.

· 법적절차의 진행 중 법률이 허용하는 한도 내에서 클라이언트의 비밀을 최대한 보호해야 한다. 법정이나 법적 권한을 가진 기관이 클라이언트의 동의 없이 클라이언트에게 해가 되는 정보(비밀정보나 면책정보)의 공개를 명령하는 경우 사회복지사는 법정에 명령철회·범위축소·비공개를 요청해야 한다.

· 언론매체 관계자로부터 클라이언트의 정보를 요청받을 때 클라이언트의 비밀을 보호해야 한다(클라이언트의 신상정보, 서면정보, 전자정보 그리고 기타 민

감한 정보의 보관과 이용제한에 대한 조치를 법적으로 취해야 함).

· 업무의 종료, 자격상실 또는 고인이 된 클라이언트의 비밀이 유지될 수 있도록 적절한 주의를 기울여야 한다.

(8) 기록에의 접근

사회복지사는 클라이언트가 자신에 관한 기록에 적절하게 접근할 수 있도록 해야 한다. 단, 클라이언트의 심각한 오해나 그들에게 위해가 될 경우 그 기록에 대한 설명이나 조언을 해야 하며, 반대로 기록에 대한 접근이 클라이언트에게 심각한 위해를 일으킬 우려가 있는 경우 기록 전체 혹은 일부에 대한 클라이언트의 접근을 제한해야 한다. 그리고 클라이언트의 요구와 기록에 대한 전부 혹은 일부에의 접근을 제한한 합리적 이유를 기록해야 하며, 클라이언트의 기록 속에 언급되거나 논의된 다른 개인들의 비밀보호 수단을 강구해야 한다.

(9) 성적 관계

사회복지사는 어떤 상황에서도 합의에 의한 것이든 강제에 의한 것이든 현재의 클라이언트, 클라이언트의 친척이나 개인적 친분이 있는 사람, 과거의 성적 관계자, 이전의 클라이언트 등에 대해 성적 행동이나 성적 접촉을 해서는 안 된다.

(10) 신체적 접촉

사회복지사는 클라이언트를 달래거나 어루만지는 등의 신체적 접촉을 해서는 안 된다. 이는 클라이언트에게 심리적 상처를 줄 가능성이 있기 때문이다. 만일 클라이언트와 신체적 접촉을 해야 할 경우 사회복지사는 그러한 신체적 접촉에 대한 명백하고 적절하며 문화적으로 민감한 경계를 설정할 책임이 있다.

(11) 성희롱

사회복지사는 성적으로 클라이언트를 희롱해서는 안 된다. 성희롱은 성적 유혹, 성적 권유, 성적 호의의 요구 및 기타 성적 성격을 띤 언어적·신체적 행위들을 의미한다.

(12) 인격을 손상시키는 언어

사회복지사는 클라이언트에게 또는 그에 관한 문서에서나 언어소통에서 정확하고 예의바른 말을 사용하여 인격이나 명예를 훼손시키는 말을 사용해서는 안 된다.

(13) 서비스 비용의 지불

사회복지사는 요금이 설정되었을 때 그 요금이 공정하고 합리적이며 수행되는 서비스에 부합되는지를 확인해야 하며 클라이언트의 요금지불능력도 고려해야 한다. 사회복지사는 사적으로 클라이언트로부터 서비스대가로 어떤 것도 받거나 요청해서도 안 된다.

(14) 의사결정 능력이 없는 클라이언트

사회복지사는 알려진 정보에 근거하여 의사결정 능력이 없는 클라이언트를 대신해서 그들의 이익과 권리를 보장하기 위해 합리적인 조치를 취해야 한다.

(15) 서비스의 중단

사회복지사는 자신의 역할을 수행할 수 없거나, 전근, 질병, 장애 또는 사망과 같은 이유로 서비스가 중단될 경우 서비스의 계속성을 보장하기 위해 합리적인 노력을 기울여야 한다.

(16) 서비스의 종결

사회복지사는 클라이언트에 대한 서비스나 관계가 더 이상 요구되지 않거나 클라이언트의 욕구나 이익에 부응하지 못할 경우, 그 클라이언트에 대한 서비스 및 전문적 관계를 종결해야 한다. 단 지속적인 서비스를 필요로 하는 클라이언트의 경우 서비스가 지속될 수 있도록 합리적인 조치를 취해야 한다.

4) 책임성의 유형

책임성의 유형에 대하여 로시와 프리먼Rossi & Freeman, 하들리와 미첼Hadley & Mitchell은 총 7가지를 제시하였으나 여기서는 이미지 책임성과 욕구 책임성을 추가하여 총 9가지 유형으로 구분한다(정무성·정진모, 2001: 19~20).

① 적용의 책임성coverage accountability : 사회복지조직에서 제공하는 사회복지서비스의 수혜대상자 적용에 관한 책임성을 말한다. 즉 적용의 책임성은 어떤 특성을 가진 수혜대상자를 선택하며 어떤 서비스를 제공할 것인지를 의미한다.

② 서비스전달 책임성service delivery accountability : 사회복지조직의 사회복지서비스가 계획에 의하여 그리고 법적 자격을 갖춘 자격자에 의하여 책임 있게 전달되는지를 알아본다.

③ 영향 책임성impact accountability : 사회복지조직이 제공한 사회복지서비스로 말미암

정상화이론Social Role Valorization, SRV

정상화이론은 1960년대 후반 스칸디나비아에서 정신지체인의 서비스 실천의 원칙으로 제기된 이론으로 1983년 미국의 볼펜스버거(Wolfensberger)에 의해 체계화 되었으며, 정상화이론은 후에 사회적 역할의 가치화란 개념으로 발전하였다.

정상화이론에서는 막대한 예산과 서비스를 제공받는 정신지체인의 재활이 이루어지지 않는 근본적인 원인을 사회의 일반인들의 장애인에 대한 낮은 가치 부여로 장애인들이 사회적으로 가치 있는 역할을 못하는 것이라고 주장하였다.

정상화란 정상적인 사람으로 만든다는 말이 아니고, 정상적인 행동을 유발시킬 수 있는 환경을 의미한다. 즉 정상화이론은 가치 절하된 사람들이 가치가 인정되는 사회적 역할을 창출할 수 있도록 하는 것을 목표로 하는 이론으로, 사회에서 가치 이하로 평가된 사람들을 위한 복지에 적용되었을 때 적절하고 설득력 있는 이론으로 불린다.

정상화이념은 기존의 지배적인 서비스 이데올로기에 반대하여, 정상적이고 일상적인 생활의 리듬을 강조하며 개인의 성장과 발달에서 정상적인 발달경험, 인생주기에서 선택의 자유, 정상적인 이웃과 같이 하는 정상적인 가정에서의 삶, 지역사회에 통합된 삶을 강조하면서 시설 집중화에 반대하는 것이 특징이다.

SRV의 핵심이론 7가지

1. 무의식의 역할: 대부분의 인간행동의 영역에서 결정을 내려야 할 때 무의식이 작용한다. 즉 사회적 가치 절하의 위험에 놓인 사람들에 대하여 맹목적으로 무의식 상태에서 부정적인 기능이 작용한다. 따라서 부정적인 감정과 역동성이 발전적으로 기능하기 위해서는 무의식 상태에서 의식 상태로의 전환이 이루어져야 한다.

2. 역할 기대: 특정한 개인이나 집단이 다른 사람의 행동이나 잠재능력에 대하여 특정한 역할기대를 가지게 되는 경우, 그러한 기대에 부합하는 환경이나 조건을 제공하게 된다. 가치절하된 평가를 받는 자에게 긍정적인 사회적 역할이 기대되도록 하기 위해서는 매력적인 서비스와 편안한 장소에서의 전달 그리고 사회적으로 가치 있는 이미지를 고양시키는 방향으로 연결되어야 한다.

3. 긍정적 보상: 한 번 가치절하된 사람들은 계속적인 가치절하와 부정적 경험에 고도의 취약성을 내포하고 있다. 따라서 이러한 가치절하의 취약성을 예방하거나 긍정적으로 평가될 수 있는 특성을 증진시키는 것을 말한다.

4. 개인적 능력 개발: 사회적으로 가치절하의 위험에 놓인 사람들의 성장과 발달에 도움이 될 수 있도록 기회를 제공해야 한다.

5. 모방이론: 정상화이론은 서비스 이용자로 하여금 가치 있는 모델과의 동일시를 강조한다.

6. 사회적 이미지: 사회적으로 가치절하를 받는 사람들과 연상되는 상징과 이미지는 계속적으로 야수성, 질병과 죽음, 무력함, 악, 범죄, 무가치, 무능력, 하찮음, 조소 등과 같은 부정적인 요소를 생산해 낸다. 따라서 사회적 이미지를 제고할 수 있도록 가치가 인정되는 사회적 역할을 창출할 수 있도록 해야 한다.

7. 사회통합: 사회적 가치절하의 위험에 놓인 사람들이 가치 있는 방법에 의해 정상적인 지역사회 안에서 인격적인 개인으로서 성공적으로 참여하게 하는 것을 말한다.

※출처: 김용득(2000).

아 클라이언트의 삶에 얼마만큼의 영향을 미쳤는가에 대한 책임성을 말한다. 즉 영향 책임성은 서비스 수혜대상자의 변화에 어느 정도 영향을 미쳤는가에 대한 영향성을 묻는 것을 의미한다.

④ 효율적 책임성efficiency accountability : 사회복지조직에서 제공된 사회복지서비스에 대하여 비용적으로 효율적이었는지를 알아보는 것을 말한다.

⑤ 재정적 책임성fiscal accountability : 사회복지조직에서 계획한 사회복지서비스 프로그램 운영을 위한 일체의 재정 집행에 관련된 재무회계의 투명성을 말한다.

⑥ 법률적 책임성legal accountability : 사회복지조직에서 제공된 모든 사회복지서비스들은 적합한 법적 기준 또는 조직에서 정한 기준을 제대로 준수하였는가에 대한 책임성을 말한다.

⑦ 윤리적 책임성ethical accountability : 사회복지조직에서 제공하는 모든 사회복지서비스들이 도덕적으로 바람직한가에 대한 책임성을 말한다. 사회복지사 윤리강령을 예로 들 수 있다.

⑧ 이미지 책임성image accountability : 사회복지조직에서 제공하는 사회복지서비스 프로그램을 이용하는 사람들의 이미지와 관련한 것으로 자칫 잘못하면 사회적으로 부당한 평가절하를 받을 수 있다. 따라서 평가절하된 사람들이 가치가 인정되는 사회적 역할을 창출할 수 있도록 하는 정상화이론에 근거한 책임성을 말한다.

⑨ 욕구 책임성need accountability : 사회복지서비스의 최대 수혜자인 프로그램 대상자의 욕구에 부응하는가에 대한 책임성을 말한다. 즉 수혜대상자의 욕구에 부응하고 그들 중심의 서비스가 제공되고 있는지를 알아본다.

3. 사회복지 시설평가

1) 사회복지 시설평가 도입배경

1984년 24개소에 불과했던 사회복지관은 2009년 10월 현재 416개소로 무려 18배 가까이 증가하였다. 정부는 사회복지시설에 대한 운영과 건립에 있어 국고보조사업지침(1988년)에 의하여 재정을 지원해왔으나 1997년 IMF 외환위기 이전까지는 단지 지원으로만 그치는 경우가 허다하였다. 그러나 외환위기를 겪고 난 뒤부터 모든 분야에서 자원의 효율적 배분 및 활용에 대한 문제가 제기되었으며, 이러한 맥락 속에서 사회복지분야에서도 사회복지시설의 운영 개선을 통한 합리화와 투명화, 사회복지서비스 질의 향상, 사회복지 재원 사용의 효율성에 대한 당위성이 제기되었다. 이와 더불어 공급자 중심의 복지에서 수요자 중심의 복지로 전환되고, 인권을 중시하는 사회복지 패러다임의 변화가 야기됨에 따라 법 개정 이듬해인 1999년부터 사회복지시설의 전문성, 시설환경, 서비스의 만족도에 대한 정부의 평가가 진행되었다.

사회복지 시설평가의 첫 번째 과정은 1999년부터 2003년까지 총 4년 동안 정신요양시설, 장애인복지관, 사회복지관, 노인복지시설, 모자복지시설에 대한 평가를 한국보건사회연구원에서 진행하였으며, 두 번째 과정은 2004년부터 2007년까지 한국사회복지협의회의 주관 하에 아동 및 장애인시설에 대한 평가를 실시하였다. 사회복지시설평가의 사업성격은 먼저 1999년부터 2004년까지는 정부의 1년 단위 연구용역과제로, 이후부터는 3년 단위의 위탁업무로 성격이 변하였다.

한편, 사회복지시설에 대한 평가가 시작된 제1기(1999년~2001년)에는 개별시설의 평가지표를 개발하는 것에 중점을 두었으며, 제2기(2002년~2004년)에는 1기 평가에서 누락된 일부 시설에 대한 평가지표의 추가 개발과 기존에 개발된 평가지표

표 14-1 사회복지 시설평가 경과

평가년도		평가대상시설(개소)
제1기 (총1060)	1999	정신요양시설(59), 장애인복지관(36) ※평가지표 개발
	2000	아동영아시설(28), 노인요양시설(60), 여성입소시설(61), 정신지체장애인시설(52), 부랑인시설(33), 사회복지관(시·도 평가)
	2001	노인양로시설(85), 장애인시설(134), 아동시설(시·도 평가)
제2기 (총1186)	2002	정신요양시설(55), 부랑인시설(33), 장애인복지관(56), 노인복지회관(시·도 평가) ※아동, 노인, 여성, 장애인, 부랑인, 정신요양, 사회복지관, 장애인복지관 평가지표 개발
	2003	사회복지관(334; 서울·경기 시·도 자체평가), 노인복지시설(시·도 평가), 모자복지시설(시·도 평가) ※사회복귀시설평가지표 개발
	2004	아동복지시설(261), 장애인생활시설(199; 시·도 평가)
제3기 (총1384)	2005	정신보건시설(정신요양시설 55, 사회복귀시설 74) 부랑인복지시설(37), 장애인복지관(83) ※노인복지회관 평가지표 개발
	2006	사회복지관(351), 노인생활시설(224), 노인복지회관(74)
	2007	아동복지시설(260), 장애인생활시설(231) ※장애인직업재활시설 지표개발
제4기 (총1485)	2008	정신요양시설(55), 사회복귀시설(113), 부랑인복지시설(36), 장애인복지관(119; 시도 평가)
	2009	노인복지(양로)시설(62), 노인종합복지관(139; 서울·경기 시·도 자체평가), 사회복지관(390; 서울·경기 시·도 자체평가), 한부모가족복지시설(80)
	2010	아동복지시설(260), 장애인생활시설(231)
제5기	2011	미정
	2012	
	2013	

※출처: 보건복지부·한국사회복지협의회(2009: 42) 재구성

를 보다 현실화하는 데 초점을 두었다. 제3기(2005년~2007년)에는 제1기와 제2기에서 누락된 일부 시설에 대한 평가지표를 추가로 개발하였으며 또한 사회복지 현장의 상황을 반영한 각 시설종별 평가지표의 완성도를 높이고 사회 환경의 변화에 따라 사회복지시설에 요구되는 각종 영역들에 대한 지표를 확대 개발하는데 주력하였다. 그리고 제4기(2008년~2010년) 평가는 한국사회복지협의회의 사회복지시설평가단에서 수행하고 있다. 앞으로 시행될 제5기(2011~2013년)는 그동안 해온 평가와 관련하여 종합적인 평가제도 개선 방안 마련을 위한 연구도 함께 진행된 예정이다(〈표 14-1〉 참조).

2) 사회복지 시설평가의 목적

사회복지 시설평가의 목적은 크게 장기적 목적과 단기적 목적으로 나눌 수 있다(보건복지부·한국사회복지협의회, 2009: 43).

(1) 장기적 목적

① 이용자 및 국민 복지 향상: 사회복지 평가는 투명성과 서비스 질 향상을 통해 사회복지시설 이용자 및 국민의 복지수준을 향상시키기 위한 목적을 가진다.

② 시설의 상향평준화: 사회복지 평가는 평가결과를 토대로 효율적이고 합리적인 예산집행을 유도하고 사회복지시설 운영에 있어 선진화를 지향함으로써 시설의 상향평준화를 위한 목적을 가진다.

③ 시설선택의 기초자료 활용: 사회복지 평가는 사회복지시설 정보를 클라이언트 및 일반 국민에게 상세히 제공함으로써 해당 시설에 대한 정보와 시설 선택에 관한 기초 자료로 활용할 수 있도록 하는 데 목적이 있다.

(2) 단기적 목적

① 효율적인 운영기반 정착과 선의의 경쟁 유도: 사회복지평가는 단기적으로 입소 및 이용시설에 대한 평가를 통하여 효율적이고 효과적인 사회복지시설의 운영기반 정착과 더 나아가 시설 간 선의의 경쟁을 유도하고자 하는 데 있다.

② 인권보호와 지역사회와의 연계 강화: 사회복지 평가는 클라이언트의 인권보호와 지역사회와의 긴밀한 연계 속에 사회복지시설의 운영이 이루어질 수 있도록 기반을 마련하는 데 있다.

③ 과학적인 근거 자료 제공: 사회복지 평가는 과학적인 근거(지표)를 통하여 사회복지시설 실태를 파악하여 보다 더 바람직한 국가 지원 수준을 이룰 수 있도록 하는 데 목적이 있다.

3) 사회복지 시설평가의 원칙

① 투명성의 원칙

사회복지 시설평가에서 투명성이란 평가절차의 투명성을 의미한다. 즉 평가대상기관은 자기진단self-assessment과 객관적이고 과학적인 운영평가를 통하여 자체진단평가를 할 수 있어야 한다는 것을 의미한다. 정부업무평가기본법 제7조 2항에 "정부업무평가는 객관적이고 전문적인 방법을 통하여 결과의 신뢰성과 공정성이 확보되어야 한다"고 규정하고 있다. 따라서 사회복지시설 역시 평가절차의 투명성이 확보되어야 한다.

② 전문성 제고의 원칙

사회복지 시설평가에서 전문성 제고의 원칙이란 사회복지시설의 전문성 증진을 위한 운영평가가 실시되어야 함을 의미한다. 사회복지 시설평가는 단순한 등급 구분이나 점수화하는 것에서 그치는 것이 아니라 시설의 운영 및 프로그램에 관한 전문적 지식과 기술 등 클라이언트에 대한 전문적인 서비스 향상을 위한 전문성 제고의 원칙을 가져야 한다.

③ 효과성과 책임성의 원칙-지역사회관계

사회복지 시설평가에서 효과성과 책임성의 원칙이란 사회복지시설의 효과성 및 책임성 증진을 위한 평가가 이루어져야 함을 의미한다. 즉 사회복지시설은 사회로부터 책임을 위임받은 기관인 만큼 지역사회와의 원활한 상호관계를 유도하며, 기관 및 프로그램 운영 면에서 효과성을 증진시켜 책임성을 제고할 수 있는 방향으로 개발될 필요가 있다. 따라서 평가기준은 효용성의 원칙으로, 운영평가 프로그램의 개발은 합리성과 효용성을 기반으로, 그리고 지역사회와의 유대감 등이 조화되어야 한다.

④ 서비스 품질중심의 원칙

사회복지 시설평가에서 서비스 품질중심의 원칙이란 우선적으로 서비스의 질을 중시하는 평가가 이루어져야 함을 의미한다. 사회복지시설에서 제공하는 사회복지서비스는 양적인 측면 외에 다양한 전문영역이 함께 조화된 서비스의 질적인 측면을 강조할 필요가 있다. 단순 계량적 실적 중심보다는 질적(정성적)평가를 중심으로 하는 전문가 현장평가방법이 적용되어야 한다.

⑤ 서비스 대상자(고객)중심의 원칙

사회복지시설의 평가에서 서비스 대상자(고객)중심의 원칙이란 사회복지시설

이용자 중심의 운영평가가 이루어져함을 의미한다. 즉 사회복지시설의 이용자는 단순히 서비스를 받는 수동적인 입장에서의 클라이언트가 아닌 시설에서 제공하는 서비스를 받을 권리를 당연히 가진 권리자로서의 이용자로 인식되어야 한다. 따라서 사회복지시설은 고객중심의 원칙을 위하여 고객만족도를 최대한 반영해야하며 또한 서비스에 대한 고객의 만족도가 평가과정에서 중요하게 다루어져야 한다.

⑥ 효용성의 원칙

사회복지시설의 평가에서 효용성의 원칙이란 평가결과에 대한 활용의 극대화를 의미한다. 따라서 사회복지시설은 프로그램 운영자 및 프로그램 이용자인 클라이언트 모두가 공감하는 운영평가 프로그램을 개발하여 적용함으로써 시설로 하여금 자발적으로 운영평가 프로그램에 맞추어 시설을 운영할 수 있도록 유도하여 전반적인 향상을 도모하도록 한다. 또한 자체평가보고서와 함께 현장실사를 병행하는 평가방식은 시설의 평가기준 활용을 극대화하는 것은 물론 향후 자체평가에 대한 기대치를 높이는 결과를 가져올 수 있다.

⑦ 참여의 원칙

사회복지조직의 평가에서 참여의 원칙이란 평가대상시설이 평가과정에 직접 참여함으로써 평가과정 속에서 제기되는 문제들에 대하여 평가대상시설 스스로 시설의 문제점을 객관적으로 인식하고 개선노력을 기울일 수 있도록 하는 것을 말한다. 참여의 원칙이 이루어지기 위해서는 사회복지시설의 적극적인 협조가 우선적으로 요청된다. 정부업무평가기본법 제7조 3항에 "정부업무평가의 과정은 가능한 한 평가대상이 되는 정책 등의 관련자가 참여할 수 있는 기회가 보장되고 그 결과가 공개되는 등 투명하여야 한다"고 규정하고 있다.

⑧ 우수사례의 발굴 및 장려의 원칙

사회복지조직의 평가에서 우수사례의 발굴 및 장려의 원칙이란 평가의 원칙에 있어 복지시설의 긍정적인 측면을 장려하는 것을 의미한다. 즉 평가라고 하면 일반적으로 부정적인 측면이 다소 강하게 부각될 수 있다. 만일 그렇게 된다면 결과에 따라서 평가대상시설의 존립에도 큰 문제를 야기할 수 있다. 하지만 평가란 잘못된 것을 바르게 고치는 목적도 있지만 평가의 더 큰 목적은 궁극적으로 더욱 바람직한 서비스가 이루어지도록 하기 위한 것으로써 우수사례를 발굴하거나 그러한 사례들을 장려하는 원칙을 가지고 평가할 때 보다 더 긍정적이고 발전적인 방향으로 시설을 운영하려는 동기를 유발할 수 있다(최재성, 1998: 265~290).

4) 사회복지 시설평가 내용

최초의 사회복지 시설평가의 모형은 1994년 한국보건사회연구원에서 개발하였다. 당시의 평가 모형을 가지고 사회복지기관 관장, 사회복지사, 엄선된 30개의 복지시설 이용자 및 지역주민을 평가한다고 하였으나 결과적으로 조사하는 수준에 머무르고 말았다. 그 후 여러 차례 수정·보완을 거친 끝에 2006년 보건복지부의 의뢰로 성균관대학교 산학협력단에서 개발한 시설 환경 및 설비, 재정 및 조직운영, 인적자원관리, 프로그램 및 서비스, 생활인의 권리, 지역사회관계 등의 '최소기준안'의 평가규정에 근거하여 사회복지시설에 대한 평가가 이루어지고 있다.

사회복지 시설평가는 사회복지시설 운영의 질적 향상 및 시설 운영 관리체계 마련, 사회복지시설 운영을 위한 객관적 기준 마련 제시, 사회복지시설 운영자의 의식 개선, 사회복지시설 운영의 투명성 제고, 사회복지시설과의 비교를 통한 시설 운영 개선 근거를 마련하는 데 있다(성균관대학교산학협력단·보건복지부, 2006:

35~40).

우리나라의 사회복지 시설평가 영역은 2006년도에 만들어진 공동 최소기준안에 따라 시설 및 환경, 재정 및 조직운영, 인적자원관리, 프로그램 및 서비스, 생활인의 권리, 지역사회관계 등 총 6개로 구성되어 있다.

① 사회복지 시설평가 공동 최소기준
가. 인권: 비밀보장, 정보제공, 고충처리방침, 차별금지 등으로 구성되어 있다.
나. 환경: 시설의 위치, 시설의 설계와 규모, 환경의 안정성, 편의시설 등으로 구성되어 있다.
다. 운영: 사명, 핵심가치와 비전, 법인이사회, 운영계획, 정보관리, 평가, 재무관리 등으로 구성되어 있다.
라. 지역사회와의 관계: 자원동원, 투명성과 개방성, 지역사회연계사업 등으로 구성되어 있다.
마. 인력: 직원의 충분성, 자격과 자질, 직원의 선발, 훈련과 개발, 슈퍼비전, 인사평가, 근무여건 등으로 구성되어 있다.
바. 서비스: 서비스 과정, 서비스 내용, 서비스 결과 등으로 구성되어 있다.

② 사회복지관 서비스 최소기준
사회복지관 서비스 평가 영역은 2006년도에 만들어진 최소기준안에 따라서 시설 및 환경, 인적자원관리, 재정관리, 프로그램, 지역사회관계, 이용자 만족도 및 평가팀 종합평가 등 6개 영역으로 구성되어 있다.
가. 시설 및 환경: 사회복지관 서비스 최소기준 가운데 시설 및 환경에 대한 평가지표는 운영규정, 자문위원회, 전산화 시스템, 안전관리 및 공간배치, 편의

시설 설치 및 비품관리 등으로 구성되어 있다. 기관의 운영규정집 존재 여부, 자문위원회 구성의 적절성, 자문위원회의 활동내용과 의견반영 여부, 전산처리에 의한 이용자 관리 실태, 회계처리 전산시스템의 설치와 운용상태, 시설 안전점검 및 하자보수 상태, 공간배치 및 청결상태, 편의시설 설치 여부 및 노약자 장애인의 편리성, 그리고 비품·장비 관리상태 등을 평가한다.

나. 인적자원 관리: 사회복지관 서비스 최소기준 가운데 인적자원 관리에 대한 평가지표는 관장의 전문성과 경력, 중간관리자의 전문성과 슈퍼비전의 정도, 직원의 전문성, 직원의 교육·훈련실적, 직원포상제도, 그리고 직원구성의 다양성 등으로 구성되어 있다. 평가문항으로는 관장의 사회복지사 1급 자격증 소지여부 및 사회복지사업 근무경력 정도, 기관장의 리더십, 최고중간관리자의 사회복지사 1급 자격증 소지여부 및 학력과 사회복지사업 근무경력 정도, 일반중간관리자의 사회복지사 1급 자격증 소지여부 및 사회복지사업 근무경력 정도, 중간관리자의 슈퍼비전 정도와 기록의 체계화 정도, 정규직원의 사회복지사 자격증 소지 비율 정도, 직원의 교육·훈련 참여 실적 정도, 직원포상제도의 규정 여부와 실시 여부, 그리고 직원구성에 있어 특정학교 출신 채용 비율 정도 등을 평가한다.

다. 재정관리: 사회복지관 서비스 최소기준 가운데 재정 관리에 대한 평가지표는 민간재원 확보능력 및 관리정도, 총 세출 중 차지하는 사업비의 비중, 사업비 중에서 차지하는 무료사업비의 비중 등으로 구성되어 있다. 평가문항으로는 정부지원 운영비에 대한 민간재원확보비율 정도, 후원금 영수증 발급과 사용 내용보고의 적절성, 총 세출액 대 사업비의 비율 정도, 그리고 총 사업비 대 무료 사업비의 비율 정도 등을 평가한다.

라. 프로그램: 사회복지관 서비스 최소기준 가운데 프로그램에 대한 평가지표는

영역별로 전체 프로그램 이용실적, 가정복지사업(Ⅰ, Ⅱ), 지역사회보호사업(Ⅰ, Ⅱ), 지역사회조직활동(Ⅰ, Ⅱ), 교육문화사업(Ⅰ, Ⅱ), 특화 및 자활지원사업(Ⅰ, Ⅱ) 등으로 구성되어 있다. 평가문항으로는 전체 프로그램의 연인원·실 인원, 전체 프로그램의 실 인원 중 무료 감면 인원, 프로그램 계획서의 전문성 여부, 프로그램 수행과정의 체계, 추진활동, 기록의 전문성 여부, 프로그램 평가의 체계성 및 결과에 대한 피드백 정도, 서비스 계획 및 서비스 제공 과정의 체계와 수행과정의 전문성 정도, 서비스 평가의 체계성 및 결과에 대한 피드백 정도, 프로그램 수행과정의 체계, 프로그램 전체 이용자 수 대비 무료 이용자 수 비율, 지역사회 특성의 반영 정도, 프로그램 참여자의 프로그램에 대한 욕구의 반영 정도, 다른 지역·기관과의 차별성 및 프로그램 참신성 정도 그리고 프로그램의 파급효과 및 모델링화 가능성 정도 등을 평가한다.

마. 지역사회 관계: 사회복지관 서비스 최소기준 가운데 지역사회관계에 대한 평가지표는 지역연계, 자원개발, 지역사회조사 및 연구, 지역사회홍보활동, 시설의 개방성과 접근성 등으로 구성되어 있다. 평가문항으로는 지역사회와의 연합사업의 활성화 정도, 직원의 지역사회참여 실적, 자원봉사 기관인증 여부, 자원봉사자 교육·관리 및 활동 정도, 실습지도의 규모와 실적 정도, 지역주민 욕구조사, 자원조사, 실태조사 등의 지역사회조사 실시여부, 지역사회조사의 내용과 결과 활용 정도, 정기적인 연구보고서 발간, 복지관 홍보물 발행 횟수와 인터넷 홈페이지 운영여부와 수준, 그리고 각종 시설활용 행사 및 대관사업 실적 등을 평가한다.

바. 이용자 만족도 및 평가팀 종합평가: 사회복지관 서비스 최소기준 가운데 이용자 만족도에 대한 평가문항으로는 프로그램(서비스)이 문제를 해결하고

욕구를 충족하는 데 있어 도움 여부, 프로그램(서비스)의 담당직원의 전문성·친절도 및 성실성 만족 정도, 이용하는 프로그램(서비스)의 수준에 대한 만족 정도 그리고 주위 사람에게 복지관 이용 추천 여부 등을 평가한다. 이외에도 평가팀 종합평가에는 자체평가 정확성, 평가 준비성, 복지관에 대한 전반적 이미지, 기관장의 사회복지 비전 그리고 민원발생과 해결 정도 등을 평가한다.

5) 사회복지 시설평가 과정

사회복지시설평가를 위하여 다음의 과정을 따른다.
① 시설관련단체, 시설종사자, 평가전문가, 분과위원회 대표 등 10인 내외로 평가단을 구성한다.
② 평가단은 피평가기관의 설립 목적 및 목표와 연관한 평가 목적을 세운다.
③ 평가목적에 따른 평가원칙과 더불어 평가기준을 설정한다.
④ 목표달성 정도와 서비스의 효율성을 평가할 수 있도록 구체적인 평가항목 또는 평가지표(도구)를 개발·확정한다.
⑤ 확정된 평가지표에 의하여 피평가기관을 실사하여 평가한다.
⑥ 평가에 의하여 나타난 결과를 종합적으로 분석하고 해석하여 평가보고서를 작성한다.
⑦ 최종 결과를 내부 또는 외부적으로 활용하거나 공개한다. 평가결과에 따라서 인센티브와 피드백을 통하여 사회복지시설의 서비스효율을 높이도록 한다(〈그림 14-1〉 참조).

6) 내부평가와 외부평가

평가란 기본적으로 사회복지시설의 성과를 내부적으로 통제internal control하기 위한
관리수단이다. 사회복지시설의 평가에는 크게 과정평가와 영향평가(총괄평가), 그
리고 내부평가와 외부평가로 나눈다. 과정평가와 총괄평가는 이미 13장에서 다루었
기 때문에 여기에서는 내부평가와 외부평가만을 다루기로 한다. 사회복지시설평가
는 평가주체에 따라서 크게 내부평가와 외부평가로 나눈다(정주택·김영민, 2006:
4~7).

(1) 내부평가 internal evaluation

내부평가란 사회복지조직에서 제공하고 있는 서비스가 얼마나 잘 수행되고 있는
지 내부(자체)적으로 알아보는 것을 말한다. 즉 내부평가는 정책의 집행을 담당하
고 있는 사람들 또는 이들이 소속된 조직의 다른 구성원에 의하여 집행되는 평가로

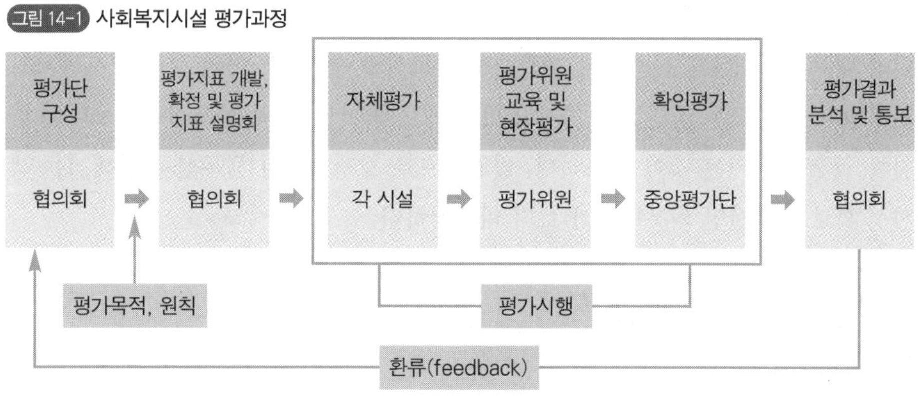

그림 14-1 사회복지시설 평가과정

※출처: 보건복지부(2009: 21) 재구성

써 내부적으로 집행과정을 개선하고 정책의 효율성을 향상시키는데 큰 장점을 지닌다. 그러나 내부평가는 정책집행자가 스스로 평가자가 됨으로써 자칫 외부인보다 객관적으로 공정하게 볼 수 없을 뿐만이 아니라 비판적이기보다는 자신들의 업적을 과대평가하거나 실패를 축소시킬 위험성이 있어 평가의 객관성과 공정성에 의문이 제기될 수 있다.

(2) 외부평가 external evaluation

외부평가는 내부평가와 달리 정책집행의 담당기관이 아닌 제3자가 수행하는 평가를 말한다. 정책평가의 관여자를 크게 평가의 제안자·실시자·사용자 등 세 부분으로 나눈다면 외부평가가 되기 위해서는 최소한 평가의 실시자가 외부인이어야 한다. 평가의 실시자란 평가를 위한 자료수집, 자료 분석, 보고서 작성 등의 업무를 담당하는 사람을 의미한다.

외부평가는 시설의 정책집행자가 아닌 외부전문가에 의한 평가이기 때문에 상대적으로 평가의 객관성과 공정성을 유지할 수 있다. 그러나 외부인은 집행내용에 대하여 충분한 정보를 획득하지 못할 경우, 그리고 시설의 종사자들과 연계될 경우 오히려 내부평가보다도 신뢰성과 객관성을 저하시킬 수 있다. 이와 같이 내부평가와 외부평가 양쪽 모두 장단점을 가지고 있기 때문에 어느 한 쪽을 고집하기보다는 양자를 잘 조화시키는 것이 필요하다. 일반적으로 정책집행의 책무성을 위해서는 객관성 확보가 우선인 외부평가가 보다 바람직하다.

7) 사회복지 시설평가 과제

사회복지 시설평가는 사회복지기관에서 제공하는 각종 프로그램에 대한 서비스의 책임성과 모니터링의 목적을 갖는다. 따라서 사회복지 시설평가의 목적 및 방법 등에 대한 문제점에 근거하여 앞으로의 개선방안을 제시하면 다음과 같다(김승권, 2004: 15~21 참조).

(1) 평가주체의 전문화 및 상설기구화

사회복지 시설평가는 중앙과 시도단위에서 선정된 평가단에 의하여 평가가 실시되고 있다. 지금까지 시행해온 결과 부분적인 장점에도 불구하고 많은 단점을 갖고 있는 것으로 나타났다. 즉 평가위원 선정 시 자질과 적절성 문제, 지역이기주의에 편승한 평가수행의 문제점과 함께 평가위원 교육을 받지 않았거나 심지어는 평가를 권력으로 잘못 인식하고 있는 것으로 나타났다. 또한 시도단위평가와 중앙평가와의 상반된 평가, 이외에도 시설 종사자 및 거주자를 대상으로 하는 만족도 조사는 변별력이 매우 낮았다. 이 모두가 평가근거에 대한 이해부족과 객관적 자료에 근거한 평가가 이루어지지 않았기 때문이다. 따라서 이러한 문제점을 해결하기 위해서는 평가주체의 전문화 및 평가기구를 상설화할 필요가 있다.

(2) 평가지표의 지속적인 개선

최근 평가결과에 의하면 일부 지표는 일정 이상의 수준에 도달하고 있어 각 항목별 수준의 상향조정과 항목구성의 변화가 요구된다. 또한 서비스 질과 관련된 지표 중에는 지나치게 높게 설정된 경우도 있다. 따라서 시설환경 및 시설능력의 현실적 수용 및 변화에 따른 평가 틀의 지속적인 개선이 요구된다. 특히 동일한 평가지표를 공용으로 사용할 수 있도록 시설을 통합조정하고, 만일 그렇게 할 수 없는 시설에 대해서는 개별적으로 그 시설에 맞는 평가지표를 따로 개발하여야 할 것이다.

(3) 법정기준의 종사자 확보

사회복지시설에서 전문적인 서비스가 제공되지 못하는 원인 중 하나가 인력부족
이다. 인력부족은 질 낮은 서비스 제공의 원인이 될 수 있다. 따라서 정부 및 지방
자치단체에서는 법정기준의 전문적인 기술을 가진 종사자를 확보할 수 있도록 적
극 힘써야 한다.

(4) 평가우수시설 및 우수종사자에 대한 인센티브제공

평가에 대한 사람들의 인식은 시설의 발전과 업무 부담이 함께 상존한다. 보통
평가를 통해서 나타나는 결과에 대해 잘해야 본전이라는 회의적인 태도를 가지게
된다. 결과적으로 이러한 태도는 평가결과에 대한 것은 물론 업무 전반에 부정적으
로 작용하게 된다. 따라서 평가결과에 기초하여 모범적인 시설과 종사자에게 관계
기관의 지도감독 및 감사의 면제와 사회복지공동모금회 등과 같은 민간복지재단으
로부터 우선적으로 재원을 지원받을 수 있도록 하며, 우수한 종사자에게는 해외 연
수기회 제공, 성과급 지급, 훈·포장 및 표창 수여 등 다양한 인센티브의 제공이 필
요하다. 정부업무평가기본법 제30조에 "평가결과에 따라 우수사례로 인정되는 소속
부서, 기관 또는 공무원에게 포상, 성과급 지급, 인사상 우대 등의 조치를 하고, 그
결과를 위원회에 제출해야 하며, 또한 우수기관에 대하여 표창수여, 포상금 지급
등의 우대조치를 할 수 있다"고 규정하고 있다.

(5) 평가 열등시설의 개선을 위한 적극적 지원

평가의 목적은 시설의 발전을 위한다. 따라서 일정 수준 이하의 점수를 보이는 열
등시설에 대해서는 시설환경의 개선, 인력지원, 프로그램 수행 예산의 지원 등에 있
어 일정한 수준에 이를 때까지 정부관계기관의 지원확대와 함께 지도·감독을 강화

하도록 해야 한다. 또한 열등시설은 평가 우수시설과의 인적·기술적 교류를 통하여 지역주민들의 기대에 부응하는 시설이 되도록 자체적으로도 노력해야 할 것이다.

(6) 시설종사자들의 시설평가에 대한 역할 및 정확한 인식

사회복지시설에 대한 평가는 시설에 대한 압력을 행사하는 수단으로 이용되는 것이 아니라 시설환경의 개선과 종사자의 전문성 강화, 더 나아가 서비스의 질적 향상 도모와 더불어 주민의 욕구 충족을 위한 목적을 가지고 있다. 따라서 시설종사자들은 평가에 대한 종래의 부정적 인식을 버리고 시설평가에 대하여 새로운 인식을 가질 수 있도록 해야 한다.

(7) 시설운영의 표준화된 서식 및 지침서 개발

사회복지 시설평가는 욕구조사, 프로그램 기획, 수행, 평가 그리고 환류 등 시설환경 및 서비스 제공과 관련한 방대한 자료를 필요로 한다. 따라서 이러한 방대한 자료의 관리 및 운영을 위해서는 좀 더 효율적인 업무가 이루어지도록 시설운영의 표준화된 서식 및 지침서가 필요하다. 또한 적절한 시설평가 준비를 위해서는 시설에 대한 정부의 투자와 더불어 시설 자체적으로도 인적 개발, 표준화된 서식의 개발, 프로그램 지침서 개발 등이 필요하다.

(8) 시설 평가중심에서 프로그램 평가 중심으로 전환

사회복지시설평가에서 시설과 프로그램 어느 하나 중요하지 않은 것이 없다. 그중 프로그램은 지역주민의 욕구를 해결하기 위해 매우 유익한 서비스이다. 따라서 앞으로의 사회복지 시설평가는 지역주민의 욕구해결을 위해 제공되는 프로그램 평가 중심으로 더욱 발전되어야 할 것이다. 효율성과 효과성이 뛰어난 프로그램 개발

이야말로 지역주민의 욕구 충족을 위해 필수적이다. 그러므로 사회복지시설은 자체의 프로그램 확산을 위해서 프로그램 평가에 대한 투자와 연구가 이루어지도록 해야 하며 또한 관계기관은 시설 자체에서 평가주체가 되어 프로그램 평가를 시도할 수 있도록 점차 지도를 강화해야 할 것이다.

제14장 연습문제

1 사회복지 시설평가의 중요성을 논하시오.

2 프로그램 평가와 사회복지 시설평가의 차이점에 대하여 설명하시오.

3 사회복지조직에서 행정관리자로서의 사회복지사의 책임성 수행을 위한 역할에 대하여 설명하시오.

01 사회복지조직에서 책임성의 개념에 대한 설명으로 적절하지 않은 것은?

① 책임성이란 특정업무수행과 집단이나 개인에 대한 책임을 의미한다.

② 책임성이란 조직의 효과성 및 효율성을 중시하는 수행결과에 대한 책임감을 말한다.

③ 책임성이란 수행 과정 및 권한의 원칙이나 영향력 등의 정당성까지 포함한다.

④ 광의적 측면에서 회계와 보고의 목적으로 사용된다.

⑤ 협의적 측면에서 회계보고의 목적을 가진다.

02 사회복지조직에서 책임성의 주체가 아닌 것은?

① 시민단체
② 공공기관(정부)
③ 사회복지기관
④ 사회복지사
⑤ 클라이언트

03 사회복지조직에서 책임성의 근거라고 할 수 없는 것은?

① 명문화된 규정에의 충실성
② 조직의 가치지향에 따른 합법성이 전제된 이념성
③ 사적 이익이 아닌 공익의 관점
④ 클라이언트의 입장을 반영하는지
⑤ 시대를 앞선 미래지향적인 미래성

04 사회복지조직의 책임성에 영향을 미치는 요인이 아닌 것은?

① 서비스 및 공급주체의 다양성
② 기술의 복잡성 및 법률정비
③ 목표의 불확실성
④ 민영화 경향
⑤ 서비스의 단일화 및 전문성

05 사회복지조직에서의 사회복지사의 역할을 잘못 짝지은 것은?

① 촉진자: 모든 계획이 원활히 진행되도록 돕는 과정기술의 소유자로서 조직원들 간의 상호작용을 촉진시켜 궁극적으로 조직의 공동의 목표를 달성하도록 하는 데 있다.

② 지휘자: 끊임없이 변화하는 외부환경에 대하여 잘 적응하도록 하며 조직의 목표 달성을 이룰 수 있도록 조직 운영에 필요한 인적 · 물적 자원을 동원하는 역할도 감당해야 한다.

③ 조정자: 사회복지조직의 과정을 용이하게 하는 역할을 말한다. 즉 조직에 대한 조직원들의 불만을 일깨우고 집약하는 역할을 하며, 조직원들의 개인적 문제와 욕구에 민감해야 하고 지지와 인정을 통해 조직화를 격려하는 일은 물론 조직원들의 발전을 촉진시키는 역할을 한다.

④ 혁신자: 사회복지조직을 현실에 안주하거나 타성에 젖어 있지 않도록 창조적이고 진취적이며 개방적으로 새로운 변화를 이끌어낼 수 있는 역할을 한다.

⑤ 중개자: 사회복지조직의 목표달성을 위하여 조직외부환경의 지지와 협력을 이끌어 내기 위한 역할을 한다.

06 다음 〈보기〉는 사회복지사의 클라이언트의 책임성 영역 중에 하나이다. 무엇에 대한 설명인가?

사회복지사는 클라이언트의 권리를 존중하고 증진시키며 자신의 목표를 확인하고 명확히 하려는 클라이언트를 도와준다. 사회복지사는 클라이언트의 행동이 위험을 초래한다고 전문적으로 판단될 때 클라이언트의 권리를 제한할 수 있다.

① 클라이언트에 대한 헌신
② 자기결정
③ 프라이버시와 비밀보장
④ 의사결정 능력이 없는 클라이언트
⑤ 적임능력

07 클라이언트에 대한 사회복지사의 비밀공개범위가 아닌 것은?
① 클라이언트나 클라이언트의 대리인으로부터 타당한 동의를 얻었을 경우
② 클라이언트 자신이나 타인에 대한 위해를 방지하기 위한 경우
③ 법률이나 규정이 클라이언트의 동의 없이도 정보의 공개를 요구하는 경우
④ 소기의 목적달성을 위해 필요한 최대한의 정보
⑤ 목적에 직접적으로 관련된 정보

08 사회복지사가 취해야 할 태도에 대한 설명으로 틀린 것은?

① 사회복지사는 비밀보장의 성격이나 비밀보장에 대한 클라이언트의 권리의 한계에 관해서 클라이언트나 다른 관련 당사자들과 일체 비공개로 해야 한다.

② 클라이언트가 공개할 권한을 주지 않는 한 제3자 지불자에게 비밀정보를 공개해서는 안 된다.

③ 프라이버시가 보장되지 않는 어떤 현장에서도 비밀정보를 논의해서는 안 된다.

④ 언론매체 관계자로부터 클라이언트의 정보를 요청받을 때 클라이언트의 비밀을 보호해야 한다.

⑤ 법적절차의 진행 중 법률이 허용하는 한도 내에서 클라이언트의 비밀을 최대한 보호해야 한다.

09 NASW(전미사회복지사협회)의 윤리원칙 중 사회복지사의 핵심가치가 아닌 것은?

① 서비스

② 사회정의

③ 집단의 존엄과 가치

④ 인간관계의 중요성

⑤ 성실성과 능력

객관식 문제 답 | 01. ④ 02. ① 03. ⑤ 04. ⑤ 05. ③ 06. ② 07. ④ 08. ① 09. ③

참고문헌

■ 국내문헌

강길호·김현주(2006), 『커뮤니케이션과 인간』, 한나래.

고지희 외(2008), 『인간행동과 사회환경』, 도서출판 나눔의집.

곽형식 외(2000), 『인간행동과 사회환경』, 형설출판사.

권육상(1998), 『인간행동과 사회환경』, 유풍출판사.

______(2009), 『사회복지실천론』, 학문사.

김경우(2007), 『사회복지행정론』, 동문사.

김규정(1991), 『신고 행정학원론』, 법문사.

김기태 외(2005), 『사회복지행정론』, 대왕사.

김병식(2000), 「사회복지행정의 책임성과 통제에 관한 연구」, 『한국사회복지행정학』, 제2호, 한국
        사회복지행정학회.

김성근·양경훈(1994), 『경영정보관리』, 법문사.

김세중·김용식·권오탁·한홍수·송경수(2000), 『경영정보학개론』, 무역경영사.

김영모 외(2000), 『인간행동과 사회환경』, 고헌출판부.

김영숙 외(2005), 『Care Management』. 삼육대학교 출판사.

김영숙(2005), 「수발보장제도와 케어매니지먼트」, 『서울여대 대학원 세미나 발표』.

김영종(1998), 『사회복지행정』, 학지사.

______(2004), 『사회복지행정』, 학지사.

______(2009), 『사회복지행정』, 학지사.

김용득(2000), 『장애인재활시설에서의 팀 협력 향상을 위한 전문 분야 간 상호 이해 훈련 프로그
        램의 효과성 연구』, 서울대학교 박사학위논문.

김윤태(2002), 『교육·행정경영의 이해』, 동문사.

김융일·양옥경(2004), 『사회복지 수퍼비전론』, 양서원.

김종일(2007), 『지역사회복지론』, 청목출판사.

김창걸(1997), 『교육행정학신론』, 형설출판사.

김통원(1998), 『사회복지실천에서의 책임성 전략』, 한국사회복지학회.

______(2000), 『사회복지프로그램평가』, 통신교육자료.

김형식·이영철·신준섭(2002), 『사회복지행정론』, 동인.

김효석·홍일유(2000), 『디지털경제시대의 경영정보시스템』, 법문사.

남찬섭·유태균 옮김(2007), 『사회복지정책론』, Neil Gilbert, Paul Terrell, 2005, Dimesions of Social Welfare Policy(6th Ed), 도서출판 나눔의집.

단국대학교 경영학원론 출판위원회(2005), 『21세기의 경영학 원론』, 양서각.

맹명관(1999), 『초보자와 함께하는 광고노트』, 더난출판사.

민경호(2002), 『경영학원론』, 무역경영사.

박경일(2000), 「사회복지프로그램진행과 관리기법」, 『사회복지평가제도의 진단과 개선방향 – 2000년도 추계 학술발표 및 워크숍 자료집』, 한국사회복지행정학회.

박상범·이재식(2005), 『경영학원론』, 삼영사.

박운성(1996), 『현대경영학원론』, 박영사.

박응격(1984), 『행정학강의』, 박영사.

박종삼 외(2002), 『사회복지학개론』, 학지사.

배철효·이상락·배기효(2006), 『신사무관리론』, 학문사.

보건복지부(2008), 『요양보호사 표준교재』.

보건복지부·한국사회복지협의회, 2007년 사회복지시설 평가.

__________________________, 2008년 사회복지시설 평가.

__________________________, 2009년 사회복지시설 평가.

빌 하이벨스(2003), 『리더십의 용기』, 두란노.

사회복지교육연구센터(2009), 『(1급 사회복지사 기본서) 사회복지행정론』, 도서출판 나눔의집.

서인덕·김윤상(1996), 『경영학원론』, 문영사.

성규탁(1985), 『사회복지행정조직론』, 박영사.

성균관대학교산학협력단·보건복지부(2006), 『사회복지시설 서비스 최소기준(안) 개발』.

송교석·이진우(2006), 『경영정보시스템』, 학문사.

신두범(1984), 『행정학원론』, 박영사.

신민식·권중생(2003), 『경영학원론』, 법문사.

신복기·박경일·장중탁·이명현(2005), 『사회복지행정론』, 양서원.

신복기·박경일·이명현(2008), 『사회복지행정론』, 공동체.

안광호·이유재·유창조(2004), 『광고관리』, 법문사.

안병기(2009), 『패션트랜드 정보기획론』, 학문사.

양용희·김범수·이창호(1997), 『비영리조직의 모금전략과 자원개발』, 아시아미디어리서치.

엄신자(2008), 『인간행동과 사회환경』, 인간과 복지.

여운승(2003), 『뉴 밀레니엄 마케팅 관리』, 시그마프레스.

오세영(2009), 『사회복지행정론』, 도서출판 신정.

유종해(1985), 『현대행정학』, 박영사.

유필화·김용준·한상만(2005), 『현대 마케팅론』, 박영사.

윤재홍·안기명·안영면(2004), 『현대 경영학원론』, 박영사.

윤진효·현병환·서정해(2006), 『신연구개발기획론』, 경문사.

윤홍우(2005), 『신경영학원론』, 형설출판사.

이계탁(1998), 『재무행정학』, 나남출판.

이상기·장택현·조재준(2003), 『평생교육경영』, 교육과학사.

이석규(2005), 『마케팅 관리』, 박영사.

이인정 외(2000), 『인간행동과 사회환경』, 나남출판.

이종수(2000), 『행정학 사전』, 대영문화사.

이진규(2006), 『책 제목』, 출판사.

장동일(2006), 『사회복지 행정론』, 학문사.

장신재(2005), 『사회복지행정론 – 사회복지기관행정을 중심으로』, 도서출판 나눔의집.

전재일 외(2000), 『사회복지정책론』, 형설출판사.

정무성(1999), 「사회복지프로그램 지원 신청서 작성」, 『한국사회복지행정학회 제1차 워크숍』, 한
        국사회복지행정학회 교육전문위원회.

정무성(2005), 『사회복지프로그램 개발론』, 학현사.

정무성·박차상(2002), 『사회복지기관행정 – 클라이언트 중심접근』, 도서출판 나눔의집.

정무성·정진모(2001), 『사회복지프로그램 개발과 평가』, 양서원.

정보통신부(2005), 『유비쿼터스의 개요와 동향』.

정용근·한진수·김동철·김진선(2006), 『회계원리』, 경문사.

정주택·김영민(2006), 『국정평가체제 연계방안 연구』, 한국의정연구회.

정진모(1998), 「사회복지 프로그램 계획·평가의 이론과 실제」, 『1998년 전국장애인종합복지관협
        의회 워크숍』, 전국장애인종합복지관협의회.

정진모(1998), 『사회복지프로그램 계획과 평가』, 원주시사회복지협의회.

정진환·김재영(1996), 『행정학원론』, 학문사.

정진환·김재환(1996), 『행정학원론』, 학문사.

조동성(1987), 『최신경영정보시스템』, 석정.

차도현(2007), 『리더십 분석』, 도서출판 인텔리전스 코리아.

최성재·남기민(2000), 『사회복지행정론』, 나남출판.

___________(2005), 『사회복지행정론』, 나남출판.

___________(2009), 『사회복지행정론』, 나남출판.

최순남(2000), 『인간행동과 사회환경』, 한신대학교 출판부.

최옥채 외(2008), 『인간행동과 사회환경』, 양서원.

최우근(2006), 『새롭게 쓴 회계원리』, 한올출판사.

최일섭·이창호(1993), 『사회계획론』, 나남출판.

최일섭·이현주(2008), 『지역사회복지론』, 서울대출판부.

최재성(1998), 「사회복지기관 평가모델개발의 방향과 과제: 장애인복지관 운영평가프로그램 개발사례를 중심으로」, 『연세사회복지연구』, 5호, 연세대학교사회복지연구소.

한국보건사회연구원·보건복지부(2002), 『사회복지시설 평가지표 지침서』.

한국정보사회진흥원(NIA), 『2008 정보화통계집』.

허갑수·변상우·김학돈(2004), 『경영조직의 이해』, 형설출판사.

허만형(2004), 『사회복지행정론』, 성지사.

■ 외국문헌

Alessandra, Tony J. & Hunsaker, Phillip (1993), *Communicating at Work*, 최경희·정봉원 옮김(2003), 『행복한 일터의 커뮤니케이션』, 한언.

Anthony, R. N.(1965), "Planning and Control System", In *A Framework Analysis*, Harvard University Press, Cambridge.

Apps, J. W.(1994), *Leadership for emerging age: Transforming practice in adult & continuing education*, SF: Jossey-Bass Publishers.

Bass, B. M.(1990), *Bass and Stogdill's handbook of leadership(3rd ed.)*, New York: Free Press.

Bensimon, E. M., Neumann, A. & Brinbaum, R.(1989), *Making sense of administrative leadership: The "L" word in higher education, Washington, DC: The George* Washington University.

Bolman, L. G. & Deal, T. E.(1997), *Reframing organizations: Artistry, choice, and leadership*, San Francisco: Jossey-Bass.

Bowers, Gary E. & Bowers, Margaret R.(1997), "Cultivating Client Information System", In *Human Services Monograph Series*, Washington, D.C.: U. S. Department of Health, Education and Welfare, Project Share.

Bronfenbrenner, U.(1979), *The Ecology of Human Development: Experiments by Nature and Design*, Cambridge, MA: Harvard University Press.

Brundrett, M., Burton, N. & Smith, R.(2003), *Leadership in education*, London: SAGE Publications.

Burns, J. M.(1978), *Leadership*, New York: Harper collins.

Collins, M.(1991), *Adult education as vocation*, New York: Routledge & Kegan Paul.

Darkenwald, G. G. & Merriam, S. B.(1982), *Adult education: Foundations of practice*, New York: Harper & Row

Publishers.

Donaldson, J. F. (1998), "The nature and role of the organizational sponsor", In P. S. Cookson (Ed.), *Program planning for the training and continuing education of adults: North American perspectives* (pp.175~206), Malabar, FL: Krieger.

Drucker, Peter F. (1990), *Managing the non-profit organization: practices and principles*, New York, N.Y.: Harper-Collins.

Edelson, P. J. (1992), "Rethinking leadership in adult and continuing education", In P. J. Edelson (Ed.), *Rethinking leadership in adult and continuing education* (pp. 5~15), San Francisco: Jossey-Bass.

Fiedler, F. E. (1967), *A Theory of leadership effectiveness*, New York: McGraw-Hill.

Galbraith, M. W., Sisco, B. R. & Guglielmino, L. M. (1997), *Administering successful programs for adults: Promoting excellence in adults, community, and continuing education*, Malabar, FL: Krieger Publishing Company.

Gates, B. L. (1980), *Social Program Administration: The Implementation of Social Policy*, Englewood Cliffs, NJ: Prentice-Hall.

Gates, Bruce L. (1980), *Social Program Administration: The Implementation of Social Policy*, Englewood Cliffs, NJ.: Prentice-Hall, INC.

Gordon, B. Davis & Olson, Margrethe H. (1985), *Management Information Systems: Conceptual Foundations, Structure and Development* (2nd ed), New York: McGraw-Hill.

Grasty, W. & Sheinkopf, K. (1982), *The annual fund: How to grow perennial rewards from an annual campaign*, Los Angles, CA: The Grantsmanship Center.

Greenleaf, R. K. (1977), *Servant leadership: A journey into the nature of legitimate power and greatness*, New York: Paulist.

Gross, M. J., Warshauer, W., & Larkin, R. F. (1991), *Financial and accounting guide for not-for-profit organizations* (4th Ed), New York: John Wiley & sons Inc.

Harvard Business Essential (2003), *Business Communications*, Harvard Business School Press.

Heifetz, R. A. (1994), *Leadership without easy answers*, Cambridge, MA: Harvard University Press.

Hughes, R., Ginnet, R. C. & Curphy, G. J. (1996), *Leadership: Enhancing the lesson of experience*, Burr Ridge, Ridge: Richard D. Irwin Inc.

Keith Davis (1981), *Human behavior at Work: Organizational behavior* (6th. ed.), p. 399. New York: McGraw-Hill.

Kinnear, Thomas, & Bernhardt, Kenneth L. (1990), *Principles of Marketing*, Scott, Foresman and Company, Illinois.

Knowles, M. S. (1990), *The adult learner: A neglected species* (4th ed.), Houston: Gulf Publishing Company.

Kotler, Philop (1982), *Marketing For Nonprofit Organizations*, Prentice Hall, Inc. New Jersey.

Lee, R. D. Jr. & Johnson, R. W. (1983), *Public Budgeting Systems* (3th ed.), Baltimore: University Park Press.

Levitt, Theodore (1960), "Marketing Myopia", *Hardvard Business Review*, July-August.

Lewin, K.(1951), *Field theory in social science (Cartwright, D. ed.)*, New York: Harper Collins.

Likert, R.(1967), *The human organization*, New York: McGraw-Hill.

Lohmann, R. A(1980), "Financial management and social administration", In Perlmutter, F. D. & Slavin. S.(Eds.), *Leadership in social administration: Perspectives for the 1980s*, Philadelphia, PA.: Temple University Press.

Lovelock & Weinberg(1980), "Public and Nonprofit Comes of Age", In Gerald Zaltman and Thomas V. Bonoma(ed), *Review of Marketing*.

Maslow, A. H.(1970), *Motivation and personality*(2nd ed.), New York: Harper and Brothers.

McCaffery, Jerry(1976), "MBO and the Federal Budgetary Process", *Public Administration Review*, 36(1).

Merriam, S. B. & Brockett, R. G.(1997), *The profession and practice of adult education: An introduction*, San Francisco: Jossey-Bass Publishers.

Mondy, R. W.(1988), *Management*, Allyn & Bacon, 152.

Mulcrone, P.(ed.)(1993), *Current perspectives on administration of adult education programs*, San Francisco: Jossey-Bass Publishers.

Northhouse, P. G.(2004), *Leadership: Theory and practice*(3rd ed.), Sage Publications.

Odione, George S.(1965), *Management by Objectives*, New York: Pitman Publishing Co.

Overstreet, H. A. & Overstreet, B. O.(1941), *Leaders for adult education*, New York: American Association for Adult Education.

Patti, R. J.(1983), *Social Welfare administration: managing social programs in a development context*, New Jersey: Prentice-hall.

Rapp, C. A. & Poertner, J.(1992), *Social administration: A client-centered approach*, New York: Longman.

Rose, A. R.(1992), "Visions of leadership: Understanding the research literature", In P. J. Edelson(Ed.), *Rethinking leadership in adult and continuing education*(pp. 83~93), San Francisco: Jossey-Bass.

Rosso, H. A(1991), "The annual fund: A Building block for fund raising", In H. A. Rooso(ed), *Achieving excellence in fund raising: A comprehensive guide to principles, strategies, and methods*, San Francisco, CA: Jossey Bass Publishers.

Rothwell, W. J. & Kazanas, H. C.(1999), *Building in-house leadership and management development programs*, London: Quorum Books.

Royse, D.(1999), *Research methods in social work*(2nd ed.), Chicago: Nelson-Hall.

Schein, E. H.(1991), *Organizational culture and leadership: A dynamic view*, San Francisco: Jossey-Bass.

Schick, Allen(1971), *Budget Innovation in the States*, Washington, D.C.: Brookings Institution.

Schoech, D., Neff, J., & Roberts, K.(1995), "Home health care Information systems: Difficult choices in uncertain times", Co-published simultaneously in *Journal of Gerontological Social Work*(The Haworth Press,

Inc), 24(3/4): 95~115, and "New Developments in Home Care Services for the Elderly: Innovations", in *Policy, Program, & Practice*(Ed: Leonard W. Kaye), NY: The Haworth Press, Inc.

Scribner, S. & Green, F.(1983), *Asking for money*, Los Angeles, CA: The Grantsmanship Center.

Severin, W. J. & Tankard, J. W.(2001), *Communication Theories: Origins, Methods, and Uses in Mass Media*, 박천일·강형철·안민호 옮김(2004), 『커뮤니케이션 이론–연구방법과 이론의 활용』, 나남출판.

Shelton, E. and Spikes, W. F.(1991), "Leadership through professional associations", In R. G. Brockett(ed.), *Professional Development for Educators of Adults: New Directions for Adult and Continuing Education*. San Francisco: Jossey-Bass.

Shoemaker, C. J.(1998), *Leadership in continuing and distance education in higher education*, Ally and Bacon.

Skidmore, R. A(1983), *Social work administration; Dynamic management and human Relationship*, Englewood Cliffs, N.J.; Prentice-Hall, Inc.

Waterston, Albert(1965), *Development Planning: Lessons of Experience*, Baltimore, Md: The Johns Hopkins Press.

White, Leonard D.(1955), *Introduction to the Study of Public Administration*, 4th ed. New York: MaCmillan.

Willoughby, William F.(1918), *The Movement for Budgeting Reform in the States*, New York: D.Appleton and Co.

York, Reginald O.(1982), *Human Service Planning: Concepts, Tool, and Methods, Chapel Hill*, N.C: The University of North Carolina Press.

Yukl, G.(2002), *Leadership in organization*(5th Ed.), Prentice Hall.

■ 인터넷 자료

http://blog.naver.com/hispi?Redirect=Log&logNo=40015638926

http://cafe.daum.net/sunchon./KHn4/24?docid=1Garo|KHn4|24|20090412211013&q=Transaction%20Processing%20System&srchid=CCB1Garo|KHn4|24|20090412211013

http://cafe.daum.net/swnet/3i3C/1

http://en.wikipedia.org/wiki/Information_management, 검색일 2009. 11. 3. am11:27.

http://llsring.tistory.com/18?srchid=BR1http%3A%2F%2Fllsring.tistory.com%2F18

http://scholar.lib.vt.edu/theses/available/etd-01398-222857/unrestricted/etd.pdf

http://terms.naver.com/item.nhn?dirId=4&docId=15582009 918

http://www.dbguide.net/know/know104001.jsp?mode=view&divcateno=321&divcateno_=3&pg=9&idx=2687, 검색일 2005. 11. 16. 1:15.

http://www.des.emory.edu/mfp/302/302bron.PDF

http://www.socialworkers.org

IMF, 실탄은 충분한가!, http://ladenijoa.egloos.com/3959380, 검색일: 2009. 9. 2.

Internet World Stats, http://www.internetworldstats.com/stats.htm

IT용어사전, http://www.terms.co.kr, 검색일: 2009. 11.13, 18:05.
거제시 예산공개, http://budget.geoje.go.kr/04accounts/01_01.jsp, 검색일: 2009. 9. 2.
나래특허법률사무소, http://www.naraep.com/brand_formality1.htm
맥도날드 홈페이지, www.mcdonalds.com(미국) www.mcdonalds.co.kr(한국)
미국마케팅협회(AMA), http://www.marketingpower.com [http://www.marketingpower.com/_layouts/
	Dictionary.aspx?dLetter=M, 검색일: 2009. 9. 29.
보건복지부, http://www.mw.go.kr/
사회복지공동모금회, http://www.chest.or.kr
사회복지공동모금회제, www.chest.or.kr
삼성복지재단, www.samsungfoundation.org
아산복지재단, www.asanwelfare.or.kr
위키백과–우리 모두의 백과사전, http://ko.wikipedia.org/wiki. 검색일: 2009. 9. 2.
위키백과, http://enc.daum.net/dic100/contents.do?query1=10XXXX7915, 검색일: 2009. 11. 15.
유한킴벌리홈페이지, http://www.yuhan-kimberly.co.kr
이성진의 경영정보시스템, http://myhome.hanafos.com, 검색일: 2009. 11. 9.
적십자 봉사가족(대전충남) 인터넷까페, http://cafe.daum.net/red35/6ajV/28 '사회복지조직의 홍보
	및 정보관리'
한국사회복지관협회, http://www.kaswc.or.kr

■ **기타 자료**
대한민국 헌법
국가재정법
국고금관리법
지방재정법
예산관계법
예산회계법
사회복지법인 재무·회계 규칙
법인세법시행령
행정자치부, 사업별예산제도 실무 매뉴얼Ver 3
행정자치부, 사업별예산제도매뉴얼Ver 5
행정자치부, 사업별예산제도 실무 매뉴얼Ver 6
법제처, 사무관리규정, 사무관리규정 시행규칙.
공공기록물 관리에 관한 법률 시행령

광명시, 2008년 시정 백서.
정부업무평가기본법
사회복지사업법, 사회복지사업법 시행규칙
보건복지부, 2009년 사회복지시설 평가결과 발표 보도자료.

저자소개

고광신

학력
중앙대학교 행정학 석사
서울기독대학교 사회복지학 박사과정

주요경력
전 국제문화대학원대학교 강의교수
현 대한신학대학원대학교 강의교수
현 그리스도대학교 출강

저서
사회복지정책론(공저), 2010, 도서출판 나눔의집

김승훈

학력
서강대학교 행정학 석사
인하대학교 행정학 박사

주요경력
대한적십자사 인도법연구소 연구원
한서대학교 인도주의연구소 연구위원
한국사회복지학회 정회원
한국사회복지정책학회 정회원
한국노인복지학회 정회원
대한신학대학원대학교 강의교수
한서대학교 노인복지학과 겸임강사
현 성민대학교 사회복지학과 교수

저서
사회복지발달사, 2010, 도서출판 나눔의집
현대사회복지정책론, 2009, 탑메디출판사

손연숙

학력
서울기독대학교 대학원 사회복지학과 석사
서울기독대학교 대학원 사회복지학과 박사과정

주요경력
꿈터 상담소 소장
대불대학교 겸임교수
서울시 사회복지사협회 상임위원
한국청소년보호육성회 법인이사 겸 상담실장

저서
사회복지의 이해(공저), 2010, 범론사
중도장애인과 가족(공저), 2009, 범론사
사회복지실천기술론(공저), 2009, 레인보우출판사
사회복지실천의 이해, 2009, 범론사
인간행동과 사회환경(공저), 2008, 범론사
장애인복지의 이해(공저), 2008, 동인출판사